Nils Johan Andersson

Eine Weltumsegelung mit der schwedischen Kriegsfregatte Eugenie

1851-1853

Nils Johan Andersson

Eine Weltumsegelung mit der schwedischen Kriegsfregatte Eugenie

1851-1853

ISBN/EAN: 9783954271788
Erscheinungsjahr: 2012
Erscheinungsort: Bremen, Deutschland

© *maritimepress in Europäischer Hochschulverlag GmbH & Co. KG, Fahrenheitstr. 1, 28359 Bremen. Alle Rechte beim Verlag und bei den jeweiligen Lizenzgebern.*

www.maritimepress.de | office@maritimepress.de

Bei diesem Titel handelt es sich um den Nachdruck eines historischen, lange vergriffenen Buches. Da elektronische Druckvorlagen für diese Titel nicht existieren, musste auf alte Vorlagen zurückgegriffen werden. Hieraus zwangsläufig resultierende Qualitätsverluste bitten wir zu entschuldigen.

Eine
Weltumsegelung

mit der

Schwedischen Kriegsfregatte Eugenie

(1851 — 1853).

Von

N. J. Andersson.

———

Deutsch von Prof. Dr. K. L. Kannegießer.

———

Leipzig

Verlagsbuchhandlung von Carl B. Lord.

1854.

Inhalt.

Erstes Kapitel.

Zweites Kapitel.

Drittes Kapitel.

Viertes Kapitel.

Fünftes Kapitel.

Sechstes Kapitel.

Siebentes Kapitel.

Achtes Kapitel.

Dreizehntes Kapitel.

Vierzehntes Kapitel.

Erstes Kapitel.

Abfahrt der Fregatte Eugenie und der Corvette Lagerbjelke. — Carls=
krona. — Der Sund. — Die Nordsee. — Norwegische Küste. — Das Leben
am Bord des Portsmouth. — Die Insel Wight. — Abfahrt nach Madeira.

Madeira, den 12. November 1853

Von der Akademie der Wissenschaften ausersehen, die Fregatte
„Eugenie" auf einer Weltumsegelung zu begleiten, verließ ich Stockholm
den 24. September und schreibe meinen ersten Brief von dieser herrlichen
Insel, bitte aber meine Leser, in diesem wie in meinen künftigen Briefen,
mehr eine Schilderung Dessen, was ich gesehen und erlebt, als poetische
oder philosophische Betrachtungen und Ergüsse darüber zu erwarten.

Da die Reise lange vorher beschlossen war, hatte ich Zeit genug
gehabt, mich darauf vorzubereiten, mich in Gedanken an die vielen neuen
Verhältnisse zu gewöhnen, in welche ich in einem Zeitraume von zwei
Jahren wahrscheinlich kommen würde, mir nichts zu verschweigen, wor=
auf ich Verzicht leisten mußte, und das, was mir übrig bliebe, recht ins Auge
zu fassen. Aber erst im Augenblick des Abschiedes fühlte ich ganz, was
ich hinter mir ließ — Kindheitsandenken, Jünglingsträume und Aben=
teuer, Manneswirksamkeit, Heimat und Freunde — Alles ging, vermischt
mit Zukunftshoffnungen und Wünschen in chaotischer Verwirrung an
meinem Geiste vorüber. Ich wollte Alles erfassen, das Alte festhalten,
und doch nichts von Dem fahren lassen, was erst gewonnen werden sollte;
aber da ich bei Kungshat die letzten Spitzen der Thürme Stockholms
verschwinden sah, fühlte ich, daß ich einen Theil meiner selbst zurückließ.

Von der Reise bis Carlskrona ist wenig zu berichten. Das
Einzige, was wir unterwegs Neues erfuhren, war, daß Calmar's
Commune in buchstäblichem Sinne des Worts in der tiefsten Dunkelheit

1

lebt. Wir kamen Abends an; am Hafen war ein Lärmen und eine babylonische Verwirrung von Menschen und Thieren, und auf den Straßen konnte man sich nur unter lautem Schreien fortbewegen, um den Zusammenstoß mit andern Passagieren zu vermeiden, die sich in gleichem Fahrwasser befanden.

Betrachten wir jetzt rasch die Rhede von Carlskrona, wo die Fregatte Eugenie und die Corvette Lagerbjelke in der Entfernung der Länge eines Kabeltaues von einander liegen, bereit ihre Flügel zu einer Fahrt über den Ocean zu entfalten. Soll ich sie mit einer jungen reizenden Mutter vergleichen, die ihre schöne so eben erblühete Tochter in die Welt hinausführt, oder mit einer Hindin, die im Grase neben einer Gazelle ruht? Eine Fregatte ist die anmuthigste Erscheinung für das Auge: schlank und hoch, zierlich und stark, lieblich und kraftvoll, ohne die colossalen Formen und die schwerfällige Würde eines Linienschiffes, ohne den Mangel an Haltung eines kleineren Fahrzeugs, vereint sie mit Leichtigkeit in den Formen eine Kanonenkraft, welche Achtung einflößt. Weiß und schwarz liegt der Rumpf da und schwimmt so majestätisch still auf der Welle, stolzer auf seine dichte Reihe von Kanonen, als auf den glänzendsten Schmuck; die hohen Maste streben zu den Wolken hinauf und entfalten die weißen Segel, welche mit tausenden von Tauen ihre Schönheit gleichsam eifersüchtig verbergen. Eine Corvette ist etwas unbedeutender, hat aber dasselbe kriegerische Gepräge. Ich weiß nicht, wie es zugeht; aber mir kommt eine Corvette immer vor wie ein schmächtiger Lieutenant, behangen mit allen schweren Abzeichen seines Berufes, aber ohne die Reife und Thatkraft des Mannes, wogegen eine Fregatte einem jener trefflichen Majore gleicht, welche man wegen ihrer Männlichkeit liebt, und wegen ihrer Tüchtigkeit hochachtet. Doch genug davon! Vergleiche Jeder nach seinem Belieben!

Am 30. September gingen wir an Bord der Fregatte. Um 10 Uhr kam der Admiral, um das Commando zu mustern, und richtete zum Schluß einige Worte an die Besatzung in Bezug auf Gehorsam, Treue, Eifer und Gottesfurcht, welche nie fehlen dürften; und gleich darauf kam ein Dampfschiff, das uns eine gute Strecke in die Ostsee hineinzog. Es tröpfelte vom Himmel, als wollte auch derselbe sein Mitgefühl zu erkennen geben, daß vierhundert von Schwedens Söhnen eine bedeu-

tungsvolle ungewisse Fahrt antraten.   Aber trotz des Regens wogte auf
dem Strande eine ungeheure Menschenmasse, welche uns unausgesetzt der
Heimat und des Vaterlandes letztes Lebewohl zuwehten.

Eine günstige Brise trug uns leicht durch den Sund bis zur Rhede
Kopenhagens. Die Fregatte sollte hier nur einen einzigen Tag blei-
ben; ich hatte deswegen Eile nöthig, um die Professoren Liebmann,
Forchhammer und Dreyer aufzusuchen, welche mir Fingerzeige und
Andeutungen von hoher Wichtigkeit für die Zwecke meiner Reise gaben.
Abends besuchten wir sämmtlich das treffliche Theater, wo ein Stück
von Hauch aufgeführt wurde, das darauf berechnet schien, schwedische
Zuschauer zu erfreuen: „Verlorene und gewonnene Ehre"; Bearbeitung
eines Zuges aus der Geschichte Gustav Adolf's. Die Ausführung war
echt dramatisch, Seton's Rolle ward besonders meisterhaft gegeben.

Da es windstille im Sunde war, mußte uns ein Dampfer bis Helsingborg bringen. Bist Du, mein Leser, im Sunde gereist? Hast Du
die Buchenwälder Schonens und Seelands in dem Silberstrome zwischen
Schweden und Dänemark sich spiegeln sehen? Hast Du die weißen Häuser beider Länder auf üppigen Fluren und wogenden Getreidefeldern pran-
gend erblickt? diese tausende von Schiffen, die bald mit vollen Segeln
von Meer zu Meer eilen, die Erzeugnisse entfernter Länder zu einer geliebten Heimat tragend und zerstreute Völkerschaften der Erde verknü-
pfend, bald still und ruhig, wie rastende Seevögel, daliegen und ihre
schlanken Formen in den klaren Wellen sich abspiegeln sehen? Nun, so
hast Du einen der schönsten Anblicke gehabt, die sich in der Welt finden
lassen; denn an keiner andern Stelle liegen zwei Reiche, wetteifernd an
Schönheit und Reichthum, sich so nahe und betrachten einander; an keiner
andern Stelle sieht man so viele Schiffe mit einem so bunten Verein von
Flaggen; an keiner andern Stelle hat man so reiche Veranlassung, über
die Bedeutung des Handels in der Weltgeschichte nachzudenken.

Jenseit Helsingborg blies der Wind frischer, und wir legten des
Tages einen großen Theil des Kattegats zurück. Bei Kullaborg wur-
den wir von einem jener Seemannsaufzüge begrüßt, die die Freude der
Mannschaft sind. Von der Gallione stieg der Kohlenmann auf, eine
Figur mit rothen Beinkleidern und großer Flachsperücke, und be-
dient von seinen beiden Söhnen, die nicht minder prächtig geschmückt

1 *

und zugleich mit diverſen Buckeln verſehen ſind. Unter Ausrufungen und Gelächterſalven der Mannſchaft ſchreitet dieſe Sippſchaft bis zum Chef hin und ſpricht ihre Wünſche und Hoffnungen für die Reiſe aus; zum Schluß wird jeder Officier, der nicht ſchon an dem Kullengebirge vorüber⸗ gefahren iſt, aufgefordert, dem Kohlenmann ſeinen Tribut zu entrichten, der auch in reichem Maaße herbeigebracht und von einem der Burſchen eingeſammelt wurde. Gelächter und Fröhlichkeit beſchloß die Ceremonie.

So begleitete uns das Glück bis zur Nordſee. Aber hier nöthig⸗ ten uns Südweſtwinde fortwährend zum Kreuzen; ſpäter wurden ſie ſo durchaus ſüdlich, daß wir die Richtung nach England aufgeben mußten, ja zuletzt wurden ſie ſo heftig, daß wir einen der raſendſten Stürme, von denen die Nordſee Proben geben kann, auszuhalten hatten.

Ohne Zweifel werden wir im Lauf der Reiſe noch fürchterlichere Auftritte zur See erleben, aber ich glaube kaum, daß etwas einen ſo tiefen Eindruck auf mich machen wird, wie dieſer Sturm, der erſte, bei welchem ich gegenwärtig war. Nie werde ich dieſe himmelhohen Wogen, das Windsgeheul im Takelwerke, die rollende Bewegung des Schiffs, und das erſchreckliche Krachen in allen Fugen vergeſſen. Das Meer wälzte ſich in tiefen Furchen, der Himmel hing ſchwarz darüber, nur von dem weißen Schaum beleuchtet, der auf dem Gipfel der Wellen vom Sturm in den feinſten Thauregen aufgelöſt wurde, das Bugſpriet tauchte bald nieder, von einer gewaltigen Woge bewältigt, bald ragte es gegen das Himmelsgewölbe über uns hinauf. Da ich mich vollkommen wohl befand, würde der Sturm indeß nur ein erhebendes, recht genußreiches Schau⸗ ſpiel für mich geweſen ſein, wäre nicht durch die unaufhörlichen Ueber⸗ ſprützungen das Waſſer in unſere Kajüten gedrungen, ſodaß Bücher, Sachen, Geräthſchaften, aus ihren Behältern herausgeriſſen, frei um⸗ herſchwammen und erſt am Morgen (die Nacht war der Sturm am wü⸗ thendſten), beinahe ganz verdorben, geborgen wurden, ſodaß wir nach⸗ her auf der ganzen Reiſe die größte Mühe hatten, den Moder weg⸗ zuſchaffen, womit ſich Bücher und Alles, was wir bei uns führten, überzog.

Da es auf dieſe Weiſe nicht möglich ſchien, uns England zu nähern, nahm der Chef den Cours nach Norwegen, und wir gelangten am 8. October in den Hafen, unfern der Stadt Farſund, bei Lindesnäs.

Die Natur war hier ganz norwegisch, das heißt, wohin das Auge sich
wandte, sah es nur nackte gigantische Felsen, zum Theil in den wundersamsten Formen, mit steilen Seiten, verwitterte Bergjoche; scharfe
spitzige Gipfel erhoben sich überall in die Lüfte. Hier lag ein kleines
Eiland, und mitten darauf erhob sich ein Berg gleich einem Zuckerhut,
nur in der wildesten Unordnung zerbröckelt; dort streckte sich eine Kette
von Granit, die an den lothrechten Seiten und den riesenmäßigen Steinmassen, die hier und da wie Auswüchse herausschossen, ein höchst wildes
Aussehen darbot. Hin und wieder sah man einen Birkenhain, der jetzt seinen grünen Sommerschmuck verloren hatte und an der Seite des Haines
ein einzelnes Haus. Buchten in allen Formen schlangen sich zwischen
diese Steinfelder hinein, und in dem Grunde einer solchen, eine halbe
Meile von der Fregatte entfernt, lag die Stadt, welche durch das Meer
gleichsam zwei Filialabtheilungen hat, wenn ich sie so nennen darf, bestehend aus kleinen Haufen mehr oder weniger sauber weißangestrichener
Häuser.

Farsund selbst ist eine ganz nette kleine Stadt, gelegen am Fuß
eines steilen Berges, mit einer weiten Aussicht auf wilde romantische
Buchten und Klippen, auf deren Höhen hier und da eine kleine Hütte
ganz malerisch hervortritt. Da Farsund den vielen Strandungen,
welche hier stattfanden, und der ehemals sehr einträglichen Herings-
fischerei den ersten Aufschwung verdankt, diese Quellen nun aber zu ver-
siegen anfangen, so ist die Stadt bedeutend zurückgekommen; doch besitzt
sie noch einen ganz ansehnlichen Handelsstand, der eine ausgedehnte
Schifffahrt mit wohlgebauten Fahrzeugen treibt.

Während wir hier still liegen, ist es vielleicht dem Leser gefällig,
bei uns am Bord einen Besuch zu machen. Eine Fregatte ist eine kleine
Welt für sich, wo jeder Winkel seine Bestimmung, jede Person ihren
Aufenthaltsort und ihr Geschäft hat, wo jeder Zoll Raum auf die zweck-
mäßigste Weise angewandt, wo Alles geordnet und fest bestimmt ist.
Wenn man den Verlauf Eines Tages am Bord kennen gelernt hat, kennt
man den aller übrigen. Um sieben Uhr wird man von dem Cadetten geweckt. Dann sind Alle beschäftigt, jeden Winkel sorgfältig zu fegen und
zu reinigen; überall hört man das Geräusch von Sand, womit gescheuert,
und von Wasser, womit gespült wird. Um acht Uhr wird gefrühstückt;

dann spaziert man ein wenig oder liest oder vertreibt sich auf andere Weise bis zum Mittagsessen, das 1½ Uhr aufgetragen wird, die Zeit. Inzwischen hat die Mannschaft abwechselnd die Wache gehabt; derjenige Theil derselben, der sich auf dem Verdeck befindet, wird mit Manövriren im Segel = und Takelwerk beschäftigt, derjenige dagegen, welcher unten ist, ruht oder arbeitet, Alles nach Gutdünken oder Nothwendigkeit. Es ist zum Lachen, wenn man in diesen Bezirken einen Besuch macht und sieht, wie der Eine auf einer Kiste ausgestreckt liegt und irgend ein neues und artiges Liedchen, gedruckt in diesem Jahre, summt, der Andere auf dem Fußboden niedergehockt sitzt, in ein ernsthaftes Buch vertieft, ein Dritter einen schadhaften Rock ausbessert, während ein Vierter mit einem Paar belöcherter Strümpfe zu thun hat. Nach dem Mittagsessen, wobei es im Allgemeinen sehr munter zugeht, indem man sich die Tagesereignisse erzählt, und die Mama — so wird der Officier genannt, der für die Bewirthung des Officiercorps (die Messe) sorgt —, für seine Gerichte bald lobt, bald neckt, spazirt man zur Batterie hinauf, wo ein kleines „Tivoli" aufgeschlagen ist, um Cigarren zu rauchen und zu plaudern. Gegen Abend versammelt man sich in dem gemeinschaftlichen Gesellschaftszimmer, wo Einige spielen, Andere lesen, und wieder Andere sich um das Piano versammeln, dem eine geübte Hand zarte Töne entlockt. Abends acht Uhr speist man und hat dann wieder ein kleines Tivoli, oft mit einem Concert à la Musard vereint, und um neun Uhr geht die Wache umher und untersucht, ob die Lichter in den Kajüten wohl ausgelöscht sind. Die Matrosen liegen dann in ihren reihenweis dicht nebeneinander ausgespannten Hängematten, und Alles auf dem schaukelnden Fahrzeug athmet tiefe Stille, die nur von dem Commandoruf des wachthabenden Officiers und der Ausführung seiner Befehle von Seiten der Mannschaft unterbrochen wird.

Außer diesen Alltagsbegebenheiten, welche mit Tanz und Musik abwechseln, giebt es etwas Anderes, das auf eine feierlichere Weise die Einförmigkeit des Seelebens unterbricht, nämlich den Gottesdienst. Es ist in Wahrheit ein erhebender Anblick, wenn diese vierhundert Christen mitten auf der unendlichen Meeresfläche unter dem unermeßlichen Himmelsgewölbe versammelt auf einigen zu einem gebrechlichen Fahrzeug zusammengezimmerten Planken, ihre Andacht zum Herrn aufsteigen lassen; es ist etwas Eigenes in diesem Gesange, der wenig harmonisch, aber aus des Herzens Tiefe über die Wellen hintönt, blos vom Gedröhn des Meeres oder dem Geheul des Windes unterbrochen. Nie ist wohl eine Andacht reiner, und selten werden in der Welt erbaulichere Worte als die des Schiffspredigers zu dieser Gemeinde gesprochen, die sich so ganz in die Hand ihres Gottes ergeben muß.

Während des Aufenthaltes in Farsund machte ich einige Ausflüge in die Umgegend. Die Ausbeute in botanischer Hinsicht war geringe, da alle Gewächse schon verblüht waren; doch fand ich einige für Norwegen ungewöhnliche Pflanzen, welche man sonst nicht nördlicher als in Berlin oder in den deutschen Alpen antrifft. Der Strich bei Lindesnäs hat, wie bekannt, ein mildes Klima, dessen Wintertemperatur der des östlichen Deutschland, der Donaumündungen, Peking's, und der mittleren Theile der vereinigten Staaten gleicht, aber dessen Sommer ist kühl und neblig. Demzufolge trifft man hier zugleich nördliche und südliche Gewächse an, etwas, das in Skandinavien sehr merkwürdig ist, und das wohl kaum irgendwo so stark hervortritt wie in diesem Theil von Norwegen.

Die Reise nach Portsmouth währte acht Tage. Die Nordsee war nun ruhiger, der Wind jedoch nicht vollkommen günstig, sodaß wir uns durch vieles Kreuzen den Weg bahnen mußten. Eine Zerstreuung auf der nicht sonderlich angenehmen Fahrt so weit nordwärts im Octobermonat bildeten die zahlreichen Schaaren von Fischern, welche in ihren leichten, schnellen Booten umherfuhren. Je mehr wir uns dem Kanal näherten, desto mehr nahm die Zahl der Segler, im Verein mit dem gewöhnlichen wohlbekannten Nebel, zu, und da wir zuletzt von einer frischen Kühle begünstigt wurden, sahen wir Calais zur Linken seine Kirchthurmspitzen und seinen leicht erkennbaren Leuchtthurm erheben und Altengland zur Rechten seine steilen Kreidefelsen ins Meer strecken. Wir wünschten einander Glück, ein Meer hinter uns zu haben, das während dieser Herbstmonate sich keinen bessern Ruf bei uns zu schaffen wußte, als es sich schon bei allen anderen Völkern erworben hat.

Von einem nordöstlichen Winde begünstigt fuhren wir schnell durch den Kanal, und warfen den 25. October Anker bei Spithead, der Rhede von Portsmouth. Vor uns hatten wir die hübsche Stadt mit ihren vielen Thürmen, den Hafen und die Schiffe; hinter uns lag das

anmuthige Wight mit seinen zahlreichen Landhäusern und laubreichen
Hainen. Da das Wetter während unsers Aufenthalts auf der Rhede
von Portsmouth schön und ungewöhnlich milde war, befanden wir uns
dort höchst behaglich, zumal im Vergleich mit Dem, was wir kurz vorher
erlebt hatten.

Portsmouth besteht eigentlich aus drei Städten: Portsea,
Gosport und Portsmouth, die beiden letzten sind durch den Einschnitt
der Bucht getrennt, worin die englische Flottenabtheilung ihre Station
hat. Portsmouth ist stark befestigt; zwei von Granit von Grund aus
aufgemauerte Festungen, mit gewaltigen Kanonen besetzt, vertheidigen die
schmale Einfahrt des Hafens. Innerhalb dieser Mauern liegt die Stadt;
sie besteht aus einzelnen großen ziemlich regelmäßigen Straßen mit hübschen Läden und einer Menge kleinerer und engerer, wo das Gedränge
bei weitem nicht so groß ist wie in den Hauptstraßen.

Was in Portsmouth die Augen der Fremden am meisten auf sich
zieht, ist unleugbar der Theil der Flotte, welcher sich hier befindet. Wir
wurden eingeladen den Werft zu besehen; zwei Officiere begleiteten uns,
und so hatten wir Gelegenheit, uns mit dem merkwürdigen Etablissement
bekannt zu machen, welches England hier besitzt. Fünf Dreidecker zu 120
Kanonen waren im Bau begriffen und beinahe fertig! Eine Menge
Häuser für die gesonderten Werkstätten zur Anfertigung aller Schiffs-
vorräthe, zahllose Dampfmaschinen und Drehbänke, lange Reihen von
Ankern in höchst gigantischem Maßstabe, Masten von ungeheurer Größe
und Anderes mehr bekamen wir hier zu sehen. Für mich, der ich nie
dergleichen gesehen hatte, war dieser Anblick ebenso großartig wie neu.
Fügt man den großen Hafen mit allen seinen Dreideckern, Fregatten,
Kriegsdampfschiffen u. s. w. hinzu, so war die ganze Scene in Wahrheit
geeignet, zu beweisen, was England ist, und welche Rolle es in der Welt
spielen kann.

Im Vordergrund des Hafens lag der Dreidecker Victoria. Ich
bestieg ihn mit einer Art von heiliger Ehrerbietung, denn mit dem Namen
Victoria ist ein anderer ehrfurchterweckender Name vereinigt. Auf dem
obersten Deck, nahe dem Hintertheil, ist eine kleine Tafel befestigt, worauf
man liest: „Hier fiel Nelson!" und unter dem zweiten Deck ist ein
kleiner mit Gitterwerk umgebener Platz, wo auf einer zweiten Tafel steht:

„Hier starb Nelson". Wenn man dies sieht, wenn man an die
Zeit zurückdenkt, wo dieser Mann in seiner vollen Manneskraft kämpfte,
und die an Vergötterung grenzende Ehrfurcht der Engländer für dieses
Mannes Namen und Andenken hinzufügt, und weiß, wie theuer ihnen
blos Nelson's wegen Victoria ist, so kann man sich auf diesem, im Kampfe
oft zerfetzten Schiffe gewiß nicht ohne ein ganz besonderes Gefühl befinden. Victoria ist nun ein Wachtschiff in Portsmouth's Hafen, ist deswegen nur halb aufgetakelt und hat eine kleinere Besatzung mit einer Ca-
detten-, Fecht- und Musikschule. Es war eine kleine Welt für sich, wo
Alles glänzend blank, polirt und rein war.

Während Mehrere von unserer Reisegesellschaft nach London fuhren,
um den Krystallpalast zu besuchen, machte ich eine Ausflucht nach der Insel
Wight, welche bekanntlich anziehend ist, nicht allein als Zufluchtsort
für die Königin und die englische Aristokratie nach der londoner Saison,
sondern in noch weit höherem Grade wegen der vielen geologischen Merkwürdigkeiten, deren sie voll ist. Ich hatte viel davon erwartet, aber
die Wirklichkeit übertraf Alles, was ich zu hoffen gewagt hatte.

Die Insel ist ungefähr 1¼ Meile lang und hat beinahe
die Gestalt eines schrägen Vierecks, aber ungeachtet dieses beschränkten
Raumes besitzt sie doch fünf recht volkreiche Städte, eine unglaubliche
Menge Dörfer, und eine ungeheuer große Anzahl der herrlichsten Land-
häuser, Kirchen und Schlösser. Die Städte, die hauptsächlich zum
Sommeraufenthalte der Engländer dienen, welche keine eigenen Villen be-
sitzen, und welche so den größten Theil des Jahres ihrer wichtigsten Bevölkerung beraubt werden, sind alle sehr hübsch, vornehmlich Ryde,
Portsmouth gerade gegenüber, der Sitz des in ganz Europa berühmten
Yachtklubs. Dieser Ort liegt auf einer ebenen Abdachung unter den
grünbewachsenen Höhen der Insel; die weißen in edlem Styl gebauten
Häuser stehen in Reihen längs den mit strahlenden Läden versehenen
Straßen; hin und wieder ragt ein Kirchthurm über die Häusermasse
empor, und wenn man von der Rhede die Stadt betrachtet, gleicht sie
einem blendenden, weißen Amphitheater inmitten grüner Haine. Die
Hauptstadt Newport dagegen, welche unfern in einem Thal mitten auf
der Insel liegt, stellt sich keinesweges als etwas Großartiges dar, sondern
hat, wenn man sie von den Höhen umher betrachtet, auch das Ansehen,

das ich nicht besser bezeichnen kann, als wenn ich es das Eigenthümlich-
englische nenne, das heißt glänzend, rein, solid, anständig, comfortable.

Die Insel selbst ist höchst verschieden nach ihren verschiedenen Seiten. Die östliche ist sehr hügelig, abwechselnd mit nackten Höhen und
waldbedeckten Thälern; die südliche und südwestliche ist flacher und fruchtbar, während die nördliche die erhabenste Natur hat, obgleich sie an hübschem Laubholz arm ist. Die vornehme Welt hat daher auch den südlichen und östlichen Theil zum Lieblingsaufenthalt gewählt. Hier sieht
man vorzüglich jene Cottages, welche in unbeschreiblicher Anmuth hinter
einem Gehege von Lorbern, Myrten und Epheu liegen, abwechselnd mit
dem englischen grünen Graswall, der mit Fuchsia, Hydrangea und allen
den Gewächsen reich besetzt ist, welche wir daheim in Treibhäusern gegen
einen harten Winter schützen müssen. Hier sieht man diese Gebäude von
Kalk und Ziegelsteinen in einem Styl aufgeführt, den ich normännisch
nennen möchte, mit einer Menge hervorragender krenelirter Schornsteine, spitzen Bogenfenstern, und die ganze Steinmasse undurchdringlich
bekleidet mit Epheu, blühenden Myrten oder Passifloren, die ihr schönes
Laubwerk und ihre köstlichen Blüthen mit dichten Haufen von Bignonia
radicans verflechten.

Es giebt, glaube ich, auf Erden nichts Bezauberndes als eine
solche Cottage. Dort können sich die Idylliker das einstige dichterische
Hirtenleben verwirklichen; dort kann man in ländlicher Ruhe träumen
und sinnend à la Rousseau in aller Wollust schwelgen, welche ein mildes Klima, eine anmuthige Heimat und irdisches Glück im Allgemeinen
zu schenken vermögen.

Doch wie arm und matt wird Alles, was ich von der Natur
auf Wight schreiben könnte, gegen die Wirklichkeit. Mit Ausnahme
vielleicht von Heidelberg habe ich in dem nördlichen Europa nie
Etwas gesehen, das dieser Natur an die Seite gesetzt werden kann.
Hier sieht man einen Berg, auf dem Gipfel Denkmäler, von denen eins
zu Ehren des Chefs des Yachtklubs, ein anderes für den Kaiser Alexander
bei seinem Besuch in England errichtet ist, und noch manches Andere. Es
kommt Einem vor, als ob der Berg kahl aussähe; aber besteigt man ihn,
so findet man ihn mit einer Buschart von scharfen, stechenden Blättern
bestanden, welche von großen, goldgelben Blüthen wimmeln, und wenn

man auf den Gipfel kommt, so hat man die ganze reizende Insel mit
ihren Schlössern und Villen unter sich, und in der Ferne das Meer, dessen
Grenzen das Auge nicht entdecken kann. Steigt man ins Thal hinab,
so findet man sich von Bäumen umgeben, aber man glaube ja nicht, daß
es Bäume sind wie die unsrigen! Es sind Ulmen, doppelt so hoch wie
die heimatlichen, Akazien und Eichen, vermischt mit angepflanztem Nadel=
holz, und Alles, Alles bis zur Krone hinauf von Jelänger=Jelieber um=
schlungen, der soeben seine ganze Blüthenfülle entfaltet hat. Wendet man
sich, so steht man vor einem Abgrunde, der mit Grausen erfüllt, ein Bach
stürzt sich über den mit wundersamem Farrenkraut bedeckten Rand und
tanzt zwischen dichten Büschen und Bäumen in die Tiefe nieder.

Nun zu einer anderen Stelle der Insel, nach Bonchurch, dicht
bei Ventnor! Hier hat man neulich ein Kalklager entdeckt, welches sich
horizontal über die ganze Südküste der Insel unter dem Namen der Un=
terklippe erstreckt und, wie es scheint, von den Wellen zernagt, die ehe=
mals hier anschlugen und die tausend Blöcke zerbrachen, welche jetzt, mit
einer üppigen Vegetation bewachsen, den kleinen Streif Erde zwischen dem
hohen Kalklager und dem Meeresstrand ausfüllen. Dicht bei Bonchurch
ist ein Thal, das in seinem Grunde einen kleinen Teich hat, worin Schwäne
schwimmen, um den Rand des Teiches stehen riesenmäßige Fuchsien und
Georginen, und über dem Ganzen hängt der Kalkberg mit seinen wie in
der Luft schwebenden, in den wundersamsten Formen gebildeten Kalkmassen.

Am 4. November lichteten wir die Anker auf der Rhede von
Portsmouth, nachdem wir zuvor den Tag der Vereinigung Schwedens
und Norwegens begrüßt hatten, und sind heute am 12. schon vor Ma=
deira. Alle betrachten diese Fahrt wie ein Wunder von Schnelligkeit
und behaupten, daß sie in der Geschichte der Seefahrten Epoche machen
werde. Was in nautischer Hinsicht daran Merkwürdiges sein kann, will
ich nicht erörtern, aber gewiß ist es, daß diese Fahrt über das atlantische
Meer von Allem begünstigt war, was eine Reise verschönern kann:
warme, hellscheinende Sonne, milde Winde, welche die Segel in an=
muthigen Wölbungen ausspannten, Nächte, — sommerwarme Nächte
im November — bestrahlt von einem Monde, der seinen sanften Schein
über uns ausgoß.

Zweites Kapitel.

Anblick von Madeira. — Funchal. — Die Bewohner. — Natur der
Insel. — Abreise und schnelle Fahrt über das atlantische Meer. — An=
kunft in Rio; Anblick der Stadt. — Die Bewohner und ihre Sitten. —
Ausflüge. — Herrliche Umgebungen. — Ein Urwald. — Innere Zu=
ständе Brasiliens. — Abfahrt nach Montevideo.

Montevideo, Ende Decembers 1851.

Als wir den 11. November Nachmittags zuerst M a d e i r a zu Gesicht bekamen, zeigte sich die Insel am Horizont in Gestalt einer dichten
Wolke; bald entdeckten wir auch P o r t o S a n t o, und als wir am
Morgen des 12. aufs Verdeck kamen, lag die letztgenannte Insel mit ihren
spitzigen Berggipfeln hinter uns; links hatten wir einige klippenvolle
und nackte Inseln, welche bisher blos von armen Fischern bevölkert
wurden und mit Recht den Namen „Ilhas desertas" erhalten haben.
Links von dieser Bergmasse glaubten wir ein Segelschiff zu entdecken,
aber eine nähere Betrachtung lehrte, daß es eine von den übrigen losge-
rissene Klippe von einigen hundert Fuß Höhe war, pfriemenartig gebildet,
und in bedeutendem Abstande von der Insel selbst. Seitwärts davon
lag eine andere mit völlig horizontalem Rücken und steilen Seiten. Mit
Einem Wort: die Wirkung vulkanischer Kräfte war hier, mitten im un=
ermeßlichen Meer, augenscheinlich. Rechts dagegen erhob sich Madeira wie
ein rundes Bergjoch, das eine lange Reihe zerbrochener Klippen in das
Meer hinaussandte, bald scharfe Spitzen, bald klumpige Massen, bald
Höhlen, gewölbte Bogen und andere wundersame Figuren bildend. Je
weiter wir fortsegelten, desto weiter erstreckte sie sich. Endlich sahen wir
auf einer grünen Bergseite einige weiße Flecke, wie an's Gestade hinge=
worfene Austerschalen, und dies war, wie man uns sagte, die Hauptstadt
F u n c h a l. Je weiter wir vorrückten, desto mehr tauchte diese Stadt
mit ihren weißen, blendenden, an einer grünen Bucht amphitheatralisch
liegenden Häusern empor, umgeben von unzähligen Villen und länd=
lichen Gehöften, die nur dazuliegen scheint, um, gleich einem Magnet, Alles
ringsum an sich zu ziehen.

Der Anker fiel in die Tiefe. Die Fahrt war für diesmal beschlossen, und jetzt konnten wir in Ruhe und Stille in ziemlich nahem Abstand Madeira überschauen. Die Insel zeigt sich von hier wie eine einzige Klippe von großartigen wenn auch nicht außerordentlich schönen Formen. Hoch empor bis in die Wolken ragen die Gipfel des 6287 Fuß hohen Gebirges, das mitten auf der Insel wie ein Kamm liegt; von diesem Gipfel laufen gewaltige Arme gerade zum Strande nieder, bald zusammenhängend, bald mit freistehenden Bergzinnen, welche allmälig abnehmen, und zuletzt zieht sich das Ufer selbst jäh und zerrissen ins Meer, dessen Brandungen darunter dröhnen. Man hat nicht Worte gefunden, um das Entzücken über „das schöne Madeira", „die Perle des atlantischen Meeres" u. s. w. zu bezeichnen. Ich muß gestehen, daß Madeira auf mich keinen so ergreifenden Eindruck machte. Die Größe der Massen war allerdings ehrfurchtgebietend, das Farbenspiel der Bergarten, das Erz, die Baumgruppen, die Landbesitzungen, von grünen Pflanzungen umgeben, dieses Alles kann ohne Zweifel recht schön genannt werden, aber das Ganze hatte ein verbranntes, kaltes und dunkles Ansehen, und als ich ans Land trat und es in der Nähe betrachtete, ward dieser Eindruck noch verstärkt. Man vermißt Alles, was durch lächelnden Laubreichthum, Kühle der Wälder und Frische der Ströme bezeichnet wird, und wo dies fehlt, da kann meiner Meinung nach das Wort „Schönheit" nie auf die Natur angewandt werden. Man kann Madeira wegen des Klima's, der reinen Luft, der milden Wärme preisen, die groß genug sein würde, um bei uns ewigen Sommer zu schaffen, und welche zugleich von den Bergen hinreichend gemäßigt wird, um nie sengend zu werden; alles Dieses ist gewiß zu loben, aber man muß auf eine Natur wie diese nicht den Vorrath der Sprache an Schönheitsausdrücken erschöpfen. Man versündigt sich dadurch, meiner Ueberzeugung nach, an der Wahrheit.

Madeira ist vierzehn Meilen lang und 2½ Meilen breit. Sie ward 1419 von Gonzalos Zargo entdeckt, wiewohl die Sage noch eine andere Begebenheit berichtet, welche mit der Entdeckung Madeira's verbunden ist.

In England lebte zur Zeit Eduard **III.** ein armer Edelmann, Robert Machine, der die Thorheit beging, sich in die schöne und vornehme Anna d'Arfet zu verlieben, deren Verwandte es dahin brachten, daß er wegen dieſer Thorheit ins Gefängniß geworfen wurde. Machine entkam jedoch aus dem Gefängniß, entführte ſeine Geliebte und wollte ſich mit ihr nach Frankreich begeben, aber ein Sturm trieb ſie in die offene See; und nach einer Fahrt von zwölf Tagen warfen ſie Anker in einer Bucht, welche noch jetzt, nebſt der nahe dabei liegenden kleinen Stadt, M a ch i c o genannt wird. Das Schiff trieb ins Meer und die Mannſchaft ward zu marokkaniſchen Sclaven gemacht. Anna ſtarb we-nige Tage nachher, und Machine folgte ſeiner Geliebten bald, und ward auf ſein Begehren mit ihr in Einem Grabe unter einem Cedernbaume be-erdigt. wo ſie wenige Tage vorher ein Kreuz zum Andenken an ihre glück-liche Errettung errichtet hatten. Am Hauptaltar in Machico's Kirche fin-den ſich noch Ueberbleibſel dieſes Kreuzes.

Mag es ſich nun hiermit verhalten wie es will! Was man mit Gewißheit weiß, iſt, daß die Portugieſen die Inſel in Beſitz nahmen, und daß die reichen Wälder, welche zu dieſer Zeit auf der Inſel gefunden wur-den, zu ihrem Namen Veranlaſſung gaben; denn M a d e i r a heißt auf Portugieſiſch B a u m. Dieſe koſtbaren Wälder wurden indeß von den Portugieſen ausgerodet, welche dazu Neger von der Guineaküſte verwen-deten. Späterhin wurde die Inſel von den Mauren, und der Behauptung zufolge, von den franzöſiſchen Hugenotten, im Jahr 1566, ge-plündert; erſt in ſpäteren Zeiten hat die Inſel die Cultur erhalten, welche ſie jetzt beſitzt. Madeira wird von einem Gouverneur aus Liſſabon verwaltet, unter deſſen Commando auch der Militärchef ſteht, welcher zu-gleich der Oberverwalter von Porto Santo iſt. Die Volksmenge be-läuft ſich der Angabe nach auf 120,000 Seelen. Der Handel iſt bei-nahe ausſchließlich in den Händen der hieſigen engliſchen Häuſer. Der Werth der jährlichen Ausfuhr der Erzeugniſſe wird auf nicht weniger als drei Millionen Thaler angeſchlagen. Der Wein ſpielt hierbei natürlicher-weiſe die Hauptrolle.

Nachdem der Hafenvoigt an Bord gekommen war, den Geſundheits-paß zu unterſuchen, wurde die Fregatte von den höchſt charakteriſtiſchen Madeirabooten mit ihrem keck aufrechtſtehenden Vorder- und Hinter-ſteven umſchwärmt; ſie gleichen leichten Gondeln, werden von der brau-nen, ſonnverbrannten, ſparſam bekleideten Bevölkerung gerudert und enthalten die Früchte der Inſel: Apfelſinen, Wallnüſſe u. ſ. w. zu bei

uns unerhört billigen Preisen.   Sie wurden natürlicherweise gekauft
und gegessen.

Nachdem wir eine Zeit lang im Genuß der herrlichen Früchte und
in der Beschauung der Bergmassen der Insel und der vor uns liegenden
Stadt geschwelgt, und uns zu den bevorstehenden Ausflügen gerüstet hat=
ten, zogen wir landeinwärts und theilten uns in zwei Parteien, in die des
Zoologen und in die meinige. Wir landeten dicht bei Loo=Rock, einer
vierseitigen vereinzelten Lavaklippe von gewaltigen Dimensionen, worauf
eine Festung erbaut ist, welche den ganzen Hafen, die Stadt und deren
Umgebungen beherrscht, und fast uneinnehmbar scheint. Nicht weit davon
erhebt sich eine ähnliche Lavaklippe, worauf sich gleichfalls ein Fort, San
Jao do Pico, befindet, das über die Stadt wie ein schützender oder
strafender Engel hinhängt, ganz nach der Einwohner Stimmung und
Verhalten.

Funchal ist eine wahre südländische Stadt. Die Häuser sind
niedrig, nie über zwei Stockwerke, mit flachen weit über das Haus hin=
ausragenden Dächern, um Schatten gegen die brennende Sonne zu ge=
währen. Die Fenster sind klein; in dem untersten Stock fehlen sie oft
ganz und werden durch hölzerne Jalousieen ersetzt, die meistens niederge=
lassen sind und dem ganzen Gebäude ein finsteres Ansehen geben. Im
zweiten Stock, wo sich oft Balkone finden, sieht man häufig große, präch=
tige Fensteröffnungen, wovon drei Viertel mit Holz ausgefüttert sind,
und nur das eine Viertel ordentliche Glasscheiben hat. Dies gilt natür=
lich nicht von den Häusern, welche von englischen und anderen fremden
Familien bewohnt werden, die hier ansässig sind, und welche zu Funchal's
Aristokratie gehören, worin man allen möglichen Comfort und Luxus findet.

Die Straßen sind größtentheils jäh hinabgehend, klein, mit einem
Rinnstein in der Mitte, aber mit überbauten Abzugskanälen für allen
Schmutz versehen, und daher im höchsten Grade reinlich. Sie sind gut
gepflastert mit jenen kleinen, auf der Kante stehenden, und folglich schar=
fen Steinen, welche nach Gosselmann's Behauptung Madeira charak=
terisiren; sie finden sich überall auf der Insel, und geben einen vortreff=
lichen Fußboden für Pferde und Maulesel ab, die nebst den Füßen der
Menschen die einzigen Beförderungsmittel sind, die es hier giebt. Fuhr=
werk findet sich nämlich nicht auf der Insel, man reitet entweder oder

geht, ganz nach Umständen und Gelegenheit. Nur die Vornehmen lassen sich in zierlichen Palankinen tragen. Die Weinfässer, welche den größten Reichthum der Insel enthalten, genießen die Ehre auf Wagen oder auch auf einer Art seltsamer kleiner niedriger Schlitten, welche von kleinen langhörnigen, scheinbar ganz schwachen Ochsen gezogen werden, aus den Magazinen zum Hafen gefahren zu werden.

Wenn man im Hafen, inmitten der Seeleute Getümmel und Anstrengungen, um Boote und Passagiere bei der Brandung zu sichern, landet, kommt man gleich in einen Baumgang von Platanen, welcher zu einem hübschen Marktplatz führt. Rechts befinden sich ein Paar Gasthöfe, die für die armen Europäer eingerichtet sind, welche hier ihr Geld verzehren, um ihre Gesundheit wiederzugewinnen, und links das große Gouvernementsgebäude, dessen lange Façade auf den Hafen blickt. In diesem Baumgang lustwandelt die vornehme Welt: reizende Frauengestalten galopiren umher auf ihren Ponies, mit den Bedienten hinterher, und junge elegante Herren zeigen sich zu Fuß. Dieselbe Scene wiederholt sich auf dem Markte, der mit hübschen Gärten und recht ansehnlichen Häusern umgeben ist, und an dessen östlicher Seite die Kathedrale liegt. Diese ist, wie die anderen öffentlichen Gebäude in Funchal, ohne alle äußere architektonische Verzierungen; inwendig ist sie dagegen sehr geschmackvoll, gold- und silberreich, mit Bildnissen in Lebensgröße, Holzzierrathen und Drapperieen, und sieht bei der matten Beleuchtung so mystisch aus, wie es sich für den portugiesischen Obscurantismus eignet.

Die Bevölkerung der Stadt ist sehr verschieden. Ebenso wie man hier Europäer von aller Art sieht, erblickt man auch die verschiedenartigsten Gesichter; aber die eigentliche Bevölkerung der Stadt besteht aus einer kläglichen Race. Die Männer kann man sich allenfalls noch gefallen lassen, sie haben wenigstens feurige Augen, eine gerade Haltung, Lebhaftigkeit und Raschheit in allen Bewegungen, wenn auch ihre Tracht ärmlich ist; und ihre Gestalten beweisen, daß ihnen die Nahrung knapp zufließt. Aber die Weiber gehören wahrlich nicht zu dem „schönen Geschlecht“, wenigstens wird dies ein angemaßter Titel, sofern sie Anspruch darauf machen. Man sagte mir, daß ihre kleinen Gestalten, schlechte Haltung und Gang, vorstehenden Kinnbacken und tiefliegenden Augen ihren Grund in der harten Arbeit haben, die ihnen auferlegt wird. Das dunkle Gepräge findet man bei ihnen allen wieder, das bisweilen wollige Haar deutet ihre wahrscheinliche Abkunft von den Negern an, welche, wie früher bemerkt ist, von den Portugiesen zuerst der Abholzung der Insel gebraucht wurden. Die Kleidertracht hat kein charakteristisches Gepräge, sie ist ganz europäisch und zeigt die in unsern Städten gewöhnliche Mischung von Eleganz und Unreinlichkeit, und unterscheidet sich von der des Landvolks, worauf ich später zurückkommen werde, durch ein beständiges Trachten nach etwas Städtischem und Abstechendem.

In den drei Tagen, die wir uns hier aufhielten, machte ich Ausflüge nach den zwei entgegengesetzten Seiten der Insel. Der erste, der nach den südwestlichen Theilen gerichtet war, führte mich durch ein außerordentlich wohlangebautes Land. Wo sich nur immer ein wenig Erdreich und hinreichende Feuchtigkeit fand, war eine Weinpflanzung angelegt. Man umgiebt sie mit einer Steinmauer und befestigt die Weinranken vermittelst eines horizontalen Spaliers von Rohr, wodurch die Erde unter dem Gitter sich frisch erhält. Die Trauben reifen so im Schatten, und dies scheint die Ursache der Vortrefflichkeit des Madeiraweins zu sein. An dem einen Ende des Weingartens ist stets ein Platz für diese Rohrgewächse, woraus die Spaliere zusammengefügt werden. In einem Winkel steht ein Häuschen, das kaum den Namen einer Hütte verdient. Es besteht aus einer von vierseitigen Steinblöcken zusammengefügten Mauer mit einem hohen Strohdach darüber, das in der Mitte in eine quer durchgeschnittene Spitze zusammenläuft. Es hat nur eine einzige Oeffnung, die Thür. Die Geräthe sind höchst ärmlich und die ganze Wohnung scheint nicht in entferntester Weise geeignet, häuslichen Frieden und Bequemlichkeit darzubieten.

Wahrscheinlich sehen die Einwohner ihre Häuser blos als Schlafstätten an, womit man es nicht so genau zu nehmen braucht. Sie sind meistens damit beschäftigt, ihre Gärten zu bebauen, in welchen man außer dem Wein auch einige Bananen, Guavasträucher und bisweilen eine Palme antrifft. Die Erde besteht aus aufgelockerter Lava, sie ist ganz roth und sehr porös; es werden außer den Weinstöcken auch Erdäpfel, arum esculentum und eine kleine Quantität Mais gebaut.

Etwas, was Madeira auszeichnet, und den Ackerbau höchlich begünstigt, sind die zahlreichen Wasserleitungen. In der Gestalt von schmalen aus Stein gebauten Rinnen gehen sie von den Bergen aus, um deren Seiten sie sich in zahlreicher Menge schlängeln, durchschneiden Höhen und Ebenen, und bewirken überall Kühlung, Frische und Fruchtbarkeit. Auf diese Weise befeuchtet, wird der Anbau geschützt, aber keine Kunst vermag Rasen auf dem rothen Grunde hervorzurufen, und hierdurch erhält die Landschaft, und vornehmlich die Höhen jenes nackte, unfruchtbare Aus= sehen, das Madeira, in der Nähe betrachtet, charakterisirt.

Einer anderen Ackergeräthschaft als eines Spatens und bisweilen eines höchst einfach zusammengesetzten Pfluges bedarf es nicht; die lose Erde kann mit den Händen gelockert werden, und in dem Umstand, daß die Arbeit nicht anstrengend ist, und nicht das ganze Jahr währt, kann man vielleicht die Ursache der Schläfrigkeit und des Mangels an Auf= schwung suchen, der bei dem Landvolk augenfällig ist. Die Bauern haben im Allgemeinen ihre Hütten von dem einen oder dem andern der in Funchal an= gesessenen Eigenthümer gepachtet; von dem Gewinn gehören vier Zehntel ihnen selbst, ebenso viel fällt dem Eigenthümer zu, ein Zehntel dem Kö= nige von Portugal und eins den Klostervätern; aber dadurch, daß der Bauer nicht selbst Eigner ist, sondern großentheils für Andere arbeiten muß, versinkt er in jene Hilflosigkeit, welche einen traurigen Eindruck macht und recht eigentlich portugiesisch ist. Männer und Weiber haben übrigens eine ziemlich würdige Haltung, was großentheils der Gewohn= heit zugeschrieben werden muß, alle Lasten, selbst die schwersten, auf dem Kopfe zu tragen, sie halten sich dadurch gerade und nehmen den elastischen Gang an, der oft diese Art des Tragens begleitet. In ihrer Körperbil= dung haben sie nichts Besonderes, es müßten denn die großen, meistens nackten und dunkelbraunen Füße sein; die Nase ist etwas krumm, das Ge= sicht länglich und dunkel, wiewohl ich auch ein paar Gestalten mit blauen Augen und blonden Haaren bemerkt habe.

An der Tracht sind die Beinkleider und die Mütze das Bemerkens= wertheste. Die ersten, Culcas genannt, gehen von der Hüfte bis zum Kniegelenk, und lassen Wade und Bein blos; die Mütze ist ein kleines Käppchen, das kaum den allerobersten Theil des Kopfes bedeckt, und mit einer aufrechtstehenden zwei Zoll langen Spitze versehen ist. Begreife ich auch nicht, wie diese kleinen Dinger so fest sitzen können, so glaube ich wenigstens eine annehmbare Erklärung hinsichtlich ihrer Form wie

ihres Entstehens aufgefunden zu haben. In diesem Klima, das den größ=
ten Theil des Jahres von einer sengenden Sonne beschienen wird, war
es ohne Zweifel am bequemsten, unbedeckten Kopfes zu gehen, damit ein
leiser Luftzug die Locken umwehe. Aber man konnte dann Denen, welche
man ehren wollte, seine Ehrerbietung nicht bezeigen, und die Leute grüßen
hier immer Jeden freundlich.   Die Spitze des Käppchens ist in Weih=
wasser getaucht, um ihren Besitzer des kräftigen Schutzes der Jungfrau
Maria und aller Heiligen desto gewisser zu versichern.

      Rings um die Hütte findet man in der Regel eine gesegnete Schaar
von Kindern, alle mehr oder weniger zerlumpt und unreinlich; und oft
die Vorübergehenden auf eine höchst zudringliche Weise anbettelnd.

      Die Lebensweise der Bauern ist äußerst sparsam und mäßig.   Sie
essen gewöhnlich nur Zwiebeln und Brot; man trifft sie immer trällernd
an, und Abends versammelt man sich vor einer der Hütten und tanzt nach
der Guitarre. Der intellectuelle Standpunkt ist sehr niedrig, was großen=
theils den indolenten Priestern zugeschrieben werden muß.   Die Jesuiten,
die jetzt vertrieben sind, hatten doch das Verdienst, einige Schulen ange=
legt zu haben, welche indessen zur Zeit im äußersten Verfall sind.   Die
Zahl der Auswanderer ist auch sehr groß; man behauptet, daß Tausende
von Menschen jährlich nach Brasilien und den englisch=westindischen Nie=
derlassungen übersiedeln.

      Mein Weg führte, wie schon bemerkt, zuerst durch angebaute Ge=
genden, voll von Leben und Bewegung, obgleich nicht von entsprechendem
Wohlstand.   Ich bestieg einige Höhen und hatte von ihren Gipfeln eine
herrliche Aussicht über das darunterliegende Land, die Stadt und das
Meer. Am Abend vereinigten sich die beiden an das Land gegangenen Ge=
sellschaften; wir begaben uns in eine Posada, eine königlich privilegirte
Schenke an der Landstraße mit dem portugiesischen Wappen als Schild,
wo wir zwei elende mit allerlei Gerümpel angefüllte Zimmer und eine
äußerst knappe Bewirthung fanden.   Auf unsere Anfrage wegen Nacht=
herberge lautete die Antwort, daß sie nicht sofort hier geschafft wer=
den könne, man versprach uns aber die allervortrefflichste, und führte
uns zu einem in einem Weingarten gelegenen Hause, das aus einem ein=
zigen vierseitigen Raum bestand, dessen Geräthschaften eine alte Bettstelle
und ein Tisch ausmachten.   Wir richteten uns indessen so bequem wie

möglich ein, ließen Stroh hereintragen, auf dem die ganze Gesellschaft munteren Sinnes Ruhe suchte, wobei sich aber ein Intermezzo ereignete, das
für Madeira ebenso charakteristisch ist, wie dies gemüthliche Nachtquartier. Einer von unsern beiden Trägern sollte uns nämlich Nachts Wasser
holen. Während er darnach suchte, stieß er auf, wie er sich ausdrückte,
eine ganze Brut von Personen, die in Säcke eingewickelt waren. Er
zog aus einem solchen Sack ein Individuum heraus, das ihm die Quelle
zeigte; aber als dies geschehen war, gab das Individuum durch gewisse
Zeichen auf seinen Bauch und seine Kinnbacken unzweideutig zu verstehen,
daß ersterer leer sei, und letztere aus Mangel an Uebung rein zusammen-
fielen, sodaß unser gutmüthiger Diener sich für befugt hielt, die Person mit
nach unserem Hauptquartier zu nehmen, wo sie, so gut es unsere ärmlichen Umstände erlaubten, befriedigt wurde.

Am nächsten Morgen trennten wir uns aufs Neue. Meine Absicht
war, mich auf die höheren Bergzüge zu begeben, wo ich eine reichere Vegetation zu finden hoffte; aber da mein Führer, ein portugiesischer
Bursche, sah, daß ich meine Schritte nach den Bergen hin wandte, wei-
gerte er sich, mitzugehen und war unter keiner Bedingung dahin zu bringen, mich zu begleiten. Später mußte ich seine Vorsicht preisen, denn
ich habe selten eine so beschwerliche Wanderung gemacht. Mein Weg
ging zuerst über bebaute Fluren, bis ich zu den Bergen kam, wo der
schmale Fußsteig, der zu den höheren Regionen führte, mich bald auf die
höchsten Kämme, bald wieder in tiefe Thäler hinab brachte. Aber wenn
es gleich auf diese Weise äußerst beschwerlich war, aufwärts zu steigen
und bald den Wolken nahe zu sein, welche hier, wie in allen tropischen
Gegenden, sich wunderbar tief zu den Bergen niedersenken, bald sich wieder in düstern Abgründen zu befinden, so wurde ich doch reichlich durch
die herrlichen Aussichten belohnt, welche sich überall vor mir eröffneten.
Hier sah ich ein Thal, durchschlungen von einer ziemlich breiten Landstraße, wo Menschen und Maulesel in bunter Mischung erschienen. Die
kleinen weißen Häuser mit einer Gruppe von Pisangs, Zuckerrohr und
Rosenbüschen, umgeben von üppigen Fluren, wozu die kecken, charakteristisch geformten Bergmassen den Hintergrund bildeten, schufen ein Gemälde, das, in Harmonie mit dem klaren Himmel und bestrahlt von der
goldenen Sonne, in Wahrheit schön genannt werden mußte. Kurz dar-

auf sah ich aus der Tiefe ein Felsenthal zwischen himmelhohe Berge ein=
geklemmt, deſſen Seiten ſich ſenkrecht erhoben, von einem Pflanzenwuchs
bedeckt, desgleichen an Ueppigkeit und Pracht ich noch nie geſehen hatte.
Ueberall, wo die Berge minder jäh waren, ſah man kleine bebaute Stel=
len die Seiten bedecken; kleine Hütten hier und da bezeichneten mitten in
der Stille der Natur die Nähe von Menſchen, und ſich ſchlängelnde Fuß=
wege und kleine Waſſerleitungen waren Spuren ihrer Thätigkeit. In
der Tiefe eines dieſer Thäler, das von fünf nacheinander wie Couliſſen
aufgeſtellten Bergen eingeſchloſſen war, brauſte ein Fluß zwiſchen un=
geheuren Steinblöcken, von den Seiten niederſtürzend. Es war mir un=
möglich, über die Berge nach Funchal zurückzukehren, dazu war ich zu er=
mattet, ich mußte den Weg über dieſe Steinblöcke nehmen, und dieſe An=
ſtrengung erſchöpfte in Wahrheit meinen noch übrigen Reſt von Kraft.

Am nächſten Morgen beſtieg ich ein Miethpferd in der Abſicht mich
nach der nordöſtlichen Seite zu begeben, die jäh auf den höchſten Berg=
kamm zugeht. Der Weg führte längs dem ſteil nach dem Meer hinab=
gehenden Strand über ausgetrocknete Bäche an den lieblichſten Landhäu=
ſern vorüber, die mit unglaublichen Koſten und vieler Mühe am Abhang
eines Berges angelegt ſind, an welchem noch ferner Terraſſen hinauf=
geführt und anmuthige Gärten und Weinpflanzungen angelegt werden.
Es giebt nichts Reizenderes als dieſe kleinen Häuſer, die, auf freiem Felde,
von denjenigen Gewächſen umgeben ſind, welche wir froh ſind, in Töpfen
in unſern Treibhäuſern zu haben: blühender Cactus, Hortenſia, Fuchſia,
Pelargonia, die man ſämmtlich in jeder Hecke am Rande der Straßen
neben Granatbäumen, Myrten und Aprikoſen findet. Es ſcheint, als
ob das kleine Paradies frei in der Luft über dem gähnenden Abgrund
oder über dem Meere ſelbſt ſchwebe, das man weit hinab in der Tiefe
toſen hört, und deſſen eigenthümliche lichtblaue Farbe, — die der mine=
raliſchen Schlacke, welche in den Eiſenwerken ausgeworfen wird, am näch=
ſten kommt, und wie grünblaues Glas ausſieht, — in völliger Har=
monie mit dem klaren, wolkenloſen, in Purpur hinſchmelzenden Himmel
ſteht. Hoch über allen dieſen Villen thront auf einer Klippe das anmu=
thige Kloſter Nostra Senhora del Monte mit ſeinen zwei weißen ſchim=
mernden Thürmen, welche man aus weiter Ferne auf dem Meere wie eine
ſchöne Lufterſcheinung hervortauchen ſieht. Dieſen Ausflug nach dem

östlichen Rande der Insel darf man vor Allem nicht versäumen, um
sich von Madeira's wundersamen Bergformationen und malerischen Aus=
sichten eine Vorstellung zu machen; nach einem solchen Ausfluge begreift
man, wie Madeira mit seinem milden Klima eine gesuchte Erfrischungs=
stätte für reiche und vornehme Kranke hat werden können, deren sich hier
jährlich 4—500 aufhalten.   Die Tour hinauf zu Pferde ist höchst
eigenthümlich.   Man sitzt auf einem feurigen leichtfüßigen Springer, der
den Reiter mit Leichtigkeit und Sicherheit über die Tiefe führt; man hat
rings um sich die lieblichen kleinen Villen und gewaltigen Bergmassen und
unter sich jenes im buchstäblichen Sinne „blaue" Meer, das in ewiger
Bewegung ist.   Hinterdrein trabt mit einem festen Griff in den Pferde=
schwanz unter einförmigem Gesang der Führer mit seinem kleinen Käppchen,
das Thier von Zeit zu Zeit aufmunternd.   Auf diese Weise gelangt man
auf die Höhe, wo man doch noch weit entfernt ist von dem höchsten Gipfel
Pico Ruivo, der nicht weniger als 6238 Fuß über dem Meere liegt,
und sein Haupt oft in den Wolken verbirgt.

Was Madeira's naturhistorische Beschaffenheit betrifft, so ist schon
bemerkt, daß die Erde aus aufgelockerter Lava besteht, vermischt mit Kalk
von rothgelber Farbe; diese Basalt= und Tuffsteinmassen ruhen auf einer
tiefen Unterlage von Uebergangskalk, weshalb man den Schluß gezogen
hat, daß die Insel nicht durch den plötzlichen Ausbruch eines Vulkans
gebildet sei, sondern daß successive Basalt= und Tuffausbrüche aus einem
Centralkrater stattgefunden hätten.   Mitten zwischen den Bergen liegt ein
Thal oder eine Vertiefung, die schon lange als der ursprüngliche Krater
betrachtet worden ist.

Die Vegetation zeigt eine merkwürdige Mischung europäischer und
afrikanischer Natur.   Sie bestätigt die schon bekannte Thatsache, daß
die Flora von Inseln ärmer ist als die des naheliegenden Festlandes,
denn auf Madeira hat man bisher nicht mehr als etwas über 500 Arten
gefunden, eine Zahl, die geringer als z. B. die der Gewächse in
dem königlichen Thiergarten bei Stockholm ist.   Zwischen den höchsten
Bergen finden sich Wälder von Wallnußbäumen und die für Madeira
eigenthümliche Erica arborea, ein baumartiger Haidebusch, der mit vier
Fuß dicken Stämmen dreißig Fuß in die Höhe schießt.   Weizen und
Gerste müssen von Nordamerika eingeführt werden, da sie bei weitem nicht

hinreichend für das Bedürfniß der Insel gebaut werden. Die Thiere
sind ungefähr dieselben wie in Europa. Federvieh ist jedoch selten, Fluß-
fische sind kaum zu finden. Die Schwalben halten sich hier das ganze
Jahr hindurch auf, mit Ausnahme einiger Tage während der niedrigsten
Wintertemperatur.

Der Wein ist Madeira's Lebensader. Die Insel erzeugt jährlich
30,000 Pipen Wein, wovon die feineren Sorten nach Nordamerika,
Westindien und England gehen. Rußland und die Länder an der Ostsee
verbrauchen ebenfalls große Quantitäten. Es giebt drei Sorten Ma-
deirawein: Cinto, Sercial und Malvasia. Die Stöcke sind aus
Sicilien und den Rheingegenden eingeführt. Sie wachsen in einer Höhe
von 2700 Fuß und zwar in allen Erdarten, aber deffenungeachtet ist
der Weinbau in Madeira noch zu keiner besonderen Vollkommenheit
gediehen.

Madeira ist ein Ländchen, das unter einer guten Verwaltung und
mit fleißigen arbeitsamen Einwohnern durch sein herrliches Klima, sein
fruchtbares Erdreich eines der gesegnetsten und glücklichsten der Welt
werden könnte. Aber Portugal ist nicht das Land, das zum Leben
ermuntert und das Erfprießliche befördert; es ruht über dem Ganzen
eine drückende Schläfrigkeit, welche gerade dadurch, daß der Schöpfer
sich so freigebig bezeigt hat, desto trauriger, desto greller abstechend ist.
Man glaubt auf Madeira die Inschrift zu lesen: „Was Gott gut gemacht, haben die Menschen verdorben." Man scheidet von der herrlichen
Insel verstimmten Sinnes, man sehnt sich nach dem freien Meere, wo
die Größe der Schöpfung nicht von menschlichen Fehlgriffen verdunkelt
wird, und die Gewalt der Finsterniß und des Aberglaubens unbekannt ist.

Wir verließen Madeira den 14. November, und erreichten Rio
Janeiro nach einer Fahrt von 27 Tagen, was für sehr schnell gehalten wird. Wir hatten die ganze Zeit einen frischen Paffatwind und
das herrlichste Wetter. Bei Tage auf dem sonnebeleuchteten Verdeck in
milder Wärme zu stehen, und in das schöne Meer hinauszuschauen, wo
Delphine, Tummler, bisweilen ein spritzender Wallfisch, zahlreiche
hüpfende Flugfische und schwebende By-de-vinder (eine Art Strahlen-
thiere mit einem Kamm, der vom Rücken emporsteht und wodurch sie vom

Winde getrieben wird), fesselt die Aufmerksamkeit Dessen, für den ein
solches Schauspiel die ganze Anziehungskraft der Neuheit hat; bei Nacht
das dunkle Himmelsgewölbe mit seinen zahllosen Sternen über sich ausgespannt zu sehen, während dort unten in der Tiefe des brausenden Meeres
um den Vordersteven ebenso viele Millionen leuchtender Sterne schimmern —
alles Dieses war ergreifend genug, um die Reise kurz und lehrreich zu machen.
Es ist vornehmlich dieser Schein des Meeres von kleinen, ein goldgelbes
Licht ausströmenden Thierchen, der allabendlich ein Schauspiel gewährt,
das stets neu, und ebenso schön wie wunderbar ist.

Wenn man sich Rio's Hafen nähert, hat man einen herrlichen
Vorgeschmack von all der Schönheit, der man dort entgegengeht. Man
sieht die Bergstrecke ringsum mit ihren wilden Gipfeln, an den Seiten
mit einem Pflanzenreichthum bekleidet, einer Flora, dergleichen man zuvor nie gesehen hatte; man erblickt diese Inseln, die aus dem violetblauen
Meere aufschießen mit den sich wölbenden Höhen, über denen die Palmen hoch
auf dem Gipfel schmaler glänzender Stämme ihre Kronen wiegen. Aber
wenn man an der Festung Santa Cruz vorübergekommen ist und sich auf
dem Ankerplatz der Kriegsschiffe befindet, hat man eine Aussicht, unver-
gleichlich an Schönheit, unbeschreiblich an Pracht und Ueppigkeit. Man
hat dann Rio zur Linken; die weißen Mauern und zahlreichen Kirchen
der Stadt glänzen im Sonnenlicht, abstechend von den grünen Bergen
und dem blauen Himmel, der sich über ihnen wölbt. Weiter gegen Süden schießt eine kleine Erdzunge heraus; auf ihrem Gipfel steht ein
freundliches Kloster Nostra Senhora da Gloria, und um den schönen
Tempel sieht man die herrlichsten Landhäuser auf der Höhe in amphithea-
tralischer Ordnung zerstreut. Längs dem Strande erstrecken sich weiße
Gebäude, unter denen viele sich durch Pracht auszeichnen, und in der
Ferne entdeckt man das Städtchen Botafogo mit seinen lieblichen Villen. Ueber diese ganze Reihe von Gebäuden erhebt sich der himmelhohe
Corcovado, der größtentheils in Wolken eingehüllt ist, mit seinen spitzen,
nackten Gipfeln, sammt seinen grünbekleideten Seiten, welche zu dem
ganzen lächelnden Bilde den herrlichsten Hintergrund bilden. Noch weiter südlich sieht man mehrere hohe Berge sich erheben, und längshin nach
dem obersten Punkt der Festung eine Bergmasse mit steilen Seiten, woraus San Jago hervorspringt und die herrliche Bucht schließt. Dieser

Rhede gerade gegenüber auf dem äußersten Rande des entgegengesetzten
Landes liegt das starke und befestigte Fort S a n t a C r u z, worauf die
brasilianische Flagge mit ihren prunkenden grünen und gelben Farben
weht. Ueber die weißen Mauern des Forts erhebt sich ein nackter, phan-
tastischgeformter Berg in ansehnlicher Höhe, und das Auge irrt umher,
bis es bei einem Städtchen P r a y a G r a n a d a rastet, das gleich am
Strande liegt, Rio gegenüber; dahinter erhebt sich eine Höhe, welche
diese Seite des Hafens beherrscht.   In der Oeffnung zwischen Santa
Cruz und San Jago sieht man das unendliche Meer mit einigen seiner
Inseln, und grade gegenüber erweitert sich die Rhede zu einer großen
Bai, aus deren Grunde die O r g e l b e r g e mit ihren scharfen Spitzen
und ungeheuren Klippenblöcken mehrere tausend Fuß über die Meeresfläche
hervorragen.

Solchen Anblick vor Augen lagen wir nun auf der Rhede.   Die
Kriegsfahrzeuge befinden sich der Mündung näher, gerade wo die Stadt
zu enden scheint, aber wo sie in der Wirklichkeit sich westlich hinzieht und
einen Winkel bildet, in welchem sich ein ungeheures Benedictinerkloster
findet; weiterhin sieht man gleichsam einen Mastenwald der Kauffahrtei-
schiffe und eine Menge von Flaggen, welche ein höchst buntes Schauspiel
gewährt.   Kriegsschiffe mit nordamerikanischer, englischer, französischer,
niederländischer, brasilianischer und norwegischer Flagge lagen gleichzeitig
auf der Rhede, und gegenseitige Besuche wurden fleißig zwischen „the
men of war" abgelegt.   In der Bucht, wo wir lagen, fuhren außerdem
40 Dampfboote nebst einer Menge kleinerer Fahrzeuge hin und her; große
gelb und grünbemalte brasilianische Feluken mit Raasegeln und Negern,
welche im Boote aufrechtstanden und mit langen Rudern ruderten, und
Canoes, aus einem einzigen Holzstamm gehöhlt, welche mit einem einzigen breiten Ruder in Bewegung gesetzt wurden, führten den hier statio-
nirenden Fahrzeugen Früchte zu. Mehrere Kriegsdampfschiffe lagen gleichfalls in der Bucht, sodaß nicht allein das Land in seinen Natur- und
Kunsterzeugnissen eine große Mannigfaltigkeit darbot, sondern auch die
stille Meerfläche die verschiedenartigste Unterhaltung gewährte.

Im Laufe der zehn Tage, die wir im Hafen lagen, wurden mehrere
Besuche in der Stadt abgestattet.   Man landet bei einer Brücke, welche
gleich unten am Hotel P h a r o u x hervorschießt und fast immer mit einer

Schaar von Neugierigen besetzt ist. Wenn man um die Ecke biegt, befindet man sich auf dem großen vierseitigen Schloßplatz, dessen eine Seite
von dem kaiserlichen Palast, die beiden anderen von der Domkirche und
einigen Privathäusern sammt einem Bazar eingenommen werden. Die
vierte ist offen gegen das Meer.

Der kaiserliche Palast ist ein nichts weniger als imponirendes, beinahe unansehnliches Gebäude von zwei Stockwerken, in italienischem Styl,
und mit einer gelblichen Farbe überstrichen. Man hat es mit einer Ka-
serne verglichen; aber ganz so arg ist es doch nicht. Als ein kleines
Lustschloß draußen in der freien Natur würde es sich recht gut ausneh-
men; aber als die Residenz des Kaisers in einer Hauptstadt ist es, wie
gesagt, unansehnlich. Die kaiserliche Familie hält sich hier auch selten
auf, sondern bringt ihre meiste Zeit in der Nähe von Rio zu, in Boa-
vista zu St. Christoph.

Die Kathedrale ist wie alle Kirchen in Rio ohne allen äußeren
Prunk; sie sieht eher etwas verfallen aus, obgleich sie schöne Thürme
hat, aber ihr Inneres ist dagegen höchst prachtvoll, strahlend von Gold,
Silber und Edelsteinen; Marmor findet man nicht, aber dagegen die
ältere höchst kunstgerechte und feine Holzschneidearbeit. Man sieht zahlreiche Heilige in Lebensgröße, und bei dem Gottesdienst entwickelt sich
alle die Pracht und Augenlust, welche in den katholischen Ländern die
Sinne ansprechen und die Seele in eine mystische Stimmung einwiegen.

Der Bazar ist ein ganz interessanter, offner viereckiger Platz, wo
sich eine Menge Buden mit Fischen, Früchten, Lebensmitteln, Kleidern
u. s. w. finden. Es ist ein Vergnügen hier zu gehen und die ungeheure
Menschenmasse zu betrachten, welche sich in wunderlicher Mischung umher-
treibt: Neger, Mulatten, Weiße, Seeleute aller Nationen, Frauenzimmer
aller Classen u. s. w. Hier herrscht ein Leben, eine Sprachverwirrung,
ein Schnattern und Lärmen von Affen, Papageien, Hühnern und anderem
Geflügel, das alle Beschreibung übersteigt. Man genießt die Früchte, die
hier in reicher Mannigfaltigkeit ausgelegt sind; man sieht Fische von
mancherlei Art, Krebse und Krabben, bekannte und unbekannte Arten;
Zwiebeln hängen in langen Reihen; Kokosnüsse liegen in großen Haufen;
Matten, Körbe, Trinkgeschirr, Töpferarbeiten, mit Einem Worte: alles
Mögliche findet sich hier in bunter Mischung.

Der Kathedrale entlang in der Richtung mit dem Strande und parallel damit erstreckt sich eine Straße, Rua directa, welche die größte und breiteste in der Stadt ist und zu welcher eine Menge anderer Straßen führen. Unter diesen ist Rua do ouvidor besonders bemerkenswerth. Abends strahlt hier aus den zahlreichen eleganten und wohlversehenen Läden eine solche Lichtmasse, daß man sich beinahe einbilden könnte, man sei auf den Boulevards oder in Regentstreet. Die Kaufleute hier sind auch größtentheils Franzosen oder andere Fremde, und man kann sich mit Hilfe einer der drei europäischen Hauptsprachen immer verständlich machen. Unter diesen prächtigen Läden will ich das Magazin zur Verfertigung von Federblumen herausheben, die äußerst künstlich und elegant aus Vogelfedern oder Insektenflügeln gearbeitet werden, und welche mit außerordentlicher Farbenpracht den Vortheil der Dauerhaftigkeit vereinigen. Von diesen Modewaaren geht eine bedeutende Anzahl nach Europa, da ein Fremder es selten unterläßt seinen Lieben in der Heimat etwas davon mitzubringen. Die Läden sind wohl versehen, man kann Alles bekommen, was man verlangt, wiewohl zu sehr hohen Preisen, was allerdings zum Theil darin seinen Grund hat, daß die Münzeinheit, ein Mille Reis (1 Rthlr. 6 Sgr. 6 Pf. Pr. Crt.) hoch ist. Man findet gleichfalls prächtige Kaffeehäuser, wo man in den heißen Sommertagen mit großem Wohlbehagen das kühlende Eis genießt.

In Rua directa finden sich die meisten Handelscomtoire, Schiffslieferanten, und die solidesten Waaren. Dort liegt auch die Börse, ein hübsches Gebäude mit einer von einer Säulenreihe getragenen Façade, aber eingeklemmt zwischen Privathäusern, sodaß sie nicht sonderlich in die Augen fällt. Sie hat ein großes Versammlungs- und ein gutes Lesezimmer, wo man eine Menge Zeitungen in allen Sprachen findet. Mittags ist hier ein Leben und eine Bewegung, wie man sie auf einem der größeren Plätze des Weltmarkts erwarten kann.

Die übrigen Straßen sind eng und schmutzig; die Rinnsteine liegen in der Mitte und sind alle äußerst schlecht gepflastert. Während der Regenzeit werden diese nämlich in solchem Grad überschwemmt, daß das Wasser oft in die Häuser dringt, alle Pflasterung wird da zerstört und man ist wirklich Abends im Dunkeln in Gefahr — die Straßen werden nicht erleuchtet — Arm und Beine zu brechen, da das Menschengedränge nie abnimmt, und die listigen Neger keinesweges dazu beitragen, Ruhe und Sicherheit in den gefährlichen Passagen zu erhalten. Man hat jedoch jetzt eine neue Art Pflasterung versucht, nämlich Eisengitter von bedeutender Dicke, deren hohler Raum mit Erde ausgefüllt wird und so eine ebene, feste Fläche bildet, sofern das Wasser den Sand nicht wieder wegspült.

Mit Ausnahme des Schloßplatzes und einiger anderen großen Plätze finden sich nirgends Laternen, sondern statt deren zündet man bisweilen an den dunkeln Abenden mitten auf den Straßen förmliche Scheiterhaufen gleich Autodafeen an; diese Scheiterhaufen verbreiten einen klaren Schein, und Kinder und Neger tanzen wild um sie umher unter Begleitung einer nicht eben allzu harmonischen Musik.

Die Häuser in Rio sind größtentheils klein und dunkel, ohne Hofräume oder Gärten und sind selten mehr als zwei Stock hoch; in den großen Straßen sind die Läden in dem untersten Stock, in dem zweiten Stock sieht man Fenster und Balkone; in den andern Straßen, wo sich keine Läden finden, hat man im untersten Stock immer hölzerne Jalousieen statt der Fenster, und diese sind meistens geschlossen; erst gegen Abend bemerkt man, daß sie ein wenig geöffnet werden und daß hin und wieder ein Gesicht flüchtig hinausblickt. Dies in Verbindung mit dem Schmutz der Straßen giebt den inneren Theilen der Stadt ein höchst unbehagliches und finsteres Ansehen; man gedeiht nicht in diesen zusammengedrängten Häusermassen, man sehnt sich nach lichteren Gegenden.

Ein Vortheil, den Rio dagegen in hohem Grade besitzt, ist der Reichthum an Wasser. Von dem Berge Corcovado, der über die Stadt ragt, hat man mit ungeheurer Arbeit und großen Kosten massive Wasserleitungen angelegt. In dem südlichen Theil der Stadt sieht man ein großartiges Wasserbecken in römischem Styl, und von hier vertheilt sich das Wasser nach allen Seiten. Man hat mehrere öffentliche Brunnen von mehr oder weniger architektonischer Schönheit, von welchen der pyramidenförmige auf dem Schloßplatz, dicht am Strande, besonders reich, wenn auch nicht geschmackvoll verziert ist. An den Straßenecken finden sich Röhren mit metallenen Schrauben, aus denen frisches Wasser in großer Fülle hervorströmt. Gleichwie in den Wüsten das Leben rings um die Oasen aufblüht und gedeiht, so sieht man um diese wassergebenden

Punkte zu jeder Tageszeit, besonders aber des Morgens, Schwärme von
Negern, vornehmlich Weibern, welche hier die beste Gelegenheit zu ihrer
Klatscherei haben, jedenfalls ist dort ein Geschnatter und ein Lärm wie
von einer Heerde Gänse.

Rio muß zum Verwundern Mangel an öffentlichen Gebäuden haben,
oder sie müssen in hohem Grade unansehnlich sein. Das Theater war
neulich abgebrannt, aber man gab doch in anderen Localen italienische
Opern und Dramen, aber, wie man mir sagte, keineswegs meisterhaft.
Die Vorstellung beginnt zwischen acht und neun Uhr Abends, währt bis
zwölf Uhr, und der Eintrittspreis ist sehr hoch, aus welchen vereinigten
Gründen ich keiner beiwohnte. Das naturhistorische Museum soll reich
an inländischen Schätzen sein, aber da es nur Sonntags geöffnet wird,
und ich da immer auf Ausflügen war, hatte ich nicht Gelegenheit es zu
sehen. Unter den Hospitälern finden sich einige, die in vorzüglichem Zustande sind; so kann ich die Misericordia nennen, die reich dotirt ist, und
deren lange Façade man von der Rhede aus sieht. Nahe bei Botafogo
findet sich eine Anstalt für Gemüthskranke, die vorzüglich eingerichtet
sein soll.

Unter anderen öffentlichen Orten will ich eines wohl im Stande gehaltenen öffentlichen Gartens im südlichen Theil der Stadt Erwähnung
thun, dessen Gänge mit leichten Gittern eingehegt sind und der eine Menge
riesiger tropischer Bäume und viele schönen Blumen enthält; aber was
ihn doch am anziehendsten macht, sind die beiden Obelisken, die in ihm
aufgestellt sind, nebst einer Steinterrasse, die ihn gegen das Meer begrenzt. Der eine von diesen Obelisken ist Dom Pedro dem Ersten
gewidmet, der andere dem: „Amor publico". Die Terrasse hat eine äußerst
geschmackvolle Treppe, zwei schattige Pavillone nach jeder Seite, und man
genießt von da eine prachtvolle Aussicht über den Hafen mit seinen zahlreichen Fahrzeugen und seinem schönen Vordergrund von Berg und Meer.
Wochentags scheint dieser Garten wenig besucht zu sein; Sonntags aber
sieht man ungeheure Menschenmassen, welche dem „Amor publico", der
durch den Obelisken verherrlicht ist, ihren Tribut zollen. Neben diesem
Tummelplatz der Freude liegt das Quartier der Fleischerbuden, ein äußerst
unbehagliches Revier, wo das blutige, unappetitliche Fleisch draußen
hängt, und wo man einem widerlichen Geruch begegnet, während die

Schlächterburschen, mit Blut besudelt, schaarenweise umherschwärmen. Die eigentliche Stadt stellt sich als ein viereckiger oder runder, von Höhen umgebener, Klumpen dar; aber gegen Nord und Süd sendet sie Arme oder Vorstädte aus, wo die Straßen rein, die Häuser hübscher sind, und wo auch die Vermögenderen wohnen oder ihre Sommervergnügungen genießen. Ich werde später Gelegenheit nehmen, auf diese zurück= zukommen.

Was in Rio dem Fremden am meisten auffällt, ist die ungewöhn= liche Mischung von Menschen. Er findet hier Europäer und Amerikaner, Portugiesen und Neger, Weiße, Farbige und Schwarze, Freie und Scla= ven, Leute mit Kleidern und Leute ohne Kleider, Hübsche und Häßliche. Die eingeborenen Brasilianer (Europäer bedeutet Unterdrücker) sind dunkel, aber haben im Allgemeinen hübsche, jedoch schlaffe Züge. Sie sprechen mit großer Lebhaftigkeit und gesticuliren fortwährend. Die braunen Augen funkeln, und das Haar ist durchgehend schwarz. Die Frauenzimmer haben im Allgemeinen regelmäßige Züge; ich sah wirk= liche Schönheiten unter ihnen mit edlen Gesichtern und großen leuchten= den Augen, wiewohl die Gesichtsfarbe nicht die reine, weiße Klarheit besitzt, die unseren jungen Mädchen eigen ist, und der Ausdruck nichts gemein hat mit der Milde und Demuth der nordischen Frauen.

Die Menge der Neger ist natürlicherweise zahllos. Man nimmt an, daß vier Fünftel der Stadt, ja der Bevölkerung des Reichs Neger sind; ein großer Theil derselben sind Sclaven, die übrigen Freie. Die Sclaveneinfuhr ist verboten, doch wird dieser Handel geduldet; es wer= den jährlich aus Afrika über 30,000 eingeführt, und er verlohnt sich, selbst wenn von zehn Schiffen neun aufgebracht werden. Die Regierung nimmt bisweilen die Sclavenschiffe weg, bekleidet die Sclaven und ver= wendet sie zu den öffentlichen Arbeiten. Man stößt in Rio oft auf eine Schaar Negerbursche, in Begleitung eines Officiers, mit Matrosenhem= den mit blauen Kragen, schottischen Mützen und blauen Beinkleidern aus= gestattet. Es findet indeß viel Unterschleif Statt, da die Beamten sie auf eigene Rechnung verkaufen, und gegen gehöriges Honorar für den Arzt aus den Rollen als todt ausstreichen lassen. England sendet allerdings viele Schiffe aus, um Sclaven aufzubringen, aber die nächste Folge davon ist, daß die Sclavenschiffe so Viele wie möglich, gegen 1300, und so wenig Proviant und Wasser, wie es nur immer angeht, an Brod nehmen, und so leiden diese elenden Geschöpfe unterwegs die grausamste Behandlung.

Ich hatte, wie Alle in der Heimat, die finstersten Vorstellungen von Sclaven und Sclaverei; aber ich habe erfahren, daß man sich in der Beurtheilung derselben oft täuscht. Der Sclave wird selten schlecht behandelt, außer von seinen eigenen freien Brüdern, die immer am härtesten gegen ihn sind. Man trifft die Neger stets munter und froh, ihre einförmigen Melodien trällernd. Mit den großen Körben auf dem Kopfe strecken sie sich im Sonnenschein auf einer Treppe oder an einem Wege hin. An der Spitze von 20 bis 30 Negern, die sich mit aller Gemächlichkeit fortbewegen, läuft jedesmal ein Vorsänger, mit einer Klapper in der Hand, welche er tüchtig schüttelt, indem er eine einförmige Melodie singt, welche von dem ganzen Trupp nachgesummt wird. Das Vergnügen strahlt aus Aller Augen. Die Alten, die graues Haar und Bart haben, sind zwar gesetzter; doch hört man sie stets trällern.

Was das Aeußere betrifft, so sind sie, mit Ausnahme des Gesichts, herrliche Gestalten von kräftigem Muskelbau und schönen Formen. Die runden Waden, vollen Schenkel und sehnigen Arme, die breite Brust und die wohlgestalteten Schultern bilden ein Ganzes, das, im Verein mit dem elastischen, geraden Gang höchst charakteristisch ist. Dasselbe gilt von den Weibern; man sieht zwar Matronen mit schlaffen oder allzu entwickelten Formen; aber die jungen sind beinahe alle wohlgestaltet. Sie verstehen es auch, sich über den Achseln mit einem einfachen Stücke Zeug auf eine zierliche und leichte Weise zu kleiden. Das Gesicht dagegen mit dem vorstehenden Mund, den dicken Lippen, der flachen Stumpfnase, der zusammengedrückten Stirn und dem krausen Haar, zugleich mit den fast beständig auf der schwarzen Haut perlenden Schweißtropfen, ist fast immer widerlich; ich habe jedoch Abstufungen gesehen, welche sich dem Erträglichen näherten.

Die Neger in Rio sind ungleichen Schlages, aus verschiedenen Gegenden Afrika's hergeholt. Diejenigen, welche aus Oberguinea kommen, Minos genannt, sind im Allgemeinen über Mittelgröße und wohlgestaltet; die Stirn ist hoch, die Nase gerader, die Lippen sind weniger dick; diese werden gewöhnlich als die einsichtigsten betrachtet, und deshalb oft als

Diener in den Häusern bei Handwerkern und Verkäufern verwendet.
Andere kommen aus Congo, Madagascar u. s. w.; alle diese haben
verschiedene Eigenthümlichkeiten und sind in der Regel feindlich gegen ein=
ander gesinnt. Alle, mit Ausnahme der Minosneger, tättowiren sich auf
verschiedene Weise an den Mundwinkeln, an der Nase, an der Stirn,
auf Brust und Unterleib. Einige feilen überdies ihre Zähne in wunder=
liche Figuren. Man sieht auch nicht selten Kaffern, von gelblicher Farbe,
mit flachgedrückten Nasen und großen Augen. Die Neger stehen oft in sehr
lockerem Verhältnisse zu ihren Herren. Gegen eine bestimmte Abgabe
bewilligt man ihnen den ganzen Tag Freiheit; was sie mehr verdie=
nen, gehört ihnen eigen, und damit kaufen sie sich zuletzt selbst los.
Während wir auf der Rhede von Rio lagen, hatten sich einige hundert
Neger losgekauft und für 800 Pfund Sterling ein Schiff nach Afrika
gemiethet; denn die Heimat übt noch immer ihre Anziehung. In geisti=
ger Hinsicht stehen die Neger tief; sie sind von Natur träge, und die Herren
wollen sie nicht anders.

Hinsichtlich des geselligen Lebens in Rio sagte man mir, daß es an=
genehm und verfeinert sein soll, obgleich die Damen etwas zurückgesetzt
zu werden scheinen. Musik und Gesang wird viel geübt, und das Fa=
milienleben soll gut und comfortable sein ohne besondere Eigenthümlich=
keiten. Durch Erfahrung mich hiervon selbst zu überzeugen, habe ich nicht
Gelegenheit gehabt, da ich meine meiste Zeit darauf verwendete, die
außerordentlich reiche und abwechselnde Natur zu bewundern und zu
erforschen.

Im Verlaufe der neun Tage, welche die Fregatte auf der Rhede
lag, machte ich mehrere Ausflüge in verschiedener Richtung. Am ersten
Tage begab ich mich auf einen Berg, der Nostra Senhora da Gloria
gegenüber, von dessen Gipfel ich eine hinreißende Aussicht über das unten=
liegende Land hatte, das sich bis St. Christoph erstreckte, übersäet von
lächelnden Landhäusern und Anhöhen, und bedeckt mit dem herrlichsten
Pflanzenwuchs. Am nächsten Tage bestieg ich Corcovado, den Riesen=
berg, der seine wilden nackten Gipfel und die von einem undurchdringlichen
Walde bekleideten Seiten über die Stadt und Botafogo erhebt. Wer
würde diese Natur, diese Bäume und Gebüsche, diese Blumen und Blät=
ter, diese Schmetterlinge und Vögelschaaren, Farben und Formen schildern,

wer die wundervolle Aussicht von diesem Berge malen können? Das
Auge verweilte auf dem Spiegel des Weltmeeres und den in seinem Schooß
sicher ruhenden grüngekleideten Inseln und folgte den steilen Klippenküsten
bis zu Cap Frio's scharfer Erdzunge. Am Fuß des Berges streckte Brasiliens Hauptstadt ihre Zinnen und Thürme empor und breitete ihre
Häuser und offenen Plätze aus, und zwischen dem Berge und der Stadt
lagen diese Höhen, welche auf ihren Seiten und Gipfeln die lieblichsten
kleinen Villen tragen, und blos deswegen hingesetzt scheinen, um zu
zeigen, wo die Freude, die Glückseligkeit ihre Wohnung aufgeschlagen
hat.   Der Hafen mit den gewaltigen Orlogs- und friedlichen Handels-
schiffen, die rauchenden Dampfboote und hastig hineilenden kleinen Barken, und im Hintergrunde dieser zauberische Strand und diese ehrfurchtgebietenden Felsen, welche in friedlicher Eintracht ihre Farben und Formen mischten, — alles Dieses vereinigte sich zu einem Gemälde, das kein
Maler, kein Daguerreotypist wiederzugeben vermag. Denn das Leben, die
Bewegung, der Schatten, die Dämmerung und Frische, dies zusammenge-
nommen gehört zu den Geheimnissen der Natur, die sie nur dem Beschauer
offenbart.   Dieses Schauspiel gesehen, diese Eindrücke der vielleicht
schönsten und großartigsten Natur der Erde erfahren zu haben, ist eine
namenlose Wonne.   Und wenn ich zu mir selbst sagte: das ist Rio de
Janeiro, was hier unter dir liegt, das ist Brasilien, was sich dort
öffnet, das sind die Urwälder einer tropischen Natur, welche dich umgeben,
— so hatte ich Mühe, mich zu überzeugen, daß das Ganze nicht ein schöner Traum sei.

Am dritten Tage machten wir einen Ausflug nach dem botanischen
Garten.   Da er ziemlich abseits liegt, fuhren wir erst auf einem kleinen
Dampfboot bis nach Botafogo, und von da gingen wir zu Fuß. Trotz der
Hitze und der Länge des Weges war es doch eine Wanderung, welche sich
wegen der schönen uns von allen Seiten umgebenden Natur verlohnte. Zuerst
kommt man nach dem eigentlichen Städtchen, mit seinen kleinen Buden und
Häusern, aber wenn man zu den entfernteren Theilen gelangt, wo die Reichen
und Vornehmen wohnen, findet man auch hier Alles, was brasilianische Pracht
entwickeln kann.   Umgeben von Gärten, in denen man doch im Allgemeinen die aus der Heimat bekannten Gewächse wiederfindet, vermischt mit
einem oder dem anderen tropischen Ursprungs, haben diese Landhäuser in ihrer

ganzen Architektur etwas Luftiges, etwas ländlichen Frieden Athmendes, und
oft sind sie mit lächelnden Farben, wie in Stuckatur, geschmückt. Vor den
klaren hohen Fenstern sieht man reiche Vorhänge und Alles verkündet Pracht
und Comfort. Je weiter man in das Land hineinkommt, desto größer
wird der Abstand zwischen den Landhäusern, aber desto größer werden die
Gärten, und man wandert beinahe die ganze Zeit zwischen weißen Mauern
oder Hecken von Akazien und Ipomeen. Nach allen Seiten hat man
die steilen Berge mit ihren kecken Massen und saftigem Pflanzenwuchs,
bis man zu einer Lagune gelangt, welche wie ein großer See aussieht,
die durch einen schmalen Sund mit dem Meer in Verbindung steht.
Ein herrlicher grüner Rahmen umgiebt den blauen See, der im Hintergrunde von Corcovado's Felsen eingefaßt wird, und wenn man in dem
botanischen Garten an der nordwestlichen Ecke des See's steht, glaubt
man im Paradiese zu sein.

Ruhig und still liegt die kleine Fläche, auf welcher der Garten angelegt ist, unter den überhangenden dunkeln Bergen, deren Seiten mit
einer Wildniß schönblühender Bäume und Gebüsche bedeckt sind, vor sich
hat man den frischen See und das Meer, und nach allen Seiten hin eine
Masse der herrlichsten Gewächse. Beim Eintritt fällt Einem zuerst ein
Gang von Palmen mit Stämmen, die gegen 13 Fuß dick sind und spitz
emporgehen, sodaß das Ganze wie gepflanzte Pyramiden aussieht, in die
Augen. Zwischen Gängen von verschiedenen Pandanusarten u. s. w.,
die während ihres Blühens ein besonderes Farbenspiel zeigen, sind Blu-
menbeete angelegt, und in dem Umkreise des Gartens befinden sich Baum-
schulen, und eine Sammlung wilder Gewächse in großer Mannigfaltigkeit. Der Brodfruchtbaum ist hier schon riesig, gleichwie der Cacao-
baum; man hat ordentlich einen kleinen Wald von Bambus und Stre-
litzia, und Bananen bilden schöne Gruppen neben Kaffee- und Thee-
pflanzungen. Die letzteren wollen nicht recht fortkommen, obgleich man
Chinesen zu ihrem Anbau verschrieben hat; aber, von Heimweh verzehrt,
haben sie ihre Versetzung nicht lange überlebt. Der Garten ist nichts
weniger als botanisch, obgleich er diesen Namen trägt. Es betrübte mich
tief, daß dieser Platz seiner Bestimmung so wenig entspricht. Er könnte
der herrlichste in der Welt sein, ein Feld, wo die Wissenschaft durch die

günstigsten Mittel zur Forschung die schönsten Siege feiern könnte, und
nun liegt er da wie ein Eden, aus welchem der strafende Engel Flora und
ihre Lieblinge mit seinem Flammenschwerte vertrieb.   Hätte die brasi=
lianische Regierung Geld und wahres Interesse für die wissenschaftliche
Ehre ihres Landes, so würde hier eine Anlage von unermeßlichem Werthe
für die Naturgeschichte entstehen und, von einem solchen Klima beschützt
und bei einer solchen Natur, Alles übertreffen, was jetzt den Stolz von
Paris, Berlin, London oder Wien ausmacht.

Dicht bei dem botanischen Garten liegen zwei Gasthöfe, wo man
selbst nach europäischem Maßstabe gut ißt und trinkt.   Von hier gehen
Omnibus regelmäßig nach der Stadt und mit einem solchen kehrten wir
zurück, nachdem der milde Abend längst angebrochen war.   Ueberall sah
man sonntäglichgeschmückte Einwohner in den Fenstern und auf den Bal=
konen, selbst die Hausflur war mit Menschen erfüllt.   Alle Toiletten
waren strahlend; ja sogar die Schwarzen leuchteten in stattlichen und ab=
stechenden Costumen.   Alle sahen froh und zufrieden aus.   Das ist et=
was, was man nur unter einem solchen Himmel erlebt, und hier wird
man um so angenehmer dadurch überrascht, da die Bevölkerung die
Wochentage über das Haus hütet und sich aller Aufmerksamkeit zu
entziehen scheint.   Man sah auch eine Menge Reiter, welche bald
durch die Straßen auf schnaubenden Rossen und leichten Maulefeln
galopirten, bald unter den Fenstern anhielten und mit Bekannten sich in
Gespräche einließen.

Der vierte und fünfte Tag ward zu Ausflügen nach dem entgegen=
gesetzten Ufer verwendet.   Nach zweistündiger Fahrt auf einem Dampf=
boot gelangten wir zu einem kleinen Waffer, auf deffen beiden niedrigen
oft überschwemmten Ufern sich ein dichter Mangrovenwald mit seinen ver=
schlungenen Gebüschen, seinen schimmernden blauen, weißen und gelben
Blumen befand.   Endlich nach unzähligen Biegungen kamen wir zu dem
Städtchen oder Flecken Porto d' Estrello, von wo die allgemeine
Landstraße theils nach der Colonie Petropolis, theils nach den obersten
Bergrevieren und Grubenbezirken führt.   Von Menschen umgeben, welche
nur Portugiesisch verstanden, hatte ich hier große Mühe, mir ein ärm=
liches Unterkommen und einen Neger zum Begleiter und Träger zu ver=
schaffen.   Das sogenannte Hôtel enthielt außer dem eigentlichen Gastzim=

3*

mer mehrere kleine meistens ungedielte Räume, wo allerlei Geräthschaften und Eßwaaren kreuz und quer ohne Zeichen von Ordnung oder Plan lagen. Die Schlafkammer war in demselben Styl, kurz das Ganze so, wie man sich nach spanischen Berichten eine elende Posada vorstellen kann. Der Weg von Estrello nach den Orgelbergen, deren steile mit Urwald bekleideten Seiten man in der Entfernung einiger Meilen sieht, ist ein Blachfeld mit wechselnden Ebenen und blumigen Anhöhen. Längs der Straße sieht man auf Ruhestellen oft ungeheure Massen von Mauleseln, die ich auch den folgenden Tag, auf beiden Seiten des Sattels schwer beladen, in Menge antraf. An der Spitze des Zuges sah man oft einen mit Federn und Schellen auf dem Kopf stattlich geschmückten Maulesel, der meistens schwarze Reiter war äußerst leicht gekleidet, trug aber gewaltige Sporen an den nackten Füßen.

Oben auf den Bergen in einer Höhe von 2000 Fuß liegt die deutsche Colonie, Petropolis, wohin die Ansiedler von Europa freie Reise haben, und welche jetzt ungefähr 3000 fast ausschließlich deutsche Einwohner zählt. Es soll ein unbeschreiblich reizender Fleck mit kühlitalienischem Klima, ein Lustort für den Kaiser und die Vornehmen in Rio sein. Ich kam leider nicht zu diesem in botanischer Hinsicht gewiß merkwürdigen Orte; denn theils kostete die Reise dahin über 10 Thlr. Courant, theils mußte ich nothwendig am nächsten Tage zurück sein.

Mein letzter Ausflug galt Praya Grande, das, Rio gegenüber, auf der andern Seite des Orloghafens liegt. Es ist eigentlich eine neue Stadtanlage, die sich von der großen Stadt losgerissen hat und Nicterohy heißt. Diese und die Hauptstadt führen den gemeinschaftlichen Namen Rio de Janeiro; aber der ersteren eigentlicher und älterer Name ist San Sebastian. Man kommt dahin auf einem Dampfschiffe, das stündlich aus Rio's Hafen abgeht. Es ist eine lange und ziemlich breite Reihe netter weißer Häuser, welche sich zwischen dem Hafen und einem schönen Binnensee freundlich erheben. Man findet dort gute Gasthöfe, und von den Anhöhen ist die Aussicht über Rio und Botafogo, Berge, Meer und Inseln wahrhaft hinreißend. Rio wird auf allen Seiten von hohen Bergen umgeben. Auf den Ebenen und Höhen wachsen reiche Wälder, welche in einiger Entfernung von der Stadt wahre

Urwälder sind. Diese Wälder, welche hier zu Lande jungfräuliche
(Mato-Virgem) heißen, weil sie, noch unangetastet von Menschenhänden,
in der ganzen jungfräulichen Schönheit und Kraft dastehen, welche
sie von Anbeginn hatten, ergreifen das Auge des Wanderers mit
einem Erstaunen, das überwältigend sein würde, wenn sie nicht zugleich das Schönste und Lieblichste vereinigten, was ein menschliches Auge
jemals erblickte. Stämme von riesenhafter Größe breiten hoch in der
Luft, die einen lichte, die anderen dunkle Blattkronen aus, voll von großen
schimmernden Blüthen, denen die Menschenhand niemals naht; die Zweige
und Aeste sind mit Schmarotzerpflanzen, Lilien und anderen Gewächsen
besäet. Von einem Baum zum andern laufen eine zahllose Menge von
Schlingpflanzen mit seltsam gekrümmten Stämmen, die bald wie Kabel-
taue zusammengedreht, bald wie Degenscheiden ausgehöhlt sind. Zwischen
diesem Netz von Lianen erheben sich unglaublich hohe Büsche mit dicht
verschlungenen Zweigen, sodaß der Blick, welcher, wie er im Norden gewohnt ist, tief in den Wald dringen will, schon von den nächsten Gegenständen aufgehalten wird. Hin und wieder bricht die Sonne
durch das dichte Laubgewölbe und wirft ihr Gold über die großen in den
herrlichsten Farben strahlenden Blüthen. Tausende von Schmetterlingen,
geschmückt mit einer Farbenpracht wie sie nur die Einbildungskraft erdenken kann, fliegen umher in dieser Wildniß der Schönheit, leuchtende
Käfer summen, und hoch oben in den Zweigen der Bäume frohlockt ein
Chor von flimmernden Vögeln mit kleinen nie rastenden Zungen. Wir
sind gewohnt uns einen Wald aus einer einzigen oder nur wenigen Baum-
arten bestehend zu denken, mit grünen Laubkronen, aber mit keinen oder
nur unansehnlichen Blüthen. Hier ist nicht einmal Raum für alle die
Arten, welche hervor wollen und einander gegenseitig verdrängen, und in
tausend Formen nebeneinander in der wunderlichsten Mischung auftreten;
in einiger Entfernung betrachtet, spielt das bald lichte, bald dunkle Grün
der Blätter in allen Regenbogenfarben, ein Wiederschein der prachtvollsten
Blüthen. Man athmet einen balsamischen Wohlgeruch ein, man sieht
ein Farbenspiel, das keine Phantasie träumen kann. Und doch ist dieses
Alles, selbst nicht einmal die Größe — Alles nimmt nämlich Baum-
und Strauchform an und Kräuter, die sich jährlich erneuern, sind
sehr selten, — Das, was am meisten staunen macht. Was die höchste

Bewunderung erregt, find die Formen, die Geftalten der Gegenftände. Die
Stämme find feltfam gewunden, bald mit dichtfitenden Zacken wie ein
Reibeifen, bald mit regelmäßigen gezackten Flügeln verfehen. Die Blät=
ter find groß, flimmernd und lederartig, auf der Außenfeite dunkelgrün,
auf der Rückfeite gelb, braun oder roth, und die Blüthen find noch mehr
abwechfelnd an Formen und Farbenpracht.

Und doch — man geht in diefen Wäldern, man ift von namenlofer
Freude erfüllt, man verfchlingt mit äußerem und innerem Sinn alles
Wunderbare, alles Prachtvolle, das fich bei jedem neuen Schritt in neuer
Geftalt darbietet, man wird ermüdet von den vielen überrafchenden Ein=
drücken, man genießt bis zum Uebermaß, bis zur Erfchlaffung — und
doch fliegt der Gedanke zurück zu unferer armen, einförmigen Natur, aber
nicht mit Bedauern, nicht mit Abneigung. Man vermißt doch das Rau=
fchen und die Frifche der Tannenwälder, die Sommerftille der Birkenhaine,
der Wiefen und Grasplätze einladendes: „Komm und ruhe aus!" Das
Leben und die Kraft der fprudelnden Quelle: mit Einem Worte, das
ferne, das arme liebe Vaterland taucht auf und nimmt bei dem Vergleich
eine fo ftolze, eine fo theuerwerthe Geftalt an, daß das Herz bei der
Erinnerung an feinen Namen und an feine Natur vor Wonne fchlägt.

In Betreff der inneren Verhältniffe B r a f i l i e n s war ich zu kurze
Zeit da, und machte zu wenige Bekanntfchaften, um etwas der Mittheil=
lung Werthes zu erfahren. Alles, was ich hörte, deutete jedoch an, daß
das Land noch weit entfernt fei, feine Beftimmung erreicht zu haben.
Mit folchen Hilfsquellen, wie fie fich hier finden, müßte Brafilien fich zu
einer unerhörten Höhe von Nationalglück erheben können. Und doch
fcheint das Entgegengefetzte der Fall zu fein. Das Land hat eine ge=
ringe, zerftreute Bevölkerung (nur gegen fünf Millionen), die größtentheils
aus unwiffenden Schwarzen befteht; die Sclaverei herrfcht in mehr als
Einer Geftalt, und die Regierung hat bisher nur fehr wenig für den Fort=
fchritt des Landes thun können. D o n P e d r o d e r Z w e i t e , ein
junger Mann von angenehmem Aeußern, befitzt geringe Seelenkraft, und
in den Kammern — bekanntlich hat Brafilien feit Pedro des Erften
Zeit 1825 eine Verfaffung — treiben die Parteien ihr Spiel. Die
Religion ift katholifch, aber alle Berichte ftimmen darin überein, daß die
religiöfe Gleichgiltigkeit aufs Aeußerfte geht, obwohl man in den Kirchen

Schaaren ihre Kniee fromm beugen, ihre Stimmen zum Lobgesang erheben und fleißig das Zeichen des Kreuzes machen sieht, wobei die Negerbevölkerung nicht den wenigsten Eifer zeigt. Die Priesterschaft soll wenig gebildet und wenig beflissen in ihrem Beruf sein, und daher rührt wohl die geringe Achtung, die man für diesen Stand hegt, und wohl auch die religiöse Gleichgiltigkeit. Beamte sind so gut wie keiner Aufsicht unterworfen, und daraus entstehen viele Misbräuche; besonders klagten die Schiffskapitäne über Nachlässigkeit und Verschlagenheit in Allem, was Zoll- und Hafenangelegenheiten betrifft. Die Verwaltung steht im Allgemeinen auf schwachen Füßen, und alle öffentlichen Arbeiten und Unternehmungen werden mit der größten Langsamkeit betrieben. Mit Einem Wort: die innere Verwaltung des Reichs verräth dieselbe Schlaffheit, welche man bei der Mehrzahl der Einzelnen bemerkt, dieselbe undurchdringliche Verwirrung, welche ich soeben hinsichtlich der Urwälder Brasiliens schilderte. Gegenwärtig ist Brasilien in Krieg mit Buenos Ayres.

Uebrigens scheint Alles ruhig und still, aber man hat geweissagt, daß die Stille nicht von Dauer sein werde. Man hat geglaubt, daß der Revolutionstrieb sich einen Weg von Europa nach der neuen Welt bahnen, das alte verfaulte Wesen zerstören und in das Spiel der gigantischen jetzt schlummernden Kräfte neues Leben bringen werde. Es ist wahrscheinlich, daß so etwas bevorsteht, denn die Sicherheit und Schläfrigkeit ist zu tief und unheilverkündend; aber bis zum Ausbruch dürfte noch eine geraume Zeit verfließen, und inzwischen steht es in der Macht der Regierung, die drohenden Gefahren abzuwenden. Die Negerbevölkerung ist weit zahlreicher als die der Eingeborenen und in Bahia haben sich die Minosneger mehrmals zusammengerottet, erhitzende Anschläge auf Arabisch angeheftet, worin Aufruhr und Freiheit die Lösung war. Aber die Negerstämme stehen einander feindlich gegenüber, sodaß die Gefahr von dieser Seite wahrscheinlich nicht groß ist. In den Provinzen sieht es dagegen gefährlicher aus; denn die Gährung zwischen den kleineren Gutsbesitzern scheint größer zu sein. Mit Einem Wort: Brasilien ist, — ob es erst eine Bluttaufe leiden, oder in stiller, friedlicher Entwickelung fortschreiten soll, — ein Land der Zukunft.

Da das gelbe Fieber, das im Jahre zuvor so entſetzlich in Rio
geraſt hatte, aufs Neue ausgebrochen war, verließen wir am Morgen
des 22. dieſen Platz, von dem man unleugbar ſingen kann, wie es im Liede
heißt: „Rio Janeiro, fürwahr du biſt eine prächtige Stadt!" Wir wurden
von Kriegskameraden hinausbugſirt, bekamen guten Wind und ſchönes
Wetter und warfen den 29. December Anker auf der Rhede von
Montevideo.

Drittes Kapitel.

Der La-Plata-Fluß. — Montevideo. — Bürgerliche Unruhen. — Roſas. —
Urquiza. — Ein Pampero. — Ausflüge. — Buenos-Ayres. — Die Ein=
wohner. — Die Quinta Roſa's. — Rückblick auf die Geſchichte von Buenos=
Ayres. — Die Magelhaens-Straße. — Die Natur der Küſten. — Die
Patagonier und die Feuerländer. — Ankunft in Valparaiſo.

Valparaiſo, den 24. Februar 1852.

Wenn man in den La-Plata-Fuß hineingekommen iſt und ſich mit=
ten vor der ziemlich hohen und durch ihre große Menge Vögel bekannten
Inſel Lobos befindet, merkt man an dem von Erdtheilchen ſtark ge=
färbten Waſſer, daß man nicht mehr auf der See iſt. Man ſieht indeß
nur hin und wieder Landſpitzen, welche aus der nördlichen Küſte hervor=
ſchießen, und ſo glaubt man in einem Meerbuſen zu ſegeln, bis man ſich
Buenos-Ayres nähert. Man fährt an Maldonado, einem mit
einem recht guten Hafen verſehenen Handelsplatz, dicht an der Mündung
des Fluſſes, und an mehreren Inſelchen vorüber, ſieht endlich Monte=
video's Leuchtthurm und zuletzt die Stadt ſelbſt, wo wir Abends den
29. December ankamen.

Die Stadt ſtellt ſich ſehr hübſch dar, gebaut auf einer hervor=
ſchießenden, hügelichten Landzunge (St. Joſeph), zwiſchen zwei Buchten,
auf deren Grund ſich zwei grüne Höhen oder Berge erheben, jeder mit
ſeinem Fort auf dem Gipfel. Die weißen Häuſer und die beiden hohen

Thurmspitzen des Doms stechen hübsch ab gegen die grünen Flächen. Der Hafen hat so geringe Tiefe, daß man sich der Stadt nur bis auf einen Abstand von ein Paar englischer Meilen nähern kann. Die Kriegsschiffe nahmen, wie gewöhnlich, die äußerste Rhede ein, und näher an der Stadt umgiebt die Handelsflotte sie in einer langen und bunten Reihe. Man landet bei einer hohen, weit herausgehenden Holzbrücke, welche von schlanken Eisenstäben getragen wird, und befindet sich unmittelbar inmitten der lebhaften Bewegung, welche die Stadt auszeichnet.

In der ersten Querstraße stößt man auf eine Menge wunderlichen Fuhrwerks und nicht weniger wunderlich gekleideter Kutscher. Die Wagen, welche zwei ungeheure, drei bis vier Ellen hohe Räder haben, sind vorne offen, und hinten und auf den Seiten mit starkem Korbgeflechte eingefaßt; in der Regel sind sie mit drei Mauleseln bespannt, und auf der einen Seite sitzt ein Mann, oder noch öfter ein halberwachsener Bursche, geschmückt mit einem rothen Wamms oder flatternden Poncho und mit einem Stücke farbigen auf eine besondere Weise um seine Beine gewickelten Zeuges.

Die Stadt ist regelmäßig in Vierecken erbaut; die Häuser haben beinahe ohne Ausnahme nur Einen Stock und flache Dächer, auf welchen am Schluß des Tages die eingeborenen Schönen die Abendkühle genießen; die Fenster sind mit eisernen Gittern versehen, welche dem ganzen Gebäude ein dunkles, fast gefängnißartiges Aussehen geben. Die Hofräume sind oft, der eine innerhalb des andern, nach allen Seiten von bewohnten Häusern eingeschlossen; sie sind immer gepflastert und bisweilen mit schönen Blumen und mit Büschen in hölzernen Kübeln geschmückt, oder mit einem oder dem andern Baum, der durch das Pflaster emporschießt. In der Mitte oder an Einer Seite ist eine Cisterne angebracht, worin Regenwasser aufbewahrt wird, und nicht selten ist ein Zelt, das Schatten und Kühle giebt, über das Ganze ausgespannt. Die Häuser sind hell und wohleingerichtet, und man überwindet, wenn man sie betritt, ganz den finstern Eindruck, den man bei der Ansicht von außen empfing. Alles deutet in den größeren Straßen auf Zierlichkeit und Wohlstand, in den kleineren dagegen verhält es sich ganz anders. Hier findet man kein Pflaster, dagegen zahlreiche Gräben, voll von stehendem, stinkendem Wasser; bald sieht man ein todtes, halbverwesetes Pferd mit Myriaden

Infekten in dem todten Fleiſch, bald ſtößt man auf einen Haufen Kehricht, Ochſenhörner und dergleichen, was den ekelhafteſten Geruch verbreitet. Die Häuſer gleichen großen Marktbuden mit kleinen Gucklöchern ſtatt der Fenſter, und das Innere zeugt eher von allem Anderen als von Reinlich= keit und Bequemlichkeit.

Dieſe Stadttheile muß man beſuchen, um das Volk in ſeiner All= tagsgeſtalt zu ſehen. Man trifft hier ſchmutzige, bärtige Menſchen mit wilden Geſichtern, deren düſterer Ausdruck keineswegs gemildert wird durch die rothe Tracht, durch den Gürtel, der den Leib in prahlenden Farben umſpannt und bald ein großes Schlächtermeſſer, bald ein Paar Piſtolen enthält, oder durch das um die Beine auf ganz beſondere Art gewundene Zeug, das der ganzen Geſtalt das Gepräge von etwas leiſe Schleichendem giebt. Aber neben dieſen Geſtalten, mit welchen Neger und Mulatten ſich vermiſchen, treiben ſich eine Menge europäiſch gekleideter Menſchen umher, da eine große Anzahl von Fremden aller Nationen ſich hier mit den Eingeborenen vermengt oder ſie wohl gar verdrängt haben.

Montevideo beſitzt mehrere Kirchen, aber wenig öffentliche Plätze und Gebäude. Die Kathedrale iſt ein ſchöner Tempel mit zwei hohen ſchmalen Thürmen und einer domartigen Kuppel, die mit einem in Blau und Gelb ſpielenden Porcellan belegt iſt, das ſich, wenn die Sonne darauf ſcheint, ſchön ausnimmt. In den kleinen Kapellen der Seitengänge ſieht man die Jungfrau Maria und verſchiedene Heilige, gekleidet in prächtigen Sammetſchmuck mit Kragen und Juwelen. Die Jungfrau Maria trägt insbeſondere ein ſehr hübſches Kleid und eine prächtige Spange.

Es gab inzwiſchen etwas, das mir merkwürdiger vorkam als alles Uebrige. Behufs der eben gefeierten Weihnachtsfeſtlichkeiten war neben dem Altar eine Krippe hergerichtet, welche recht niedlich ausſah, hier ruhte nun das Jeſuskind auf einer Hand voll Stroh, und umher ſtanden die Eltern, prachtvoll angekleidet, vornehmlich Joſeph. Ein Tiſchchen ſtand in der Mitte der Kirche, und darauf ein aus weißem Wachs gebildeter kleiner Chriſtus neben einem Theebrett, beſtimmt die Kupfermünzen zu empfangen, welche mildthätige Frommen dort könnten opfern wollen; damit die ſchwarzen Chriſten ſich indeß nicht vergeſſen halten, ſondern recht fühlbar einſehen ſollten, daß das Weihnachtsfeſt auch für ſie da ſei,

lag auf einer Erhöhung ein kleiner schwarzer Christus, in Ebenholzfarbe
glänzend und mit wolligem Haar.

Der Platz, welchem die Kathedrale ihre Vorderseite zuwendet,
war hier, wie es in allen spanischen Städten der Fall zu sein scheint,
der einzige große Markt der Stadt, umgeben von Läden, Gasthöfen und
dem Cabildo oder Rathhaus, das zugleich der Aufenthalt der Polizei
und der Verbrecher ist. Die Letzteren sitzen hinter ihren Gittern und
stecken ihre an lange Schafte festgebundenen Beutel hindurch, um darin die
Gaben mitleidiger Menschen zu sammeln. Geht man die Straße immer
weiter hinab, so kommt man in eine Vorstadt und endlich zum Stadt-
wall. Montevideo ist nämlich eine befestigte Stadt. Von der einen Landzunge bis zur andern erstreckt sich eine Mauer mit Gräben, besetzt mit
gewaltigen, aber, wie es scheint, nicht vorzüglichen Kanonen, von denen
einige da lagen, abgesondert von ihren Lafetten, wie untüchtige Selbst-
mörder. Außerhalb und innerhalb dieser Mauer ist es ein trauriger
Anblick, die Gegend zu betrachten.

Bekanntlich litt Montevideo eine neunjährige Belagerung, die mit
der Wuth geführt wurde, welche einen bürgerlichen wechselseitigen Ausrottungskrieg begleitet. Der Theil der Stadt, welcher innerhalb der
Mauer liegt, ist entweder völlig niedergeschossen oder wenigstens in hohem
Grade von feindlichen Kugeln zerstört, wovon man noch manche
Spur erblickt. Dieser ganze Strich hat deswegen ein rauhes und höchst
dürftiges Aussehen, und wird im höchsten Grade ekelhaft durch die
vielen verwesenden Pferde, und durch die Masse von Ochsenhörnern,
auf welche man überall stößt. Außerhalb der Mauern, soweit der Blick
reicht, sieht man die ganze Gegend von Gehöften gleichsam übersäet,
aber mit Ausnahme einer Vorstadt, welche dicht an der Mauer liegt,
und worin man noch Zeichen von Leben spürt, obgleich eines elenden und
hinsterbenden, sind alle diese Häuser nichts als Schutthaufen; man sieht
lauter Trümmer, die mit den leeren Wänden, den eingestürzten Dächern,
den niedergerissenen Gehegen das namenlose Elend und die Barbarei bezeugen, die während neun langer Drangsalsjahre dieser ehedem so schönen
fruchtbaren Gegend das Mark ausgesogen hatte. Man kann sich keinen
traurigern Anblick denken als Montevideo's Umgegend. Man sieht eine
unermeßliche Ebene, dicht mit Villen besäet, aber auf der Ebene wachsen

Unkraut und wilde kriechende Gesträuche. „Disteln und Dornen soll das
Feld tragen" scheint der Fluch zu sein, der dieses Land getroffen hat, und
die Wohnungen, welche sich die Menschen zur Freude und zum Genuß
gebaut hatten, sie sind nicht mehr, oder zeigen nur die nackten Mauern,
— der häusliche Friede ist dahin, die Glückseligkeit zerstört, die
ländlichen Freuden vertrieben! Man bekommt hier einige Vorstellung von
den Pampas, diesen wilden, einförmigen, unfruchtbaren Flächen, welche
rings um den Platafluß sich bis zu den Anden erstrecken, den Menschen
keinen Aufenthaltsort gewähren, und nur ein Jagdrevier für umherstrei-
fende wilde Indianer und kümmerliche Weiden für Thiere sind.

Aber gleichwie man hier in einem lebenden, oder richtiger in einem
todten Bilde alles Elend erblickt, das Hader und Krieg großen Landstrecken
zuführen kann, wie die Menschen lachende Gegenden in Wüsteneien verwandeln können, wie ihr Vernichtungsvermögen Gottes herrliche Schöpfungen zu vernichten vermag, so kann man auf der andern Seite hier auch sehen,
wie Friede und Zufriedenheit gleichsam mit einem Zauberstabe Leben und
Frische aus dem Todten und Hinwelkenden wieder heraufzubeschwören
im Stande sind. Seit dem Friedensschlusse sieht man die Trümmer voll
von Handwerkern, die sich eifrig bemühen, aus der Wildniß wieder
Menschenwohnungen hervorzurufen; der Pflug rottet die Disteln aus, und
bebaute Fluren zeugen von Leben und Segen. In einigen Jahren werden diese Gegenden ebenso lachend und fruchtbar sein wie ehemals, wenn
nicht noch mehr. Neben den Steinhäusern, die noch unbewohnt sind, hat
man an manchen Stellen einstweilig Hütten von Rasen und Buschwerk
aufgerichtet für die Familien, die jetzt ihren alten Heerd eifrig wiederher-
stellen. Die bebauten Fluren, zum größten Theil mit Mais und Wur-
zelfrüchten bestellt, waren mit Hecken der hundertjährigen Aloe umgeben,
welche gerade ihre goldenen Blüthen entfaltet hatte und mit ihren hohen
Stämmen und ihren mit dicken zackigen Blättern besetzten Zweigen einem
ungeheuren Armleuchter glich.

Auf einem meiner Ausflüge in dieser Umgegend, wo ich eben keine besonders reiche Ernte für meine Sammlungen fand, ward ich von einem
jener Unwetter überrascht, die hier unter dem Namen Pamperos bekannt
sind. Pamperos sind heftige Windstöße, die dem Platafluß und den
Fahrwassern, welche ihn umgeben, eigenthümlich sind. Von den fernen

Anden kommend und über die unermeßlichen Pampasebenen hinsausend, brechen sie hier in ihrer ganzen Gewalt los. Diese Winde sind besonders in den Monaten September und März gewöhnlich; im September sind sie am gewaltsamsten, aber selbst in den Sommermonaten können sie heftig sein. Die Dauer eines Pampero steht in umgekehrtem Verhältniß zu seiner Kraftentwickelung (strenge Herren regieren nie lange); der, welchen ich erlebte, dauerte kaum eine Stunde. Vor seiner Ankunft sinkt der Fluß plötzlich, das Barometer fällt, und steigt wieder sowie der Sturm losbricht. Der Himmel ist Anfangs klar und sonnebeleuchtet; der Wind, der gewöhnlich von Osten kommt, wendet sich nach Nord, springt plötzlich nach Nord-Nord-West und Nord-West, dann wird es einen Augenblick vor dem Ausbruche windstill. Der Himmel bedeckt sich mit Wolken, welche vom Sturm gewaltsam gejagt werden und verschwinden. Andere schwarze Wolken steigen im Osten auf und verbreiten sich, und plötzlich steht der ganze Horizont in Flammen. Gelbgrüne Lohen fahren in langen Streifen über das Himmelsgewölbe, der Donner erschallt Schlag auf Schlag, die Winde jagen rasend über die Ebenen dahin, sodaß die Kronen der Bäume sich gegen den Boden niederbeugen, der Regen fällt buchstäblich in Strömen — die ganze Natur ist in Aufruhr. Alle Pamperos sind indeß nicht gleich heftig; einige werden von einem minder gewaltsamen Sturm und minder heftigen Regengüssen begleitet; bei andern donnert es fast gar nicht; aber der, welchen ich geschildert habe, gehört zu den gewöhnlichsten, und es ist ein Schauspiel, das in seiner fürchterlichen Majestät sich recht dazu eignet, eine Vorstellung von der Wuth der Elemente zu geben.

Ich befand mich wahrlich nicht in beneidenswerther Lage, als ich auf der weiten, von wenigen Bäumen bewachsenen Ebene von den ersten Regentropfen überrascht wurde. Ich sah mich nach einem Schutz um und wurde einen Ombu (eine Art Feigenbaum mit einer dichten Laubkrone, ungewöhnlich nach unten erweitertem Stamme, von oft über acht Ellen Umfang) gewahr, fand aber dessen hohlen Stamm schon von einigen Negern eingenommen. Dicht dabei lagen die Trümmer eines Landhauses. Dahin wendete ich mich jetzt mit raschen Schritten, aber ehe ich sie erreichte, war ich völlig durchnäßt und bekam eine neue Ladung innerhalb der aller Bedachung beraubten Mauern, von welchen überdies Ziegelsteine niederprasselten, sodaß ich jeden Augenblick fürchtete erschlagen zu werden.

Als das gräßliche Unwetter endlich ausgerast hatte, begaben wir uns wieder auf den Weg, der nun einem gewaltigen Strom glich, den wir mit größester Mühe durchwateten, um zu einer Posada zu gelangen, die oben auf einer Anhöhe lag, welche wir endlich nach manchen Be- schwerden erreichten. Hier empfing man uns mit großer Gastfreundschaft, zündete ein Feuer an, um meine und meines Trägers Kleider zu trock- nen, gab uns warmen Toddy, Cigarren und Maté, wollte sich aber nicht die geringste Bezahlung aufdringen lassen. Auf diese Weise, sagte man mir, empfangen die Landbewohner immer den Fremden. Maté, den man sie beständig genießen sieht, ist eine ganz eigene Zubereitung, eine Mischung von Zucker, warmem Waffer und den zerriebenen Blättern der Ilex paraguensis, einer Staude, welche höher hinauf am Platafluß wächst und einen wichtigen Ausfuhrgegenstand ausmacht, Alles zusammen- gerührt in einer hölzernen Taffe oder Kalabas. Das Getränk wird durch ein langes, gewöhnlich silbernes Rohr eingesogen, das sich am untersten Ende erweitert.

Die Temperatur, welche vor dem Pampero brennend heiß war, ward nach dem Orkan kalt und schneidend, sodaß ich durchfroren die Stadt erreichte, deren Merkwürdigkeiten ich in Augenschein nahm, bis es Zeit war, nach der Fregatte zurückzukehren. Später unternahm ich einen andern Ausflug auf eine Anhöhe, Sierra, auf deren Gipfel man eine Festung sah, die in eben nicht gutem Zustand zu sein schien. Auf dieser Land- strecke fanden während des Krieges täglich Scharmützel statt. Die Fe- stungsthore standen jetzt offen und man sah drinnen eine kleine Besatzung Soldaten von dem wildesten Aussehen in alten, elenden Montirungen. Am Fuße der Anhöhe war ein Lager mit langen Reihen von Zelten auf- geschlagen, wo eine brasilianische Truppenabtheilung ihr Standquartier hatte. Der größte Theil der Soldaten, welche sämmtlich höchst abscheu- lich aussahen, waren beschäftigt, bei kleinen Feuern ihre Fleischportionen zuzubereiten. Ringsumher lagen die Ueberbleibsel geschlachteter Thiere, und die ganze Gegend war von einem stinkenden Geruch rohen Fleisches und halbverfaulten Aases erfüllt.

Montevideo war um diese Zeit von einer Menge fremden Kriegs-volkes heimgesucht. Innerhalb der Stadt ward der Garnisonsdienst von Franzosen verrichtet, und man sah ihre Uniformen in allen Straßen und auf allen Plätzen schimmern. Draußen auf der Rhede lagen fünf französische Linienfregatten, eine französische Brigg und zwei Dampf-schiffe, eine englische Dampffregatte, drei andere Kriegsdampfschiffe und ein Schoner, eine brasilianische Fregatte und zwei Corvetten, eine spa-nische Fregatte und eine Corvette, nebst einer sardinischen Corvette, also eine ganze Kriegsflotte, in der die meisten Seemächte vertreten waren. Auf der Rhede befanden sich zwei Admirale, ein englischer und ein fran-zösischer.

Nachdem wir einen Lootsen erhalten hatten, der die Fregatte durch die zahlreichen Bänke führen sollte, welche in Verein mit der geringen Tiefe und dem niedrigen Gestade die Fahrt den Platafluß aufwärts so schwierig macht, segelten wir ab nach Buenos Ayres. Je mehr man sich dieser Stadt nähert, desto mehr nimmt der Fluß ein schmutziges, thonartiges Aussehen an, gleichwie viele der großen Flüsse in Europa (vornehmlich die Themse), während das Wasser dessenungeachtet süß und trinkbar bleibt. Da die Tiefe selten $3\frac{1}{2}$ bis $4\frac{1}{2}$ Faden übersteigt, konnte die Fregatte der Stadt nicht näher kommen als auf eine Entfer-nung von ungefähr fünf Meilen. Wir stiegen deswegen an Bord der Corvette Lagerbjelke, welche minder tiefgehend war und sich folglich der Stadt mehr nähern konnte, und der übrige Theil des Weges ward in einem Boot zurückgelegt. Die Rhede von Buenos Ayres gewährt den Schiffen wenig Schutz, da sie voll von Sandbänken und den meisten Winden offen ist, weshalb sich auch oft Unglück ereignet. Dessenungeach-tet ist sie von einer Menge Handelsfahrzeuge erfüllt, was sich leicht er-klärt, wenn man bedenkt, daß Buenos Ayres ein Stapelplatz für das ganze Innere von Südamerika ist, Brasilien ausgenommen, und daß alle Städte und Länder, welche höher hinauf und niedriger liegen, von dort ihre meisten Bedürfnisse holen, die ihnen von europäischen Fahrzeu-gen zugeführt werden.

In der Entfernung hat Buenos Ayres das Aussehen einer großen Stadt und man hat sie nicht ganz ohne Grund das südamerikanische Paris genannt. Die Ankunft in der Stadt hat etwas höchst Eigen-

thümliches. Da der Landungsplatz so seicht ist, daß nicht einmal gewöhnliche kleine Böte bis zum Hafen rudern können, kommen große Wagen, die vorn und hinten offen sind, mit zwei, drei, ja vier Ellen hohen
Rädern zu den Passagierbooten hinaus. Auf dem einen der vorgespann-
ten Pferde sitzt der Kutscher, der äußerst leicht gekleidet ist, bald auf gewöhnliche Weise, bald mit beiden Knieen auf dem Sattel, bald in einer
halbstehenden Stellung, und aus vollem Halse schreiend. Sie legen
dicht an das Boot an, laden Personen und Sachen auf die Karren, und
bringen meistens Alles wohlbehalten ans Land. Es ist ein höchst cha-
rakteristischer Anblick diese Wagen in großer Menge weit hinaus im
Flusse gewahr zu werden; und wenn man eine Schaar Menschen in
ihnen zusammengepackt sieht, wird man unwillkürlich an die bekannten
Henkerskarren der französischen Revolution erinnert, die, voll von Opfern
für die Guillotine, durch die Straßen rollten.

Wenn man eine Treppe hinaufgestiegen ist und den Fuß an's Land
gesetzt hat, befindet man sich auf A l a m e d a n , einer herrlichen Promenade, die längs dem Hafen hinläuft, gegen die See von einer steinernen
Brustwehr begrenzt, und mit jungen Trauerweiden und kleinen laubreichen
Bambusbäumen bepflanzt. Hier findet sich die beau monde gegen Abend
sehr zahlreich ein, hier werden Toiletten und Liebenswürdigkeiten zur
Schau gestellt, hier Bekanntschaften angeknüpft, und hier genießt man
die Schönheit der Abende. Jeden Sonntag hat man Concert à la
Musard.

Parallel mit diesem Platz erstrecken sich nun wieder rechtwinkelige
Straßen, durchschnitten von dreißig andern, welche oft nach Ereignissen
in der Geschichte von Buenos Ayres benannt sind, grade wie heutigen
Tages die Straßen in Paris. In den mittleren und besseren Theilen
der Stadt sind die Straßen gepflastert, wenn auch nicht auf vorzügliche
Weise mit Rinnsteinen in der Mitte; aber in den entfernteren Theilen
findet sich gar keine Pflasterung und die Straßen gleichen Hohlwegen
oder vielmehr Kloaken, denn sie liegen oft drei Ellen tiefer als die
Trottoirs, und sind voll von allerlei Schmutz, ja oft sogar von förmlichen
Wasserpfützen. Dies ist die Ursache, weshalb man auf der einen Seite
die ungeheuren Karren sieht, welche, wie sehr sie auch erschüttert werden,

doch in ihren Fugen halten und doch auf der andern Seite alle Welt zu
Pferde erblickt.

Denn Niemand, weder Groß noch Klein, Reich noch Arm, ja selbst
nicht der Bettler ist ohne Pferd, sie sind wie festgewachsen auf demselben.
Die Pferde sind auch nicht theuer. Gewöhnlich gelten sie 10 Thaler
oder darunter, sie sind schön und wohl abgerichtet, und längs den Straßen
sieht man sie, und zwar unangebunden außerhalb der Häuser stehen, wo
die Herren abgestiegen sind und sie sich selbst überlassen haben. Es giebt
in der Stadt eine Menge Verleiher, bei denen man gute Pferde zu billigem
Preise bekommen kann, und mit solchen Verkehrsmitteln wird es dem
Fremden leicht, Ausflüge nach allen Richtungen zu machen. Es ist unglaublich, in welchem Grade sich diese Thiere vermehrt haben. Sie wurden zuerst 1535 von den Spaniern eingeführt und laufen jetzt in unbe-
rechnenbarer Zahl halbwild umher auf den unermeßlichen Ebenen im Innern bis zur Magelhaensstraße, und es giebt viele Menschen, die
Pferde oft in unglaublicher Anzahl besitzen. Rosas allein soll Hundert-
tausende haben.

Die Häuser in Buenos Ayres sind schöner als in Montevideo, aber
in demselben Styl gebaut. Sie haben gewöhnlich drei Hofplätze, den
einen in dem andern, mit Cisternen, Blumen und Sonnenzelt. Die Zimmer sind reich, auf europäische Weise, ausgestattet. In den äußersten
Theilen der Stadt sieht man natürlich, wie überall, elende Kneipen, wo
Armuth und Häßlichkeit sich in vielerlei Gestalten offenbaren. Oeffentliche Plätze und Gebäude zeigen nicht von großem Reichthum.

Die sogenannte Plaza, welche der Festung gegenüber liegt, ist der
ansehnlichste Platz, und besteht aus zwei Abtheilungen inner- und außerhalb der Recabe, einer Art in maurischem Styl aufgeführten Bazars,
oder wie man das lange mit Buden zu beiden Seiten angefüllte Gebäude
nennen soll, in dessen Mitte sich eine Doppelthür wie ein Triumphbogen
aber in nicht sonderlich geschmackvoller Bauart erhebt. Zu beiden Seiten
dieses Platzes liegen der Stadt Cabildo Rathhaus und Gefängniß vereinigt,
mit dem Stadtwappen über dem Vordergiebel, und einer Abtheilung gräß-
licher Bürgerwehr als Schutz, nebst einigen öffentlichen Anstalten. Gegen
die dritte Seite des Platzes wendet die Kathedrale ihren prachtvollen und

großartigen Portikus, dessen gewaltige Säulenreihe noch nicht vollständig ist, und es vielleicht nie wird, aber dennoch eine der schönsten Zierden der Stadt ist; auf der vierten Seite sieht man Privathäuser und zahlreiche Läden. In der Mitte des Platzes steht ein Obelisk, von einem Eisengitter umgeben, der seine Bedeutung für Buenos Ayres hat. Zum Andenken an die Befreiung der Stadt von der Herrschaft der Spanier im Jahr 1816, werden jährlich um diesen Obelisk die großartigsten und prunkendsten Aufzüge veranstaltet, an welchen alle Autoritäten der Stadt theilnehmen und welche mit einer Art wilder Mummerei, mit Feuerwerk, Spiel, Illumination, Tanz und Musterung enden. Der Platz dient auch zum Schauplatz für die bekannte Frohnleichnamsprocession, wobei der Katholicismus die ganze Pracht seines Gottesdienstes entwickelt. Ringsum von den Spitzen des Eisengitters haben die Häupter der unglücklichen Unitarier oft auf die blutdürstigen Föderalisten hinabgesehen, letzteren zur großen Freude und Erbauung. Ein anderer öffentlicher Platz ist der Fisch- und Fruchtmarkt, wo man einen großen Volksverkehr und allerlei, auf eine eben nicht anlockende Weise aufgestellte Eßwaaren antrifft. Die Früchte sind im Allgemeinen theuer, die Pfirsichen doch am wenigsten, da der Pfirsichbaum so gewöhnlich in der Umgegend ist, daß man das Holz sogar zum Heizen gebraucht.

Von den Kirchen muß zuerst die Kathedrale genannt werden. Sie liegt, wie gesagt, an der Plaza, hat aber ihre Eingänge von einer daran stoßenden Straße. Es ist ein riesengroßes Gebäude, inwendig voll von Verzierungen, aber ohne alle jene Gold- und Silbergefäße, Blumen und Bilder u. s. w., die man überall in Rio sieht. Doch fehlt es ihr nicht an Kostbarkeiten, denn die ganze Fläche, welche die Altartafel vorstellen sollte, war mit lauter Goldplatten belegt und mit über alle Beschreibung geschmackvollen Leuchtern besetzt. Eine Menge Seitenkapellen waren voll von Heiligenbildern und in einer derselben zeigte man uns ein treffliches Bildniß eines Märtyrers, das Raphael zugeschrieben wird, wiewohl dies doch zweifelhaft sein dürfte. Nahe an der Decke des Schiffes hingen alle die englischen Fahnen, welche im Jahr 1808 den Engländern genommen wurden, und worüber sich noch heute jeder wackere Buenosayrer unglaublich freut.

Hinter einer von diesen Kirchen liegt die Caserne für Rosas' Linientruppen*). Man kann sich kaum etwas Wilderes und Schrecken= einflößenderes vorstellen als diese Soldaten, sowohl hinsichtlich ihrer Be= kleidung, wie ihres Aussehens. Auf dem Kopfe haben sie eine wunderlich zusammengewundene Mütze, die wie ein Shawl mit eingesteckten Zipfeln aussieht; über den Achseln trägt der Eine ein rothes Wamms, der An= dere einen rothen zerlumpten Poncho und um die Beine ein Stück Zeug mit vorn und hinten niederhangenden Enden, das die Hüften wie in einen Sack einhüllt und worin es die armen Beine sehr unbequem zu haben scheinen. Und nun die Physiognomien! Bald Neger mit dicken Lippen und flachgedrückten Nasen, bald Gauchos mit verworrenem schwarzem Haar, brauner Haut, krummen Nasen und funkelnden Augen, das Ganze eingefaßt mit einem struppigen Kinn= und gewaltigen Knebelbart. Ein einzelnes Exemplar von diesen Soldaten zu sehen, könnte charakteristisch genug sein, aber in einem Trupp, Jünglinge und Greise, Große und Kleine, Ganze und Zerrissene, durcheinander gemischt zu finden, das stellt das Bild einer Räuberbande dar, die nach Blut und Geldbeutel dürstet.

Zur Seite dieser Caserne lag eine lange Reihe von Häusern, die von den Ministern bewohnt werden und der Sitz für ihre Departements sind, auch die Prunkzimmer der Stadt und den Versammlungssaal der Repräsentanten, der höchst prächtig ist, enthalten. Die mit rothem und grünem Saffian überzogenen Stühle stehen amphitheatralisch geordnet. Die Plätze der Zuhörer sind wie die Logenreihen in einem Theater an= gebracht, und gerade gegenüber sieht man die des Präsidenten und der Sprecher auf einer geschmackvollen Erhöhung. Im Gemach hängt das Bildniß Rosas' in Lebensgröße. Es stellt einen kraftvollen Mann in seinen besten Jahren mit männlich schönen Gesichtszügen und gutmüthi= gem Ausdruck dar, der sich auf eine Säule stützt, worin eine vergötternde Inschrift eingegraben ist, und rings umher in Stein und Holz sind die verschiedenen Handlungen verzeichnet, wodurch „das Land Grund hat Rosas als pater patriae zu ehren und zu lieben."

---

*) Der Leser wolle sich erinnern, daß dieser Brief am 24. Febr. 1852, also noch während Rosas' Regierung geschrieben worden ist.

Der Uebers.

4*

Gerade dieser Häuserreihe gegenüber lag Rosas' eigener Palast, der ein ganzes Viereck einnimmt und der geschmackvollste in der ganzen Stadt ist, in einem ebenso einfachen wie schönen Styl ausgeführt. Nur Einen Stock hoch, mit Fenstern, welche bis an die Erde hinabgehen, mit flachem Dache und weißen glänzenden Mauern, zeigte er eine so edle Symmetrie, daß weit prächtigere Gebäude oft nicht einen so imposanten Eindruck machen. Das Innere besteht aus mehreren großen viereckigen Hofplätzen, einer in dem andern; im innersten war ein hoher Lustthurm erbaut, von wo man die herrlichste Aussicht über die Stadt hatte. Rings um die von Blumen erfüllten und von hervorragenden Dächern beschützten Seiten der Höfe, die ganz an die orientalische Bauart erinnern, erstreckt sich eine Reihe prächtiger, auf europäische Weise ausgestatteter Gemächer, und in einem derselben sah man das Bildniß der Tochter Rosas', Manuelitta, in Lebensgröße. Diese, von Allen, sowohl Ausländern wie Eingeborenen geliebte und bewunderte Dame, ist eine von den Merkwürdigkeiten der Stadt. Mit ungemein gutem Verstand begabt, hat sie sogar in wichtigen Angelegenheiten großen Einfluß auf ihren Vater, sie ist sein Alles in Allem, leitet seine Bauunternehmungen und das ganze innere Hauswesen. Mit Einem Wort, sie ist ein, wenn auch nicht schönes, doch höchst ausgezeichnetes und befähigtes Weib.

Die Bevölkerung in Buenos=Ayres ist höchst gemischt. Großentheils besteht sie aus eingewanderten Ausländern, welche natürlich viel von den Sitten ihrer Heimath beibehalten, vermischt mit den ursprünglich spanischen, die der eigentlichen Bevölkerung angehören. Die Eingeborenen von männlichem Geschlecht sind herrliche Gestalten mit schönen, kräftigen Formen, Lebhaftigkeit in allen Bewegungen und einem leichten Umgangston. Die Damen sind hier wie in Montevideo im Allgemeinen sehr hübsch und anmuthig. Es ist deshalb auch ein wirklicher Genuß einen Abend in einem angenehmen Gesellschaftskreise dieser Stadt zuzubringen. Viele dieser Frauen verstehen freilich nicht ein Wort von europäischer Sprache, und Bücherkunde ist in der Regel gar nicht vorhanden (was unter Anderem vielleicht in dem hohen Bücherzoll, 31 Procent, seinen Grund hat); aber Französisch wird doch von Einzelnen unter ihnen gesprochen, und was ihnen an Sprachfertigkeit abgeht, das ersetzen sie durch Liebenswürdigkeit und sprudelndes Leben.

Will man sie im Freien sehen, so muß man gegen sechs Uhr Nach=
mittags, wenn die Sonne zu brennen aufgehört hat, Calle de Pena
besuchen.   Die Damen zeichnen sich durch eine weitgetriebene Eleganz
in der Tracht aus, wie man behauptet, oft auf Kosten der häuslichen
Wohlfahrt.   Als etwas Eigenthümliches hat man erzählt, daß sie einen
übermäßig großen Kamm im Haare tragen; doch habe ich dies nie ge=
sehen, weder in der Kirche noch sonst wo, wohl aber ihre schwarzen, wal=
lenden Locken; denn die Frauen tragen hier oft blos einen leichten Schleier
auf dem Kopf, und verachten den neidischen Hut, womit unsere Schönen
sich bedecken.   Der gewöhnliche Fächer wird dagegen nie in einer weib=
lichen Hand fehlen, und er wird mit einer wohl berechneten Fertigkeit ge=
braucht.

Die Priester machen eine zweite Classe aus.   Rivadivia, Prä=
sident von 1821 bis 1827, hob den Dominikanerorden auf, aber noch
sieht man auf den Straßen Graubrüder und andere Mönche mit ihren
Kappen und großen Hüten.   Die Priesterschaft ist mit Recht nicht eben
geachtet.   Die meisten Priester übertreten offenbar die Gesetze der Kirche,
und vielen von ihnen fehlt sogar die gewöhnliche Bildung.   Ehemals
standen sie unter einem Erzbischof, und später unter achtzehn Bischöfen.
Aber jetzt hat Buenos Ayres einen geistlichen Senat, der die höchste
Obrigkeit nach dem Papst in religiösen Angelegenheiten ist.   Die Hoch=
schule, die gleichfalls von Rivadivia gestiftet ist, scheint nicht eben zu blü=
hen, und dasselbe kann mit Grund von dem naturgeschichtlichen Museum
gesagt werden.

Von der übrigen Bevölkerung sind die Meisten entweder Handwer=
ker oder handelnde Ausländer oder auch mit diesen mehr oder weniger zu=
sammenhängende Gauchos, welche die eigentlichen Bewohner des Lan=
des ausmachen und in Kleidertracht wie in Sitten höchst eigenthümlich
sind.   Ihre Tracht ist im Allgemeinen ein Poncho, das heißt ein vier=
eckiges, gestreiftes Stück Zeug, oder ein rothes oder blaues Tuch, in der
Mitte mit einem Loch versehen, wodurch der Kopf so gesteckt wird, daß
diese Art Kappe in schönen Falten von der Schulter herab fällt; um den
Leib ist ein bunter Ledergürtel, eine Viertelelle breit, geschnallt, in wel=
chem das große Messer und die Pistolen stecken, und die Beine sind in ein
Stück Zeug gehüllt, das wie Filz aussieht und gewöhnlich von rother

Farbe ist. Die Beinkleider, welche, wiewohl nicht immer, darunter getragen werden, sind von feiner Leinwand, sehr weit, mit Spitzen am Saum
und mit mehreren Reihen hohler Nähte verziert. Man muß diese Gauchos
zu Pferde sehen; das Pferd ist untrennbar vom Gaucho wie vom Cen-
taur, und es gewährt einen höchst eigenthümlichen Anblick oft ihrer Zwei
auf einem Pferde im Galop davon sprengen zu sehen; denn sie reiten immer im Galop, in den Straßen der Stadt wie auf dem Lande mit
dem um die Schultern flatternden Poncho und dem Beinkleid um die unteren Gliedmaßen.

Alle Einwohner von Buenos Ayres tragen Rosas' Farbe, die
blutrothe. Die Herren zeigen sich nie ohne eine rothe Schnur um den
Hut, ohne rothe Weste, flatterndes rothes Band auf dem Rocke, worauf die
Devise gedruckt ist: „Es lebe die argentinische Republik! Tod den wilden, schändlichen Unitariern, Tod dem wahnwitzigen Unitarier Urquiza!"
eine Devise, welche zu Anfang aller amtlichen Urkunden, als Inschrift auf
allen öffentlichen Orten und Schildern vorkommt, welche vor Anfang des
Schauspiels von den Schauspielern ausgerufen wird, und die Losung aller Anhänger Rosas' ist. Ich werde später auf den Ursprung dieses entsetzlichen Wahlspruches zurückkommen, den man ebenso wohl an dem
Säugling, wie an dem Großvater, an dem Bettler in Lumpen, wie an
dem Vornehmen in aller seiner Pracht befestigt findet; selbst das weib-
liche Geschlecht muß in diesen gottlosen Todeswunsch einstimmen und im
Haar, auf der Brust oder um den Hals etwas Rothes tragen. Viele
Kaufleute sind so sclavisch gesinnt, daß sie ihre Läden roth bemalen, um
dadurch ihre Vaterlandsliebe, das heißt ihre Unterwürfigkeit, dem Tyrannen zu beweisen. Unser Chef hatte während seines Aufenthalts auf
dem Lande einen Diener in blauer Livree mitgenommen. Da nun diese
Farbe gerade die des Erzfeindes Urquiza ist, machte der Diener großes
Aufsehen, und ward ein paarmal gefragt: „Kommt Dein guter Freund
(Urquiza) bald nach?" Ein blauer Uniformsrock, mit welchem einer der
Unsrigen sich zeigte, ward gleichfalls mit großer Verwunderung, und, ich
glaube, nicht mit freundlichen Augen betrachtet, doch ohne weitere un-
angenehme Folgen.

Die Umgegend von Buenos Ayres ist hübscher als die von Montevideo. Hier hat noch keine Belagerung oder naheliegende feindliche Trup-

pen die herrlichen fruchtbaren Fluren verheert, und das Bild der ganzen Gegend ist schön, obgleich die niedrigen Ufer große Moräste bilden. Kein Fremder darf es versäumen, eine Wallfahrt nach Rosas' Quinta oder Landhaus zu machen. Sie liegt eine halbe Meile nördlich von der Stadt, in einer etwas feuchten, schattigen Gegend. Man miethet ein Pferd auf einen halben Tag und galopirt so die Landstraße hinaus längs der Küste. Hier trifft man reitende Soldaten, Gauchos, oft zwei auf Einem Pferd, Frauen, oder auch ein Paar auf dem Rücken des Pferdes schwankende Seeleute oder Schiffsjungen, die draußen sind, um sich herrschaftlich zu belustigen, aber vielleicht nie zuvor zu Pferde gewesen sind, und deshalb nach allen Himmelsgegenden steuern, sich mit den Händen am Sattelknopf festhaltend, um nicht über Bord zu fallen; die Arme peitschen ihre eigenen Seiten wie Taue während eines Sturms, die Beine sind zu noch größerer Sicherheit in einem Winkel hinaufgezogen, und in dieser Gestalt reizen sie Alle, die ihnen begegnen, zum Lachen. An der Küste, bis unterhalb der Festung, sieht man Weiber zu Tausenden mit Waschen beschäftigt, und soweit der Blick reicht, ist der Strand mit weißem Linnen bedeckt. Bald begegnet man einer Karawane der sogenannten Indianerkarren, das heißt großen geflochtenen Wagen, welche auf ihren vier Ellen hohen Rädern gleichsam in kleinen Häusern bald eine ganze Familie, bald Tonnen, bald Häute fortführen. Sie sind meistens mit drei oder vier Paar gewaltigen Ochsen bespannt, und mitten auf dem Joch des ersten Paares sitzt ein Kerl, mit einem langen, eisenbeschlagenen Bambusrohr versehen, womit er die Thiere durchs Stacheln leitet. Dasselbe Verfahren wird von den allgemeinen Wasserfahrern der Stadt befolgt, welche sich blos ein paar Ochsen anzuschaffen haben, und die ihre Tonnen oft mit einem Marienbilde schmücken. Bei diesem Ausflug hat man den Platafluß links, und rechts eine Menge schöner Quintas. Zuletzt merkt man, daß man sich dem ländlichen Sitze des Statthalters nähert, theils daran, daß die ausgezeichnet wohl makadamisirten Straßen mit einem feinen Eisengitter umgeben und auf den Seiten mit Reihen von jungen Trauerweiden bepflanzt sind, theils daran, daß man durch eine Art Militärstadt, mit regelmäßigen Straßen nebst kleinen rothen Ziegelsteinhäusern und weißen Zelten, kommt, die für die Leibwache gebaut ist. Vor dieser ist ein prächtiger

Exercierplatz, wo die Truppen sich täglich theils im Schießen, theils in Evolutionen üben.

Wenn man endlich die vielerwähnte Quinta erreicht hat, muß man gestehen, daß sie ein lieblicher Ruheplatz ist, fern von dem Geräusch der Stadt und den Qualen der Politik, wiewohl sie es während der jetzigen Verhältnisse für Rosas sicherlich ganz und gar nicht ist, der von hier seine Befehle aussendet und die Fäden zu dem verwickelten Marionettenspiel, das nach allen Seiten hin aufgeführt wird, in Händen hält. Das Gebäude ist ein Viereck von Einem Stock, in jeder Ecke mit einem ähnlichen kleineren Viereck versehen, und so eine Menge von Gängen, Hofräumen und Galerieen enthaltend. Alles hat das Gepräge der größten Schönheit, und das Innere ist nicht minder bequem und üppig. Nach allen Seiten hin sieht man Gärten mit herrlichen, obgleich nicht seltenen Blumen, Alles ungemein wohlgeordnet und zierlich; rings um sie ist eine Parkanlage, durchschnitten von Kanälen, beschattet von Hängeweiden. In diesem Park wird als eine Seltenheit ein Schiff gezeigt, das vor vierzig Jahren bei einer Ueberschwemmung, tief im Lande und weit vom Fluß entfernt, strandete, und nun mit ausgeworfenen Ankertauen dasteht, wohl unterstützt, und zum Tanzsaal und zur Kegelbahn eingerichtet. Um die Quinta liegen kleine nette Gebäude für die Dienerschaft, alle in demselben Styl aufgeführt; Strauße und Pfaue stolzieren umher, und das Ganze hat etwas höchst Idyllisches. In einiger Entfernung, südlich von der Quinta, befand sich Rosas' Heerlager, ich hatte aber leider keine Gelegenheit, es zu sehen.

Auf der entgegengesetzten Seite der Stadt war die Gegend noch morastiger und voll von offenen Sümpfen, wo zahlreiche Heerden weideten. Hier waren die Wege äußerst elend, und ich sah einmal einen Wagen von der eben beschriebenen Art so fest im Schlamme stecken, daß man den Schmutz unter den Rädern weggraben mußte, ehe er loskommen konnte, eine Arbeit, die mehrere Stunden wegnahm. Die Gegend ist jedoch nicht nackt, sondern dicht mit Weiden bepflanzt. Hier finden sich die sogenannten Saladeros, wo das Schlachten des Hornviehs in unglaublich großem Maßstabe vor sich geht. Die Art, wie der Inländer seinen Lazzo wirft, wie er das zum Opfer ausersehene Thier fängt, wie er ihm die Sehnen der Beine durchschneidet und die Gurgel durchsticht, ist oft genug beschrieben. Wenn die Haut abgezogen ist, wird das Fleisch in lange Stücke

zerschnitten, welche zum Verkauf umhergetragen oder in den großen Wagen, deren Inneres dann ein blutiges und widerliches Aussehen hat, aufgehängt, oder auch auf die Pferderücken unter die Reiter gelegt, um
so mürbe geritten zu werden. Getrocknet macht dieses Fleisch (Ne-
gerfleisch) nebst den Häuten einen der wichtigsten Ausfuhrgegenstände der
Stadt aus.

Das Klima wird schon durch den Namen der Stadt, Buenos
Ayres, das heißt: „gesunde Luft" angedeutet. Der Himmel ist gewöhnlich klar, und die Luft so durchsichtig, daß man im Jahr 1823
den Planeten Venus am hellen Mittag mit bloßen Augen sehen konnte.
Pamperos sind indeß nicht selten, und im Jahr 1793 schlug der Blitz
siebenunddreißig Mal ein und tödtete neunzehn Personen. Das folgende
Jahr kam wieder ein Pampero von Westen mit einer solchen Gewalt,
daß das Wasser im Platafluß sich fünf Meilen vom Ufer entfernte. Während eines solchen Pampero sollen zwei Personen mit ihren Pferden in
einem Bache ertrunken sein, der sonst kaum wie eine kleine Rinne erscheint,
und man behauptete, daß sich dasselbe einige Monate vorher in einer
Straße der Stadt ereignet habe.

Die Vegetation hatte nichts von jenem tropischen Charakter, der
Rio Janeiro auszeichnet. Der Winter ist mild, das Wasser friert bisweilen ein wenig, aber Schnee ist fast unbekannt.

Zum Schluß muß ich noch einige Züge aus der Geschichte dieser
Gegend anführen. Es würde schwer werden, auf der ganzen Erde einen
Ort zu finden, wo Ehrgeiz und Arglist, Trug und Verbrechen, Feigheit
und Grausamkeit im Verein so ihr teuflisches Spiel getrieben, so Ehre
und Glück Einzelner, Wohlfahrt und Friede des Volks, Tugend, Religion
und Gesellschaft unter die Füße getreten haben. Königsunterdrückung,
Priestergewalt und eine übermüthige Aristokratie, republikanische Pöbel-
herrschaft und dictatorische Tyrannei, Alles sieht man wie in einem Spiegel in der Geschichte dieses Landes.

1518 entdeckte Juan Diez de Solis den Fluß, welcher später
den Namen La Plata erhielt, weil man Gold darin fand, was Carl
den Fünften zu dem Glauben veranlaßte, einen neuen Pactolus entdeckt zu haben. Es wurden Truppen von Spanien hingesandt, aber alle
von den Indianern auf mehr oder minder schreckliche Weise hingeschlachtet,

und bis zum Schluß des sechzehnten Jahrhunderts erzählt die Geschichte
dieses Landes nur von Mord, Plünderung und Brand. In Paraguay,
das vom Papst Paul dem Dritten zu einem Bisthum erhoben wurde,
lag die geistliche und weltliche Macht in stetem Kampfe, bis endlich die Je=
suiten sich aller Gewalt bemächtigten und in einer Reihe von Jahren das
Land unter ihrem Eisenjoche seufzen ließen. In beständigem Streite mit
Provinzen, Gouverneuren, dem Bischof in Asuncion, den Indianern,
Kreolen und Ansiedlern hatten sie indeß eine höchst unruhige Herrschaft.
Uneinigkeit brach auch mit den Portugiesen und Brasiliern aus, als der
Papst es sich herausnahm, die neue Welt unter die beiden Nachbarn thei=
len zu wollen. Die Jesuiten wurden 1721 vertrieben, kamen aber nach
Verlauf einiger Jahre wieder zur Macht. Montevideo ward 1726
gegründet. 1767 erfolgte ein Beschluß aus Spanien, wonach die Jesui=
ten das Land räumen mußten, ihr Eigenthum eingezogen und sie selbst
nach Europa gebracht wurden. 1778 ward das Vicekönigreich Buenos
Ayres errichtet. Inzwischen waren Unruhen mit England ausgebrochen,
das mit Krieg drohte, wenn Spanien die Malvinen nicht ungestört in
englischem Besitz ließ, worauf Spanien seine Pläne bezüglich dieser Inseln
aufgab. Zu derselben Zeit hatte man Fehde mit Portugal und nie Ruhe
mit den Indianern.

Bei dem Ausbruch der französischen Revolution, als Spa=
nien und England Feinde waren, entstand in dem letzteren Lande der Ge=
danke, Spaniens amerikanische Besitzungen freizugeben und sie vom
Mutterlande unabhängig zu machen. Die Engländer nahmen Buenos
Ayres ein, wurden aber wieder durch den Franzosen Leniers, der zum
Vicekönig ernannt wurde, aber später in die Verbannung gehen mußte,
daraus vertrieben. Das Jahr darauf ward Montevideo eingenommen,
und nun machte man Anstalt Buenos Ayres wiederzuerobern, aber die
Engländer erlitten eine vollständige Niederlage. Die Einwohner der
Stadt zeigten bei der Belagerung verzweiflungsvollen Muth, selbst Weiber,
Greise und Kinder nahmen Theil am Kampfe für das Vaterland.

Die ehedem so schwache, von inneren Unruhen zerrissene Ansiedelung
hatte jetzt ihre Kräfte erprobt, ihre Bürger hatten die Flamme der Vater=
landsliebe in ihrer Brust gefühlt, eigene große Männer unter sich auftre=
ten gesehen, und die Freude geschmeckt, sich selber zu helfen, und sich selber

zu genügen. England schloß Frieden mit Spanien und erkannte die Rechtmäßigkeit seiner Herrschaft über seine Ansiedelungen an; aber nun begannen
auch Napoleon's Agenten der Ansiedelung zu verstehen zu geben, daß
sie nicht länger nöthig hätte von dem entfernten, in Elend versunkenen
Spanien abhängig zu sein, und von dessen eigennützigen Königen beherrscht zu werden; die Stimmung war daher so vorbereitet, daß die Revolution schnell um sich griff, als Castillo und Belgrano 1810 die
Fahne der Empörung aufpflanzten.   Eine Junta ward ernannt. Der
Vicekönig in Peru, der ein Heer gegen die Aufrührer sandte, ward geschlagen, und eine Gesandtschaft nach Spanien geschickt, welche eine Volks-
vertretung, Abschaffung aller Monopole, und, merkwürdig genug, die Zu-
rückberufung der Jesuiten wahrscheinlich um das Schulwesen auf einen
besseren Fuß zu bringen forderte.

In einer Seeschlacht zwischen der königlichen Flotte und Buenos
Ayres verließ das Kriegsglück die tapferen Ansiedler.   In der Stadt
selbst herrschten zwei Parteien, und eine neue Junta ward eingesetzt. Nach
vielen Unruhen, Kriegen mit Peru und Feindseligkeiten mit Montevideo
wurden endlich die Provinzen am Rio de la Plata am 9. Julius
1816 frei und unabhängig erklärt.

Der Zustand im Innern ward indeß nicht besser; denn nun brachen
die furchtbaren Kämpfe zwischen den Unitariern und Föderalisten
aus.   Diese beiden Parteien, welche noch heut zu Tage wie Wölfe sich
gegenüber stehen, wandten alle Mittel an, welche menschliche Grausamkeit
erfunden hat, heimlich und offenbar einander auszurotten. Zu der Partei
der Unitarier, welche aus den verschiedenen Provinzen einen einzigen großen Staat bilden wollten, gehörten die Aufgeklärteren der Nation, zu der
entgegengesetzten Partei, deren Losung die Förderation war, die Hefe
des Volkes.   Den Streit zwischen diesen beiden Parteien zu verfolgen,
würde eine ungeheure Arbeit sein, um so mehr, als keine Geschichte
schwieriger zu schreiben sein dürfte; denn es findet sich vielleicht nicht eine
Stätte in der Welt, wo öffentlich und daheim so frech gelogen wird, wie
hier; keine Partei hält es für ein Unrecht, der anderen alle möglichen Missethaten zuzuschreiben, und so wird es fast unmöglich, die Wahrheit zu finden. Die Föderalisten haben noch die Macht, und Rosas herrscht
mit seiner Eisenhand und Gauchokraft, des Schreckens „lazzo" um alle

Gurgeln geschlungen, sodaß dem gemarterten Volke nicht ein Klagelaut
entschlüpfen darf.

Rosas gehört unstreitig zu den hervorragendsten Persönlichkeiten
der Gegenwart. Trotz Allem, was die Welt von seinen Thaten zu erzählen weiß, trotz der schrecklichen Schilderungen, welche europäische Zeit-
schriften von ihm entwerfen, daß man sie von seinen Todfeinden erdichtet
halten sollte, trotz der Tücke, die wenigstens nach der Behauptung seiner
Gegner der Grundzug seines Charakters sein soll, kann man ihm nicht
eine Kraft absprechen, die ihren eisernen Willen durchsetzt, einen Verstand,
der weiter sieht als der der meisten Anderen, ja sogar Vaterlandsliebe;
denn um Amerika zu erheben und es von Europa unabhängig zu machen,
hat er den Muth, Jedem den Handschuh hinzuwerfen, und für dieses große
Ziel ist ihm kein Opfer zu schwer. Von dieses Mannes Leben und Thaten hat man die widersprechendsten Berichte, und seine ganze Geschichte
ist in ein Dunkel gehüllt, das vielleicht nie ganz aufgeklärt werden
wird. Ursprünglich Verwalter eines großen Landbesitzes ward er bald
Selbsteigenthümer und „erster Gaucho", das heißt Landeigenthümer und
Schlächter. Auf den unermeßlichen Besitzungen, welche er, gleich viel
durch welche Mittel, allmälig erwarb, gab er eigene Gesetze, die er mit
Strenge aufrecht erhielt und schuf aus seinen Untergebenen eine Kriegs-
macht, die den einen Indianerstamm nach dem anderen besiegte, und nach
Verlauf weniger Jahre sah man ihn, Eigner unermeßlicher Ländereien und
von mehr als 400,000 Stück Hornviehs, an der Spitze der Heere des
Freistaats auf die Indianer Jagd machen, welche von den Anden bis
zum atlantischen Meer die Pampasebenen mit ihrem Blute befruchteten.

Das Leben als Gaucho mit der ewigen Schlächterei einer zahllosen
Menge von Thieren, und das Leben als General mit Menschenjagden hat
ohne Zweifel im Verein beigetragen, seine harte, blutdürstige Gemüthsart
zu entwickeln. In seinem häuslichen Leben ist Rosas höchst eigenthümlich, er schließt sich oft lange Zeit ein, und umgiebt sich mit einem geheimnißvollen Schleier, den Niemand durchdringt. In seinem Verhältniß zu
auswärtigen Mächten besitzt er eine politische Feinheit, welche die aller
Anderen zu übertreffen scheint. Denn zwanzig Jahre lang hat er Frankreichs und Englands Versuche, sich auf entscheidende Weise in die Angelegenheiten des Landes einzumischen, zu vereiteln gewußt; selbst während der

größten Spannung und der verwickeltsten Verhältnisse ist es ihm bisher geglückt, sie zu verhindern, dem Ziele auch nur einen Schritt näher zu kommen.

Der Anführer der Unitarier, U r q u i z a, Rosas' Todfeind, stand
während unseres Aufenthaltes in Buenos Ayres mit seinem Heere nur
einige Meilen von der Stadt entfernt, und man erwartete jeden Augenblick
den Feind vor den Mauern und hiermit die Auflösung des großen Räthsels,
der Tyrannei Rosas', zu sehen. Man hielt ihn für verloren und in dem
Augenblicke, wo ich dies niederschreibe, ist das Drama vielleicht schon zu
Ende und Rosas, wie so manche andere gefallene Größe, nach London
entflohen, in dessen Bank er nicht weniger als vier Millionen spanische
Piaster, durch die blutigste Tyrannei zusammengescharrt, niedergelegt haben soll*).

Nachdem wir uns hier von unseren lieben Reisegefährten auf der
Corvette Lagerbjelke, welche ihren Cours nach der Heimat nahm, getrennt hatten, verließen wir Buenos Ayres und hielten uns auf der Rück-
fahrt noch zwei Tage in Montevideo auf, von wo wir am 17. Januar
absegelten. Von P a t a g o n i e n sahen wir, mit Ausnahme vom C a p
W a t c h m a n, wo der Oberbefehlshaber einlief, um Lotsen für die M a g e l -
h a e n s s t r a ß e zu erhalten, nichts. Das Land bestand hier aus lauter
nackten Ebenen mit klippenvollen Küsten. Innerhalb der Bucht war eine
neue Insel, P i n g u i n s - I s l a n d, wo eine Menge Schiffe vor Anker
lag, beschäftigt, „Guano" einzunehmen, und rings um die Fregatte wimmelte es von zahllosen gelbhalsigen Pinguinen. Dienstag den 27.
Januar befanden wir uns vor dem Einlauf in die merkwürdige Magel-

---

*) Der Verfasser hat sehr richtig prophezeit. Don Juan Manuel
Rosas ward am 3. Februar 1852 von Urquiza bei Santos Lugares geschlagen, floh in Gauchotracht nach Buenos Ayres, rettete sich hier als
Matrose verkleidet, mit seinen beiden Töchtern, M a n u e l i t t a und M e r -
c e d e s und seinen beiden Söhnen, J u a n und M a n u e l, auf ein englisches Schiff nach Bahia, und dann nach Europa, wo er am 26. April
in Plymouth landete und daselbst von den Behörden ehrenvoll aufgenommen wurde, worüber das Ministerium im Parlament zur Rede gesetzt
wurde. Die neue Regierung von Buenos Ayres confiscirte sogleich Rosas'
unermeßliches Vermögen, in Ländereien und Viehheerden bestehend, zum
Besten des Staats.   D. Uebers.

haensstraße, aber wegen der westlichen passatartigen Winde, welche in
diesen Fahrwassern herrschen, kostete es große Mühe Cap Virgins,
Patagoniens südöstliche Erdzunge, zu umsegeln. Die Küste glich hier
ganz Englands schräg abgeschnittenem, ins Meer niederstürzendem weißem
Gestade, das wie ein Festungswall aussieht, nur besteht dies hier aus
Kreide.

Die Schwierigkeit, die Magelhaensstraße zu befahren, ist allgemein
bekannt, und die Fahrt, vornehmlich von Ost nach West, in hohem Grade
gefürchtet. Der Grund hiervon mag theils in den herrschenden westlichen
Winden, welche alle Beschleunigung der Fahrt nach dem stillen Meere
verhindern, theils in der Enge des Fahrwassers, das dem Kreuzen ungünstig ist, — wobei man überdies mit starken Strömungen zu kämpfen
hat, — theils in dem Mangel an guten Ankerplätzen liegen. Fügt man
die Strenge des Klima's, selbst in den sogenannten Sommermonaten,
hinzu, so ist es einleuchtend, daß die Fahrt hier nicht zu den angenehmen
gehört. In der späteren Zeit hat man jedoch ziemlich genaue Karten der
Straße entworfen, sodaß sie nun wahrscheinlich mehr besucht werden wird,
denn durch die Benutzung der Straße gewinnt man viel Zeit und entgeht
überdies den gewaltsamen Stürmen des Cap Horn, der hohen See und
der lästigen Feuchtigkeit und Kälte. Die Straße wird bereits jetzt von
Dampfbooten und kleineren Schiffen befahren, aber, wenn ich nicht irre,
hat von Kriegsschiffen nur eine einzige englische Fregatte vor der „Eugenie"
diesen gefährlichen Durchgang gewagt.

Auf der südlichen Küste von Patagonien trafen wir ein englisches
Kriegsschiff „Virago", das sich auf einer ganz eigenthümlichen Expedition
befand. Nachdem es im Oktober England verlassen hatte, um zu dem
in Valparaiso liegenden Geschwader zu stoßen, hatte es in der Magelhaensstraße folgendes Abenteuer erlebt:

Die Regierung von Chile hatte eine Art Strafcolonie in Sandy
Point gegründet, wo eine ziemlich große Anzahl Menschen sich unter
Aufsicht eines Statthalters befand. Ein paar Artillerielieutenants
wurden zu seinem Beistand abgesendet, setzten sich aber an die Spitze eines
Aufruhrs, welcher den Mord des Statthalters, die Freilassung der Ver-
brecher und allerlei Brandstiftungen zur Folge hatte. Virago landete bei
Sandy Point, mit Allem unbekannt; einer der erwähnten Lieutenants

kommt an Bord, stellt sich als Adjutanten des Statthalters vor, und
zwar als beauftragt, die „Honneurs" zu machen, während des Statthalters höchst bedauerlicher Krankheit. Der Capitain geht ruhig an's
Land mit seinen Officieren, und während sie im Hause des Lieutenants
mit größter Gastfreundschaft empfangen und bewirthet werden, umgiebt
man das ganze Haus mit einer Kette von Bewaffneten, die bereit sind,
auf den ersten Wink hineinzustürzen und die Fremden zu ermorden. Man
stimmt zweimal ab, aber mit einer Mehrheit von drei Stimmen siegt die Meinung, daß es unmöglich sei, das Kriegsschiff zu erobern oder sich gegen die gewaltigen Bomben=Kanonen, selbst nach dem Mord der Officiere, zu vertheidigen. Sie bleiben also verschont, und das Schiff geht ohne Ahnung
der Gefahr ab.

Als Virago nach Valparaiso kam, hatte man noch keine Nachricht
von dem Aufruhr, als man aber später den Vorgang erfuhr, und zugleich,
daß die Verbrecher an Bord eines geraubten Fahrzeugs gegangen waren,
und die Ansiedelung Port Famine überfallen, geplündert und verbrannt hatten, wandte sich die Regierung an den englischen Admiral mit
der Bitte um Beistand, und da englische Unterthanen vorsätzlich ermordet
waren, ward Virago über Hals und Kopf zurückgeschickt, um die Mordbrenner aufzuspüren.

Patagoniens Küste schien zu Anfange der Straße aus lauter nackten Hügelchen zu bestehen, unter denen ein einzelner Felsengipfel hier und
da hervorragte. Bisweilen sah man auf den Ebenen einige Guanacos,
den wilden Urstamm der Lamas, das im südlichen Amerika als Lastthier
gebraucht wird. Etwa bei Sandy Point fangen die Küsten an bergiger zu werden und sind mit grünen Wäldern bekleidet. Diese Wälder,
welche aus Buchen bestehen, haben wahrscheinlich nirgends ihres Gleichen.
Die tropischen Urwälder mit ihren von einem Lianennetz umschlungenen
Bäumen und Büschen sind nicht schwieriger zu durchdringen. Die
Stämme stehen hier so dicht, daß man selten eine Oeffnung findet, durch
welche man hineinschlüpfen kann; der Raum zwischen den Stämmen ist
theils von jungen Bäumen mit riesenmäßigen Zweigen, theils von einer
Masse anderer Buscharten, worunter drei große und stechende Berberitzen
sich befinden, theils von niedergefallenen und als Folge des feuchten Klima's und ewigen Regenwetters vermoderten Stämmen ausgefüllt, welche

gehäuft übereinanderliegen und gegen welche der stärkste Windfall in den nordischen Wäldern wie ein ebener Landweg anzusehen sein würde. Hat man mit äußerster Anstrengung den einen Theil des Leibes durchgewunden, so bedarf es großer Geschmeidigkeit, den anderen Theil gleichfalls von allen Hindernissen, die ihn festhalten, frei zu machen. Denn diese verfaulten Stämme sind im Allgemeinen so feucht und glatt, daß man über sie hinstolpert; wiewohl die Bäume selbst sich von unseren Buchen durch kleine Blätter und aufgesprungene Stämme unterscheiden, haben sie doch durch den ganzen Bau des Laubwerks eine flüchtige Aehnlichkeit mit ihnen. Zwischen den Wäldern ziehen sich überdies Sümpfe und Moräste hin, mit einem stechenden Schilfe bewachsen, und rothe, ellentiefe Moore, wo man bis an die Kniee einsinkt. Diese vereinten Hindernisse machten es mir unmöglich, die Bergbezirke im Lauf der beiden Tage zu erreichen, welche zu unserem Ausfluge bestimmt waren. Wir streiften jedoch weit umher, lagen Nachts unter einem getheerten Segel, und brachten eine hübsche Sammlung Pflanzen mit an Bord, theils Stellvertreter der Flora des nördlichen Europa's, theils amerikanischer Geschlechter.

Nach einem Aufenthalt hier von drei Tagen, während der Wind günstig war — ein Umstand, dessen ich erwähne, um das Opfer zu bezeichnen, das unser Chef der Wissenschaft brachte, indem er die günstige Gelegenheit, vielleicht in einem oder zwei Tagen die Fahrt durch die Magelhaensstraße zu vollenden, nicht benutzte — fuhren wir weiter. Aber nun wehten wieder westliche Winde und machten die Fahrt sehr langsam und beschwerlich. Nach langem Wenden und Kreuzen ward endlich beschlossen Cap Froward den 7. Februar zu umschiffen, aber der Wind blies fortwährend gerade entgegen, und nachdem wir während dieser langsamen Fahrt uns mit dem Anblick spritzender Wallfische und großer Vögelschaaren belustigt hatten, bekamen wir endlich am 10. Februar, einen frischen östlichen Wind, der uns mit dem Anbruch der Nacht in das stille Meer hinausbrachte.

Herrlich ist es aber dennoch als Reisender und Zuschauer die schwierige und gefährliche Magelhaensstraße zu durchfahren! Die Temperatur ist freilich bisweilen etwas niedrig, bis auf 3° Kälte, obgleich es hier jetzt natürlich mitten im Sommer war. Von Cap Froward bis zur Ausmündung in das stille Meer segelt man in einem schmalen Kanal, um-

geben von Felsen in den malerischesten und großartigsten Formen, die
hinab nach den Küsten zu mit reichen Wäldern bewachsen, aber deren
Gipfel mit schimmerndem Schnee bedeckt sind; bisweilen sieht man hüpfende Wasserfälle an der Seite der Gletscher, welche ihre lichtblauen, von
der Sonne blinkende Massen, gerade gegen die See hinabstrecken — auf
der einen Seite Alles üppig und reich, auf der anderen Alles gewaltig
und groß. Die Schneemassen und Gletscher sollen eine noch gebietendere
Gestalt um die Sunde und Kanäle in der Nähe des Cap Horn annehmen, aber schon Das, was wir sahen, erfüllte uns mit der Bewunderung und Freude, welche eine großartige und ungewöhnliche Natur nie
zu erwecken verfehlt.

Mit Ausnahme der prahlenden Gewächse, der flatternden Vögel
und der spritzenden Wallfische, war Alles einsam und todt. Wir sahen
nicht ein einziges menschliches Wesen, weder in Patagonien noch im Feuerlande, und ich kann also als Augenzeuge nichts von den Menschen berichten, welche Darwin, „die elendeste Art des Menschengeschlechts in dem
elendesten Lande" nennt. Sowie sich Patagonien durch seine laubreichen
Wälder von dem meistens wilden und nackten Feuerland unterscheidet, so
unterscheiden sich auch die Patagonier von ihren elenden Nachbarn, den
Feuerländern. Die Ersteren wohnen in Zelten und hüllen sich in Gua-
nacohäute. Sie leben von der Jagd und besitzen viele Pferde, haben sich
auch eine Art von Gemeinwesen eingerichtet. Die Letzteren dagegen, welche
zweifelsohne auf der untersten Stufe der menschlichen Cultur stehen, und
nicht einen Funken religiösen oder gesellschaftlichen Gefühls zu haben
scheinen, leben in Wigwams, wovon wir einige verlassene Exemplare auf
einer herrlichen von Wald bewachsenen Erdzunge bei einem strömenden Flusse
sahen. Diese Wigwams werden von Bast in Form großer runder Hunde-
hütten zusammengebunden, und in ihnen liegen die Einwohner, nackt oder
in eine Haut gehüllt, sich von Muscheln, — wovon wir vor einer der
Hütten einen ganzen Hügel aufgestapelt sahen — von Seehunden und
rohen Fischen nährend. Bekanntlich sind die Feuerländer in mehrere
Stämme getheilt, welche sich streng von einander scheiden, aber alle sind
diebisch, zänkisch und argwöhnisch. Sie essen gewisse Theile der Leichen
ihrer Feinde, und wenn die Weiber alt werden, verzehren sie auch diese,
„denn sie können nicht, wie die Hunde, Ratten jagen." Die Patagonier

sind besonders milde, gutmüthige Geschöpfe, die sich gegen Fremde wohlwollend erweisen, die Feuerländer dagegen wild und boshaft.

Wenn man die naturgeschichtliche Beschaffenheit der Magelhaens=
straße bedenkt, ihre mit gewaltigen Schneemassen bedeckten Berggipfel,
während die Seiten von grünen Wäldern bekleidet sind, welche nie das
Laub verlieren, ferner, daß Papageien und Kolibris in diesen Wäldern
flattern, während Wallfische sich draußen im Sunde tummeln, daß es hier
große Vögelschaaren giebt wie auf den Inseln der nördlichsten Bezirke der
nördlichen Halbkugel — daß die Schneegrenze hier dieselbe ist wie in un=
sern höchsten Felsengebieten, während die Einwohner dennoch fast nackt
gehen und fester Wohnungen ermangeln — so muß man einräumen, daß
diese Gegenden für den Naturforscher eine Anziehungskraft wie wenige
andere Länder haben müssen.

Den 22. Nachmittags liefen wir in Valparaiso's Hafen ein. Alba-
trosse mit ihrem majestätischen Flug, Captauben und Seeschwalben um-
flatterten das Schiff, während weißköpfige Tummler um dessen Bug spielten. Virago kam zwei Tage später an. Es war ihr geglückt, das ge-
raubte Schiff zwischen den südlichen Chiloeinseln zu fassen und sie
führte die ganze verschworne Seeräuber = und Meuchelmördersippschaft im
Schlepptau mit, die nun der verdienten Strafe entgegengeht.

Viertes Kapitel.

Valparaiso. — Die Indianer. — Die Guacos. — Klima; Erdbeben. —
Verfassung der Republik Chile — Die Chinchainseln. — Der Guano. —
Callao. — Zerstörung des alten Callao. — St. Filippe. — Eisenbahn
nach Lima. — San Lorenzo — Die Republik Ecuador. — Gujaquill. —
Puna. — Die südamerikanischen Republiken. — Chimborazzo. —Ankunft
in Panama.

Panama den 19. April 1852.

Valparaiso ist die wichtigste Seestadt des Freistaats Chile
und zugleich als Stapelplatz der ganzen Westküste Amerika's zu betrachten. Diese Stadt liefert sogar Waaren aus erster Hand nach Nordamerika, demzufolge der Handel, und Alles, was damit in Verbindung
steht, mehrere Vorrechte in Chile genießt. Valparaiso's Hafen ist deshalb von einer großen Anzahl Fahrzeuge aller Nationen besucht. Es befindet sich kaum ein Handelsschiff im stillen Meer, das nicht in diesem
Hafen einkehrt mit Ausnahme der Wallfischfänger, von welchen hier nur
eine geringe Anzahl beilegt.

Die äußere Seite des Hafens ist offen und nicht ganz sicher
sodaß viele Unglücksfälle vorkommen. Mehr einer offenen Rhede ähnlich,
ist er vornehmlich nördlichen Stürmen ausgesetzt, welche während der
Wintermonate (Mai bis September) gewaltig sein sollen. Man erzählt,
daß im Jahre 1823 siebzehn Schiffe an der Küste zu Grunde gingen,
und jedes Jahr ereignen sich neue Unglücksfälle. Da ohnehin jedes Schiff, das
in Noth gerathen ist, hierher seine Zuflucht nimmt, so habe ich nirgends eine
so große Anzahl von Schiffen unter Reparatur gesehen wie hier. In den
Sommermonaten dagegen ist der Hafen allezeit sicher, wiewohl die Land-
brise, welche sich mitten am Tage einfindet, auch heftig sein kann.

Da die Tiefe ganz ansehnlich ist, liegen die Handelsschiffe dicht am
Lande. Die Kriegsschiffe dagegen ankern weiter draußen. Auf den ersten
Anblick hat Valparaiso etwas, das an Madeira erinnert; es ist derselbe
Hintergrund von Bergen, dasselbe verbrannte röthliche Erdreich. Aber
man vermißt Madeira's hohen Kamm mit den formenreichen, in Wolken
eingehüllten Gipfeln. Der Kamm streckt sich hier beinahe gleichmäßig

5 *

von der einen Seite des Gesichtskreises zur anderen, hier und da gegen
Norden unterbrochen von einigen unbedeutenden Erhöhungen in Form von
Hügeln, oder von einer ansehnlicheren Vertiefung. Von diesem Kamm
laufen nach dem Meere zu, gleichsam erstarrte Ströme, getrennt durch un=
regelmäßige Einschnitte, sodaß das Ganze wie ein Bergjoch aussieht mit
tiefen Quersenkungen, die fast bis zum Meeresstrande hinabgehen und blos
einen schmalen Erdstreifen frei lassen, auf welchem die Stadt liegt. Sie be=
steht folglich blos aus zwei längs dem Meere hinlaufenden Straßen nebst
Querstraßen. Aber weiter gegen Norden, wo die Berge sich mehr von
dem Meer entfernen, liegt die Vorstadt Almendral, die einen ganz
anderen Charakter hat als die eigentliche Stadt, welche für gewöhnlich
nur „der Hafen" genannt wird. In letzterer sind die Häuser dicht zu=
sammengepackt, ohne Höfe und Gärten, und haben ein ganz europäisches
Gepräge. Hier sieht man Kaufleute, Schiffer, Matrosen und Geschäft, und
hört nichts als Lärm; Almendral dagegen ist weit stiller; dort gleichen
die Häuser mehr kleinen Villen, und da man mehr Raum hat sich zu be=
wegen als in dem „Hafen", sieht man oft Gärten, und das Ganze hat
das eigenthümliche spanische Gepräge. Valparaiso ist indeß keineswegs
so schön wie Montevideo oder wie Buenos=Ayres. Die besseren Häuser
liegen zwischen häßlichen Baraken eingeschichtet, und Ordnung und Ge=
schmack fehlen völlig. Die meisten Fenster gehen nach den Höfen zu, sodaß
die Straßen todt aussehen. Im „Hafen" sind die Läden ganz europäisch;
kostbare Waaren sind in den großen Fenstern ausgestellt wie in Berlin
und Paris, und allenthalben sieht man zierliche Conditoreien; in Almen=
dral verkauft man ganz einfach; Waaren, die nicht eben kostbar zu sein
scheinen, sind in kleinen elenden Buden aufgethürmt, oder auf einem
Tisch ausgebreitet. Die Bude ist oft der einzige Aufenthaltsort der
Familie.

　　In dem nördlichsten Theil der Stadt finden sich jedoch mehrere große
Gärten, wo großentheils Früchte gezogen werden. In Almendral sah ich
zwei halböffentliche Gärten, wo man zwischen Spalieren, die sich vom Ge=
wichte schwellender Traubenbüschel zur Erde beugen, umgeben von lieb=
lichen Blumenanlagen, sich ergeht. Was hier, wie überall wo ich ge=
wesen bin, mich befremdet hat, ist, daß die Flora in den Gärten der nor=
dischen gleicht, daß man in des Südens Gärten dieselben Lieblinge findet,

welche wir in unseren Gärten haben, während die Gewächse auf freiem
Felde, außerhalb der Grenzen der Städte, eine ganz andere Farbenpracht
und Schönheit in Blättern und Formen zeigen. Was in diesen beiden
Gärten meine höchste Theilnahme in Anspruch nahm, waren ein paar
riesenmäßige Exemplare des merkwürdigen Nadelbaumes Aracauria
excelsa, der hier in seinem Vaterlande im Freien wächst. Ich habe in
dem Rotschild'schen Garten in Frankfurt ein Exemplar von zehn bis
zwölf Ellen Höhe gesehen, aber hier erstaunt man über die Riesengröße,
welche die unserer höchsten Tannen weit übertrifft.

Valparaiso ist nicht reich an öffentlichen Gebäuden. Das Schauspielhaus hat eine ganz hübsche Façade, aber übrigens ist es ohne alle
bauliche Eigenthümlichkeit. Man gab während unseres Aufenthaltes
gerade die letzten Vorstellungen der Saison, italienische Opern wie „Ernani"
und „Nebucadnezar", und, wie man behauptete, gar nicht schlecht. Der
Victoriaplatz vor dem Theater ist mit einer Doppelreihe von grünbe-
malten Stangen besetzt, welche alle Chile's schöne Flagge tragen, roth,
blau und weiß mit einem Stern in der Ecke, was dem Platz ein höchst
eigenthümliches Aussehen giebt. Dem Schauspielhause gegenüber ist eine
große Kirche, die schon fast einer Ruine gleicht, obgleich sie noch nicht
vollendet ist, wenigstens machen die hier und da niedergefallenen Mauer-
steine und die großen, leeren Fensteröffnungen einen solchen Eindruck.
Mehrere andere Kirchen sollen inwendig schön sein, aber ich kam in keine
derselben. Valparaiso hat außerdem noch sechs Klöster, wiewohl die Ab-
legung des Klostergelübdes verboten ist.

Das Unterrichtswesen in Chile steht keinesweges auf verächtlichem
Fuße. Die Hochschule in St. Jago hat ein gewisses amerikanisches
Gepräge. Gute niedere Unterrichtsanstalten soll es mehrere geben, die
meisten sind auf englische Weise eingerichtet, die Schulen in Valparaiso
haben vornehmlich den Zweck, Handelskenntnisse beizubringen.

Ein anderes öffentliches Gebäude ist die Börse. Sie liegt gerade
vor der Landungsbrücke und ist ein ansehnliches, mit einem Thurm ver-
sehenes Gebäude; ein Platz davor, der einem Markte gleicht, ist voll von
englischen, französischen und deutschen Manufakturwaaren und wimmelt
von allen Arten handeltreibender Leute, von Ruderknechten und Frucht-
verkäufern bis zu Großhändlern. Die Kaufleute in Chile haben ein aus-

gedehntes Freilagerrecht für die Waaren, welche sie später längs der ganzen Küste versenden, und haben daheim in ihren Läden blos Proben davon, da die Steuer sehr hoch ist. Man muß also sich lediglich
auf die Probe verlassen, und sich häufig bequemen, die Waaren in der
Gestalt und Menge anzunehmen, worin sie sich in der Niederlage befinden. Ist der Käufer unzufrieden, so begleiten die Rückgängigkeit des
Geschäfts neue Zollabgaben und unendliche Verdrießlichkeiten, worüber,
wie über andere Verkehrsbeschwerden, sehr geklagt wird. Man baut
jetzt ein überaus großes Lagerhaus.

So sieht Valparaiso infra montes (unterhalb der Berge) aus; aber
zwischen und auf den Bergen liegt ein anderer Theil der Stadt, der nicht
minder Aufmerksamkeit verdient. Hier wohnt die Hefe des Volks und
die Häuser bieten einen märchenhaften Anblick dar. Sie sind elende Lehm-
hütten von einigen Ellen im Geviert, mit der Feuerstelle oft außerhalb
der Thür, und fast blos auf einigen Balken errichtet; Unreinlichkeit aller
Art verpestet die Luft, und ekelhafte, schwarze, wilde Gesichter, Alte und
Junge, gucken hie und da heraus. Im Innern einer solchen „quebrada"
sieht es schauderhaft aus, und wie malerisch diese Hütten auch über die steilen Bergwände hinaushängen, so verschwindet doch alle künstlerische
Täuschung, wenn man sie nahebei in ihrer ganzen nackten, widerlichen
Wirklichkeit betrachtet. Oben auf den flachen Jochen liegen dagegen oft
Villen mit Balkonen und laubreichen Hainen, welche mit der schönsten
Ausstattung im Innern die herrlichste Aussicht über die Häuserterrassen
zwischen den Bergen, über die Stadt und den Hafen mit seinen unzähligen Handels = und Kriegsschiffen, sowie über die klippenreiche Küste ver-
einigen, hinter welcher die Andeskette hin und wieder einen von ihren
glänzenden, schneeweißen Gipfeln in die Höhe hebt, unter welchen der
Vulkan Aconeagua schon draußen auf der Rhede sich wie ein hoher
Kegel zeigt, der seine blendenden weißen Seiten mächtig gen Himmel streckt.

Die bessern Classen in Valparaiso haben sich allzusehr mit den
Fremden gemischt, um Anderes von der spanischen Eigenthümlichkeit zu-
rückbehalten zu haben als eine unbegrenzte Gastfreundschaft. Wer Gelegen-
heit hatte, in das Familienleben eingeführt zu werden, weiß, daß der
Bewillkommnungsgruß, der dem Fremden geboten wird, heißt: „Sehen
Sie das Haus mit Allem, was darin ist, als das Ihrige an." Mittags-

und Abendgesellschaften mit Tanz lösen einander ab; man findet überall ebenso viel wirkliches Vergnügen wie guten Ton und Liebenswürdigkeit. Die Damen der höheren Gesellschaft haben im Allgemeinen das spanische Gepräge, das heißt Schönheit und Zierlichkeit. Sie kleiden sich mit Geschmack, besonders wenden sie große Sorgfalt auf Haare und Füße; sie scheinen indeß weniger häusliche Frauen im europäischen Sinne zu sein als anmuthige Modepuppen, deren Geschäft es ist, sich zu zeigen und liebenswürdig zu sein.

Zeigen die sogenannten höheren Stände ein angenehmes Aeußeres und eine gewisse Intelligenz und Gesittung, so bilden die niederen einen wahren Gegensatz. Man erblickt sie auf der Straße schmutzig und abstoßend und sie haben selten regelmäßige Züge, aber ein Wesen, das völlig Mangel an äußerer wie innerer Bildung verräth. Dies tritt auf dem Lande vielleicht nicht ganz so schroff hervor. Die Bauern sollen sogar freundlich, herzlich und verhältnißmäßig arbeitsam sein. Aber da man weiß, daß die alte spanische Lehnsverfassung auf den großen Laciendas (Landbesitzungen) noch in ihrer ganzen ehemaligen erbherrlichen Heiligkeit herrscht, und daß der Arbeiter in den Gruben — deren Ausbeutung die Hauptsache im innern Chile ausmacht — nicht viel besser als ein Sklave ist, der kaum den Unterhalt für sich und die Seinigen erwirbt, und der keine andere Aussicht in die Zukunft hat als hinzusiechen und lange vor der Zeit von Ermattung und Anstrengungen, die unsere Vorstellung übersteigen, zu altern, so kann man auf die Bildungsstufe schließen, die das Landvolk erreicht hat. Dem Arbeiter in der Stadt wird auch kein günstiges Loos zu Theil; und wenn er nur Wassermelonen und gedörrtes Fleisch hat, so ist er zufrieden und verschläft alle andern Wünsche in den vier elenden Wänden seiner Hütte, die einer Hundehütte gleicht.

Die Indianer lagen ehemals in fortwährendem Streite mit den europäischen Einwohnern Chile's; aber jetzt haben sie sich weiter südlich zurückgezogen und nehmen weite Landstrecken ein, während Chile's Staatskunst darin besteht, auf dem schmalen Erdstreifen zwischen den Cordilleren und dem stillen Meere in Frieden zu leben. Die sogenannten Gausos sind die „Gauchos" der Plataprovinzen, denen sie an Sitten und sogar an Kleidertracht sehr ähnlich sind. Kräftig und unbeugsamen Sinnes, von wildem und kräftigem Aeußeren, ausgezeichnete Reiter, sieht man

sie mit Blitzesschnelle über die unermeßlichen Ebenen im Innern hinja-
gen. Es gehört mit zu ihrer Abrichtungskunst, daß das Pferd im Galop auf eine Wand zuläuft, und in dem Augenblick, wo es im Begriff
ist, sie zu berühren, sich plötzlich auf den Hinterbeinen erhebt und sich
herumwirft, oder im Schnelllauf einen Pfahl umkreist, den der Reiter
die ganze Zeit über mit der Hand bestreift. Sie zeigen sich oft zu Pferde
in Valparaiso und fallen immer durch den bunten Poncho auf. Die Füße
in unmäßig große Steigbügel gesteckt, die aus einem Stück Holz ausgehöhlt und zierlich ausgeschnitten sind, mit einer Viertelelle langen und
oft zwei Zoll breiten Sporen, auf einem aus mehreren Häuten oder über-
einandergelegten Decken bestehenden Sattel sitzen sie, mit dem von ihnen unzer-
trennlichen „Lazzo" an der Seite, zu Pferde. Die Vermögenderen tragen Sporen von Silber, einen feinen Strohhut und einen Poncho von goldbesetztem
Zeuge. Zu Fuß watscheln diese Guasos wie Kröten und zeigen auch dadurch, daß sie eine Centaurennatur haben, welche sich blos auf dem
Pferderücken heimisch fühlt.

Ein Uebelbefinden hinderte mich, ein paar beabsichtigte Ausflüge,
theils nach St. Jago, Chile's Hauptstadt, theils nach dem Quillota-
thal zu machen, das sechs Meilen von Valparaiso den schönen Namen
der Stadt (Paradiesesthal) bewahrheiten soll. Valparaiso verdient indeß seinen Namen nur wegen der vielen Erfrischungen, welche es den Reisenden bietet, der glücklich die Gefahren und Mühseligkeiten bei Cap
Horn überstanden hat.

Valparaiso's geologische Beschaffenheit ist vulkanisch, und verräth
mehrere merkwürdige Eigenthümlichkeiten des Erdbodens, welche eine
Folge der häufigen Erdbeben sind. Während der Regenzeit, von September bis April, fällt in den südlichen Gegenden viel Regen, in den nördlichen dagegen oder denen, welche an Peru's regenlose Gegenden grenzen,
so gut wie gar keiner. Ein starker Thau ersetzt in den Sommermonaten
den Regen, und deshalb war es Vormittags in Valparaiso meistens
neblig. Selten brach die Sonne vor 11 Uhr hervor, aber dann entfal-
tete sich auch der klare wolkenfreie Himmel in seiner ganzen lichtblauen
von Purpur abgestuften Pracht. Orkane sind völlig unbekannt, und das
Klima so mild, daß Chile als das gesundeste Land auf Erden betrachtet wird; Seuchen kommen gar nicht, Krankheiten selten vor.

Schnee fällt nie in der Nähe des Meeres, in den Cordilleren dagegen oft in solchen Massen, daß die Wege auf längere Zeit unfahrbar sind.

Von Chile's Geschichte, Staatsleben, geographischer Eintheilung und statistischen Verhältnissen habe ich nichts Anderes zu sagen, als was man überall lesen kann. Das Land, welches ungefähr zwei Millionen Menschen zählt, ist vom Schöpfer so reich ausgestattet, daß es ohne Parteikämpfe und innere Zersplitterung und mit einer weisen Verwaltung einen glänzenden Platz in der Reihe der Länder würde einnehmen können.

Wir verließen Valparaiso den 5. März, und hatten die Küste hinab günstigen, doch nicht starken Wind, sodaß die Bewegungen des Schiffes kaum zu bemerken waren. Eine solche Seefahrt ist das Angenehmste, was man sich denken kann.

Während einer solchen Reise kann man selbst auf der See mit Theilnahme dem reichen Wechsel der Natur folgen. Wir hatten Valparaiso's Rhede kaum verlassen, als ein Schwarm von zierlichen kleinen Schwalben das Schiff umflog. Sie folgten uns bis zu dem Wendekreise, aber dort verließen sie uns. In der Magelhaensstraße wurden wir von großen Haufen Möven und anderen Wasservögeln, außerhalb des Feuerlandes von weißen und schwarzen Seehunden, und noch weiter nach Valparaiso hinauf von Albatrossen und Captauben begleitet. Dieses wechselnde Verschwinden und Erscheinen neuer lebender Wesen, der Wärme und dem Klima gemäß, hat etwas Eigenes, der Einbildungskraft Zusagendes an sich. Man macht neue Bekanntschaften, die man wieder mit andern vertauscht. Das ist der Gang des Lebens.

Acht Tage, nachdem wir Chile verlassen hatten, ankerten wir außerhalb der Chinchainseln, die vor der Stadt Pisco in Peru liegen. Schon ehe wir ihnen nahten, waren wir einigen andern Inselgruppen, wie San Gallan u. s. w. vorbeigesegelt, deren höchst seltsame Formationen unsere ganze Aufmerksamkeit erregt hatten. Jeder Spur des Grünen beraubt, lagen sie da, bald weiß glänzend, bald wie große Sandhöhen in wunderlichen Formen; die felsigen Küsten waren in hohem Grade ausgewaschen und bildeten Grotten, ja sogar Durchgänge quer durch die Inseln, welche Pforten glichen. Die drei Guanoinseln schienen niedriger als die ebengenannten, und waren von Farbe röther wie ein abgebranntes Haideland. Die Gestade erhoben

sich hin und wieder zu steilen Bergen empor, auf mannigfaltige Weise in
Grotten zergliedert. Wir ankerten außerhalb der östlichsten dieser Inseln, wo zwölf Handelsschiffe von verschiedenen Völkern lagen und eine
peruanische Brigg stationirt war, welche unter den Schiffen und der
Mannschaft Ordnung aufrecht erhielt. Die Schiffe, welche Guano von
hier holen, und worauf die Fracht oft von Valparaiso nach England und
Nordamerika angewiesen ist, sind gezwungen, erst nach Cadao zu gehen, um
ihre Papiere bescheinigen zu lassen, und von da geht die Fahrt nach
Pisco, wo die theure Waare eingenommen wird.

Wir landeten am nördlichen Punkt der Insel bei einer steilen niederstürzenden Felswand, stiegen eine mit großer Mühe angelegte Treppe hinan,
und als wir die Höhe erreicht hatten, standen wir mitten unter den Häusern der Insel. Einige waren nothdürftig von Brettern zusammenge-
nagelt, und hier hatten die Buchhalter und Aufseher der Arbeiter ihre
Wohnungen. Die Arbeiter wohnten in einer Art Hütten von Rohrmatten und Bambusstäben, viereckig, vier Ellen hoch, bald größer, bald kleiner, und in Räume getheilt. Es war nur Platz für die allernothwen-
digsten Geräthe; Dielung gab es nicht, und der Fußboden war ganz
und gar im Naturzustande, man konnte kaum einsehen, wie Menschen es aushalten, in den Hütten zu leben. Die Menschen,
welche zum Brechen des Guano verwendet werden, können freilich auf
große Bequemlichkeiten keinen Anspruch machen; denn der eine Theil
mußte, nach den eisernen Fußschellen zu schließen, aus Verbrechern bestehen,
und die anderen waren sogenannte politische Gefangene aus Peru, arme
Teufel, die während einer der so gut wie täglichen Aufstände in Peru
die Rolle hurrahschreiender Miethlinge gespielt hatten. Außerdem gab es
hier etwa hundert Chinesen, die freilich behaupteten, sie seien hierhergekommen, um Arbeit zu suchen, während der Verlust des volksthümlichen
Haarzopfes verrieth, daß es mit ihrem Verhalten zu der gesetzgebundenen
Gesellschaft nicht durchgehend richtig war. Nichts kann trauriger sein
als der Anblick dieser Menschen. Im Gesicht und an den sämmtlichen
Gliedern von dem stinkenden bräunlichen Guanostaub bedeckt, mit zerrissenen Kleidern, und mit Gesichtszügen, die mit wenigen Ausnahmen einen
Ausdruck haben, der den Fußschellen entspricht, sehen sie im Ganzen so
aus, daß man sich wundert, wenn man sicher unter ihnen umhergehen

kann, und wenn man sie in der muntersten Stimmung den Chinesen „Chin, Chin," zurufen hört. Ich weiß nicht, ob es freie Arbeiter auf der Insel giebt; man sagte uns, daß die Gefangenen und die Chinesen vier bis fünf Jahre hier bleiben, daß sie vier Piaster*) monatlichen Arbeitslohn, oder etwa 6 Sgr. täglich, nebst Wasser und schlechter Kost bekommen. Sie sind verpflichtet täglich 90 Karren Guano herunterzuschaffen; was sie über dieses Maß liefern, wird ihnen besonders bezahlt, wodurch sie sich einen Sparpfennig erwerben können.

Nach einer kurzen Wanderung kamen wir zu der Stelle, wo gegenwärtig Guano gebrochen wird. Es war ein hoher, steiler Hügel, auf dessen Seiten jeder Arbeiter einen länglichen Gürtel von etwa zwei Ellen Breite eingenommen hatte, von dem des Nachbarn durch aufrechtstehende mauerähnliche Guanokämme getrennt. In dieser Rinne stand der Arbeiter und brach mit einer Hacke Guanostücke los, welche zu dem Fuß des Hügels niederrollten, wo sie auf eine hohe und weite Schubkarre geladen wurden. Von hier schaffte man sie auf ordentlichen festen, mit eisernen Schienen versehenen Wagen zur Küste hinunter, wo hohe Holzplanken in Form eines mit der Spitze herausgekehrten Dreiecks aufgerichtet waren. Von dieser Spitze, wo der Guano heraus gewälzt wird, gehen Schläuche aus Leinwand, bestimmt, mit dem untersten Ende in den Lastenraum eines unter der Klippe liegenden Schiffs auszumünden. Jetzt lag kein Fahrzeug dort, da die Brandung sehr stark war, aber man belud drei Pramen, und es war komisch anzusehen, mit welcher Sorgfalt man durch Ausspannen von Segeln auf der Seite des Fahrzeugs, wo der Pram lag, das Eindringen des stinkenden Stoffs in die Kajüte zu verhindern suchte.

Die Insel selbst besteht aus einer mächtigen Masse porphyrartigen Gneises, über welchem der Guano in gewaltiger Menge liegt. Man hat berechnet, daß die Insel, die eine Oberfläche von acht englischen Quadratmeilen hat, 495,616,000 Kubik-Yard Guano enthält, was, da jede Kubik-Yard auf vier englische Centner berechnet wird, 1,982,464,000 Centner oder 99,123,300 Tonnen giebt, woraus folgt, daß die Insel jährlich 50,000 Tonnen 2000 Jahre lang liefern könnte.

---

*) Ein span. Piaster ist 1 Thlr. 13 Sgr.

Der Guano enthält nicht allein den Dünger einer ungeheuren Maſſe von Seevögeln, dieſen koſtbaren Gegenſtand, wovon die Tonne mit 1 Pfund Sterling bezahlt wird, ſondern auch der Vögel Flügel, Gerippe und Beine, und man ſieht dieſe Theile ziemlich unverſehrt in der oberſten Lage, dagegen ganz zerbröckelt in der unterſten. Hier bildet der Guano jenen hellbraunen Stoff, der gleich Staub in die Höhe wirbelt und überall durchdringt, denſelben Geruch mit ſich führend, den man in Hühnerſtällen, wo grade nicht überflüſſige Reinlichkeit herrſcht, antrifft.

Peru hat dieſe Inſeln an eine engliſche Geſellſchaft für eine bedeu= tende Summe verpachtet und wird, wenn die Goldminen ſeiner Gebirge erſchöpft ſind, auf lange Zeit Gold aus dieſem Vogelmiſt graben.

Macht man, nachdem man die Inſel durchwandert und ſich müde gegangen hat auf der nackten, ich will nicht ſagen, Flur, ſondern Fläche, wo kein Hügel, kein Kraut, kein Grashalm, nicht einmal ein bischen Moos aus dem rothbraunen Gras hervorkeimt, und wo der Fuß jeden Augenblick in Vertiefungen tritt, worin Tauſende von Vögeln hauſen — macht man, ſage ich, nach einer ſolchen Wanderung einen Ausflug zu den Küſten der Inſel hinab, ſo trifft man dort ein nicht minder anziehendes Schauſpiel. Lothrecht von einer fürchterlichen Höhe ſenken ſich die Berg= wände ins Meer hinab, welches unabläſſig ſeine Brandung daran bricht. Oben ſieht man dieſe Guanomaſſen, welche mehr oder weniger die Klippe verzehrt, und verurſacht haben, daß große Stücke davon losgeriſſen und niedergerollt ſind; dieſe Stücke liegen nun wie freiſtehende Klippen außer= halb der Inſel, oft in höchſt phantaſtiſchen Formen. Die Klippenwände ſind ſelten glatt; große geräumige Grotten mit Durchgängen von der einen zur andern, ungeheure Aushöhlungen und heraustretende Klippen= blöcke geben ihnen ein gebrochenes, oft großartiges und majeſtätiſches Ausſehen. In jedem Schlupfloch, auf jeder herausſchießenden Zinne, ſelbſt auf den glatten Klippenflächen ſitzen Vögel zu Tauſenden, bald kleine mit rothen Füßen und rothen Schnäbeln, ſchmucken gewäſſerten Flügeln, bald große pelikanartige Raubvögel, alle in einem durchdringen= den Concert ſchreiend, oder auch über der Waſſerfläche flatternd. Zahlreiche Seethiere leben unter den Tangarten, und wenn der Tod und die Reſte des Todes oben in finſterer Einförmigkeit brüten, bewegt ſich hier das mannigfaltigſte Leben.

Die Reise von den Chincainseln nach Callao wurde durch
Windstille verzögert, sodaß wir erst den 14. im Hafen von Callao Anker
warfen.   Wir blieben hier drei Tage, von welchen ich mich den ersten in
Callao umhertrieb, den zweiten mich nach Lima begab und den dritten
die Insel San Lorenzo bestieg.

Schon auf der Rhede wird man von dem schönen Rundgemälde entzückt, das sich von der Landseite eröffnet.   Weit in der Ferne erheben
die Cordilleras ihre Gipfel und Schneemassen am Horizont, näher
liegen die coulissenartigen Reihen mehr oder minder spitzer Berge, und an
deren Fuß dehnt sich eine fruchtbare Ebene in sanfter Abdachung grade
zum Meeresstrande hinab, an deren oberster Grenze man Lima mit seinen vielen weißen Thürmen sieht, und an deren untersten Grenze nach
dem Meere zu Callao's Häuser und Festung hinter einer Masse Schiffe,
welche außerhalb liegen, sich beinahe verbergen.   Fische wimmeln um das
Fahrzeug und die Luft ist fast verdunkelt von den Vögelmassen, welche
sich in dieser Bucht aufhalten.   Wenn man weiter in den Hafen hinein-
fährt, wird man leicht alle die Vorzüge gewahr, welche zu seinem wohl-
verdienten Rufe beitragen.   Nördlich und östlich wird er von dem festen
Lande geschützt, das südöstlich in eine lange Erdzunge hinausspringt;
südlich liegt die hohe Insel San Lorenzo und nur westlich ist er nach dem
Meer offen.   Fahrzeuge, deren im Durchschnitt funfzig bis sechzig vor der
Stadt in zwei oder mehreren Reihen liegen, finden hier vollkommen
Schutz.   Im Allgemeinen herrschen Südostwinde.

Man landet in Callao bei einer herrlichen Hafenanlage, die angefüllt
ist von ausgeladenen Waaren und von einer großen Menschenmenge aller
Nationen, worunter man zahlreiche höchst eigenthümlich gekleidete peruanische Soldaten in einer Uniform von blaugestreifter Leinwand und weißem Leinwandsüberzug über die Tschakos erblickt.   Große Getreidehau-
fen liegen aufgestapelt ohne alle Bedeckung, denn es regnet nie in diesen
Gegenden.   Der Thau, welcher nach 11 Uhr Abends fällt, und bis gegen 11 Uhr Vormittags zu bemerken ist, genügt indeß, um dem Pflanzenwuchs Feuchtigkeit und Nahrung zu geben.   Schienenwege gehen
gleich von der Brücke nach der Eisenbahnstation, die kaum hundert Ellen
davon liegt, und auf der Eisenbahn werden die Waaren später in zwanzig

Minuten nach Lima, und von da in die inneren Theile des Landes beför=
dert. Eine treffliche Wasserleitung führt gerade zum Hafen aus dem Fluß
Rimar, sodaß man mit dem Boot bei der Brücke nur anzulegen braucht,
um mit Hilfe eines Schlauchs Wasser in die Gefäße zu leiten. Aus
allem diesem Lärmen und Treiben kommt man bald zur Stadt selbst hin=
auf, die, als Hafen für Peru's Hauptstadt und nach Valparaiso als vor=
nehmste Handelsstadt auf Südamerika's Westküste auch einen ansehnlichen
Umsatz macht; die Stadt besteht aus einer mit dem Strande gleichlaufen=
den Hauptstraße mit recht ansehnlichen Häusern und mit Läden, die aber
nicht besonders elegant sind. In der Mitte ist ein Markt mit einem spru=
delnden Springbrunnen und einer Kirche von Holz und Lehm, die höchst
jämmerlich aussieht und ohne die geringste Spur von äußerer oder innerer
Verschönerung, selbst ein schlagender Beweis von dem geistigen Verfall in
diesen Ländern ist. Von dieser Hauptstraße laufen Querstraßen aus, und
weiter in die Stadt hinein ist der Frucht= und Fleischmarkt, der Vormit=
tags dem Vorübergehenden ein eigenthümliches Schauspiel gewährt. Un=
ter kleinen Dächern von ausgespannten Rohrmatten oder Segeln sitzen
die Verkäufer, die auf dem Boden oder auf kleinen Tischen hier Früchte von
allerhand Formen und Arten, dort Brote, Krüge, Zeuge, Hüte und alles
Erdenkliche um sich her gebreitet haben; auf einer anderen Stelle sieht
man eine tragbare Küche mit allen ihren Töpfen und Pfannen, worauf
brodelnde leckere Gerichte kochen, rösten und braten, während eine
Schaar hungriger Hunde sich um den Platz sammelt, von welchem der ein=
ladende Duft ausgeht. Auf den Tischen liegen Fleischstücke von
ungleicher Größe und zu verschiedenem Preise, aber von einem so wider=
lichen Aussehen und oft so ekelhaftem Geruch, daß man an diesem Theile
des Marktes vorübereilt. Weiterhin trifft man immer einen lärmenden
und schreienden Volkshaufen, Negerinnen und feiste Indianerinnen mit
braungelben Gesichtern, welche in hellen, aber oft schmutzigen Kleidern,
rittlings auf trägen Eseln, zwischen Milchflaschen und Fruchtkörben, mit
durchdringender Stimme die Namen der Gegenstände ausschreien, welche
sie zu Markte bringen. Es ist ein Treiben und ein Wirrwarr, wie es nur
in einem Lande und in einer Stadt gefunden werden kann, wo man alle
Geschäfte unter freiem Himmel abmacht, und wo man auf dem Markt
unter einer wogenden Volksmenge stehend seine Mahlzeit hält.

Weiterhin in den äußeren Theilen der Stadt sieht es über die Maßen ärmlich und schmutzig aus. Die Hütten bestehen hier meistens blos aus Rohrmatten, die man an den Wänden zwischen einigen in die Erde gerammten Bambusstäben ausspannt; diese Wände sind bisweilen, aber nicht immer, auf der Außenseite mit einer Mischung von Kalk und Lehm bestrichen, sodaß sie steifer werden, und als Dach hat man blos eine ähnliche Matte, worauf man Sand, Kies oder Dünger streut, denn, wie schon bemerkt, das regenlose Klima macht jede andere Bedachung überflüssig. Das Ganze ist nur ein Raum ohne Spuren von Fenstern, ohne Bedielung oder besondere Geräthe, höchstens mit einer großen Bettstelle, worin sich oft treffliche Betten finden. Alles zeugt hier entweder von großer Armuth oder von großer Bedürfnißlosigkeit, und in einem Lande mit einem Klima wie hier, wo der Arbeitslohn sehr hoch ist (ich muß z. B. um zur Fregatte, die nicht weit entfernt auf der Rhede liegt, hinauszukommen über 4 Thaler bezahlen), und wo die Lebensmittel meist in Früchten bestehen, sind der Bedürfnisse weder viel, noch ihrer Befriedigung schwierig.

In der Mitte des vorigen Jahrhunderts ward das alte Callao, (man weiß die Jahreszahl nicht genau, aber 1715 war es noch vorhanden) durch ein Erdbeben zerstört. Es lag südlich von dem jetzigen, das damals eine von den beiden Indianerstädten war, welche unter den Mauern des alten Callao lagen. Es war eine prächtige Stadt mit einer Menge Kirchen und Palästen. Das Erdbeben erschütterte den Boden so, daß die Häuser einstürzten; das Meer zog sich so weit zurück, daß der Hafen weit hinaus trocken ward, kam aber als eine einzige ungeheure Woge zurück, die in ihrem Fortschritt Häuser und Menschen, sammt allem, was ihr in den Weg kam, verschlang, Fahrzeuge zerschmetterte, ja, wie berichtet wird, ein Schiff weit auf das Land nach einem Dörfchen Bellavista hinführte, wo ein eisernes Kreuz noch das Andenken an diese seltsame Begebenheit bewahrt. Von dem alten Callao sieht man jetzt keine Spur, aber bei stillem Wetter soll man an der Küste Mauern und Gebäude unter der Meeresfläche erblicken können. Der Boden, worauf die Stadt stand, ist jetzt ein ungeheurer Haufen voll von Schutt und Ziegelsteinbruchstücken.

Das jeßige Callao hat seine Bedeutung theils als Peru's vor=
züglichste Stapelstadt und Lima's Hafen, theils durch seine Festung,
San Filippe, welche am südlichsten Ende liegt. Diese muß ehemals
sehr stark gewesen sein, wenigstens besaß während der zahlreichen und
heftigen inneren Prätendentenstreitigkeiten, welche Peru zerrissen, stets
Derjenige die Macht, welcher Inhaber der Festung war. Die Belagerung
und Einnahme dieser von Rodil mit Heldenmuth und Ritterlichkeit ver=
theidigten Festung war es, welche 1826 Peru von Spaniens Oberher=
schaft losriß. Jeßt ist ein großer Theil der Festung Waarenniederlage,
und ihre kriegerische Bedeutung bei weitem nicht mehr die ehemalige.

Lima, Peru's Hauptstadt, ward 1535 von Franz Pizarro
am heiligen Dreikönigstage gegründet und erhielt davon den Namen
Ciudad de los Reyes. Sie liegt etwa eine Meile von Callao
am Eingange des Bergpasses, welcher die sanft sich erhebende Ebene be=
grenzt, 500 Fuß über dem Meer. Ehemals gingen Omnibus und Di=
ligencen regelmäßig zwischen den beiden Städten, aber der Handel hat
schon eine Eisenbahn hervorgerufen, und jeßt wechselt man in 20 Minu=
ten in aller Gemächlichkeit die eine mit der anderen. Die Eisenbahn=
station in Callao hat nichts von dem Luxus und Comfort, den man auf
dem europäischen Festlande gewohnt ist. Ein Dach von Rohrmatten, ge=
tragen von Bambusstäben, schüßt das kleine Gebäude, wo die Billette ge=
kauft werden. Wagen und Lokomotiven sind indeß recht elegant und ganz
und gar englische Arbeit.

Die Ebene, welche man befährt, hat einen doppelten Charakter.
Der Theil, welcher nördlich von der Eisenbahn liegt, ist in hohem Grade
fruchtbar, bepflanzt mit Weidenhecken, und zeigt, mit Ausnahme einzelner
steinbedeckter Stellen, überall ein üppiges und reiches Gepräge. Der
Theil dagegen, der am alten Callao und dem Meere liegt, ist eine einzige
Fläche, überwachsen von Salicomia, deren unfruchtbare Beschaffenheit
durch halbausgetrocknete Wasserlachen erhöht wird, und dessen weißer Bo=
den große Strecken einnimmt. Man fährt vor dem Dorfe Bellavista vor=
bei, das während des Bürgerkrieges von den Kugeln aus Callao's Festung
dem Boden gleich gemacht wurde. Längs des Weges sieht man einzelne
elende verfallene Klöster und Felder mit indianischem Korn, Mais u. s. w.,
umgeben von Mauern, welche aus ungeheuren steinharten ungebrannten

und zum Theil zerbröckelnden Thonblöcken bestehen. Alles zeugt von
höchster Schlaffheit, vornehmlich in Allem, was den Ackerbau betrifft.
Und doch könnte dieses Land die reichste Ernte geben. Die Eisenbahn
geht in Lima gerade in eine der Straßen der Stadt hinein. Man steigt
in einem Bahnhof ab, der von ganz anderer Beschaffenheit ist als der in
Callao, und wenn man um eine Ecke biegt, befindet man sich gleich in
einer der Hauptstraßen.

Was zuerst die Aufmerksamkeit fesselt, sind die von schweren grünangestrichenen Holzgittern umgebenen Balkone, die gleich ungeheuren
Käfigen außerhalb des ersten Stocks jedes Hauses hängen, und wo die
Damen den kühleren Theil des Tages zubringen. Man sieht diese Balkone ganze Straßen entlang hängen, hier und da guckt ein Gesicht durch
geöffnete Jalousieen hervor. Demnächst fällt das Innere der Häuser auf.
Große, hohe Einfahrtsthore führen in den ersten Hof, der von Gebäuden
umgeben ist. Das Thorgewölbe und die Wände sind fast immer mit
Frescomalereien versehen, welche Scenen aus der biblischen, griechischen
und römischen, oder auch aus Peru's eigner alter Geschichte darstellen;
die Thürstücke sind jedoch am häufigsten Landschaften, und die meisten
keinesweges schlecht ausgeführt. Innerhalb dieses Hofes, der nicht selten
mit Bäumen und Blumen in großen Kübeln geschmückt ist, finden sich oft
zwei oder drei zum Gebrauche für die Hauswirthschaft bestimmte Hinter-
höfe. Eine oder zwei prächtige Treppen führen zum obersten Stock, der
oft wie eine Galerie ausgebaut ist, mit Vorhängen, welche in reichen Falten
niederfallen. Durch die offenen Thüren sieht man, daß die Gemächer
mit allem Aufwand von Spiegeln, Gemälden u. s. w. ausgestattet sind,
wodurch sich Lima stets auszeichnete.

Auf beiden Seiten der Straße ist beinahe jedes unterste Stock zu
Läden eingerichtet, wo man die neuesten und elegantesten Gewerbserzeug-
nisse aus Paris und London reizend ausgestellt findet. Ich habe in Südamerika sonst nirgends so prächtige Läden gesehen. Lima verdient in dieser
Hinsicht den Namen von „Kleinparis", und wenn daselbst ebenso viel gekauft
wird, wie sich vorfindet, und der Abgang dem Zugang entspricht, so
muß hier große Prachtliebe herrschen. Geht man weiter, so kommt man
bald zu dem großen Markt der Stadt. Auf der einen Seite liegt die
Kathedrale und der erzbischöfliche Palast, auf der anderen das Gouverne-

Andersson.   6

mentshotel, die dritte und vierte Seite sind mit Privatgebäuden besetzt. Auf diesen beiden Seiten besteht der erste Stock aus lauter Läden und prächtigen Bazars. Die Kathedrale ist ein großartiges Gebäude in maurischem Styl, mit vielen Thürmen, einer prächtig verzierten und gemalten Vorderseite und im Ganzen von imponirendem Aussehen. Das Innere entspricht ganz dem Aeußeren: der Hochaltar ist eine Sammlung von Kostbarkeiten; vierundzwanzig Säulen umgeben ihn, die ehemals von gediegenem Silber waren; jetzt sind diese in die Schatzkammer, von da in die Taschen der Parteigänger gewandert, und vierundzwanzig hölzerne mit Silberplatten belegte dafür an ihre Stelle getreten. Gerade dem Altar gegenüber befinden sich des Bischofs Platz mit einem Thronhimmel und die Stühle der übrigen hohen Geistlichkeit, mit den herrlichsten Holzarbeiten geschmückt. In Seitengängen und Kapellen finden sich schöne Gemälde von italienischen Meistern, und Altartafeln, in Holz geschnitten, vor, von deren Feinheit und Geschmack man sich keinen Begriff machen kann.

Es giebt vielleicht keine Stadt in Amerika, die so viele Kirchen hat wie Lima, man behauptet gegen sechszig, außer den Nonnen- und Mönchsklöstern. Vor der „Unabhängigkeit" waren diese reich ausgestattet und besonders wohl eingerichtet; jetzt sind die Mönche entweder ganz fort oder im Abnehmen. Was ich früher über die religiösen Zustände anderer Städte bemerkt habe, findet hier seine volle Anwendung. Man sieht die Priester in den Straßen umhergehen und die gewöhnlichen Ehrerbietungszeichen für das dargebotene Crucifix empfangen, aber die abgetragenen Kleider der heiligen Väter bezeugen, daß die Frömmigkeit sich eben nicht freigebig erweist.

Mitten auf diesem Markte war ein ausgezeichnet schöner, wiewohl etwas verfallener Springbrunnen mit einem Standbilde der Fama ganz oben, und einer Menge sprudelnder Wasserstrahlen. Um diesen versammeln sich Abends große Volksmassen, rauchend und schwatzend, und doch behauptet man, daß der Verkehr hier jetzt unbedeutend ist im Vergleich mit ehemals; auch die Sitten in Lima sind nicht mehr so eigenthümlich und gegen die anderer Länder abstechend. Europäische Gebräuche und der Mode Alles gleich machende Macht haben selbst hier um sich gegriffen und den letzten Schimmer von Ursprünglichkeit verwischt. Geht man die Straße noch weiter hinab, so kommt man zu dem Landungsplatz über

den Rimaefluß. Man hat von hier eine prächtige Aussicht. Nach dem
Lande zu sieht man die Berge coulissenartig gen Himmel sich erheben, man
sieht den Bergstrom in seinem raschen Lauf über einen felsigen Grund,
hier und da einen kleinen Wasserfall bildend, den Inselufern vorbeistrei-
chen; man sieht die Häuser mit den bemalten Wänden auf beiden Seiten
des Wassers und hinab nach dem Meere zu die grüne Ebene, welche vom
Rimae durchströmt und bewässert wird. Dieser Landungsplatz ist deshalb auch ein Sammelplatz von Cigarren rauchenden Herren und Damen,
welche auf den steinernen Bänken Kühlung und Zerstreuung suchen.

Geht man in derselben Richtung immer weiter, so kommt man zur
Vorstadt Macambo. Die Läden verschwinden und man sieht nun blos
die Wohnungen der niederen Bevölkerung, welche zwar nicht aus bloßen
Rohrmatten, wie in Callao, bestehen, aber doch nothdürftig und schmutzig
genug sind, um das gewöhnliche Bild der Armuth und bisweilen des
Elends darzustellen. Sie enthalten fast immer nur einen einzigen Raum,
wo man die ganze Familie versammelt sieht, in verschiedenen unschönen
Stellungen und Gerichte verzehrend, die kaum den Thieren bei uns
schmecken würden, so unappetitlich ist wenigstens das Aeußere. Klöster
giebt es hier vollauf, aber sie sind alle äußerst verfallen; bisweilen hat
man einen Heiligen vor die Thür hinausgestellt, der eine Sparbüchse
bewacht, und dessen Sammetrock vor der Sonne von einem kleinen
Rohrdach geschützt wird; aber die Büchse scheint ebenso leer zu sein wie
in den Armenhäusern bei uns, und die Menschen erzeigen den Heiligen
keine besondere Aufmerksamkeit.

Lima ist in Allem eine spanische Stadt mit dem spanischen Baustyl;
blos abgeändert nach der Nothwendigkeit, sich gegen die häufigen Erdbeben
zu schützen. Wo sich Fenster nach der Straße befinden, sind diese wie
in allen spanischen Städten mit Eisengittern versehen. Die Straßen,
sämmtlich mit Namen, die uns seltsam in die Ohren klingen, wie: Calle
de Jesus Maria, Calle de Jesus Nazareno u. s. w., sind immer mit
Fußwegen versehen und gepflastert, wenn auch ziemlich schlecht; diejenigen, welche in derselben Richtung mit dem Flusse laufen, haben in der
Mitte einen Kanal, worin stets frisches Wasser fließt, das vom Rimae
hierhergeleitet und zu den Gärten hinausgeführt wird, und Kühlung und
Frische mit sich bringt. Sowie Callao besitzt Lima eine ganz eigenthüm-

6*

liche Reinlichkeitspolizei, nämlich große roth- und grauhälsige, vornehmlich in den äußersten Theilen der Stadt auf den Häusern in ungeheuren Massen sitzende Geier, um alle für sie genießbare Unreinlichkeit,
und dies will viel sagen, aus den Straßen schnell wegzuschnappen. Sie sind
durch besonderes Gesetz beschützt, brüsten sich deshalb nicht wenig, und scheinen ihrer Wichtigkeit und verdienstvollen Wirksamkeit sich wohl bewußt zu
sein. Außer den Kirchen hat Lima auch andere öffentliche Gebäude, aber
sie haben alle ihre beste Zeit hinter sich und sind jetzt nur gleichsam Zeugen einer verschwundenen Herrlichkeit.

Die Bevölkerung, welche ehemals auf 100,000 Einwohner stieg,
ist jetzt auf 40,000 gesunken, welche Thatsache mehr als irgend etwas
Anderes den wahren Zustand bezeugt. Und dieses Verhältniß kann nicht
anders sein, wenn man an die inneren Unruhen denkt, welche gleich dem
Erdbeben diesen Staat erschüttert und die Unsicherheit so groß gemacht
haben, daß man Abends nicht einmal zwischen Lima und Callao vor Räubern
sicher sein kann. Außer den Weißen, den Nachkommen der Spanier und eingewanderten Europäer, besteht die Bevölkerung aus einer so zahlreichen
Menge von Negern und Indianern, daß man mit Ausnahme brasilianischer
in keiner der übrigen Städte Südamerika's ein Seitenstück hierzu findet.
Die Mischung von Weißen und Indianern bringt Cholos hervor, von
Indianern und Negern Zambos, und von Weißen und Negern Mulatten.

Die Spanier haben die gewöhnliche dunkle Farbe, schwarzes Haar,
schöne feurige Augen und die eigenthümliche stolze Haltung. Das einzige Auszeichnende in der männlichen Kleidertracht ist der sogenannte Al-
mavivamantel, worin sie sich Alle ohne Ausnahme Sommers und Win-
ters bis unter die Augen à la bandite verhüllen. Man sieht Cava-
liere ohne Rock und Schuhe, und übrigens ganz leicht gekleidet in Hemds-
ärmeln, aber stolz in den Mantel eingehüllt, der oben einen Pelzkragen
und unten oft eine Franze von Fasern hat. Selbst die Damen beugen
sich blind unter die Allmacht der Pariser Modejournale; sie kleiden sich
mit Luxus und Geschmack, haben aber ganz die malerische Tracht abgelegt, welche noch vor wenigen Jahren eine von Lima's größten Eigenthümlichkeiten ausmachte, aber schon jetzt zu den veralteten Dingen gehört. Sie bestand in der sogenannten „Saya" und „Manto". Saya

war ein Seidentalar, der sich dicht an die Füße schloß, sodaß diejenige, welche
ihn trug, nur ganz kleine Schritte machen konnte und sich wie in einem
Futteral zu bewegen schien, während sich die Formen scharf abzeichneten.
Manto war eine schwarze Silberkappe, an die Saya befestigt, hinab-
wärts Kopf und Schultern einhüllend und Alles verbergend mit Ausnahme eines Auges und einer, gewöhnlich mit kostbaren Juwelen geschmückten, Hand. Außerdem wurde ein bunter französischer Shawl um die
Schultern geworfen, der beinahe bis zu den kleinen, feinen, sorgsam
bekleideten Füßen hinunterhing. Diese Tracht, worin die Person sogar
von ihrer nächsten Umgebung nicht erkannt wurde, erlaubte ihr alle Ver-
gnügungsorte zu besuchen und allerlei Intriguen auszuführen, und gab
dem ganzen Gesellschaftsleben ein Gepräge von Mummerei, das in seinen
mystischen Schleier manches Abenteuer, von bisweilen zweideutiger und
noch öfter romantischer Art, einhüllte. Die Zeit der Abenteuer, der
leichten Buhlereien und Liebeleien, ist für immer dahin. Die Oeffentlichkeit, die alles bewältigende Macht, welche jetzt ihre Runde um die Welt
macht, hat selbst in das alte Peru Eingang gefunden, und wird sich nicht
so leicht daraus verdrängen lassen. Das Eigenthümliche verschwindet,
und der Reisebeschreiber, der fremde Sitten und Menschen schildern soll,
hat nichts Neues zu berichten.

Man sieht nicht wenige Spuren der alten Peruaner, der Abkömm-
linge der Inkas. Meistens sind es Frauen, welche auf Pferden oder
Mauleseln reiten, in bunten, faltenreichen Kleidern mit einem Männerstroh-
hut auf dem Kopfe. Sie haben eine gelbbraune Hautfarbe, schwarzes
Haar, sind gewöhnlich klein und sehr fett und haben einen schweren wat-
schelnden Gang. Die Männer bedienen sich desselben Reitzeugs wie in
Chile und sind gleichfalls tüchtige Reiter mit sonnverbrannten wilden Gesichtern. In der Umgegend von Lima findet man noch indianische Tempel, aber in Trümmern. Aus den Gräbern werden noch heutzutage eine
Menge Alterthümer ausgegraben, und das Museum in Lima, das auch
in naturgeschichtlicher Hinsicht seine Bedeutung hat, bewahrt werthvolle
Sammlungen derselben.

Lima's Umgebungen sind in ihrer Art ziemlich reich an Abwechselung. Hier ziehen sich die Berge beinahe in die Stadt hinein, die in ihrer
Nacktheit ohne einen einzigen Grashalm, ohne Gewächs oder Busch, ganz

traurig und öde aussehen, wiewohl sie bisweilen ganz anziehende Formen haben, und in ihren Massen Ruhepunkte für das Auge bieten. Dort giebt es unermeßliche Strecken von aufgewühltem Geschiebe und Sand ohne den geringsten Pflanzenwuchs, da Alles gleich verbrennt, mit Ausnahme von einigen knorrigen Akazien. Aber es finden sich auch große Gärten, wo eine erstaunliche Menge Früchte gewonnen wird, und kaum ist irgend ein Markt mit diesen Erzeugnissen so wohl versehen wie der von Lima, und zwar vom peruanischen Cherimoyan — der nach A. v. Humboldt's Ausspruch die Reise nach Amerika allein verlohnt — bis zum europäischen Apfel, nebst köstlichen Weintrauben, eine Merkwürdigkeit bei zwölf Graden südlicher Breite. Es finden sich auch Wiesen und Gebüsche, die von reichlichen Wasserleitungen bewässert werden, und wo der Pflanzenwuchs üppig ist. Es fiel mir auf, daß dieser in vielen Punkten dem um Buenos-Ayres glich, während ich dagegen nicht ein einziges Gewächs fand, das diese Gegend und Valparaiso gemeinsam hatten.

Am letzten Tage meines hiesigen Aufenthaltes besuchte ich die Insel San Lorenzo, welche für den Hafen bei Callao einen trefflichen Schutz gegen Süden bildet. Es ist eine nackte Klippe mit tiefen Sandlagern oben auf der Bergmasse. Um die Küsten hausen Schaaren von Seelöwen und Vögeln zu Tausenden, aber in den Sandlagern wächst keine Pflanze mit Ausnahme einer Anemone, nebst einem saftigen Kraut, das hier und da einsam in dieser Oede aufschießt. Erst auf dem Gipfel, der fast immer in Wolken eingehüllt ist und daher seine Feuchtigkeit erhält, gedeihen zwischen den Steinblöcken Moosarten und einige wenige Gewächse. Als ich nach manchem Dampfbad auf den Feldern den Gipfel bestieg, war das Wetter klar, und ich hatte von da die herrlichste Aussicht. Im Hintergrund die Cordilleras und andere Berge, vor mir Lima mit seinen Thürmen, das Meer und die Küsten, zu meinen Füßen diese Felsenmassen, die deutlich die Geschichte eines Umsturzes erzählten, der von größeren Kräften als denen kleiner und eigennütziger Menschen verursacht war, und den klaren veilchenblauen Himmel, über dem ganzen wundersamen Bilde ausgespannt. Ich habe selten etwas gesehen, das dieser Größe und Pracht an die Seite gesetzt werden kann.

Zweierlei auf dieser Insel nahm meine Aufmerksamkeit vornehmlich in Anspruch. Am Fuß der Berge bemerkte ich oft große Löcher, weiter hinauf mehrere kleinere und zwischen beiden regelmäßige kleine Wege. Die größeren Löcher erkannte ich als Vogelnester, die kleineren dagegen waren mit Fenstern in dunkeln Gängen zu vergleichen. Von der Spitze der Insel sah ich hier und da Vertiefungen, welche Rinnen glichen, und worin meiner Annahme nach Wasser sein mußte. Bei näherer Nachforschung waren jedoch diese kleinen Hohlwege zolldick mit einer kleinen weißen Landschnecke bedeckt, welche in erstaunlicher Menge in allen Sandlagern der Insel bis zum höchsten Gipfel hinauf gefunden wurde.

Auf der Seite der Insel nach Callao zu sah man einige elende Schilfwohnungen für Fischer und hinter ihnen war im Sande ein Kirchhof, wo mehrere englische und amerikanische Seeleute ihre letzte Ruhestätte gefunden hatten.

Wie bekannt ist Peru vielleicht mehr als irgend ein anderer Theil von Südamerika ein von der Natur herrlich ausgestattetes Land. Außer den großen Heerden und der zahlreichen Menge von Früchten, welche es erzeugt, machen die Bergwerke seinen größten Reichthum aus. Am Schluß des vorigen Jahrhunderts waren 670 Gold- und Silbergruben bearbeitet und 578 aufgedeckt. Spanien empfing blos von der Landschaft Potosi sechs Millionen Piaster jährlich. Jetzt ist das Verhältniß in manchen Punkten anders. Ermattung nach den heftigen Parteikämpfen, Unsicherheit und Gleichgiltigkeit für die Zukunft folgten auf die inneren Unruhen, welche das arme Land lange zerrissen. Der Sieg bei Ayacucho, der 1824 vom General Sucre gewonnen wurde, machte dem Revolutionskriege mit Spanien ein Ende, und brachte Peru mit Ausnahme von Callao in die Hände der sogenannten Patrioten. Aber seitdem ist das Land ununterbrochen ein Raub innerer Umwälzungen gewesen, die nicht selten von subalternen Officieren und ähnlichen Personen geleitet wurden. Fast keine Präsidentenwahl hat stattgefunden ohne streitende Parteien und Bürgerkrieg hervorzurufen. Drei oder vier Prätendenten, von denen Jeder für sich eine Schaar Anhänger oder Abenteurer sammelte, plünderte und mordete, sind geschlagen oder zerstreut, und doch unangetastet im Lande geblieben, bereit, bei der ersten Gelegenheit, dieselben Scenen aufzuführen; und oft haben sie sich zu gleicher Zeit die Macht streitig gemacht. So zeigt Peru's Geschichte in den letzten zwanzig Jahren eine Reihe Gewaltthaten, die, nachdem sie das Land entkräfteten und den Kern des

Volkes herunterbrachten, zugleich Niedergeschlagenheit und Verzweiflung,
oder wenigstens Gleichgiltigkeit und Unlust, die Kräfte dem Dienste des
Vaterlandes zu weihen, hervorgerufen haben. Und noch sieht man kein
Ende dieser traurigen Verhältnisse, eine neue Umwälzung steht vielleicht
schon vor der Thür. Peru, das ehedem sprichwörtlich Gold, Macht und
Wohlleben bezeichnete, ist jetzt, wie so manche andere geschwundene Größe,
nur ein Schatten, ein Gespenst der Vorzeit.

Wir verließen Callao den 18. März und wandten uns nach
Guayaquil, streiften Payta in Oberperu, dessen Küste aus einer im
Meere querabgeschnittenen Kalkklippe ohne Spur von Pflanzenwuchs besteht, fuhren der felsigen Insel St. Clara in der Guayaquilbucht, auf
der ein Leuchtthurm steht, vorüber, und bekamen Nachmittags den 25.
März die Insel Puna zu Gesicht, die weiter hinauf in der Bucht an
der Mündung des Flusses liegt. Hier erhielten wir unerwarteten Besuch
von dem Capitain eines Hamburger Schiffes, der uns benachrichtigte, daß
weiter hinauf in der Bucht sich ein Seeräuber befinde, der den Tag vorher einen guayaquilanischen Schoner genommen habe und nun nur auf
Wind warte, um die Bucht zu verlassen. Die Fregatte bekam in einem
Nu ein ganz kriegerisches Aussehen. Die Barkasse und der Zwölfhauer
— die größten Boote — wurden in See gelassen, zwei Karonaden in
dem ersteren, hinten und vorn, zwei kleinere Kanonen in dem letzten aufgepflanzt, Kugeln und Pulver in großen Vorräthen hinuntergeschafft, die zu
der Unternehmung erwählte Mannschaft rüstete sich, Säbel, Pistolen, Pa-
tronentaschen lagen umhergestreut auf dem Verdeck, und Aller Sinne waren
in einer ebenso heldenmüthigen wie erwartungsvollen Spannung.

In der Dämmerung gingen die Boote ab, um das Räuberschiff, das
der Angabe zufolge 24 Piraten am Bord haben sollte, aufzusuchen, zu
entern und zu übermannen. Die Nacht war, wie in diesen Aequatorial-
gegenden gewöhnlich, pechschwarz, und mit Sehnsucht erwarteten wir Zu-
rückgebliebenen den Erfolg. Gegen Morgen kamen indeß die Boote nach
gegebenem Zurückrufungssignal wieder zurück, ohne das Räuberschiff erreicht zu haben, das weiter oben in der Bucht lag, und dahin nahm die
Fregatte nun ihren Cours. Der ganze Vormittag verstrich ohne Wind
und erst gegen Abend erhob sich ein leichter Landwind, der uns zu der
Fregatte führte, worauf sich die Räuber befinden sollten. Sie lag ruhig

und still da; auf den Fockmast war die amerikanische Nothflagge gehißt und nur ein einziger Mann war auf dem Verdeck zu sehen; ursprünglich hatte das Schiff gelbe und grüne Seiten gehabt; die Räuber hatten das Aeußere verändern wollen, aber blos die Hälfte der einen Seite schwarz anzustreichen vermocht. Um alle Vorsicht anzuwenden, im Fall sich die Piraten unter den Luken versteckt haben sollten, gingen die zwei Boote mit Kanonen und Mannschaft und in voller Rüstung ab; von der Fregatte aus sahen wir sie ganz friedlich beilegen, auf das Deck springen und das Fahrzeug unbestritten in Besitz nehmen. Die amerikanische Flagge verschwand und die schwedische ward aufgehißt.

Nur ein einziger Mann befand sich am Bord, ein Böttcher, der folgende Erklärung gab, die sich später als wahrhaft erwies. Das Schiff gehörte einem Wallfischfänger aus Nordamerika, der nach vollbrachter Expedition die Gallopagosinseln besucht hatte, wo der Capitän mit zwei Booten gelandet, und von einem Haufen Verbrecher überfallen und ermordet war, die von der Regierung nach Chathamland am Ecuador gebracht waren. Diese hatten durch Aufhissung der weißen Flagge die übrige Besatzung an das Land gelockt, sie übermannt und das Schiff in Besitz genommen. Sie segelten nun ab, nahmen eine Brigg, die sie später in der Bucht verkauften, gingen zu dem Leuchtthurm von St. Clara hinauf, zwangen die Feuerwächter sich mit der übrigen Gesellschaft zu vereinigen, und nahmen einen kleinen Schoner, welcher 23 Passagiere an Bord hatte; wie viele von diesen ermordet wurden, erfuhren wir nicht, aber den Schoner sahen wir mit den Habseligkeiten der Passagiere gleichsam bedeckt; das Blut mußte in Strömen geflossen sein, und es herrschte ein abscheulicher Gestank wie von verwesten Leichen. Die Piraten hatten nach des Mannes Aussage den Schoner schon am vorhergehenden Abend verlassen; er selbst gehörte zu der ursprünglichen Bemannung des Wallfischfängers und hatte sich dadurch gerettet, das er sich sechzehn Tage lang in dem Waarenraum versteckt hielt, wo er durch Wallfischthran und Schiffszwieback, den er in einer Tonne fand, sein Leben fristete. Das Fahrzeug war in vortrefflichem Zustande, reich ausgerüstet mit allem Nothwendigen und ganz neu, es führte eine kostbare Ladung von Wallfischthran und Stearin, die später auf 45,000 Piaster geschätzt wurde. Den folgenden Tag kam ein kleines Dampfschiff von Guayaquil, ausgeschickt, um die Seeräuber zu ergreifen, wovon elf schon auf dem Lande gefangen genommen waren. Eine französische Corvette kam in derselben Absicht, aber die Prise war schon schwedisch beflaggt und bemannt.

Ein günstiger Wind führte uns bald weiter hinauf und Abends den 25. März ankerten wir bei einem Dorfe auf der Ostküste der Insel Puna — ein bezaubernder Ort! mitten in einem dichten und laubigen Wald, duftend von den schönsten Blüthen und umspült von einem Bäch- lein, dessen Ufer in langen Reihen mit dem amerikanischen Wurzelbaum be- setzt waren, von dessen Zweigen mehrere ellenlange Wurzeln sich wie Taue in den Schlamm niedersenken und dem Baum das Ansehen geben, als stehe er auf einer Zweigkrone — in einer solchen Natur lag ein Dörfchen, bestehend aus etwa zwanzig Häusern, die alle auf Pfählen ruhten, vier bis fünf Ellen über dem Boden, wie Taubenschläge; in Norrland und Lappland sieht man sie so, um sie gegen Marder und ähnliche Thiere zu schützen; hier ist es die Regenzeit und deren Feuchtigkeit, welche man fürchtet. Man scheint auch den Raum unter den Häusern als einen Stall für Ziegen und Schafe zu benutzen. Die Häuser bestehen ganz und gar aus Rohrwänden, enthalten meistens nur einen einzigen Raum, wo die ganze Familie versammelt ist, Jeder in seiner Hängematte, und Alles deutet an, daß das Haus blos bestimmt ist, ein Zufluchtsort während der Sonnenhitze zu sein, — nichts weiter.

Dieses Dorf hatte etwas ganz Eigenthümliches, etwas Uramerika- nisches, Halbwildes, das ein unsrer Vorstellung ganz fremdes Klima an- deutete. Es war jetzt gegen Ende der Regenzeit, die Luftwärme in der Regel 29°, aber die ganze Natur erschien gleichwohl so neu und jugend- frisch wie an einem unserer schönsten Frühlingstage. „Nescit occasum" liest man hier auf jedem Blatt und in jeder Blume, und tausend Vögel von den herrlichsten Farben und lieblichsten Gestalten jubeln dasselbe. Papageien und Honigvögel, Heuschrecken und ungeheure Schmetterlinge, in tausend klaren Abzeichnungen strahlend, schwärmen zwischen den Bäu- men umher, die dicht von Convolveln umschlungen werden, Alles ist Glanz und Saft. Es ist das schönste Märchen!

Das den Seeräubern genommene Schiff sollte nach Guayaquil ge- führt, und der weiteren Verfügung des amerikanischen Consuls überlassen werden. Während die Fregatte bei Puna vor Anker lag, begleitete ich die Prise und gelangte am nächsten Tage an den Bestimmungsort. Die

Fahrt auf dem Flusse, der hier doppelt so breit ist wie die Themse oder der Rhein, wiewohl voll von Sandbänken, ist höchst angenehm. Man hat zu beiden Seiten Küsten, welche, wenn sie sich auch durch malerische Berg-formen nicht auszeichnen, doch Alles besitzen, was eine farbenreiche und frische Natur darzubieten vermag, um das menschliche Auge hinzureißen. Alle Träume von der Ueppigkeit des Paradieses verwirklichen sich hier. Hin und wieder wirbelt der Rauch durch eine ausgespannte Rohrmatte auf und zeugt von der Nähe einer dieser Indianerfamilien, welche die Natur hier mit einer solchen Leichtigkeit nährt, kleidet und herbergt.

Bei unserer Ankunft in Guayaquil wurden wir sofort Zeugen eines scheußlichen Auftritts. Sechs der ergriffenen Seeräuber sollten nämlich erschossen werden. Auf einem Platz, wo die Ecuadorflagge mit zwei weißen und einem dazwischen liegenden blauen sie quer durchschneidenden Felde, wehte, worin sieben Sterne, — die Anzahl der Provinzen — wa-ren sechs Pfähle in die Erde geschlagen. Ein Trupp Soldaten bildete einen geschlossenen Halbkreis, von einer dichten Volksmasse umgeben. Nebengassen, Laternenpfähle, Wagen, Pferde, Erker, Balkone, Alles wim-melte von Zuschauern. Die Verbrecher, Jeder von zwei Mönchen be-gleitet, kamen aufmarschirt, Einer nach dem Andern, in weißem Hemde und mit rother Mütze. Sie wurden rückwärts an die Pfähle gebunden, und ihnen Binden über die Augen gelegt; eine Abtheilung Soldaten trat mit Gewehren in Entfernung von zwei Fuß vor sie hin und gab Feuer. Der Häuptling, eine kraftvolle, riesenmäßige Gestalt, fiel bei dem ersten Schuß; zwei Neger hatten ein zäheres Leben, und auf Einen mußte man fünfmal feuern, ehe er starb. Die Leichen blieben den gan-zen Tag an den Pfählen ausgestellt, und die Menge unterließ nicht hinaus-zuströmen, um dieses Schauspiel zu genießen. Die Räuber hatten vor der Execution verlangt, „vier Worte" zum Volk zu sprechen, aber es war ihnen abgeschlagen, und man flüsterte, daß gewisse hochgestellte Personen dabei zu sehr betheiligt waren, als daß man es hätte erlauben können.

Es ist überhaupt fast unmöglich, sich von dem Geist einen Begriff zu machen, der hier das öffentliche Leben durchzieht. Der Staat hat eine Unzahl von Beamten und Officieren. Es giebt beinahe mehr Com-mandanten und Generale als Soldaten, und Alle, oder doch die Meisten, werden von ihren Landsleuten unablässig Diebe, Betrüger, Räuber,

Ränkeschmiede gescholten, und mit den ärgsten nur erdenklichen Schimpf-
namen belegt.   Bei der allgemeinen Unsicherheit und dem wankenden
Zustande sucht Jeder insbesondere nur zusammenzuscharren und sich möglichst gute und goldene Tage zu schaffen, so lange es währt, und Alle,
vom Präsidenten bis zur niedrigsten Magistratsperson, haben nur Ein
Ziel; ihr eigenes Bestes.   Daher diese unaufhörlichen Umwälzungen,
Verfassungswechsel und Parteistreitigkeiten, Haß, Feindschaft und Ungewißheit in allen Verhältnissen.   Die Macht gehört Dem, der sich die
meisten Anhänger verschaffen kann, und diese werden durch die frechste Be-
stechung erworben.   So verarmen diese Länder, welche frei und glücklich,
reich und mächtig sein könnten.

Guayaquil, der wichtigste Handelsplatz in dem Freistaat Ecuador, ist freilich keine schöne Stadt, aber sie hat doch eine gewisse Eigenthümlichkeit, welche den andern fehlt.   Hier ist Alles maurisch.   Fast
alle Straßen sind mit Gras und Unkraut bewachsen, wo Pferde, Esel,
Ziegen, Lamas und Maulesel in Eintracht grasen und in den in der
Mitte der Straßen laufenden Rinnsteinen ihren Durst löschen.   Die
größte Straße, dicht am Flusse, ist jedoch von Thieren frei und sehr
breit; die Häuser haben hier zwei Stockwerke, in allen andern Straßen
haben sie nur ein Stockwerk, und der Küste zunächst nicht einmal dieses.

Das oberste Stockwerk geht balkonartig nieder und ruht auf gewölbten Bogen, welche dem unteren Stock das Aussehen geschlossener
Gänge mit Hallen geben, wo man gegen die brennende Sonnenhitze und
vor heftigen Regengüssen geschützt ist, von welchen man oft überrascht wird.
Vor den Fenstern im obersten Stock hängt meistens ein leinener Vorhang,
der den Häusern das luftige, sommerliche Ansehen einer Veranda giebt.
In der Hauptstraße ist das unterste Gestock von Läden eingenommen,
welche mit Waaren mehr angefüllt als geschmückt sind.   Es war in
Wahrheit ein ebenso neuer wie angenehmer Anblick, am frischen, strahlenden Morgen in die Straße zu treten, woselbst die weißen Vorhänge Kühlung in die Häuser wehen, und die Molen voll von Geschäftsleuten, den breiten Fluß, auf welchem die Strömung Baumstämme und Gewächse in reißen-
der Eile hinwegführt, und die zahlreichen Kanoes, die nach dem Hafen
eilen, um ihre Früchte und übrigen Waaren zu verkaufen, zu sehen.   Unterhalb des Hafens lagen zahlreiche Flöße angebunden, worauf Rohrhütten

errichtet waren, jede eine Familie in sich schließend, welche hier sammt
ihren Hausthieren lebt. Wenn diese schwimmenden Häuser den Fluß
hinabfließen, den palmen= und blumengeschmückten Ufern vorüber, und
der Rauch auf der Fahrt zum Dache hinauswirbelt, als Zeichen der
Nähe lebender Wesen, schwebt der Gedanke unwillkürlich zu jenen Schil=
derungen des Lebens auf den inneren amerikanischen Flüssen zurück, die
man schon als Knabe las, und die man nun vor seinen Augen verwirk=
licht sieht. Das ganze Leben, das man hier antraf, sowie die aus so
vielen fremden Bestandtheilen gemischte Bevölkerung war das Eigenthüm=
lichste, das ich bisher gesehen hatte; ich werde deswegen stets mit wah=
rem Vergnügen an die wenigen Tage zurückdenken, welche wir in Guaya=
quil zubrachten.

Die Stadt besitzt kein Gast= oder Wirthshaus. Die Seltenheit
von Fremden hat sie bisher nicht nöthig gemacht. Unserer Verlegenheit,
ein Unterkommen zu finden, half jedoch ein Deutscher ab, der uns gastfrei
anbot, in seinem Hause fürlieb zu nehmen. Die Gastfreundschaft war
aufrichtig, aber unsere Wohnung zeichnete sich nicht durch Ueppigkeit aus.
Wir lagen in Hängematten in seinem Laden, an dessen Wänden ungeheure
Mehlschaben und Wanzen, von mehr als gewöhnlicher Größe, mit gigan=
tischen Spinnen und Skorpionen sich Gesellschaft leisteten.

Guayaquil hatte während unsers Aufenthaltes ein besonders krie=
gerisches Ansehen. Man erwartete nämlich Flores stündlich, und zu
seinem Empfang hatte man drei Batterieen aus großen Bauhölzern, aber
mit schönen Metallkanonen, deren Kugeln und Lunten schon in voller
Ordnung lagen, aufgepflanzt. Rekruten in blauen und weißen Sommer=
uniformen wurden fleißig geübt und Patrouillen zogen ununterbrochen mit
Trommeln und Pfeifen durch die Straßen, und riefen zu Waffenübungen
auf. Die Einfahrt in den Hafen nach 6 Uhr war verboten, und ein
englisches Dampfschiff, das, wahrscheinlich aus Unkenntniß mit den Ver=
hältnissen, es versuchte, ward mit fünf scharfen Schüssen begrüßt. Mit
Einem Wort: volle Absperrung ward beobachtet. Wenn wir nicht irr=
ten, hatte jedoch Flores viele Anhänger in der Stadt; unser Wirth selbst
war ein eifriger Florist und gar nicht frei von Argwohn gegen uns,
indem er fürchtete, daß die Fregatte sich in die Angelegenheiten
mischen und Flores' Schiff nehmen würde. Die jetzige Regierung hatte

nämlich in einem öffentlichen Aufruf Flores als Seeräuber betitelt und
auf ihn wie auf andere Verbrecher einen Preis ausgesetzt.

Guayaquil liegt auf einer Ebene am Fuß einer Reihe von Berg=
höhen. Diese Bergrücken sind so lieblich und frisch, daß es ein Vergnü=
gen gewesen sein würde, sie zu durchstreifen, wenn nicht die zudringlichen
Musquitos in großen Schwärmen Jeden angefallen hätten, der in ihr
Heiligthum zu dringen suchte; die Ebene stand förmlich nach dem starken
Regenwetter unter Wasser; und somit begegnete man in der schönsten
Natur Unannehmlichkeiten, wohin man sich nur wendete. In dem Theile
der Stadt, welcher zunächst an die Ebene grenzte, wiegten zahlreiche Ko=
kospalmen ihre hohen Kronen. Auch hier hatten die von Callao und
Lima wohlbekannten Geier die Reinlichkeitsaufsicht übernommen, wiewohl
das Personal hier minder vollzählig, auch weniger gewissenhaft in der
Besorgung des Geschäfts zu sein schien, wenigstens waren die Außenseiten
der Stadt, wo man blos die Taubenschlägen ähnlichen Rohrhäuser er=
blickte, höchst unreinlich und wenig anziehend.

Erdbeben sind in diesen Bezirken gleichfalls sehr gewöhnlich; daher
werden auch die Häuser mit Rücksicht hierauf gebaut; alle Zwischen=
wände bestehen aus Rohrmatten mit Erde ausgefüllt, sodaß sie sich bei
den Erschütterungen wohl beugen, aber doch nicht fallen.

Der Chimborazzo liegt nur ungefähr 15 Meilen von hier, und
wenn das Wetter außerordentlich hell ist, soll man seine blauen gigan=
tischen Massen wahrnehmen können; die Cordilleras sieht man öfter.

Als wir zur Fregatte, welche inzwischen in Puna ruhig gelegen
hatte, zurückgekommen waren, wurde der Anker den 4. April gelichtet. In
der Nähe des Leuchtthurms von Santa Clara erblickten wir in offener
See ein Dampfschiff und vier Segler, welche zu Flores' Geschwader ge=
hörten. Ein Boot ward ausgesetzt und steuerte gerade auf uns zu;
bald darauf stiegen mehrere Officiere auf das Verdeck, welche vom Chef
in seine Kajüte hinabgeführt wurden und dort eine Unterredung mit ihm
hatten, von der wir ausgeschlossen waren. Sie brachten ein Schreiben
von Flores, des Inhalts, daß er seine Präsidentschaft keineswegs als be=
endigt betrachte, obwohl Urbina, der ihm Alles verdanke, sich jetzt die
Macht angemaßt habe, daß er jetzt, kraft eines Vergleiches mit Virginien,
die ungerechter Weise des Landes Verwiesenen zu Vaterland, Familie und

Heimat zurückführe und nur in ihrem Interesse handle. Es schloß mit dem Wunsche, daß der Oberbefehlshaber, wenn er auch Flores' Vorhaben nicht unterstützen wolle, wenigstens dieselbe Neutralität, wie die übrigen europäischen Stellvertreter in Lima, beobachten möge. Wir setzten unsere Fahrt fort, ohne uns um die Angelegenheiten Flores' zu bekümmern, und legten Charfreitag an der Küste an, um Gottesdienst und Abendmahl an Bord zu feiern. Sowohl hier, wie überall, wo wir etwas vom festen Lande sahen, war der Pflanzenwuchs ganz tropisch. Die Bäume bogen sich weit über die Wasserfläche hin und bildeten Laubgewölbe, welche kein Pinsel malt.

Am 16. warfen wir Anker auf Panama's Rhede. ·

Fünftes Kapitel.

Panama. — Eine Negercolonie. — Californiafahrer. — Rückblick auf Südamerika's Bewohner, Staaten und Natur. — Die Perleninseln. — Tropischer Wald. — Die Galopagosinseln; Naturgeschichte; Klima. — Chatam= und Charles=Island. — Albemarle. — James=Island. — Geschichte der Colonie. — Die Sandwichinseln, ihre Eigenthümlichkeit. — Hauptstadt Honolulu; Leben, Handel, Verkehr, politische Geschichte. — Punchbowl=Hill. — Ausflüge. — Das Nuuanuthal. — Reiseeindrücke. — Ganz eigenthümliche Sitten. — Götterlehre. — Hebräische Sagen. — Religiöses; Geschichtliches.

San Francisco, den 29. Juli 1852.

Die Bucht, an welcher die Stadt Panama liegt, wird von einer Gruppe kleiner Inseln, nebst der bekannten Landzunge, gebildet, welche mit Bergen besetzt ist, die jedoch nicht hoch und bis zu den Kuppen hinauf mit einem reichen Pflanzenwuchs bedeckt sind. Man sieht hier keine Spur einer zusammenhängenden hohen Andeskette, aber die Gegend ist doch bergig. Der Hafen ist voll von Sandbänken, welche bei niedrigem Wasserstande sichtbar werden, und außerhalb derselben liegt die nicht eben zahlreiche Handelsflotte, die größtentheils aus Packetbooten besteht, worauf Reisende nach Californien befördert werden. Hier befanden sich keine

Kriegsschiffe vor unserer Ankunft. Während der acht Tage, die wir uns hier aufhielten, machten wir in der Umgegend und auf den Inseln Besuche. Die Stadt ist auf einer hervorspringenden Landzunge erbaut, welche zur Zeit der Ebbe weit in den Hafen hinaus entblößt wird, und das Wasser sammelt sich dann in einer Menge kleiner Lachen, was in einem nicht geringen Grade die Ursache des hier so gewöhnlichen kalten Fiebers und der andern Krankheiten sein soll, wegen welcher Panama verrufen ist und wovon die Bevölkerung unverkennbar Spuren in einer allgemeinen Hagerkeit und Anlage zur Abzehrung trägt. Ehemals war die Stadt befestigt und von einer starken Mauer umgeben; jetzt ist die Mauer verfallen und gleicht sehr einer Ruine. Eine einzige Kanone steht am Fuße der Standarte Neugranada's, welche hier in aller ihrer Pracht weht. Es verursachte eine gewisse feierliche Langsamkeit, als unser Gruß (21 Schüsse) von dieser einförmigen Batterie beantwortet werden sollte.

Selbst innerhalb der Stadt sieht man Trümmer von Häusern, die von besseren Zeiten erzählen. Mit Ausnahme einer einzigen einigermaßen ansehnlichen Straße, von der man sagen kann, daß ein wirklicher Verkehr auf ihr herrschte, sind alle übrigen Straßen dunkel und schmutzig. Die Häuser, von denen die untere Hälfte von Stein, die obere von Holz ist, sind schwerfällig und dunkel, mit massiven Balkonen, umgeben von grünangestrichenen plumpen Holzgittern. Wodurch Panama sich auszeichnet, das sind die Schilder. Die Häuser entlang, von der einen Seite der Straße bis zur andern, von allen Wänden und weit in die Luft hinaus strecken sich übermäßige Schilder mit wohlproportionirten Buchstaben in allen möglichen europäischen Sprachen, allerlei Gewerbe, selbst das ärztliche, ankündigend. Aber wenn die Schilder die Aufmerksamkeit auf sich ziehen, läßt sich von den Läden nicht dasselbe sagen, welche zum Wahlspruch genommen zu haben scheinen: „je einfacher, desto besser." Auch waren alle Waaren sehr theuer, besonders alle eßbaren. Man sagte mir, daß ein Ferkel 15 Thaler koste, und dieselbe Summe forderte man dafür, ein Boot zu dem Ankerplatz der Fregatte auf der Rhede hinauszurudern. Andere öffentliche Gebäude als Kirchen fanden sich nicht, und selbst diese schienen nicht im besten Stande zu sein. Die Kathedrale hatte zwei Thürme, sah aber erschrecklich verfallen und mit-

genommen aus, und die anderen Kirchen glichen weit mehr noch Alter=
thümern.

Ueber die Bevölkerung läßt sich kaum etwas Besonderes sagen.
Man sah überall europäische Kleidertracht und Sitten, hörte alle Zungen
der alten Welt in babylonischer Verwirrung, und bemerkte nichts Eigen=
thümliches, oder, was dasselbe ist, nichts Interessantes. Außerhalb der
Stadt dagegen, wo in ein paar riesigen Kokospalmenhainen mehrere Rei=
hen von Negerhütten aufgeführt waren, hatte man das neue Schauspiel
einer fremden Ansiedelung. Die Häuser zeigten die nothdürftigste Einfachheit; bald bestanden sie blos aus vier Erdpfeilern mit einem Dach
darüber, bald aus zerspaltenen Bambusrohren, die zu Wänden zusammenge=
fügt, sich gerade nicht durch Dichtigkeit auszeichneten, und waren ohne Fen=
steröffnungen und mit hohen, spitzigen Dächern von Palmenblättern oder
einer Schilfart versehen. Innerhalb dieses Loches, wo die nackte Erde zu einer
ebenen Fläche zusammengestampft war, zwischen dem elenden Hausgeräth,
bestehend aus einem großen Kochtopfe, einigen Kalebassen und einer zer=
lumpten Hängematte, lebte die Familie, die meistens mit zahlreichen
Sprößlingen gesegnet war, welche ganz nackt sich auf einer Ochsenhaut
umherwälzten, oder spielend und schreiend um die Pfeiler sprangen. Die
Neger hatten nur eine luftige Bedeckung von einem Paar Beinkleider, aber
ihre Damen waren äußerst reizend geschmückt in langen weißen oder sehr
bunten Röcken mit mehreren Reihen Falbeln über Schultern und Brust,
und eine natürliche Blume kokett in das krause Haar gesteckt. In diesem
herrlichen Schmuck sah man sie haufenweise zusammen, immer ausgelassen
und herzensfroh.

Die zunächstgelegene Landstrecke ist sehr flach, aber die ganze be=
kannte Panama=Landenge ist hügelig und besteht, sagt man, aus der zerbro=
chenen Cordilleraskette; der Weg, welcher von Panama nach Chagres
führt, ist deshalb äußerst malerisch. Die Berge sind im Allgemeinen
nicht eben hoch, 500 bis 1000 Fuß, aber von Cio Giganti
aus sieht man beide Meere. Die Natur ist hier sehr belebt und man=
nigfaltig: Affen in Massen, eine übermäßig große Art Paga=
gaien in den strahlendsten Farben, gewaltige Schlangen, unter anderen
auch die sogenannte Boaschlange, Schmetterlinge, welche flatternden
Blumen gleichen, und tausend andere lebende und schreiende Wesen er-

füllen die Wälder, die in dichten Gruppen Thäler und Höhen bekleiden. Eine Heuschreckenart sitzt zu Tausenden auf den Zweigen der Bäume, und giebt einen so scharfen und schneidenden Laut von sich, daß ich ihn mit nichts Anderem zu vergleichen weiß als mit dem Pfiff einer Locomotive. Das Gewächsreich bietet einen ebenso reichen Wechsel dar, und hier ist es nicht nur Schönheit, welche bezaubert, auch das Nützliche spielt eine wichtige Rolle. Gummiarten, Balsame, Farbenstoffe finden sich in großer Mannigfaltigkeit, und Panama ist vielleicht der Ort auf Erden, der den größten Reichthum von Allem besitzt, was zu den verschiedenen Zwecken des menschlichen Lebens anwendbar ist.

Unser kurzer Aufenthalt erlaubte mir nur ein paar Ausflüge in die Umgegend zu machen; überdies war die Jahreszeit keineswegs günstig für botanische Ernten, da der größte Theil der Pflanzen entweder Früchte trug oder entlaubt war, wenn dieser Ausdruck da gebraucht werden kann, wo eigentlich kein Laubfall stattfindet.

Der Charakter der Vegetation war ganz tropisch, mit einem außerordentlichen Reichthum an unregelmäßigen Baumformationen, wundersamen Blattformen, den seltsamsten Früchten und einem völligen Mangel an Kräutern. Der Flur fehlte folglich ihr grüner Schmuck, und aus dem rothen Boden ragten blos zackige, riesige Büsche oder große Bäume mit herrlichen Laubkronen und oft mit prächtigen Blüthen hervor.

Das jetzige Panama ist nicht das alte, das in den ersten Zeiten der Entdeckung gegründet wurde, und wovon sich in der Entfernung einer Meile Trümmer finden. Die jetzige Stadt ist sonst blühender gewesen, und ich hörte allgemeine Klage über Geldmangel und Lähmung in den Geschäften. Doch dürften günstigere Zeiten anbrechen, wenn die beiden Meere, welche jetzt durch die Landenge von Panama geschieden sind, durch die Eisenbahn vereinigt werden, welche sich schon von Manganilla, gleich östlich vor Chagres, bis auf sieben Meilen von Panama erstreckt, und, wie man hofft, bald vollendet sein wird. Der Verkehr auf ihr ist schon sehr lebhaft. Während unseres Aufenthalts hier sahen wir einen Beweis davon. Von San Francisco kam eines Tages ein Dampfschiff mit 800 Reisenden, die auf, über und unter dem Verdeck eingepfercht waren. Als der Dampfer dieses Heer ausschiffte, füllte sich die Stadt augenblicklich mit den, wie man sich denken kann, zumeist seltsam aussehenden Cali-

fornienfahrern: halbwilde Gestalten, ganz Bart, und in den fabelhaftesten
Anzügen, — welche vom Goldlande kamen, und mit mehr oder weniger
erfüllten Hoffnungen nach der Heimat zurückkehrten. Sie trieben sich hier
eine Weile umher, umlagerten Speisehäuser und Weinschenken, füllten die
Läden, und ergingen sich auf den Straßen, bis man gegen Abend ganze
Ladungen von ihnen nach der Eisenbahn und Chagres zu auf Mauleseln
abziehen sah, wo ein anderes Dampfschiff sie aufnimmt und nach Nordamerika bringt. Diese den Ocean pflügende Fahrzeuge sind wahre Wun-
derthiere, welche schnaubend und stampfend Menschenschaaren zu Tausenden durch unermeßliche Entfernungen tragen und den Besitzern ungeheuren Gewinn bringen. Ehemals litten die Reisenden viel Ungemach
am Bord, aber jetzt ist durch Dazwischenkunft des Staats der Zustand
bedeutend verbessert; doch kann man sich leicht vorstellen, von welchen
Auftritten man auf solchen Dampfschiffen Zeuge werden kann. Denn unter diesen großen Massen dicht zusammengedrängter Menschen ermangeln
Krankheit und Armuth natürlich nicht, ihre traurigen Wirkungen zu äußern; und wenn Entbehrungen, welche man nicht gekannt hatte, sich erst
fühlbar einstellen, und die Wirklichkeit einen scharfen Gegensatz zu den
vielen goldenen Träumen bildet, mit welchen man auszog, so verlieren
Manche ganz den Muth, und dann ist in der That ihr Anblick herz-
zerreißend.

Wenn man Panama verläßt, verläßt man auch Südamerika, und
man kann da nicht umhin, einen Blick auf das große Festland hinter sich zurückzuwerfen. Von dem caraibischen Meere bis Cap Froward,
welch ungeheurer Raum für die Herrschaft der Menschen, Thiere und
Gewächse! Hier ziehen zahllose Horden noch umher im Naturzustand,
unabhängig von dem Zwang der Civilisation, ledig der Fesseln der bürgerlichen Gesellschaft, selbst den Beschwerden der Kleidertracht enthoben
oder gar brütend in dunkeln Höhlen, eingehüllt in Häute und Felle.
Die Staaten ziehen zwar gar leicht ihre Grenzen auf den Landkarten,
aber wo sind die Grenzen, innerhalb deren Ordnung und Gesetz, Religion
und Wahrheit sich halten? Welche das menschliche Gefühl empörende
Greuelthaten sind hier nicht geübt? Welche Leiden haben nicht diese Indianerstämme ertragen, und Anderen verursacht? Wo haben nicht die
Europäer mit Feuer und Blutströmen der Religion und der Bildung

Sache hartnäckig geführt? Welche schwere, unerhörte Seufzer von Millionen, welche Siegesrufe von der Macht und Grausamkeit, welcher Verzweiflungsschrei von der Schwäche und Wehrlosigkeit! Und doch wie viele Beispiele erhabener Eigenschaften von Edelmuth, Tapferkeit, Seelenstärke und Geduld bietet nicht auch dieser Länder Geschichte! Sie ist nicht alt, diese Geschichte, und ist in ihren innersten Fugen mit dem alten wurmstichigen Europa verknüpft; aber wie jung sie auch sei, umfaßt sie doch alle Glieder menschlicher Veränderungen und glüht von der ganzen Pracht ihres Himmels und ihrer Natur.

Alle diese Staaten sind Freistaaten mit Ausnahme eines einzigen Kaiserthumes, das sich matt und welk fortschleppt und wahrscheinlich demselben Ziele zustrebt wie die übrigen. Aber wie zerrissen sind nicht diese Freistaaten! welchen Spielraum bieten sie nicht dem Eigennutz und der Parteiwuth! Doch wenn der Blick mit Kummer auf Amerika und dessen Vorzeit ruht, so dämmert ihm Versöhnung in den Zeiten, die da kommen werden. Was hat nicht dieses arme Land zu vergessen? Wie viel Elend haben nicht die neuen Staaten von der alten Gewaltherrschaft geerbt, deren einziges Ziel war, die Adern selbst der Berge auszusaugen! Erwacht ist dieses Land nun, abgeworfen hat es das Joch, das mit dessen Mark verwachsen war, und noch durchzuckt wird von den gewaltsamen Anstrengungen, um frei und mündig zu werden. Ein Staatsleben ist nicht nach Einem Menschenalter zu messen. Die Früchte freier Verfassungen merkt man erst nach Reihen von Jahren. Und noch ist keiner dieser Staaten über vierzig Jahre alt. Laßt uns noch vierzig Jahre warten, bis der alte Sauerteig verwest, bis ein neues Geschlecht erstanden ist mit neuen Ideen, neuer Erfahrung, neuer Kraft und neuem Leben. Es kann nicht fehlen, daß der Einfluß, welchen Europa und zumal der angelsächsische Stamm in den letzteren Jahren auf die neue südliche Welt ausgeübt hat, heilbringend auf deren politisches, commercielles und intellectuelles Leben einwirken wird.

Aber wenn die Betrachtung der Völkerschaften, sowohl der in einer geordneten bürgerlichen Gesellschaft zusammenwohnenden, wie der in der Tiefe der Urwälder oder auf den ungeheuren Ebenen umherirrenden, reichen Stoff zum Nachdenken darbietet, wenn es hier lehrreich ist, den Menschen zu studiren, wie er war und wie er ist, unter dem Gesetz oder frei in der Natur lebend, civilisirt oder im ursprünglichen Zustande, und zugleich seine Entwickelung von einer Stufe zur anderen zu verfolgen, wie reiche Stoffe der Betrachtung giebt dann nicht diese Natur, sowohl die lebende, wie die todte! Von welchen großartigen Umwälzungen, gigantischen Kräften und schwindelnden Zeiträumen redet nicht diese gewaltige Bergkette mit Wolken auf ihren Kuppen, diese Küstenstrecke, welche gleich den ewig schwellenden Wogen des Oceans sich bald hebt, bald senkt nach der Laune der Naturkräfte, in denen doch immer Plan und Zweck wahrzunehmen ist! Welchen Stoff für die Untersuchung legt uns nicht diese reiche Thierwelt vor, welche sich überall bewegt, und wo es dem Nachdenken nie an Veranlassung fehlt, einen Blick in die Größe und Weisheit der göttlichen Schöpferkraft zu werfen. Und endlich diese gewaltigen Urwälder mit ihren Riesenstämmen, welche als Denkmäler des Schöpfungsmorgens dazustehen scheinen, und noch in jungfräulicher Schönheit uns das Ewige in dem Vergänglichen predigen, und uns entzücken mit ihren grünen schwellenden Formen und farbenreichen duftenden Blüthen! Südamerika ist vielleicht das Land auf Erden, wo des Forschers Wißbegierde das weiteste Feld Jahrhunderte lang hat, und das wohl nie aufhören wird, neue und werthvolle Beiträge zu dem Schatz des menschlichen Wissens zu liefern. Je mehr man dieses Land betrachtet, desto fester überzeugt man sich, daß der endlichen Entwickelung und Vollkommenheit hier keine Grenzen gesetzt sind.

Von Panama wendeten wir uns zu den **Perleninseln** zurück, um uns mit Wasser und Brennmaterial zu versehen und auch die Mannschaft ihre Wäsche besorgen zu lassen, ein Geschäft, das bei einer so bedeutenden Besatzung Zeit und Arbeit erfordert. Wir ankerten vor St. José, wo wir einige Tage blieben. Das Wetter war veränderlich, die Luft bald von einer brennenden Aequatorialsonne erhitzt, durch schwer und häufig fallenden Aequatorialregen abgekühlt, dessen Menge man sich nicht leicht vorstellen kann. Der Archipelagus besteht aus mehreren Inseln, welche ziemlich nahe bei einander sich anmuthig über das stille lichtblaue Meer erheben. Die namenlose Pracht der tropischen Natur offenbarte sich in seiner ganzen Fülle auf der Insel, welche wir besuchten. Von der durch die Brandung gepeitschten felsigen Küste hob sich das Land allmälig, bedeckt von Wäldern, deren Dickicht nicht den geringsten Durchgang gestattete; hier und da stürzten kleine Ströme klaren und frischen Wassers über die Felsenvorsprünge, eingefaßt von den glänzenden Laubgewölben, welche, vornehmlich nach Regentagen, kleine Wasserfälle bildeten, die sich plätschernd in das Meer ergossen, und dem lieblichen, mit schlanken Palmen umsäumten Strande eine erhöhete Schönheit verliehen. Folgte man diesen Wasserströmen, so konnte man sich einen Weg in das Innere bahnen, und vergebens würde ich versuchen, eine würdige Schilderung von Dem zu geben, was mich auf dieser Wanderung bergan umgab. Man denke sich die kleinen Wasseradern seitwärts hüpfend und rieselnd; hier und da kleine Teiche bildend, in deren Klarheit die waldbekleideten Felsen ihre Riesenbäume mit den wundersamsten Farben spiegeln, umgarnt von einem Netze von Schlingpflanzen in festen Gewinden, — das Sonnenlicht zitternd zwischen den dichten Laubgewölben und das tiefe gebietende Stillschweigen in dieser Einsamkeit, wo Alles Größe athmet — und man hat nur eine schwache Vorstellung von Dem, was mir zu schauen vergönnt war. Doch blos als Zuschauer genoß ich alle diese Ueppigkeit, denn meine Ausbeute in botanischer Hinsicht war auch hier wegen der Jahreszeit gering, aber nirgends ist mir so wie hier das Bild der überwältigenden Schönheit eines tropischen Waldes entgegengetreten.

Auf der Insel befand sich eine kleine verlassene Wohnung, und in der Nähe auf einer Ebene sah man eine kleine Heerde Hornvieh grasen. Halbwilde Schweine wühlten in der Erde, und unsere Leute behaupteten ein „Unthier" gesehen zu haben, das nach der Beschreibung ein Jaguar sein mußte. Kreischende Papageien in Menge, Kolibris in buntem Ringeltanz und viele andere schöne Vögel erfreuten das Auge, und die Thierwelt war nicht minder schön als das Pflanzenreich.

Der nächste Hafen, den wir besuchen sollten, hätte eigentlich San Francisco sein sollen. Aber da die Gallopagosinseln bekanntlich zu den anziehendsten Punkten der Erde gehören, benachrichtigte uns unser Chef, daß er beschlossen habe, uns diese Inseln besuchen zu lassen, und wünschte zu wissen, an welcher wir vorzugsweise landen möchten.

Nach einer ziemlich langwierigen Fahrt, die sich durch nichts Anderes auszeichnete, als durch langweilige Regengüsse und noch langweili

geren Mangel an Wind, warfen wir endlich vor den Gallopagosinseln
Anker, und am nächsten Morgen stellte der Oberbefehlshaber ein wohl-
bemanntes Boot zu unserer Verfügung. Im Lauf etlicher Tage besuchten
wir nun fünf der merkwürdigsten Inseln, und obgleich ich nur wenig
Neues davon zu berichten habe, will ich doch theils die einzelnen Inseln,
theils den Archipelagus im Allgemeinen mit einigen Worten berühren.
Diese Inselgruppe besteht aus 15 größeren Inseln, unter denen Albemarle die bedeutendste ist.   Sie sind alle vulkanischen Ursprungs, und
noch strömen die Lavamassen aus ihren vielen mehr oder minder tiefen
Kratern und sind bisweilen mit einem bald ärmlichen, bald mehr üppigen
Pflanzenwuchs bedeckt. Diese Vulkane gehören alle zu den jüngsten ihrer
Art, und auf Narborough-Island und Albemarle hat man
vor nicht langer Zeit Ausbrüche bemerkt; dort stieg auch noch immer
Rauch heraus.   Wenn man bei schönem Wetter und stiller See zwischen
diesen Inseln segelt, die ringsum und im Süden des Meridians liegen,
geben die Erscheinungen der fernen Berge und Küstenumrisse ein hübsches
Bild ab.   Der Perustrom, welcher hier sein abgekühltes Wasser heraus-
wälzt, erfrischt die Luft, obgleich es im Lande bisweilen übermäßig heiß
sein kann; während unsers Besuchs auf Albemarle stieg die Temperatur
auf 35° C. im Schatten und über 50° in der Sonne; es war in Wahrheit beschwerlich genug, unter solchen Umständen über die Lavamassen
mit ihren scharfen Kanten oder losen, rollenden Blöcken zu wandern,
und es wäre noch weniger auszuhalten gewesen, wenn uns nicht kühlende
Winde einige Linderung verschafft hätten.   Regen fällt blos während der
Regenzeit, die jedesmal eintritt, wenn die Sonne durch den Aequator
geht, und doch hatten wir, obwohl es auf Amerika's Festland anfing,
Winter zu werden, erst noch am letzten Tage auf James-Island ein
paar erfrischende Regengüsse.   Demzufolge leiden die Inseln an großem
Wassermangel; nur auf den höchsten Bergen, die fast immer in Nebel
und Wolken eingehüllt sind, giebt es einige Früchte, nur dort trifft
man Quellen und kleine Lachen an, wo Schildkröten und die wenigen
menschlichen Bewohner sich knapp zugemessene Labetrunke holen.
     Die Inseln, welche ihren englischen Namen von Engländern etwa
um die Zeit der Wiedereinsetzung der Stuarte bekommen haben, gehören
jetzt dem Freistaate Ecuador, und dieser Umstand allein ist schuld an

ihrem gänzlich vernachläſſigten Zuſtande.   In den Händen einer andern Macht, z. B. Englands, würden ohne Zweifel mehrere dieſer Inſeln aufblühen und durch Hervorbringung von Früchten und von einem
großen Theil anderer Bedürfniſſe für die Wallfiſchfänger eine Quelle des
Reichthums und Segens werden.

Der weſtliche Theil von C h a t a m = I s l a n d iſt das Nackteſte und
Wildeſte, das man ſich vorſtellen kann.   Aus den zahlreichen Kratern,
deren eine Seite oft eingeſtürzt iſt und deren Oeffnungen von niedergefallenen Lavablöcken angefüllt ſind, hatten große Lavafluthen ſich nach
allen Seiten ausgebreitet, die nun wie ein plötzlich erſtarrtes Meer mit
gebrochenen Wellen und abgekühltem Schaum in dünnen Lagen, oft blos
zolldick, tiefe Löcher bedeckten, aus denen die Lava gefloſſen war.   Wenn
man über dieſe Felder ging, trat der Fuß oft durch dünne, ſchwache
Kruſten, und man fiel in die Tiefe hinab und lief Gefahr, die Beine zu
brechen.   An andern Stellen hatte ein noch ſpäterer Ausbruch ſtattgefun-
den, und hier lagen große zerbrochene Säulen und gewaltige Blöcke, in
der wildeſten Verwirrung durcheinander, ſodaß an ein weiteres Vordrin-
gen nicht zu denken war.   Der öſtliche Theil dagegen iſt mit verkümmer-
ten Bäumen und Büſchen bedeckt, zwiſchen welchen ein ſtachlichter
Cactus hervorragte, der in dieſer ſchwarzen Lava, in der kein Grashalm
keimte, ausgezeichnet zu gedeihen ſchien, und dort ſich wie ein Grabkreuz
auf dem Todtenacker der Natur ausnahm.   An der Küſte ſtand eins von
jenen kleinen Californiahäuſern, die fertiggezimmert nach dem Goldlande
geführt werden, um den Auswanderern den erſten Schutz zu geben, und
hier fanden wir ein Weib und einige Männer, welche, da ſie von ihren
eigentlichen Wohnungen oben im Walde die Fregatte geſehen hatten, her-
abgekommen waren, um ein verfallenes Boot von unſern Zimmerleuten
in Stand ſetzen zu laſſen, wogegen ſie uns einige Schildkröten verabreichten.

Dieſe Menſchen gaben uns nähere Auskunft über die Seeräuber,
deren Schiff wir bei Guayaquil in Beſitz genommen hatten, erzählten
von Brandſtiftungen, Mord und Raub, und als ſie nun deren Schickſal
erfuhren, waren ſie außer ſich vor Freude, tanzten, ſangen und warfen
ſich im Freudenparoxysmus auf die Erde.   Dieſe armen Inſelbewohner
nähren ſich von großen rothen Krabben, welche auf den Klippen am
Strande in Menge umherkriechen und ſich leicht fangen ließen, ſowie die

Schildkröten in den Wäldern. Von Hausthieren sahen wir keine andere Spur als Hunde und eine Katze.

Charles-Island verdient auf gewisse Weise seinen spanischen Namen Floriana — der ihm jedoch aus Höflichkeit gegen den damaligen, jetzt sein Vaterland bekriegenden General Flores zu Theil geworden ist — denn diese Insel ist ganz Blumenflor. Von einer mit Lavaklippen umsäumten Küste erhebt sich das Land ziemlich steil hinauf bis zur Mitte der Insel, wo ein paar Vulkane, deren einer 1600 Fuß hoch, die Krone derselben bilden. Es finden sich auch noch mehrere andere, obgleich niedrigere Krater, und die Insel ist im Ganzen bergig. Ein Häuschen lag gerade unten am Strande, wo die Fregatte ankerte, und von da führte ein Fußsteig hinauf zu einer Gruppe von vier Hütten, die kurz vor unserer Ankunft verlassen waren. Die eine mußte dem Gouverneur angehört haben, wie aus den dort zurückgelassenen Sachen und daraus zu schließen war, daß sie mit drei bedeutenden Luxusartikeln, nämlich einem gedielten Fußboden, einem plumpen baufälligen hölzernen Sopha und einem ordentlichen Tische versehen war. Verschiedene Waffen, Bajonette auf langen Stäben und zerbrochene Flintenläufe lagen zerstreut umher. Einige Apfelsinenbäume und Umzäunungen deuteten an, daß ehemals der Boden bearbeitet und ein Haus, das wie ein Gefängniß aussah, zeigte, daß hier auch die Menschen bearbeitet worden sind. Einige Hunde liefen jetzt verlassen und herrenlos umher und sahen gar verdrießlich aus. Von hier führte der Pfad immer aufwärts bis zu dem höchsten Berg in der Mitte der Insel, und in der Nähe lagen einige verlassene Häuser auf einer Ebene, wo riesige Apfelsinenbäume, die sich unter ihren Früchten beugten, und bebaute Felder die Spuren der alten Ansiedelung zeigten. Auf dieser Ebene grasten große Herden Vieh in ungestörter Freiheit und im ruhigem Genuß der reichen Weiden. Die ganze Insel schien in hohem Grade fruchtbar zu sein, und könnte durch sorgsamen Anbau ein wahres Eldorado werden.

Hier war auch der Hauptsitz einer Ansiedelung gewesen, die 1833 von Ecuador aus angelegt ward. Zuerst wurden vier Officiere und vierzehn Freiwillige nebst einigen Verbrechern hingeschickt. Die Anzahl der Ansiedler vermehrte sich allmälig, und sie lebten eine Zeitlang in Friede und Ruhe beisammen; aber die Anwesenheit der Verwiesenen legte

den Keim zu einer Auflösung, welche auch nicht lange auf sich warten
ließ, und es waren die würdigen Ueberreste dieser Ansiedelung, welche wir
als Seeräuber bei Guayaquil antrafen. Während wir alle diese Herrlichkeit betrachteten, wünschten wir eine Anzahl tüchtiger Steinbrecher
hier gehabt zu haben, die Charles-Island in ein anderes Madeira, einen
Segen für Tausende würden verwandeln können. Aber die Insel wird
wohl noch lange in ihrem jetzigen Zustande bleiben; und während man
sich in Ecuador um Nahrungsmittel zankt und um Titel schlägt, liegen
hier große Strecken unbenutzt, die einen ganzen Staat nähren könnten.

Ich brachte diese Nacht in einer der Hütten zu. Draußen regnete
und stürmte es, aber ich lag sicher auf meinem Lager von Gallopagos-
blättern und Blüthen bei einem knisternden Wachtfeuer, nachdem ich am
Tage eine herrliche Aussicht vom Gipfel des Berges genossen und im
Thal eine reiche Ernte gehalten hatte. Minder angenehm war die Nacht
für zwei von der Mannschaft der Fregatte, welche ausgeschickt waren, um
einige von den halbwilden, herrenlosen Geschöpfen, welche hier umherlaufen, einzufangen, aber ungewohnt in starker Sonnenhitze zu gehen, auf dem
Lavagrund von der Nacht überrascht worden waren.

Als wir den 18. Mai uns der Insel Indefatigable näherten,
ahen wir unter einem dicht am Strande hervorspringenden Felsen ein
paar elende Häuser, aus welchen einige Männer eiligst die Berge hinauf-
flohen. In den Hütten fanden wir nur ein Frauenzimmer, aber da Niemand von uns Spanisch verstand, war hier keine Auskunft zu erhalten.
Wir hörten in Chatham, daß sich auf dieser Insel eine kleine Gesellschaft
Bösewichter in Begleitung eines Weibes befinden solle, und die eilige
Flucht ließ auch auf ein böses Gewissen schließen. Diese Insel zeigte
keine besondere Eigenthümlichkeit, weder im Pflanzen= noch im Thierreich,
und wir verließen sie deshalb nach einem Aufenthalt von einigen Stunden, um nach Albemarle zu kommen, das sich am Horizonte mit seinem 4700 Fuß hohen Berge zeigte. Wir warfen bei einer von der
Brandung gepeitschten Felsenküste Anker, und schlugen den nächsten Morgen unser Zelt am Meeresufer auf. Eine wildere Gegend kann es schwerlich geben. Man ging immer in tiefen Lagen von Bimsstein, der zu
Sand verwittert war, und unter unsern müden Füßen, welche überdies
oft in die Höhlen einsanken, die von den hier in Menge lebenden Ottern

gewühlt waren, und worin sie sich bei dem Laut unserer Tritte zu ver-
kriechen eilten, noch mehr zerrieben wurde. Große Strecken von unordent-
lich übereinander geworfenen mächtigen Lavablöcken, hier und da bewachsen mit halbnackten Bäumen und Büschen, schlossen weit und breit den
Weg, sodaß ich den Bergrücken, fast umsinkend vor Ermattung, erreichte,
und für meine Mühe doch nicht einmal die Befriedigung hatte, reiche Beute
zu machen. Albemarle wird auch von Allen als die ödeste dieser Inseln
beschrieben, nur hier und da mit Salzseen bedeckt, und ohne Vegetation.

James-Island oder St. Jago, welche Insel zuletzt besucht
wurde, hat einen ganz anderen Charakter. Um die Küsten stehen ansehnliche abgebrochene Felsen mit ihren Kratern und die waldbekränzten Höhen
der Insel tragen noch Reste einer riesigen Vegetation, die jetzt schwarz-
braun von frischer Lava ist, welche in ihren dunkeln widerlichen Formen
in erstarrten Strömen daliegt. Selbst mit der Axt in der Hand war es
mir nicht möglich oben tief in das dichte Gebüsch einzudringen, und meine
Ausbeute, war deswegen von geringer Bedeutung.

Die geologische Bildung dieser Inseln giebt den darauf lebenden
Wesen etwas höchst Eigenthümliches und Ausgezeichnetes.

Das einzige Säugethier, das in einiger Menge vorkam, war der
Seehund. Auf Albemarle in einer kleinen Bucht versammelte sich
vor unserem Zelte eine ganze Schaar, welche ihren Körper in Entfernung
einiger Ellen von uns halb emporrichtete, und ganz neugierig die ungewohnten Gäste betrachtete, ihren Willkommensgruß munter schnaubend,
und sich nicht einmal dadurch abschrecken ließ, daß der eine und andere
seine Unbesonnenheit mit dem Leben büßen mußte.

Diese Furchtlosigkeit war bei den Vögeln noch auffallender, welche
man mit den Händen fangen konnte, da sie gerade auf uns zuflogen, und
sich wiegend und zwitschernd dicht bei uns auf die Zweige setzten, ja sogar auf die Instrumente des Physikers, während er mit seinen Beobachtungen beschäftigt war. Dieselbe Neugier und Keckheit ward an den
Seevögeln bemerkt, welche sich in großen Schaaren an allen Gestaden
aufhielten. Der Pelikan, dem wir bisher nie hatten nahe kommen können, konnte hier mit Steinen todtgeworfen oder mit den Händen ergriffen
werden; auf dieselbe Weise ward auch der Pinguin gefangen, den man
eine Zeit lang leben ließ, und der an Bord große Heiterkeit durch seinen

ſtattlichen, aufrechten Gang verurſachte, wodurch er an einen in einen un-
heuren Mantel mit unförmlich langen Armen gekleideten Zwerg erinnerte.

Die Amphibien ſind die anziehendſten Erſcheinungen in der Thierwelt der Gallopagosinſeln. Die Inſeln haben bekanntlich ihren Namen von den zahlreichen Schildkröten (Gallopagos), welche hier ſowohl
an höheren, feuchteren, wie an niedrerern und trockneren Orten gefunden
werden. Viele erreichen eine ſolche Größe, daß ſechs bis acht Mann dazu
gehören, um ſie vom Boden aufzuheben; ein einziges Exemplar von denen,
welche wir fingen, und zwar von der kleinſten Art, war hinreichend, um
zwanzig Perſonen mit Suppe und Braten zu verſorgen. Die auf den
Höhen lebenden Schildkröten nähren ſich hauptſächlich von Blättern und
Beeren, die an niedrigeren Orten lebenden von den ſaftigen Cactus, die
in großen Maſſen zwiſchen den Lavablöcken aufſchießen, reich beſetzt mit
rothen Beeren, die wie Stachelbeeren ſchmecken. Es gehörte zu unſern
Beluſtigungen an Bord, ſie Cactusfaſern verzehren zu ſehen und die ſicht-
liche Gier zu beobachten, womit ſie die bekannte wohlſchmeckende Speiſe
verzehrten. Wenn die Schildkröte Gelegenheit hat, verſchluckt ſie große
Vorräthe Waſſer. Da die Quellen ſich in der Nähe der Wolken auf den
höchſten Bergen zu finden pflegen, ſieht man oft breite Gänge ſich hin-
aufſchlängeln, von Schildkröten gemacht, die mit einer Schnelligkeit von
einer Meile täglich, Tag und Nacht zu dem lebenden Ziel wandern und,
wenn ſie ſo glücklich ſind und wohl ankommen, die Köpfe bis über die
Augen eintauchen und gegen zehn Schlucke in einer Minute thun. Jedes
Thier hält ſich drei bis vier Tage bei dieſen Waſſerplätzen auf, und es
iſt unzweifelhaft, daß ſie, ſo verſorgt, ſich auf ein ganzes Jahr behelfen.
Man hat Beiſpiele von Schildkröten, welche achtzehn Monate ohne Futter
gelebt haben, und doch keineswegs an Maſſe abnahmen. Wenn man ihnen
in den Wäldern begegnet, halten ſie äußerſt verblüfft an, keuchen erſchreck-
lich, werfen ſich nieder und bleiben, Kopf und Beine eingezogen, unbe-
beweglich liegen.

Eine andere Erſcheinung ſind zwei für dieſe Inſeln durchaus eigenthümliche Otternarten. Die eine (Amblyrhyncus cristatus) iſt eine
Waſſerart mit kurzem Kopf, beſetzt mit einer Menge ſpitziger Warzen und
einem Kamm auf dem Rücken, und bewegt ſich äußerſt träge und unbe-

holfen. In der Regel liegen sie auf den Lavaklippen, thun sich gütlich am Sonnenschein, und sehen äußerst erstaunt und verlegen aus, wenn man sie auf den Schwanz haut, auch beißen sie weder, noch setzen sie sich zur Wehr. Bisweilen hat man sie auch auf dem Meere schwimmen sehen, was ihnen durch die mit einer Schwimmhaut vereinten Zehen und mittelst Wendungen mit dem Körper und dem flachgedrückten Schwanz möglich wird. Sie nähren sich von Pflanzen, die sie aus dem Grunde des Meeres holen. — Die zweite Art ist eine Landart (A. demarlii) und findet sich vornehmlich auf Albemarle in solcher Menge, daß große Bimssteinmassen von ihnen durchfurcht waren. Darwin bemerkt, sie seien auf James-Island so häufig, daß die Mannschaft kaum eins von ihren Löchern frei finden konnte, um die Zeltpfosten darin einzurammen. Sie graben ihre Löcher ein paar Fuß tief und liegen darin, während die Sonne scheint; sie sitzen auf dem Boden wie kleine Ferkel, aber fahren mit einer watscheligen Bewegung zurück, wenn man sie aufscheucht. In diesem Falle laufen sie entweder geradezu nach dem ersten Loche, das sie leer finden, oder sie zeigen auch die Zähne und drehen sich zischend und zornig herum; faßt man sie bei dem dicken Schwanz, so schnauben sie in ohnmächtiger Wuth, bis sie ermattet sich fortschleppen lassen. Sie sind äußerst ekelhaft, und noch dicker und plumper als ihre schwarzen, roth= braunen oder orangegelben Brüder an der Küste. Wenn sie überrascht werden, nicken sie ganz bedenklich mit dem Kopf und scheinen ein Weilchen darüber nachzusinnen, was für eine Art Wesen es sein könne, die sie so störe; dann ergreifen sie, so gut es angeht, die Flucht. Sie sind zorniger als die andern, beißen sich in dem Stock, den man ihnen hinhält, ein, und lassen tiefe Bisse darin zurück; zwei lebende Exemplare, die wir an Bord hatten, begannen zum Zeitvertreib einen gegenseitigen Vernichtungs= krieg, der nach bedeutendem Blutverlust von beiden Seiten mit dem Tode Beider endigte. Da sie an Stellen leben, wo selten Wasser gefunden wird, bekommen sie oft das ganze Jahr hindurch keinen Labetrunk, sondern behelfen sich gleich den Schildkröten mit dem saftigen Cactus. Gekocht sollen sie fast wie Tauben schmecken, ich muß aber gestehen, daß ich sie nicht gekostet habe, da man das corpus delicti nicht vor der Zu= bereitung gesehen haben darf, wenn sie einem an tägliche Hausmannskost gewöhnten Gaumen behagen sollen.

Haifische in Masse erblickte man überall. Fische wurden nicht viel gefangen; ein einziges Mal thaten wir einen reichen Zug an einem Strande, wo der Boden aus zerbröckelten Schaalen von Muscheln und Korallen bestand. Auch Insekten gab es merkwürdig wenige; nur Schmetterlinge sahen wir in Menge. Muschelarten bemerkten wir gleichfalls nur eine geringe Anzahl, lebende wie todte. Korallenstücke lagen an allen Ufern, wiewohl sich keine Spur von Korallenriffen fand, die sonst alle Inseln des stillen Meeres umgeben.

Wie ursprünglich die Thierwelt in diesen Strichen ist und mit welchem Rechte die Gallopagosinseln eine kleine Welt für sich genannt werden können, geht aus folgenden Angaben hervor, welche ich von Darwin entlehnt habe. Unter sechsundzwanzig Landvögeln werden die fünfundzwanzig nur hier und sonst nirgends angetroffen. Die Schildkröten und die großen Otternarten sind auch ganz eigenthümlich: von funfzehn Fischen gehörten sämmtliche neuen Arten an, von sechszehn Landmuscheln sind vierzehn auf diese Inseln beschränkt, von neunzig Seemuscheln sind siebenundvierzig sonst überall unbekannt, und alle Insekten, vielleicht mit Ausnahme von drei, sind gleichfalls neue Arten. Man kann hieraus auf den unendlichen Werth schließen, den diese Inselgruppe für naturgeschichtliche Sammlungen haben muß, und da ich mit der Ausbeute unsers kurzen Besuchs Ursache habe, zufrieden zu sein, muß ich und Jeder, dem der Fund zu Gute kommt, sich unserm Chef höchlich dafür verpflichtet fühlen, daß er, obgleich wichtige Gründe es nöthig machten, die Reise zu beeilen, uns doch diese Gelegenheit nicht entschlüpfen lassen wollte, die wissenschaftlichen Schätze unseres Vaterlandes zu bereichern.

Das Pflanzenreich ist ebenso eigenthümlich wie die Thierwelt. Das allgemeinste Kennzeichen ist niedriges Unterholz und Gebüsch, woraus ein einzelner Baum in die Höhe schießt. Diese Bäume gewähren einen ganz besonderen Anblick. In einiger Entfernung betrachtet sehen sie ganz entlaubt aus und verleihen der ganzen Gegend ein graues, herbstliches Aussehen, und erst wenn man ihnen näher kommt, sieht man, daß sie wirklich eine dünne Laubkrone haben, deren Blätter nicht auf einmal abfallen, weshalb diese Wälder, welche man geneigt sein könnte für unfruchtbar und nackt zu halten, in der Wirklichkeit immer grün sind. Unter diesen Bäumen ist einer, welcher einen aromatischen Balsam ausschwitzt, der bei

Wunden mit Erfolg angewendet werden kann. Wenn man in die Rinde
einen Einschnitt macht, fließt dieser Saft in Ueberfluß heraus, aber man
muß sich dabei in Acht nehmen, denn bei unsern Holzhauern bewirkte er
während ihres Aufenthaltes auf James = Island schlimme Augenentzün=
dungen. Ein Busch findet sich auch daselbst, der statt des Thee's ge=
braucht wird. Charles = Island war, wie zuvor erwähnt, einst angebaut,
selbst Baumwolle war hierher gebracht, und obwohl sie an den höheren,
feuchten Orten nicht fortkam, gedieh sie doch ungemein an den niedrigeren,
wo sie jetzt wild wächst. Um die Hütten auf den Hochebenen stehen Haine
von fruchttragenden Papayabäumen, und die Felder hatten natürliche Hecken
von einer Agaveart, die gerade jetzt ihre zehn Ellen hohen Stengel getrie=
ben hatte, worauf sie ihre riesengroßen, blaßgelben Blumen entfaltet.
Wenn man die vielen Gewächsarten ausnimmt, die durchaus eigenthüm=
lich sind, hat der übrige wilde Pflanzenwuchs eine schlagende Aehnlichkeit
mit dem Guayaquils. Darwin giebt gegen 185 blühende Gewächse an,
die auf den Gallopagosinseln gefunden werden, wovon zehn Arten neu
sind; ich fand während meines kurzen Aufenthaltes 236 Arten, und so
hat sich die Anzahl der den Inseln eigenthümlichen wahrscheinlich sehr
vermehrt. Eine andere Pflanzenfamilie, die korbblühenden hatten ein=
undzwanzig Arten, wovon zwanzig dem Archipelagus eigen waren. Eine
Menge beschränkt sich auf gewisse Inseln, es finden sich bestimmte Ge=
schlechter, z. B. Euphorbia, Amarantus u. s. w., die auf allen Inseln
angetroffen werden, aber ein und dieselbe Art nie auf zwei Inseln. Näher
nach den Höhen hinauf wird der Wald dichter, die grüne Farbe frischer,
die Bäume fangen an laubiger, die Kräuter mannigfaltiger zu werden,
und mischen sich mit den feinen Farrenkräutern. Da es deutlich ist, daß
die hier obwaltende größere Feuchtigkeit den ersten Pflanzenwuchs hervor=
gerufen hat, der sich nachher zu den Küsten hinab verbreitete in demselben
Verhältniß, wie das Erdreich sich dazu eignete, die Feuchtigkeit einige Zeit
an sich zu halten, könnte man von dem reicheren oder ärmeren Pflanzen=
wuchs der Inseln in einer gewissen Entfernung von den Gipfeln auf eine
Vermuthung über deren relatives Alter geleitet werden. Eine andere
Eigenthümlichkeit ist die, daß ich mich nicht erinnern kann, mehr als zwei
Arten mit blauen Blumen gesehen zu haben; die gelbe Farbe scheint vor=
herrschend.

Man hat einige Versuche gemacht, die Ungleichheit zwischen der Pflanzenwelt der verschiedenen Inseln zu erklären, welche die merkwür= digste Eigenthümlichkeit der Gallopagosinseln ausmacht. Einige geben als mögliche Ursache theils die starken west= und nordwestlichen Strömun= gen, welche die südlichen Inseln von den nördlichen trennen, theils die Tiefe des Oceans (oft über 200 Faden) zwischen den Inseln an, welche im Verein mit mehreren andern Umständen andeuten, daß sie niemals ver= einigt waren, und endlich der gänzliche Mangel an Stürmen, der den Samen von der einen Insel zur andern hinüberführen könnte. Mag sich dies nun verhalten, wie es will; so viel ist gewiß, daß diese Insel= gruppe zu den merkwürdigsten Erscheinungen der Erde gehört.

Nachdem wir mit raschem Winde den Archipelagus verlassen hat= ten, nahm dieser Wind zu und ward zu einem wirklichen Sturm, den wir in diesem mit Grund sogenannten „stillen Meer" am wenigsten er= wartet hatten. Er ward indeß dieser ungewohnten Anstrengung bald müde, und nach einem wolkenbruchähnlichen Regen erhielten wir den strah= lendsten Himmel und eine spiegelglatte Meeresfläche. Man kann sich nichts Schöneres vorstellen als einen Sonnenuntergang vom Verdeck des sich leise wiegenden Schiffes nach einem solchen Aufruhr in der Natur angesehen. Die goldene Kugel wirft in strahlender Majestät ihren Glanz über des Himmels weites Feld, wo der reinste Azur sich mit Purpur mischt, und die Wolken die wundersamsten Formen annehmen. Plötzlich sinkt sie gegen die indigoblauen Wogen nieder, der Horizont flammt in Purpur und Gold, und das Meer giebt den Widerschein der schnell wech= selnden Lichtmassen. Von jetzt an sieht man blos einen kleinen Rand, dann taucht auch er nieder in die Welle, und wie in blutigem Feuermeer erscheint jetzt der ganze Himmel. So umgiebt der Allmächtige sich mit des Himmels und der Sonne Pracht und erlaubt den Menschen, einen Blick in seine Lichtwohnung zu werfen, und deren Klarheit und Glanz zu ahnen. Man begreift in solchen Augenblicken, wie der Sonnendienst die Kindheitsreligion des Menschengeschlechtes werden konnte. Und wenn nun die Dunkelheit plötzlich über die Erde hereinbricht, wenn tausend Sterne am Firmament flimmern, und das Meer sich in seinen finstern Schleier hüllt, während phosphorartige Feuerfunken um Ruder und Kiel tanzen, da genießt man einen Anblick, so neu, so herrlich und großartig, daß man in stumme Bewunderung versinkt und nur ausrufen kann: „Groß, o Herr, sind deine Werke!"

Unser Plan war von den Gallepagosinseln geradezu nach San Francisco zu gehen; wegen widrigen Windes und Mangels an hinreichendem Brot- und Wasservorrath, beschlossen wir jedoch die Sandwichsinseln zu besuchen.

Unterm zehnten Breitegrade nahmen wir ein holländisches Barkschiff wahr, das nach Californien steuerte. Das Verdeck war mit Reisenden angefüllt, welche Vaterland, Freunde und Verwandte, vielleicht die allernächsten verließen, um fern in einem fremden Lande unersetzlichem Verlust entgegenzugehen, und endlich höchstens einige Stücke des armseligen Erzes zu gewinnen, das doch die Welt beherrscht und die Quelle so unendlich vieles Unheils und so unendlich vieles Guten ist. So sandte Europa auch vor 300 Jahren seine Söhne aus, um die neue Welt, wie es hieß, wiederzugebären. So zogen die Abenteurer gen Westen. Aber wie unähnlich bei aller Aehnlichkeit! Damals zogen bewaffnete Krieger aus, ebenso blutdürstig wie goldgierig, ebenso tapfer wie unglücklich, ebenso stolz wie elend, um unter dem Vorwand, das Christenthum mit dem Schwert in der Hand auszubreiten, Tausende von der Oberfläche der Erde zu vertilgen. Jetzt kommen die neuen friedlichen Abenteurer, um zu arbeiten und zu leiden. Und doch ist es derselbe Beweggrund, der die damaligen wie die gegenwärtigen Schaaren forttrieb. O du auri sacra fames, du wirst nicht gelöscht, und die Flammen, die du entzündest, zerstören ein Menschengeschlecht und eine Welt.

Nach einer Schifffahrt von etwa einem Monat ward Land erblickt und am nächsten Tag, den 21. Junius, außerhalb Honolulu vor Aahei Anker geworfen. Der, welcher darauf gerechnet hätte, es werde hier eine üppige Natur mit tropischer Schönheit den müden Segler erquicken, dürfte bei dem Anblick der Insel sich leicht vollkommen getäuscht halten. Vom Meer aus in einer gewissen Entfernung gesehen, ragt die Insel wie ein gigantischer Felsen empor, ihre nackten, grauen Gipfel gegen den hellblauen Himmel erhebend. Aber wenn man näher kommt, gestaltet sich Alles anders. Um den Strand finden sich viele erloschene Vulkane mit kegelförmigen Kratern, deren Seiten von Lavaströmen durchfurcht sind. Die Berge zeigen jetzt gleichsam ihre Rippen, wodurch

tiefe Thäler und dazwischenliegende Ebenen zum Vorschein kommen, und
wenn man nun Anker wirft, kann man nicht leugnen, daß das Schauspiel, welches man vor Augen hat, aussöhnend und lächelnd ist. Nach
den Gipfeln zu sind die hohen Berge in allen ihren verschiedenen Formen
mit dichten, grünen Wäldern bekleidet. Die tiefen Thäler schlängeln sich
kokett zwischen den ernsten, steilen Höhen hin, bedeckt mit Wohnungen
und Pflanzungen, die von Wohlbefinden und Arbeitsamkeit zeugen, und
unten am Strande breitet Honolulu seine weiten Häuserreihen aus, nicht
in europäischer Pracht und Größe, aber doch in einer gewissen malerischen und zierlichen Weise, die sich leichter auffassen als beschreiben läßt.
Ueber die Stadt erhebt sich ein ausgebrannter Vulkan „Punchbowl-hill"
— durchaus von aller Vegetation entblößt, aber gerade durch diese seine
Nacktheit grell abstechend gegen die umliegenden grünen Bergmassen.
Rechts von dem Vulkane, unmittelbar an der Küste, wird der Blick von
einem gewaltigen Kokospalmenhain gefesselt, der seine lichten Stämme
und fächelnden Palmenkronen gen Himmel hebt. Weiter westlich sieht
man große Salzseen, von dem Salze wie von einer Eiskruste bedeckt. In
der Nähe sind die bekannten Perlenfischereien.

Das Ganze gewährt ein Bild voller Abwechselung, dessen höchst
eigenthümlicher Grundton keineswegs durch die Korallenriffe geschwächt,
wird, welche in einiger Entfernung vom Strande den trefflichsten Hafen
bilden, den eine Stadt nur aufweisen kann; die Wellen brechen sich gewaltsam an diesen Riffen, und nur der weiße Schaum verräth ihre Nähe,
denn sie bergen sich unter dem steigenden Wasser, ausgenommen an Einer
Stelle, wo eine Rinne von 200 Ellen Breite den Einlauf in das geräumige Becken des Hafens bildet.

Wir warfen zuerst Anker bei den Korallenriffen neben einer nordamerikanischen Fregatte von 50 Kanonen, dem Sanct Lawrence,
einer alten Bekannten von Stockholm, das sie vor drei Jahren besuchte.
Am nächsten Morgen stellte sich der Lootse ein, um uns in den innern
Hafen zu führen, wo wir nach Bequemlichkeit unsern Wasservorrath
u. s. w. einnehmen sollten. Hier bot sich ein neues Schauspiel dar.
Die Korallenriffe, jetzt größtentheils durch die Ebbe blos gelegt, waren von
einer dichtgedrängten Menge Kanaken (Einwohner der Inselgruppe)
angefüllt, welche lärmend und schreiend die Einholung des großen Fahr-

zeuges in Augenschein nahmen, und theils selbst dabei behilflich waren. Ungewöhnlich schmale Kanoes, an beiden Enden spitz emporgehend, auf der einen Seite zugleich mit einer Einrichtung versehen, um theils das Kanoe vor dem Umschlagen zu sichern, theils vorkommenden Falles es durch Festbinden an ein anderes in ein Doppelkanoe zu verwandeln, schwärmten um uns her, und aus Booten, worin gewöhnlich vier leichtgekleidete Personen saßen, wurden Früchte und andere Sachen feilgeboten. Im Laufe des Vormittags warfen wir Anker auf der bestimmten Stelle, wo die Arbeit sofort ihren Anfang nahm.

So waren wir denn nun auf den S a n d w i c h s i n s e l n, und also zum erstenmal während unserer Reise — denn auf dem Feuerlande sahen wir keinen einzigen Eingeborenen — in einem Lande, wo wir noch den Schimmer eines schwindenden Naturzustandes sehen sollten. Der Reisende, und selbst Der, welcher eine große Weltumsegelung vornimmt, ist heutzutage nicht in derselben Lage wie ehedem. Er hat jetzt nur wenig Neues zu erwarten, nur wenig Neues zu berichten. Die Erde rollt freilich jetzt nicht schneller als zuvor; aber alles Andere geht wie mit Dampf in schwindelnder Fahrt; Zeit und Entfernung verschwinden, Gleichheit und Einförmigkeit ist jetzt die Losung für Alles, und unter der brennenden Aequatorialsonne so gut wie unter dem Polareis wird man bald dasselbe Streben, dasselbe Leben schauen. Das Eigenthümliche verschwindet, und hiermit auch das Anziehende. Bald wird man ruhig daheim in seinem Stübchen sitzen, durchs Fenster auf die Welt draußen hinausgucken und in der ersten besten Straße ein Bild des Menschengeschlechtes sehen können, wie es sich jetzt in den entferntesten Zonen der Welt uns vor Augen stellt.

Inzwischen war unsere Erwartung anziehender Beobachtungen hier groß. Die Ergebnisse will ich mittheilen, aber zuerst eine etwas ausführlichere Schilderung von diesen Inseln und dem Volke geben, und zu meinen eigenen Erfahrungen die eine und die andere aus den Arbeiten früherer Reisender entnommene Bemerkung hinzufügen. Diese Inseln enthalten nämlich nicht allein Aufgaben zur Forschung für Ethnographen, die dazu dienen können, Licht über die natürliche Beschaffenheit und die ganzen sittlichen Zustände des malaiischen Stammes und Polynesiens zu verbreiten, sondern ihre höchste Bedeutung vielleicht auch von den staat-

lichen Umwälzungen entlehnen, welche hier stattgefunden, und von den re=
ligiösen Erscheinungen, welche sich hier mit erstaunlicher Schnelligkeit ent=
wickelt haben. Der, welcher sich mit der inneren Geschichte des mensch=
lichen Geschlechtes beschäftigt, wird reiche Quellen zu ernster Forschung
finden indem er dieses Volk durch dessen dunkle Vorzeit, durch den
Kampf zwischen Heidenthum und Civilisation bis zu dem Ziele begleitet,
das, wie wir hoffen, die Veredelung der menschlichen Natur ist.

Beim Eintritt in Honolulu hat man Mühe zu unterscheiden, ob
man sich in einer europäischen oder in einer Kanakstadt befindet. Die
breiten und regelmäßigen Straßen sind bisweilen mit einer Art von Trot=
toirs versehen, und haben lauter englische Namen, z. B. Fortstreet,
Kingsstreet u. s. w.; keine ist gepflastert, sondern voll wirbelnden Stau=
bes wie eine Landstraße, und fast jede mit Doppelreihen von Akazien und
anderen Bäumen besetzt. Sie werden Abends nicht von Laternen erleuch=
tet, außer bei einigen Häusern, deren Besitzer dadurch theils ihre eigene
höhere Stellung im Leben zu erkennen geben, theils auch hierdurch ihr
Wohlwollen gegen die armen Fußgänger an den Tag zu legen beabsich=
tigen; zum geringen Theile sind es steinerne Häuser, aus gehauenen
Lavablöcken zusammengefügt und ganz nett und dauerhaft aussehend, die
größere Zahl dagegen ist von Holz in mannigfachen Formen, bald klein
und leicht zu handhaben, wie unsere bekannten „tragbaren" Häuser, bald
solider und stattlicher, häufig mit einer Art Balkon oder Altan auf dem
Dache, auf den eine Treppe hinaufführt, und meistens in Grasegärten
oder vielmehr in kleinen Parkanlagen gelegen, denn Blumen scheinen nicht
sehr häufig zu sein. Wie in gewöhnlichen Straßen liegen alle diese
Häuser in graden Reihen, aber der leere Raum zwischen ihnen ist von
zwei Ellen hohen Mauern, ausgefüllt, welche aus großen Lehmblöcken
aufgeführt sind und größere oder kleinere leere Räume einschließen, wo
sich die Wohnungen der Eingebornen befinden. Diese, die ganz das An=
sehen ungeheurer Heuschober haben, sind aus Schilf in Gestalt großer
Dreiecke zusammengesetzt, mit einem Dache, das bis zur Erde niederläuft,
und mit einer niedrigen Oeffnung, welche zur Thür dient. Nur die
Allervornehmsten haben Häuser, welche aus vier Wänden von ein paar
Ellen Höhe bestehen, über die das hohe Dach sich erhebt, das auf den
Seiten hervorsteht wie ein Schirm und einen schattigen Platz vor dem

Hause bietet. Auf diese Weise ist die Stadt eine bunte Mischung von Gebäuden in dem verschiedensten Styl, und sieht trotz ihrer schnurgeraden Straßen höchst unregelmäßig aus; nur an einzelnen Punkten sieht man eine Anzahl gleichartiger Häuser, wodurch dergleichen Striche dann ein entweder ganz europäisches oder ganz hawaiisches Gepräge erhalten. Indeß findet man auch eine Art Wohnungen, die noch weniger kostspielig sind, nämlich einige Pfosten, über welche eine Matte zur Bequemlichkeit der darunter Lebenden ausgespannt ist.

Cisternen und Wasserbecken, worin oft eine große Menge lebendiger Fische gehalten wird, sind sehr gewöhnlich. An Läden aller Art ist kein Mangel; die der Chinesen sind vor allen die elegantesten. Die meisten der Waaren, die hier abgesetzt werden, kommen aus China, und es soll sehr lohnend sein, ein Fahrzeug mit chinesischen Waaren zu befrachten und sie hier öffentlich zu versteigern, wodurch man meistens 50 Procent gewinnen kann. Am Hafen, wo man mir sagte, daß 150 Schiffe auf einmal vor Anker gelegen hätten, befindet sich eine Art hölzerne Schiffbrücke, wo eine Menge Fahrzeuge liegen. Dicht an der Brücke ist das Zollhaus, ein ganz hübsches Gebäude mit Brot-, Frucht-, Fleisch und Waarenverkauf, und gerade gegenüber ist eine öffentliche Speiseanstalt — ein Speisehaus in großem Style mit gewaltigen Tischen, die sich unter wenig anlockenden Gerichten beugen. Um ungeheure Melonenhaufen, Pai-Kalebassen und andere Leckerbissen versammelt sich täglich zu allen Zeiten eine unglaublich vermischte Menschenmasse unter lärmendem Gespräche, und hier hat man unleugbar die beste Gelegenheit das Volksleben in aller seiner Freiheit und Beweglichkeit zu beobachten. Ich werde später darauf zurückkommen, da ich mich jetzt eigentlich bei den leblosen Dingen aufhalten will.

Das Innere der Häuser ist noch verschiedenartiger als das Aeußere. Der Europäer und der Vornehmen luftige, sonnenhelle Zimmer, die auf einen ewigen Sommer berechnet zu sein scheinen, zeigen im Allgemeinen dieselben Luxusartikel, die wir aus der Heimat kennen: schöne Teppiche, elegante Möbels, Alles mit den Abstufungen, welche durch Stand und Umstände der Besitzer bestimmt werden. Die größeren Kanakhäuser enthalten gleichfalls ihren Comfort und Luxus. Sie sind gewöhnlich in verschiedene Gemächer durch Vorhänge oder dünne Rohrwände abgetheilt, haben verschiedenes solides Mobiliar wie Bettstellen und Tische, und sind ebenso geräumig wie bequem, wiewohl öfter nicht ohne Anstrich mißglückten Versuches von Eleganz.

Die einfacheren Wohnungen haben dagegen das ursprüngliche Gepräge einigermaßen beibehalten. Hier umschließen die Wände nur ein einziges Gemach, höchstens ist es durch einen Vorhang in einer der Ecken von der Schlafstelle getrennt, und die ganze Familie liegt oder sitzt auf dem Fußboden, der im besten Fall mit selbstverfertigten Schilfmatten bedeckt und mit Hausgeräth angefüllt ist, das heißt mit Kalebassen, die zugleich als Teller und Schüssel, als Kochtopf und Schrank Dienste leisten. Diese Kalebassen, welche ihr Alles ausmachen, sind eine Art Kürbisse, welche oft eine Elle im Durchmesser haben, und wovon die eine Hälfte als Deckel benutzt wird. Hierin verwahren die Kanaken Eßbares und Trinkbares, und sie sind zugleich die Gefäße, worin alle Waaren fortgeschafft werden. Sie hängen dann in Netzen an beiden Enden einer Stange, die über den Schultern getragen und durch den kurzen Trab der Träger im Gleichgewicht gehalten wird. Stühle zum Sitzen oder Matratzen zum Liegen findet man nicht, höchstens ein Kissen, den Kopf darauf zu legen. Man sitzt auf dem Theil des Körpers, den die Natur zunächst dazu angewiesen hat, die Knie in die Höhe gezogen nach dem Halse zu, oder streckt sich auf den Matten gemächlich aus, ohne eine weichere Unterlage zu verlangen. In diesen zwei Stellungen findet man die ganze Familie in der Hütte gruppirt, und es ist schon viel, wenn die Liegenden sich leicht auf den Ellenbogen erheben, um den Fremden willkommen zu heißen.

Gasthöfe findet man in Honolulu in nicht geringer Anzahl, und die meisten sind recht bequem und gastlich gegen angemessene, das will hier sagen, unverschämte Bezahlung. Man wird auf europäische Art mit allem Dem bewirthet, was ein hungriger und durstiger Gaumen verlangen kann; man wird von Aufwärtern bedient, welche Französisch oder Englisch sprechen, und fühlt sich in keiner Hinsicht auf einer fremden Küste, bis der Wirth die Artigkeit hat, seine interessante Rechnung vorzulegen.

Der öffentlichen Gebäude sind wenige. Dicht am Hafen liegt das Regierungsgebäude und das Haus der Repräsentanten. Beide sind von Korallenblöcken; das erste gleicht mehr einer luftigen Som-

merwohnung, umschlungen von grünen Ranken, mit Spalieren und
einem hohen Altan auf dem Dache, und vorne von einer Mauer umgeben; nur eine goldne Krone über der Hauptpforte deutet an, daß
hier der Sitz der Minister und die verschiedenen Regierungsbureaus sind.
Das andere, woselbst die Notabeln und Deputirten sich versammeln, welches zugleich die polizeilichen und andere öffentliche Bureaus enthält,
ist ein schönes weißes Haus in europäischer Bauart und in weiter Ferne,
von der Rhede aus gesehen, nimmt es sich sehr gut aus. Der königliche
Palast liegt im östlichen Theil der Stadt, mitten in einem weitläufigen,
aber ziemlich lichten Park innerhalb einer gewaltigen Mauer; es ist ein
großes Gebäude von Einem Stock mit hohem Dach, und darüber eine
galerieartige Veranda, von wo die Aussicht köstlich sein muß. Seine
Majestät bedient sich indeß dieses Palastes nur bei feierlichen Gelegenheiten und zieht für das Privatleben seine einfachere in Kanakweise einge-
richtete Wohnung vor, die hinter dem Palaste liegt und eine ungestörtere
Bequemlichkeit im Genuß angeborner und angeerbter Lebensgewohnheiten
darbietet. In Honolulu giebt es auch einen botanischen Garten, der zwar
nicht älter als ein Jahr alt ist, jedoch wegen seiner vorzüglichen Lage
von unberechenbarem Nutzen werden dürfte.

Kirchen sah ich drei: „The royal church" in der Nähe des Palastes war ein großes Gebäude, aus Korallenblöcken gebaut, mit einigen
plumpen Säulen vor dem Haupteingange, zwei Reihen Fenstern, welche
in den großen Wänden wie Luken aussahen, und einem merkwürdig kleinen Thurm mit Uhr, worin die Glocken kaum Raum haben konnten.
Nicht weit davon lag die katholische Kirche „the french church", ein
bei weitem kleineres aber weit hübscheres und regelmäßigeres Gebäude,
das hier zeigen sollte, welches Gewicht die Katholiken auf Alles legen,
was imponirt und auf den äußeren Sinn angenehm einwirken kann. Im
Inneren der Stadt befand sich ein zweiter protestantischer Tempel — die
Kanakkirche — ein großes weißes hölzernes Gebäude mit kolossalem
Dach, dessen Architektur sich der Bauart der Eingebornen nähert. Ich
war in keiner dieser Kirchen, und kann also von dem Inneren nichts berichten. Was die protestantischen Tempel betrifft, so weiß ich, daß in
ihnen das Auge nichts Bemerkenswerthes findet. Die rauhe Frömmigkeit der Methodisten hat alles dergleichen Gepränge verbannt, und

die Kirche der Katholiken ſoll auch noch nicht ganz vollſtändig ausge=
baut ſein.

Zum Schluß muß ich noch die Feſtung erwähnen, ein großes Viereck,
dicht am Hafen mit verfallenen Mauern, bepflanzt mit Kanonen, und zum
Gefängniß eingerichtet, das außerdem die Wohnung des Gouverneurs,
Magazine u. ſ. w. einſchließt. Ihre militairiſche Bedeutung ſoll nicht groß
ſein, und die aus elf Kanonen beſtehende Batterie, die auf den hohen Rän=
dern des Punchbowl-hill angelegt iſt, liegt zu weit entfernt von der
Stadt, um ihr zum beſonderen Schutze dienen zu können.

So iſt die Stadt Honolulu ohne Charakter und großentheils auch
ohne Intereſſe, ſeitdem das Moderne begonnen hat, die häßlichen aber
eigenthümlichen Heuſchoberhäuſer zu verdrängen, ohne doch ſolchen Ein=
gang zu finden, daß europäiſcher Geſchmack und Ordnung hätte wurzeln
können. Macht man dagegen einen Gang zur Stadt hinaus, ſo wird
das Intereſſe ſofort geweckt und man fühlt bald, daß man ſich auf frem=
dem Boden und fremden Menſchen gegenüber befindet. Honolulu liegt
am Ende eines Thales, das ſich allmälig verengt und bergan zieht, ſo=
daß man beim Weiterſteigen ſich zuletzt zwiſchen den 3000 Fuß hohen
Felſenſpitzen vor einem gähnenden Abgrund, in den ſich der Bergrücken
lothrecht niederſenkt, befindet. Man kann ſich nichts Angenehmeres denken als
eine Wanderung in dieſem Thal, dem Nuuanuthal. Ueberall liegen
Gruppen, bald von den vorher geſchilderten Kanakhäuſern mit ihren un=
gezwungenen Einwohnern, Menſchen und Thieren, bald von lieblichen
kleinen Landhäuſern, die engliſchen Cottages gleichen, und mitten in die=
ſen maleriſchen Gruppen, über welche ein herrliches Klima ſeine ganze
Farbenpracht ausgießt, ſchimmern die grünen Tarroäcker, welche große
Vierecke bilden, über die das Waſſer aus dem in das Thal niederſtürzen=
den Strom geleitet wird, ſodaß ſie wie überſchwemmte Wieſen ausſehen,
in welchen die Tarropflanze vortrefflich gedeiht. Weiter oben im Thal
liegen die Landhäuſer des Königs, der hohen Beamten und der vermögen=
deren Kaufleute, umgeben von reich belaubten Parks; der brauſende Strom
bildet hier mehrere prachtvolle Waſſerfälle, und die in Silber und Grün
ſpielenden Wälder, welche die Seiten des Berges bedecken, verleihen dem
Thale Kühlung und Schatten.

Hat man nun den Bergesgipfel erreicht, eröffnet sich ein so majestätischer und herrlicher, so gewaltiger und doch so schöner, so großartiger
und doch so lieblicher Anblick, daß ich, wenn ich unter meinen früheren
Reiseeindrücken nach etwas Aehnlichem suche, kaum etwas Anderes
finde, was sich hiermit vergleichen ließe, es sei denn die Aussicht von
dem Berge Corcovado bei Rio de Janeiro. Rechts und links heben
sich die steilen Felsenspitzen, die buchstäblich in den dicksten Schleier
grüner Wälder mit ihren wehenden Wipfeln und flimmernden Blüthen
eingehüllt sind, und über dem Boden bilden Lobelien und dracaena ter-
minalis ein mehrere Ellen hohes Netz von verschlungenen Zweigen und
Schößlingen, sodaß man am bequemsten durch den Wald kommt, wenn
man auf die Aeste der Bäume klettert, denn den Fuß auf den Boden zu
setzen, daran ist nicht zu denken. Die alleroberſten schwarzen Lavakuppen
verbergen sich tief in die Wolken, wo keine Blüthe duftet, kein Leben mehr
gedeiht, aus welchen aber die Feuchtigkeit kommt, die das untenliegende
Land befruchtet. Im Thale sieht man den Weg zwischen Landhäusern,
Parks, Hütten und Aeckern bis zur Stadt am Rande des blauen unermeßlichen Meeres sich hinschlängeln, dessen weißer Schaum die Korallenriffe peitscht. Eine gigantische Mauer hebt sich die horizontale Klippen-
wand in ihrer schwarzen Glätte über den 1000 Fuß tiefen Abgrund, und
das Auge ruht mit namenlosem Behagen auf der darunterliegenden Ebene,
mit ihren Hügeln, Höhenzügen und Hainen von Pandanen und Brotfruchtbäumen, während die Bergmassen im Hintergrund, gegen den Horizont schwach erblauend dämmern, und ihren hohen Scheitel in die bleichen
nebligen Wolken einhüllen.

Bei diesem Abgrund ward eine von jenen verzweifelten Heldenthaten
ausgeführt, von welchen die frühe Geschichte jedes Landes Beispiele enthält.
Als Kamehameha beschlossen hatte, Oahu zu erobern, vereinigte sich
der Häuptling Kalanikupulo mit einigen andern Königen, um dem
Usurpator hartnäckigen Widerstand zu leisten. Seine Kanonen trieben
jedoch die tapfere Schaar in das Mukandethal zurück, bis sie plötzlich
hier bei Pali am Rand des Abgrundes anhielt; aber einen raschen Hel-
dentod langer Sclaverei vorziehend, stürzte der Häuptling und seine Schaar
sich in die Tiefe. Noch sieht man dort unten in den grünen Wäldern,
welche in ewiger Jugend und Kraft stehen, die von der Zeit gebleich-

ten Ueberbleibsel der Gebeine des Herrschers und seiner treuergebenen
Schaar.

Ich wiederhole es, das Nuuanuthal wird sich in meiner Erinnerung
als ein Paradies abspiegeln, und die Freuden, welche mir seine Natur
schenkte, werden länger dauern als die flüchtigen Augenblicke der Be=
schreibung.

Dahu oder Woahu — diejenige von den Inseln, auf welcher
die Hauptstadt liegt — hat mehrere solche Punkte, nämlich überall wo
sich Thäler zwischen Bergen hin erstrecken. Die Insel ist von einem hohen
Bergrücken mit einer Menge hervorspringender Zinnen von schönen Formen
durchschnitten. Gegen Norden stürzt sich dieser Bergrücken jäh nach einer
fruchtbaren Ebene hinab, aber gegen Süden bildet er einen sanften Ab=
hang, durchzogen von Thälern bis zur Küste, woselbst Alles in doppel=
ter Bedeutung eine niedrigere Natur annimmt. Hier ist die Hitze groß,
das Gras verbrannt, jeder Baum muß gepflanzt werden, während oben
nach den Bergen zu Alles frisch ist und von Fruchtbarkeit strotzt. Der
unaufhörliche Nordwind treibt die Wolken gegen die Berge, der Regen
fällt in Strömen, und von da fließen die häufigen Bäche herab, welche
tausend Wasserfälle bilden und das unten liegende Land befruchten.

Es ist selbstverständlich, daß die Bevölkerung hier mehr als
irgendwo gemischt sein muß. Wiewohl die Europäer einen bedeutenden
Theil ausmachen, sind sie doch nicht so zahlreich, daß sie alle Eigenthüm=
lichkeit verdrängt haben sollten, obgleich das System der Gleichmachung
der alten Welt sich selbst unter den eingebornen Kanaken geltend gemacht
hat, sodaß das Besondere und in seiner Art Interessante in der Lebens=
weise und Kleidertracht immer mehr verschwindet. Bei unserer Ankunft
erlebten wir nichts von allem Dem, was frühere Reisende belustigt hat,
— die Fregatte wurde keineswegs von schwimmenden Nymphen um=
schwärmt, welche Handel trieben mit Ferkeln und anderen schönen Sachen
— die Kanoes hielten sich im Gegentheil in ehrerbietiger Entfernung, und
wenn sie doch endlich mit ihren schwimmenden Fruchtläden anlegten, erblickten
wir nichts Anderes von exotischen Früchten, als was uns schon aus andern
Häfen her bekannt war. Erst im Hafen wurden wir von einem schreienden
Kanakschwarm am Strand empfangen, und hier wollen wir einen Augen=
blick verweilen, um auf diese bunte Versammlung einen Blick zu werfen.

Auf dem Bugspriet der umherliegenden Schiffe stehen nackte Bursche, die bald ausgelassen jauchzen bald lustig in das Meer zu den andern Badenden, Männern wie Weibern, die, ungeachtet ihres leichten Anzugs, sich nicht vor einander geniren, hinabspringen. Um die Tische, wo sich allerlei wenig anlockende Speisen finden, drängt sich das dichteste Gewühl. Hier sieht man athletische Gestalten von dunklem Colorit, und meistens sind sie auf dieselbe Art, wie dergleichen Kunden überall gekleidet. Nur selten sieht man eine Person ohne Beinkleider oder Hauptbedeckung, und einzelne Stutzer tragen Kleidungsstücke zur Schau, worauf sie offenbar sehr stolz sind. Die Frauenzimmer sind dagegen auf eine ganz andere eigenthümliche Weise geschmückt. Einige tragen ungeheure Sonnenschirme, aber die Meisten leiden keinesweges von der brennenden Sonne. Das rabenschwarze Haar, bald wollig, bald fast glatt und in schönen Locken niederwallend, aber stets dicht, sogar zum Uebermaß, ist von frischen Farrenkräutern oder Blumenkränzen, oder auch von rothen und gelben künstlichen Kränzen, zum Schutz gegen die Sonnenstrahlen umwunden. Antlitz und Nase breit, der Mund hervorstehend, das Kinn kurz, und also nicht ganz nach den Schönheitsregeln, aber der Ausdruck der Augen hat etwas Gutmüthiges und Freundliches, das keinesweges einige Wirkung zu Gunsten des schönen Geschlechts zu machen verfehlt. Während die Männer mit ihrem verworrenen, struppigen Haar, das nach allen Seiten wie eine Glorie hinweist, mit den rothgesprenkelten Augen, die ehedem zu den Zeichen der Schönheit gerechnet wurden, mit den breiten Nasen und den fleischigen viereckigen Gesichtern ein dunkles und ernstes Gepräge zeigen, waren die Gesichtszüge der Frauen ungemein lächelnd. Ueber den mittelhohen Körper werfen sie ohne Weiteres eine Kleidung von glänzenden Farben, meistens gelb, und einer langen Blouse nicht ungleich. Diese Kleidung verbirgt in ihrer losen Weite die üppigen Formen — denn Beleibtheit gehört hier mit zur Schönheit, sodaß eine unserer schlanken Damen hier unbarmherzig im einstimmigen Urtheile sinken würde — und bildet eine leichte und luftige Hülle, die im Verein mit den nackten Füßen und Beinen trefflich zu dem milden Himmelsstrich paßt. Daneben sieht man einen einzelnen Chinesen auf seinen dicksohligen Schuhen mit den weiten kurzen Beinkleidern und der reinen, feinen langen Jacke, ferner Polizeidiener, mit grünen Beinkleidern und blauen Wämmsern

als Abzeichen, Kriegschefs in lächerlichem Stolze, Reiter aller Sorten, halbnackte Kinder, verschiedene Arten von Europäern; und das
Ganze bildet einen solchen Wirrwarr von bunten Farben, in denen die
gelbe doch vorherrscht, und von schneidenden Lauten, ähnlich einem Ge-
kreisch, das man nur mit Mühe die Einzelheiten unterscheidet, welche
nähere Aufmerksamkeit verdienen.

Wirft man einen Blick in die Häuser hinein, so findet man dieselbe Mischung von Menschen, Farben und Lauten, nur hat man sich hier
noch mehr des Kleiderzwangs entäußert und ist folglich noch unabhängi-
ger in Hinsicht auf Stellung und Betragen.

Außerhalb der Stadt begegnet man gleichfalls auf allen Wegen
wogenden Menschenschaaren.   Schwer beladene Kanaken tragen allerlei
Eßwaaren in Kalebassen, reitende Männer und Frauen durcheilen die
Straßen in fliegendem Lauf (denn Alles muß im Galop gehen); die
ersteren sitzen fest im Sattel während des wilden Ritts, die letzteren sind
nicht minder verwegen, und gewähren einen höchst eigenthümlichen Anblick.   Sie sitzen auf dieselbe Art wie die Männer zu Pferde, und um
die Beine und ganz bis zu den Füßen hinunter haben sie ein gelbes,
rothes, blaues oder grünes Stück Zeug gewickelt, das dicht um die zarte
Taille schließt, aber nach unten weiter wird und während des Galopirens
wie ein paar Flügel flattert.   Auf dem Kopf tragen sie einen kleinen
Zeug= oder Sammethut, mit gelben oder rothen Kränzen umwunden, auf
dem mit grünen Blättern oder prahlenden Blumen geschmückten Haar.
Vor den Häusern sieht man die gewöhnlichen Klatschgesellschaften
plaudernder Damen; auf den Tarroäckern gehen arbeitende Kanaken,
und in den schäumenden Bächen baden dicht an der großen Landstraße
Frauen und Männer abwechselnd zu allen Tageszeiten.   Alles deutet
an, daß man sich unter einem Himmelsstrich befindet, der das Leben außer
dem Hause und eine daraus entspringende Oeffentlichkeit und Gemein-
schaftlichkeit in allen Verrichtungen mehr begünstigt als häusliche Ruhe
und Arbeitsamkeit innerhalb der engen Hüttenwände.

Dieselbe Freundlichkeit, welche sich in den Gesichtszügen der Ka-
naken zeigte, fanden wir auch durchaus in ihrem häuslichen Benehmen.
Außer Stande uns ihnen verständlich zu machen, wurden wir von unsern
Wirthen nichtsdestoweniger eingeladen, an ihren Spielen und Mahlzeiten

theilzunehmen, und übrigens uns nach „Belieben ihres Hauses" zu bedienen. Ebenso sonderbar wie Alles, was wir thaten und vornahmen, ihnen vorkam, ebenso lächerlich fanden wir ihre Sprache, welche nur zwölf Buchstaben und eine überwiegende Masse von Selbstlautern hat, sodaß sie wie das Belfern eines jungen Hundes klingt; man spricht nie zwei Mitlauter hintereinander aus (man sagt z. B. Beretania, Sepania) und alle Sylben enden mit Selbstlautern. Eine andere Eigenthümlichkeit ist, daß sie immer k und t, l und r verwechseln und so ohne Unterschied Kamehameha und Tamehameha, Honolulu und Honoruru u. s. w. sagen, was zu der Verwirrung in den Buchstaben der hawaiischen Namen Veranlassung giebt, wie man es in Büchern und auf Karten bemerkt. Daß wir ihnen bei der Bewirthung nicht großen Schaden anrichteten, braucht wohl kaum bemerkt zu werden; übrigens gewährte uns unser Besuch immer Ausbeute.

Im Lauf der elf Tage, die wir uns hier aufhielten, machte ich mehrere Ausflüge nach mehr oder minder entfernten Orten.

Auf einem von diesen brachte ich vier Tage und Nächte in einer Kanakhütte zu, da es meine Absicht war, in den Bergen umher und unten in der Ebene am Meergestade mich umzusehen. Für den Preis, den ich hier bezahlte, hätte ich indeß in der Heimat alle Lebensbequemlichkeiten in den besten Gasthäusern haben können. Die Kanaken scheinen überhaupt keine klare Vorstellung von dem Werth des Geldes zu haben, sondern fordern immer runde und übertrieben hohe Summen. Beistand außer gegen baare Bezahlung scheint nicht zu ihren Tugenden zu gehören. Ein Franzose, der von seiner Regierung ausgeschickt war, um die Inseln botanisch zu untersuchen, erzählte mir, daß, da sein Esel einmal in einen Sumpf eingesunken und in Gefahr war, umzukommen, die zahlreichen umherstehenden Kanaken sich nicht eher zur Hilfe bewegen ließen, bis sie den wohlbekannten Klang der Piaster hörten, und man hat Beispiele, daß sie neben Ertrinkenden hinschwammen und um das Rettungsgeld verhandelten. Sie konnten mich lange Strecken begleiten, mir mit großem Eifer Blumen pflücken, alle möglichen Hindernisse aus dem Wege räumen und auf alle erdenkliche Weise sich gefällig bezeigen, ohne daß ich es weder wünschte, noch forderte; aber plötzlich hielten sie inne, reckten die Finger in die Höhe und riefen aus: „two dollars!" und schienen äußerst verwundert, wenn ich ihr Begehren nicht beachtete.

Mein Wirth schien etwas bemittelter zu sein als die Mehrzahl der Umherwohnenden, wiewohl es nicht aussah, als ob er diesen Wohlstand seiner Arbeitsamkeit verdanke, denn trägere Wesen als in dieser Familie habe ich nie angetroffen. Sie lagen den ganzen Tag gemächlich in der Hütte ganz nackt ausgestreckt, blos in ein Stück Zeug eingehüllt, abwechselnd speisend und schlafend, und es kostete ihnen große Anstrengung, einen Tag um den andern auszugehen und einen Vorrath von Tarro einzuholen und daraus Pai zu bereiten. Diese Trägheit ist ihnen Allen eigen. Mein Wirth besaß drei Hütten, welche anmuthig in einem Walde am Fuß eines Berges lagen; die eine und größte schien die „Putzstube" zu sein, die andere diente als Küche und Speisekammer, und die dritte wurde als der allgemeine Aufenthaltsort benutzt.

Die erste, recht hübsche, drei bis vier Ellen hoch unter dreieckigem Dach, war mit feinen, kühlen Matten belegt. Auf einer Stange im Dache hingen große zur Bekleidung übliche Stücke Zeug, Tapa-Mäntel nebst Hausgeräth. An den Wänden standen Kalebassen, die als Spucknäpfe und Wassergefäße benutzt wurden, übrigens fand man keine andere Bequemlichkeit als ein paar Kopfkissen. Ehe europäische Zeuge eingeführt wurden und in Gebrauch kamen, verfertigte man auf den Inseln aus Bast und mehreren Morusarten ein Zeug, das Tapa genannt wurde, und das bald sehr dick und fest war, bald dünn und schwach wie Papier, bisweilen gefärbt und in die buntesten Farben spielend, bisweilen weiß, und das zu Hüftmänteln und auf andere Art zu Bekleidungen gebraucht wurde. Dieser Stoff fängt jetzt an, wie alles Andere aus der guten alten Zeit, zu den Seltenheiten zu gehören. Die Spucknäpfe sind dagegen beibehalten, und in jedem Hause ein nothwendiger und werther Gegenstand. Der Speichel wird nämlich in dem Glauben aufbewahrt, daß, wenn er in Feindes Hand fällt, dieser dadurch die Macht erhält, Dem, von welchem er herrührt, Krankheiten oder andere Uebel anzuzaubern. Er wird deswegen angewandt, wenn gleich nicht wie ein Feiertagsgericht, wie auf mehreren andern von Australiens Inseln, doch zu einem sogenannten wirksamen Heilmittel, und der Spucknapf, ein ausgeschnittener Kalebas mit einem dreieckigen Loche auf der Seite, kreist

deswegen häufig unter Familiengliedern, und man schien äußerst zufrie=
den zu sein, wenn meine tabakkauenden Matrosen ihn schnell zu füllen
suchten.

In der zweiten Hütte wurden, wie gesagt, Speise und Küchengeräth=
schaften verwahrt, welche letzteren sich inzwischen auf einen Kochtopf, eine
Bratpfanne und einige Kalebassen beschränkten, und mehr kann man da auch
eben nicht brauchen, wo rohe Fische und Pai die einzigen Nahrungs=
mittel sind.   Die ersteren werden auf die gemächlichste Weise und in gro=
ßer beliebiger Menge aus dem umliegenden Meer geholt, und man macht
nicht viel Umstände mit der Zubereitung.   Der andere dagegen ist einem
weitläufigeren Verfahren unterworfen.   Die Tarropflanze, welche im
Morast wächst, bildet an dem untersten Ende des Stieles einen dicken
Knoten, der an Geschmack den Kartoffeln am nächsten kommt, doch ist
er süßer.   Diese Knollen werden abgeschnitten und dann auf den Feuer=
heerd zwischen glühende Steine gelegt, und mit mehreren Lagen von
den Stielen und großen Blättern des Gewächses bedeckt. Nach dieser
Vorbereitung werden sie vorgenommen, mit einem steinernen Schlägel
zermalmt und so unter fortwährendem Zusatz von Wasser zu einem grau=
weißen Brei verarbeitet, der gutem Kleister gleicht. Dies ist eine anstren=
gende Arbeit und sie wird blos von Männern verrichtet. Nun wird der Brei
in große Kalebassen gelegt, dann läßt man ihn stehen, damit er etwas
säuere, und wenn er so einen gewissen süßsauern Geschmack bekommen
hat, der sehr beliebt ist, gießt man frisches Wasser darauf, alsdann
steckt der Hausvater seinen ganzen entblößten Arm in die Masse und rührt
fleißig um, worauf die Tischgesellschaft sich versammelt und in kauern=
der Stellung mit aufgerichteten Knieen ruhend die Leckerbissen auf die
natürlichste Art verzehrt; das heißt, man taucht zwei Finger in den Brei
und führt ihn mit einer leichten Wendung in der Luft nach dem Munde. Es
ist unglaublich, welche Menge Pai und rohe Fische sie zu sich nehmen
können, und zwar zu jeder Zeit des Tags oder der Nacht, nur vorausge=
setzt, daß sie wach sind. Sie haben nämlich keine bestimmten Stunden für
Essen oder Schlaf, sondern diese wechseln nach natürlichem Bedürfniß
miteinander ab.

Bei dem täglichen Zusammenleben hatte ich Gelegenheit, ihr häus=
liches Leben kennen zu lernen.   Wann sie wach waren, rauchten sie mei=

stens aus einer zwei Zoll langen hölzernen Pfeife, welche als ein Gemeingut bei Männern und Frauen kreiste; jede Person that drei Züge daraus und reichte sie dann dem Nachbar, worauf man in die Kalebasse spie, gähnte, sich streckte und in Schlaf fiel. Die Zeit über, wo die Gesellschaft sich wach hielt, wurden lange Geschichten erzählt, welche nach dem Gelächter, welches sie begleitete, zu urtheilen, sehr launig sein muß-ten. Bisweilen ward auch gesungen; es war eine abscheulich schläfrige Musik, die mehrere Stunden dauern konnte und nur aus zwei oder drei Tönen bestand. Wenn der Abend kam, ward die Lampe angezündet und die Karte hervorgesucht, und ein sehr einfaches Spiel, wie das bekannte „Um's Leben" gespielt, was die Gesellschaft eine Weile wach hielt. Bisweilen ka-men Nachbarn aus andern Hütten, Weiber, die nicht besonders spröde waren, alte Weiber, Greise und Kinder, und die geläufigsten Zungen und auf uns starrgerichtete Blicke gaben deutlich zu erkennen, daß wir der Gegen-stand der Unterhaltung waren. Einer und der Andere kannte einige eng-lische Ausdrücke, wenigstens den Namen von Münzen, und hiermit ward eine Geberdensprache zu großer gegenseitiger Erbauung eingeleitet. An Höflichkeit durfte man keine übertriebene Forderungen machen, eingedenk des „naturalia non sunt turpia." Man nahm aus seinem eigenen oder des Nachbars Haar gewisse winzige Hausthiere, welche mit großem Wohl-behagen verzehrt wurden, und jeden Augenblick kamen Auftritte vor, die etwas stark an die harmlosen Zeiten des Naturzustandes erinnerten.

Sie waren überall tättowirt, bisweilen selbst auf der Zunge, aber am meisten an Beinen, Armen und Brust. Die Tättowirung geschieht auf eine empörende Art, indem man die Haut mit einem scharfen Werk-zeug aufritzt und so auf den schwarzbraunen Gliedern die sonderbarsten Schnörkel und Bilder macht, welche mit hübschen Farben bestrichen wer-den; bisweilen bringt man sogar Namen und Jahrzahl in lateinischer Schrift an. Perlenbänder waren sehr begehrt und von beiden Geschlech-tern getragen. Wenn man ihnen einen solchen oder ähnlichen Schmuck ver-ehrte, sahen sie äußerst zufrieden aus; aber sie äußerten kein Wort des Dankes, sondern putzten sich damit in aller Stille; so sind denn die Zei-ten hier unwiderruflich vorbei, wo man für eine Glasperle sich mindestens einen ihrer Götter eintauschen konnte, um nicht von weltlichen Schätzen zu sprechen. In Ermangelung eines wirklichen Perlenbandes trug man Pandanusbeeren an einem Faden um den Hals. Von ihren alten Spielen sah ich blos eines mit kleinen Kugeln, welche mit wahrer Taschenspielerfertigkeit versteckt wurden. Gymnastische Uebungen, die ehedem allgemein waren, sah ich gar nicht. Ich bin es inzwischen der Wahrheit schuldig hinzuzufügen, daß wir trotz Allem, was man in dieser Schilderung weniger einladend finden kann, uns als die besten Freunde von einander trennten und in der freundschaftlichsten Stimmung, obgleich die Augen der undankbaren Schönen nicht naß wurden.

Ein Besuch auf der Ebene gab keine Gelegenheit zu reichen Beobachtungen. Die hohe Bergmauer, welche sich nördlich vor der Ebene erhob, bildete, von hier angesehen, mit seinen kolossalen Massen und mit seinem üppigen Pflanzenwuchs einen schönen und imponirenden Anblick. Hier traf ich ganz unerwartet einen Landsmann aus Gothenburg, der neunzehn Jahre mit seiner Kanakgemahlin und seinen wohlgenährten (nicht wohlgeborenen) Kindern ruhig und glücklich gelebt, und beinahe seine Muttersprache vergessen hatte, was ihn jedoch nicht hinderte, sein Vaterland zu lieben, an dessen Natur die umliegenden Berge, wie er sagte, ihm eine theure Erinnerung gewährten. Zahlreiche Heerden weideten auf den üppigen Wiesen, aber übrigens lag das Land noch ganz unbebaut. Die trägen Eingebornen haben nicht Lust das Korn auszusäen, das ihnen die reichste Ernte geben könnte.

Der zweite Ausflug gewährte mir ein Vergnügen, das ich, während dieses angenehmen Aufenthalts, nicht zu den kleinsten zähle. Indeß ich auf einem der höheren Berge, weit entfernt von der Stadt, meine Botanisirbüchsen mit Pflanzen füllte, drangen plötzlich wohlbekannte Töne eines Straußischen Walzers zu mir herauf. Sie kamen aus einer Villa am Fuß des Berges, und als ich nach vollendeter Wanderung wieder hinabstieg, stieß ich auf eine hochvornehme Gesellschaft. Die Villa, welche dem Gouverneur des umliegenden reichen Kajo gehörte, war ein großes Gebäude, dessen hervortretendes Dach kühlende Verandas bildete. Es lag dicht am Rande eines majestätischen Wasserfalles, und war eine in jeder Hinsicht reizende Wohnung in dieser bezaubernden Natur und in diesem milden Klima, das nichts von Veränderung seiner Pracht weiß. Um die Villa war eine Menge Menschen versammelt, welche theils das königliche

Musikchor, das mit moderner Musik aufwartete, theils die nationalen Ge=
sänge anhörte, welche auf höchst eigenthümliche Weise von acht Eingebor=
nen, worunter zwei Frauen, vorgetragen wurden. Auf einer Matte vor
dem Eingang des Hauses hockten diese Frauen mit bunten Kopfgewinden
und frischen grünen Kränzen um die wogenden Locken, in der rechten Hand
eine kleine Kalebasse haltend, die fast wie ein tambour de basque ein=
gerichtet war, auf welche sie mit der linken Hand schlugen, während sie
eine einförmige Melodie sangen, die durch die große Präcision, womit
sie durchgeführt wurde, etwas Eigenthümliches erhielt. Während sie musicir=
ten, erhoben sie sich halb auf den untergeschlagenen Beinen, um mit dem
obersten Theil des Leibes verschiedene Bewegungen zu machen, die dazu
dienen sollten, diese Gesänge, welche die geschichtlichen Erinnerungen des
Vaterlandes verherrlichten, näher zu erklären.

In der Villa fanden wir den Kronprinzen Alexander mit seinem
Bruder, und Damen und Herren ihrer nächsten Umgebung. Seine Kö=
nigliche Hoheit, hierhergekommen um ländliche Freude in Gesellschaft sei=
ner Freunde zu genießen, war ein hoher, schlanker Jüngling mit dunklen
jedoch nicht unangenehmen Zügen, trefflicher Haltung, liebenswürdigem
Benehmen und großer Lebhaftigkeit. Wir wurden ihm vorgestellt, und
er empfing uns trotz unsers wenig zierlichen Anzugs auf eine ebenso
zwanglose wie gastfreie Art. Es war Tanz und lauter Lust und Freude,
und wiewohl der Tanz nicht ganz so vollkommen sein mochte, wie in un=
seren Salons, und die Freude etwas zu vorlaut, um mit unsern Begriffen
von Etikette am Hofe eines hochgebornen Fürsten übereinzustimmen, stand
es doch fest, daß man sich vergnügte. Der Kronprinz, der während
seines Aufenthalts in London und Paris Englisch und Französisch ge=
lernt hatte, und dessen ganzes Wesen — ein gewisses Sichgehenlassen ab=
gerechnet, das vielleicht auf Rechnung der alles entfesselnden Landluft ge=
setzt werden mußte, — die treffliche Erziehung bezeugte, die er und die
anderen königlichen Kinder in Mr. Croock's Pension (der seine Wirk=
samkeit in demselben trefflichen Geiste noch fortsetzt,) auf der Insel ge=
nossen hatten, lustwandelte mit uns im Garten, wo den Champagnerflaschen
bedeutend zugesprochen und die Cigarren nicht gespart wurden. Zuletzt ward
auf dem Rasen zu Abend gegessen, Matten wurden im Schatten der Bäume
ausgebreitet und die zahlreiche Tischgesellschaft hockte nieder, wir natürlich

so gemächlich, wie es unsere steifen Gliedmaßen erlaubten; man nahm sich von den Gerichten, Fischen und Vögeln, Braten und Ragouts, schlürfte Pai mit den Fingern, ich im Verein mit einem schwarzbraunen kleinen Hoffräulein und spülte die Gerichte mit köstlichem Claret und Sherry hinunter. Uns wurde Brot, Teller und Messer zu unserer Bequemlichkeit gereicht, die übrige Gesellschaft emancipirte sich von diesen Luxusartikeln.

Inzwischen waren alle Anhöhen mit Zuschauern besetzt, wie bei andern königlichen Tafeln, und diese banden den Gästen frische Kränze von Farrenkraut, womit man sich unter Gläserklang, gleich den alten Griechen und Römern, schmückte. Nach der Mahlzeit ging es wieder ans Tanzen, und wir verließen endlich die herrliche Villa, höchst zufrieden mit der schmeichelhaften Aufnahme, die uns zu Theil geworden war, und begeistert von aller Freude, deren Zeugen wir gewesen waren. Später trafen wir Seine Hoheit mehrmals und hatten dabei immer Gelegenheit, zu bemerken, daß er es verstand, seinem Rang und seiner Würde, so gut wie irgend Einer unserer von Gottes Gnaden Auserwählten, zu behaupten. Das Fest in Nuuanuthal hatte uns inzwischen bewiesen, daß man es so streng nicht mit dem Verbot des Tanzes und der Lustigkeit nimmt, wie es frühere Reisende als Folge der Wirksamkeit der puritanischen Missionäre behaupteten, mochte man nun ganz der Ruthe entwachsen sein, oder sich nur dann und wann eine kleine Ausnahme von der Regel erlauben.

Drei andere mehr officielle Begebenheiten will ich gleichfalls mittheilen, weil sie dazu beitragen, meiner Schilderung Farbe und Leben zu verleihen. Die erste war ein Ball bei dem amerikanischen Consul, die andere eine Vorstellung bei dem Könige in seinem Palast, und die dritte ein königlicher Besuch an Bord der Fregatte.

Zu dem Ball bei dem hiesigen Consul der vereinigten Staaten wurden wir durch einen reichen à la Tivoli erleuchteten Garten in seine Wohnung eingeführt, wo wir alle hervorragendsten Ausländer Honolulu's fanden, Missionäre und Geschäftsmänner, Prinzen und die ganze vornehme Welt (wozu auch der Lootse gerechnet wurde, der uns bugsirt hatte, sowie der Wirth des Hotels, das wir zumeist besuchten — aber sie waren ja nicht Kanaken). Wir betrachteten eine Zeit lang des Landes

9

berühmte Männer und gefeierte Schönheiten, und wurden mit einem trefflichen Souper bewirthet; später am Abend ward getanzt. Dies konnte
jedoch nicht eher geschehen, als bis sich die Missionäre entfernt hatten,
denn „ihre Heiligkeiten" konnten keine Polka vertragen und erbebten im
tiefsten Herzensgrunde vor einer rauschenden Galopade, oder einem wogenden Walzer, in welchen allen natürlich der Teufel seine Klauen nach den
schwachen Menschenherzen ausstreckt. Aber nachdem man sie auf ihre
Karren gesetzt hatte, welche Kinderwagen glichen und von Kanaken gezogen wurden — eine von den hierorts gewöhnlichen Arten zu fahren, wiewohl man für längere Fahrten sich auch eleganterer und mehr moderner
Equipagen bedient — sah man die Wangen der Schönen sich von höherer Gluth färben, während die Musik lockende Töne anstimmte, und die
jungen Herren ihre verführerische Eleganz entwickelten. Wir Gesetzten
genossen inzwischen einen Theil des herrlichen Abends im Freien, in bequemen chinesischen Stühlen sitzend, und kehrten dann zur Fregatte zurück,
erfreut, auch das fashionable Leben auf den Sandwichinseln gesehen zu haben, das vollkommen ebenso steif ist wie an andern Orten.

Die Vorstellung bei Seiner Majestät, Kamehameha dem
Dritten, ging mit allen üblichen Ceremonien vor sich.

Außerhalb des Palastes stand die königliche Leibwache in rothen
Uniformen, in Reih und Glied aufgestellt, und präsentirte das Gewehr,
als der Minister des Aeußern und ein General der Infanterie uns auf
der Treppe empfingen. Durch eine Reihe von hohen, schön ausgestatteten Zimmern wurden wir in den Audienzsaal geführt, wo uns der König
empfing, umgeben von Prinzen, Ministern, Hofbeamten und mehreren
Statthaltern und Häuptlingen. Unter den anwesenden Notabilitäten bemerkte ich vornehmlich den Oberceremonienmeister Paki, einen Riesen von
so ungeheurer Größe, daß die übrigen Häuptlinge, welche, jeder für sich
betrachtet, auf Respekt Anspruch machen konnten, neben ihm wie Kinder-
gestalten aussahen. Der Cultusminister Armstrong, der Dolmetscher-
dienste versah, war eine kleine Person, von genialem Aeußeren. Man
sah es diesem Manne an, daß er ausgezeichnete Eigenschaften haben
mußte, auch sollte er der eifrigste Missionar sein und nebenbei den ganzen
Scharfsinn des Staatsmannes besitzen.

Seine Majestät hatte die gewöhnliche dunkle Gesichtsfarbe und äußerst schlaffe Züge. Seine ganze Haltung und Miene während der Ceremonien schien zu sagen: „Möchtet Ihr Euch doch entfernen und mich in Ruhe lassen!" Er trug eine kostbare Uniform von weißen goldbordir= ten Beinkleidern und einen reichgalonirten blauen Leibrock mit Bändern und Orden. Die Minister und Häuptlinge waren gleichfalls vom Schei= tel bis zur Zehe goldgalonirt und mit Orden und Bändern behängt; so mangelte nichts an dem äußeren Apparate. Ueber dem Thron, auf welchem Seine Majestät saß, an einem Beinbruch leidend, sah man das Reichswappen. Zu beiden Seiten des Throns hingen die Bildnisse des Königs und der Königin in jüngeren Jahren, und an der Wand, ihm gerade gegenüber, Louis Philipp's Bildniß in mehr als Lebensgröße nebst denen mehrerer anderer Potentaten. Der Saal war übrigens mit Geschmack, unter Anderem mit prächtigen Sophas und Tischen, auf welchen kostbare Bücher und Kupferstiche lagen, ausmöblirt.

Nachdem Seiner Majestät Antwort auf unsers Chefs Anrede von Armstrong verdolmetscht war, begannen wir unter den gewöhnlichen Be= grüßungen vorbei zu defiliren, und kurz darauf führte man uns in ein anderes Gemach, worin sich wieder königliche und kaiserliche Bildnisse, einige Vasen von Marmor nebst einem großen Buche befanden, in das wir eigenhändig unsere Namen eintrugen. Hiermit hatte die ganze Herrlichkeit ein Ende, und wir sowohl wie der König waren von allem weiteren Hofzwang befreit. Freilich hätte ich hier weit lieber meine Aufwartung in Zeiten gemacht, wo man ohne alle Förmlichkeiten in die königliche Familie eingeführt wurde, in den goldenen Zeiten, wo die Da= men bauchlings auf einer hohen Estrade mitten im Zimmer lagen, und der König noch nicht gelernt hatte, sich in diese prächtige Uniform ein= zuhüllen. Tempora mutantur!

Der Besuch an Bord an demselben Tag, wo wir abreisen sollten, war ebenso förmlich und steif. Die hohen Gäste wurden mit den ge= wöhnlichen Ceremonien in der großen Schaluppe der Fregatte abgeholt, mit königlichem Salut bewillkommt, und nahmen auf dem Verdeck das Exercitium der Marine in Augenschein. Die Königin, von der Gemah= lin des Oberceremonienmeisters begleitet, trug unleugbar ihre Hoheit mit einer gewissen Majestät zur Schau. Sie war eine Dame von gewaltigem,

obgleich keineswegs unebenmäßigem Körperbau, in Weiß gekleidet, mit
einem Orden am großen Bande auf der Brust; die grade Haltung und
die hübschen Züge forderten eine Ehrerbietung, worauf sie mit noch
größerem Recht wegen ihres guten Herzens und anderer trefflicher Eigen=
schaften Anspruch hatte. Frau Paki dagegen war eine kleine, runde,
freundliche Matrone, welche in ihrem gelben Seidenkleide sich nicht
recht wohl zu befinden schien. Nach dem Concert auf dem Verdeck ward
ein dejeuner dinatoire beim Chef eingenommen, wobei mehrere Ge=
sundheiten ausgebracht, aber nicht von Allen getrunken wurden, da die
Mehrzahl der Herren sich nicht öffentlich erdreistete, eine Vorliebe für
den Champagner an den Tag zu legen, sondern sich verpflichtet fühlte,
allerlei Nüchternheitsgrimassen zu machen, und mit frommer, wehmüthiger
Miene Wasser zu trinken.

Daß die schwedische Fregatte mit obligater Bewirthung den Herren
gefiel, leuchtete inzwischen aus mehreren untrüglichen Zeichen hervor, und
der schwedische Name hat durch den Besuch der „Eugenie" auf den ha=
wajischen Inseln sich ebenso viele Achtung wie Freundschaft erworben.
Wenn der Vertrag, welchen der Chef mit den Inseln schloß, unsers Kö=
nigs Bestätigung erhält, und übrigens in der beabsichtigten Richtung durch=
geführt werden kann, welche nicht allein zum Ziel hat, die Handelsangelegen=
heiten Norwegens und Schwedens zu sichern, sondern auch die übrigen euro=
päischen Mächte zur Anerkennung dieses Königreichs als eines Central=
freihafens zu vermögen, wo der Handel stets Schutz zu finden habe, so
ist der Besuch der Fregatte weder für uns, noch für dieses junge Kö=
nigreich vergeblich, noch ohne Bedeutung für die übrige gesittete und kauf=
männische Welt gewesen.

Nachdem ich so von meinen eigenen Erlebnissen auf dieser Insel=
gruppe Rechnung abgelegt habe, werde ich mit derselben Kürze eine kleine
Uebersicht über deren geschichtliche Entwickelung in gesellschaftlicher und
staatlicher Hinsicht geben.

Das hawajische Königreich besteht aus acht bewohnten und vier
kleineren unbewohnten Inseln, welche zusammen einen Flächeninhalt von un=
gefähr 380 Quadratmeilen umfassen, bewohnt von 80 — 100,000 Ein=
wohnern. Oahu ist der Sitz der Regierung, aber Hawaji ist die größte,
bekannt durch seine zwei Vulkane, von welchen der eine seine Ausbrüche

im Februar vorigen Jahres wieder begann. Alle Inseln sind vulkanisch, von üppigem Pflanzenwuchs bedeckt, aber arm an inländischen Thieren. Ich kann mich nicht erinnern, irgendwo einen so völligen Mangel an Vögeln und Insekten gesehen zu haben. Das Klima ist den Europäern sehr zuträglich und man kann es daher beurtheilen, wenn man hört, daß im Lauf von zwölf Jahren die größte Hitze 40° R., und die geringste 16° R. gewesen ist; die Ostseite der Insel ist jedoch weniger gesund. Der Nordostpassatwind dauert regelmäßig neun Monate des Jahres, und in dieser Zeit ist die Luftwärme fast immer dieselbe. Während der drei Wintermonate herrschen dagegen südliche und westliche Winde mit langwieriger Meeresstille, von Regengüssen begleitet.

Die Sprache und eine Menge alter Sagen geben unverkennbare Zeugnisse, daß der Volksstamm, der von Anfang an diese Inseln colonisirte, zu der nach allen polynesischen Inseln hin zerstreuten malaiischen Race gehörte, und daß dieser Stamm hier wahrscheinlich landete, nachdem er lange auf dem Meer in zerbrechlichen Kanoes umhergestreift war. Ein großer Theil dieser Ueberlieferungen erinnert auch auf erstaunliche Weise an die Hebräer. Erinnerungen an die Sündfluth haben sich hier noch erhalten, und die Arche soll auf Mauna Kea gestrandet sein. Im Anfang waren nur die Götter, Hawaji entstand aus einem ungeheuren Ei, das ein Vogel auf das Meer legte und welches sprach. Ebenso findet sich in ihrem Sagenkreise eine Erzählung, welche ganz dem Berichte von Joseph und seinen Brüdern gleicht, und eine andere von einer Person, welche von einem Fische verschluckt und nach einiger Zeit wieder ausgeworfen wurde.

Ihre Religion war eine wunderliche Mischung, handelnd von Strafen für das jetzige Leben und von finsteren Drohungen für das künftige. Der Glaube an ein jenseitiges Leben beschränkte sich darauf, daß die abgeschiedene Seele des gemeinen Mannes nach Po, dem Sitz der Nacht kam, und dort vernichtet oder von den Göttern verzehrt wurde, wogegen die Seele des Häuptlings von dem Gott Kaonohilekala, dem Augapfel der Sonne, zu einem Platz im Himmel geführt werden sollte, um dort ewig zu leben. Uebrigens war blos die physische Macht Gegenstand ihrer Verehrung, und Jeder hatte seinen Lieblingsgott, an den er sich im Krieg und Frieden hielt. Es fanden sich Götter für alle Dinge, für Haifische und Vulkane,

für Krieg und Jahreszeiten. Die zumeist gefeierten Götter waren Popa,
Kiha und Lono nebst der Göttin Pele, der fürchterlichsten von allen,
welche ihren Aufenthalt in dem Vulkan Kilanea hatte, und deren Erschei=
nen von Erdbeben, Donner und Blitz begleitet war, deren Locken wie
Feuer in der Luft flackerten, und um deren Gunst man sich durch große
Opfer bewarb. Die abscheulichsten Götzenbilder sah man überall. Große
Förmlichkeiten begleiteten die Wahl des Baumes, aus welchem diese Göt=
ter gehauen werden sollten, und wann er gefällt war, wurden Menschen
oder Schweine geopfert.

Menschenopfer waren gewöhnlich bei allen feierlichen Gelegenheiten
und es wird erzählt, daß Umi nach einem Siege achtzig seiner tapfern
Krieger opferte. Diese Opfer waren im Voraus von den Priestern ge=
wählt, aber in völliger Ungewißheit über ihr Schicksal gelassen, bis der
Schlag plötzlich fiel. Die Priesterschaft war erblich und ebenso zahlreich
wie mächtig; jedes Oberhaupt hatte seinen Familienpriester, und der
Oberpriester war der, welcher den Nationalgott verwahrte. Ihre Per=
sonen waren heilig, ihr Beistand ward bei allen Veranlassungen mit gro=
ßen Gaben erkauft, und nur sie besaßen Macht, Zauber zu lösen. Um
ihre Macht zu befestigen, hatten sie ein Mittel erdacht, nämlich das Erste
das Beste tabu zu erklären. Tabu bedeutet heilig und ward bei Sachen
angewandt, die blos zum Gebrauch für die Götter und Priester be=
stimmt waren, und wirkte mit derselben Macht wie des Katholicismus
Bannstrahlen in seinen besten Tagen. Sandelwälder, woraus man viel
Holz ausführte, wurden tabu erklärt, wenn sie zu lichten begannen,
und dann durfte sie Niemand bei Todesstrafe anrühren; selbst des Königs
und der Häuptlinge Eigenthum konnte tabu erklärt werden und war hier=
mit gesichert gegen jede andere Hand als die der Priester. Es ließ sich
schwerlich ein kräftigeres Mittel ersinnen, um Alles unter das Joch der
Priester zu bringen. Später begannen auch Laien tabu anzuwenden, um
dadurch ihr Eigenthum zu schützen, aber so lange der Grundsatz noch un=
verfälscht waltete, herrschte allgemeines Stillschweigen und Furcht über
das ganze Land; Feuer und Licht durfte nicht angezündet werden, Nie=
mand badete sich, Niemand gab einen Laut von sich außer betend im
Tempel, sogar den Hunden wurden die Mäuler mit Stricken zugebunden.
Unter aller übrigen Scheußlichkeit findet sich doch ein schöner Zug. Wie

bei den Hebräern gab es hier Pakoure oder Zufluchtsörter, wo Jeder, der dorthin kam, Sicherheit und Schutz fand, selbst wenn er ein Ver= brechen begangen hatte, oder im Kampf besiegt war.

Von den Sitten auf den Sandwichsinseln will ich blos folgende an= führen. Vielweiberei war vorhanden in dem ausgedehntesten Grade, und es wurden keine andere Hochzeitsfeierlichkeiten vorgenommen, als daß der Bräutigam der Braut ein Stück Zeug überwarf und sich hierdurch mit ihr verlobte. Das Sittlichkeitsgefühl war sehr wenig entwickelt, deshalb hat sich auch die Gesetzgebung der jetzigen christlichen Regierung den sitt= lichen Zuständen vornehmlich zugewandt, und mit Ausnahme des Hanges zu starken Getränken hat vielleicht nichts der Regierung so viel Mühe verursacht als der Mangel an Keuschheit bei den Weibern. Die Namen zu wechseln war ein großer Beweis von Freundschaft, und wenn eine hohe Person, z. B. der König, eine niedere Person mit einem Zipfel seiner Kleidung bedeckte, war dies ein Zeichen, daß er ihn unter seinen beson= dern Schutz nahm. Kannibalismus fand ohne Zweifel statt, doch hat man davon durchaus keine unwidersprechlichen Beweise. Berauschende Getränke waren viel im Gebrauch, vornehmlich Ava, das aus piper mellrysticum bereitet wurde, dessen fürchterliche Wirkungen einen Aus= schlag erzeugten, der dem Aussatz glich. Eltern hatten das Leben der Kinder in ihrer Hand, Kindermord war deswegen häufig, und während Hunde und Schweine Gegenstände großer Obhut waren, und gesunde und kräftige Speise empfingen, vernachlässigte man die Kinder. Des Weibes Lage in der niederen Classe war äußerst unterthänig, sie durfte nicht in der Ge= sellschaft des Mannes essen, erhielt schlechte Nahrung, und mußte die här= testen Arbeiten verrichten. Wenn ein Häuptling starb, erhob man einen Klageschrei auf der ganzen Insel, der von Thal zu Thal, über Klippen und Berge, beim Flammen der Wachtfeuer wiederhallte, — man zerraufte sich das Haar, schlug sich Zähne ein, schnitt sich Stücke Fleisch vom Leibe, ja man stach sich sogar die Augen aus als Zeichen allgemeinen Unglücks. Ein Rausch der Verzweiflung bemächtigte sich Aller, jedes Laster war er= laubt, jedes Verbrechen ward ausgeübt, Eigenthum geraubt, Häuser an= gezündet, Trunkenheit und Unzucht waren im Schwunge. Die Körper der Todten wurden nackt beigesetzt, nur die der Häuptlinge eingewickelt, Hirnschädel und Gebeine oft aufbewahrt, und zum Putz und

anderweitig angewandt; der übrige Theil des Körpers ward entweder
verbrannt, oder in eine Höhle gelegt.

So wild und abscheulich wie der religiöse und sittliche Zustand war,
ebenso traurig waren die gesellschaftlichen Verhältnisse. Das Volk war
in zwei scharf gesonderte Classen getheilt. Die erste bildeten die zehren-
den, die andere die nährenden Mitglieder des Staats. Die königliche
Macht erstreckte sich über Leben, Freiheit und Eigenthum. Der König war
Oberrichter in allen Angelegenheiten und persönlicher Eigner des Landes;
von ihm empfingen es die Häuptlinge als erbliches Lehn, und diese ver-
pachteten wieder Theile an ihre Untergebenen. Der Stärkste war Herr,
und Niemand sicher, daß er nicht am nächsten Morgen durch einen
Mächtigeren von dem Grund und Boden vertrieben wurde, den er heute
bebaute. Deshalb versank auch das Volk in jene träge Apathie, in der
es sich noch befindet. Die Sicherheit des Besitzes ist ja die erste Bedingung der Thätigkeit, und wo diese fehlt, versinkt das Volk in Stumpfsinn
und Armuth. Der Rang wurde immer von weiblicher Seite bestimmt und
zwar aus dem Grund, weil man stets seine Mutter kennt, aber hinsichtlich seines Vaters nicht so sicher sein kann. Die höheren Classen waren
Gegenstand sclavischer Huldigung; man durfte ihnen nicht nahe kommen,
nicht im Schatten ihrer Häuser gehen, Diener und Untergebene mußten
auf die Kniee fallen beim Anblick des Gegenstandes, der an den Häuptling erinnerte, und jeder Bruch dieser Etikette ward mit dem Tode bestraft. Kam das Kanoe eines Kanaken einem Häuptling in den Weg, so ward
es ohne Barmherzigkeit in den Grund gesegelt. So zweckte Alles dahin,
der Masse einzuprägen, daß der König und die Häuptlinge höheren Ursprungs wären, und wenn man diese wunderbar fetten und üppigen Ko-
losse sich gemächlich strecken und sich von zahlreichen Dienern reiben und
anfächeln sah, schien es wirklich, als ob die Natur ihnen ein anderes Gepräge aufgedrückt habe.

So war der Zustand, als Cook 1778 die Sandwichsinseln entdeckte, welche er nach Lord Sandwich benannte; doch ist Grund zu vermuthen, daß die Inseln früher von Europäern besucht waren. Es scheint
als ob ein Priester, Paao, dort acht Königsgeschlechter früher da gewesen sei als Cook, und als ob mehrere Schiffbrüchige sich von Zeit zu Zeit
dort niedergelassen hätten.

Als Cook nach Hawaji kam, ward er zuerſt als ein Abgeſandter von ihrem Gotte Lono betrachtet; man empfing ihn mit allerlei Ceremo= nien als ein göttliches Weſen, und überhäufte ſein Schiff mit Lebens= mitteln, aber als ſpäter Streit zwiſchen ſeinen Matroſen und den Ein= gebornen entſtand, endete der Beſuch bekanntlich mit der Ermordung Cook's 1779. Die ungünſtige Vorſtellung von den Inſelbewohnern, welche dadurch erweckt wurde, hielt eine Zeit lang die Europäer und Amerikaner ab, die Inſeln zu beſuchen.

König Kalaniopuu war inzwiſchen geſtorben, und der junge Kame= hameha I., ſein Bruderſohn, hatte ſich der Inſel bemächtigt. Mit ihm beginnt das eigentliche Königthum und die jetzige Dynaſtie, die Einfüh= rung der Civiliſation, und eine geordnete Grundlage geordneter Zuſtände. Begabt mit einem eiſernen Willen und dem brennenden Wunſch, ſein Volk zu erheben, unterwarf er ſich allmälig alle Inſeln, zwang die Häupt= linge, ſeine Macht anzuerkennen, und umgab ſich mit Weißen, um von deren Kenntniſſen und Erfahrung für ſein Land Nutzen zu ernten. 1789 landeten zwei amerikaniſche Schiffe. Joh. Young, der von dem einen ans Land gegangen war, ward von dem König zurückbehalten; das an= dere ward von den Eingebornen geentert, die einen früheren Ueberfall rächen wollten, und die ganze Mannſchaft, mit Ausnahme eines Einzigen, Namens Davis, ermordet. Dieſe beiden Männer, Young und Davis, blieben bei Kamehameha, der ſie zu ſeinen Freunden und Rathgebern machte. Sie lehrten ihn ihres Vaterlandes Gebräuche, und wurden zu Häuptlingen von großem Einfluß erhoben, den ſie jedoch nie misbrauch= ten, ſondern ſie nützten durch ihre praktiſche Klugheit einem Lande, deſſen Angelegenheiten bald ihre eigenen wurden, und deſſen kaufmänniſche Hilfs= quellen ſie bedeutend vermehrten und erweiterten.

1792 kam Vancauver. Sein Beſuch ward von großer Be= deutung für den König, deſſen Eifer für ſein Land er in die rechte Bahn zu leiten wußte, und deſſen Drang nach Kenntniſſen er nicht zu befriedi= gen unterließ. Vancauver brachte die erſten Pferde und Rinder dorthin, und es iſt in Wahrheit erſtaunlich, zu ſehen, in welchem Maße ſie ſich vermehrt haben. Man findet Verſteigerungen angekündigt, wo Pferde zu Tauſenden verkauft werden, und die Felder von Vieh wimmeln. Kein Kanak iſt ſo unbemittelt, daß er nicht ein Pferd beſäße. Eine unmittel=

bare Folge dieses für das Land so günstigen Besuches war, daß man sich
wie unter Englands Schutz stehend betrachtete, und daß die Bevölkerung
einen Anstoß erhielt, den Faden der Aufklärung, der ihnen gereicht war,
und der sie zur Kraft und Unabhängigkeit fortleiten sollte, nicht fahren
zu lassen. Kotzebue besuchte die Inseln 1816, und hat uns treu
Kamehameha's unverkennbare Größe geschildert.

Nachdem Kamehameha seine Feinde besiegt und geordnete Zustände
gegründet hatte, freilich auf einer lehnsrechtlichen Grundlage und mit
strenger Beibehaltung angeerbter Rechte, aber doch mit festen und be=
stimmten Gesetzen, suchte er den Geschmack an den Verbesserungen der
Weißen zu wecken, und nachdem er so auf alle Weise für sein Volk ge=
lebt und gewirkt hatte, gab er 1819 seinen Geist auf. Eine allgemeine
Trauer erfüllte das Land, und noch heutigen Tages sieht man Häuptlinge
mit fehlenden Vorderzähnen und anderen Gebrechen, den Resten der Ent=
stellungen, womit sie des Vaterlandes Verlust und ihren eigenen Schmerz
an den Tag zu legen suchten.

Kamehameha hatte zwei gesetzmäßige Ehefrauen. Die erstere war
von hoher Geburt und Mutter dreier Kinder. Diese war seine Staats=
frau, welche er in vollem königlichen Prunk und nachdem er sich amtlich
hatte melden lassen, besuchte, und der er die tiefste Ehrerbietung bewies.
Die andere Kahumanu, war dagegen seine Lieblingsfrau, obgleich noch
mit einem Gemahl versehen. Sie soll ein ausgezeichnetes Frauenzimmer
gewesen sein, sowohl an geistigen wie an körperlichen Eigenschaften. Der
alte König hatte außerdem drei Kebsweiber, von welchen die eine zwei
Töchter hatte, welche Beide mit ihrem Halbbruder Liholiho verehlicht
waren, der außerdem mit seiner Stiefmutter vermählt war, welche wie=
der ihrerseits einen zweiten Mann hatte. Man sieht hieraus, wie gleich=
giltig die Hawijaner mit Rücksicht auf das Mein und Dein in der Ehe
sind, oder vielmehr, mit welchem Eifer sie Alles in der Familie zu be=
halten suchen, was von königlicher Geburt ist.

Liholiho folgte seinem Vater in der Regierung mit Kahumanu als
Mitregentin, und nun begann ein Uebergang von der streng heidnischen
Verehrung. Zwei Häuptlinge wurden an Bord eines französischen Schiffes
öffentlich getauft; aber ihr Christenthum muß nicht tiefe Wurzeln ge=
schlagen haben; denn sie kehrten bald zu ihren alten Göttern zurück.

Doch in kurzer Zeit sah man den Oberpriester selbst sich an die Spitze für die Abschaffung der Abgötterei stellen; Tempel wurden niedergerissen und Götzenbilder in die Flammen oder ins Meer geworfen. Und da man bald merkte, daß diese hölzernen Fratzen keine Macht hatten, sich selbst, geschweige Andern zu helfen, so stellten die Inseln bald das Bild eines Volkes ohne Religion dar, das den Glauben seiner Väter verlassen hatte, ohne einen neuen an dessen Stelle angenommen zu haben.

Um diese Zeit wurden inzwischen mehrere Sandwichsjünglinge nach Nordamerika zu ihrer Ausbildung geschickt, und diese bewirkten, daß die ersten Missionäre nach den Inseln im Jahre 1820 abgesandt wurden. Sie erhielten Erlaubniß, sich dort auf ein Jahr niederzulassen, und gewannen bald Aller Achtung und Zutrauen. Schulen wurden gegründet und ein Gesetz über die Heilighaltung des Sonntags gegeben. Neue Missionäre kamen an, und bis zum Schlusse des Jahres 1827 hatten 2000 Kanaken lesen gelernt, und 15 Eingeborene waren als Lehrer bei den Schulen angestellt. Aus Besorgniß, die Engländer möchten finden, daß die Inselbewohner eine zu große Vorliebe für die Amerikaner zeigten, schrieb der König einen Brief an König Wilhelm, worin er sein Reich hinfort unter Englands Schutz stellte, und 1823 reiste Leholiho mit Kahumanu und einem zahlreichen Gefolge nach London, wo er von der hohen Aristokratie sehr gefeiert wurde, aber Beide starben binnen Kurzem an den Masern. Die Fregatte Blonde führte die Leichen der Majestäten nach den Inseln zurück.

Mit des jetztregierenden Königs, Kamehameha **III.** Thronbesteigung begannen die Religionsstreitigkeiten und die Einmischung der großen europäischen Seemächte in die inneren Angelegenheiten der Inseln, mehr um ihren eigenen Vortheil als das Wohl eines kleinen schwachen, halbwilden Volkes wahrzunehmen. Ein Franzose, Rives, hatte den König Leholiho nach London begleitet, ward aber wegen seines zügellosen Lebens aus der königlichen Umgebung entfernt. Diese Person begab sich später nach Paris, kaufte Waaren auf für Rechnung der Inseln und forderte die Priesterschaft auf, katholische Missionäre dahin zu senden, deren Reise und Aufenthalt er bezahlen wolle. Rives litt Schiffbruch an der Westküste von Amerika, mittlerweile war aber Bachelet zum apostolischen Präfect über die Sandwichsinseln gewählt und mit seinem Vikar Short abgeschickt worden. Wiewohl das Gesetz Fremden den Aufenthalt im Lande, ohne Einwilligung der Regierung verbot, beschlossen die beiden Priester dem Verbot zu trotzen, landeten 1827 und eröffneten schon im nächsten Jahre eine Kapelle und suchten Proselyten zu werben. Sie trafen aus mehreren Gründen auf Widerstand. Sie hatten sich gegen das Gesetz des Landes niedergelassen, ihre Verehrung der Jungfrau Maria und der Heiligenbilder erweckten bei der Regierung den Argwohn, daß sie die Zeiten der Abgötterei zurückführen wollten, und endlich hatten die ersten Missionäre sich so unentbehrlich gemacht und wurden von Allen so geliebt, daß man keine neuen dulden wollte. In einem Zeitraume von zehn Jahren waren 900 Schulen gegründet, worin 44,895 Kinder unterrichtet waren, und so hatte die Arbeit der protestantischen Missionäre die schönsten Früchte getragen. Die Katholiken dagegen flößten kein Zutrauen ein, man versagte den Proselyten die Aufnahme in die Schulen, ja man verbot ihnen sogar die Kapelle zu besuchen, und die Uebertretungen dieses Verbots wurden mit Zwangsarbeiten bestraft. Zuletzt befahl man den katholischen Priestern die Insel innerhalb dreier Monate zu verlassen, und, da diese Frist verlaufen war, ohne daß sie mehrere Gelegenheiten, abzureisen, benutzt hatten, schickte die Regierung sie endlich auf eigene Kosten nach Californien, wohin sie eingeladen waren.

Man kann nicht leugnen, daß die Regierung hierbei unbesonnen zu Werke ging, und daß zugleich die protestantischen Missionäre sich hart und unchristlich benahmen. Zur Entschuldigung beider Theile kann man indeß anführen, daß man es nöthig fand, den Zusammenstoß zwischen zwei Religionsgemeinden in einem Reiche vorzubeugen, das noch vor Kurzem heidnisch war und daß die Regierung, nachdem sie das Gesetz gegeben hatte, auch dafür sorgen mußte, ihm Achtung und Gehorsam zu verschaffen. Um diese Zeit — des Halbheidenthums, des Ueberganges — fing der König an, sich den wildesten Orgien hinzugeben, und das Volk folgte seinem Beispiel, so daß Trunkenheit und Gesetzlosigkeit wieder im Lande herrschten. Doch plötzlich erwachte der König aus seinem Zustande der Erniedrigung, und Alles erhielt nun eine andere Gestalt. Der vornehmste Missionär ward nach Nordamerika geschickt, um einen politischen Rathgeber zu holen, der dem König und den Ministern beistehen könnte, kehrte aber zurück, ohne einen Solchen mitzubringen, entweder weil er keinen hatte finden können, oder weil er die Macht mit Niemand theilen wollte. Soviel ist gewiß, daß alle Regierungsstellen mit Missionären besetzt wurden, und daß die ganze Verwaltung in ihren Händen war, was natürlich von Seiten der fremden Consuln starken Widerstand erweckte, namentlich des englischen, der später mit der Behauptung auftrat, alle Beschlüsse müßten der Billigung Englands unterworfen werden, und dessen Plane sämmtlich dahingingen, den neuen Staat unter Englands Oberherrschaft zu bringen.

Um diese Zeit fingen europäische und amerikanische Kriegsschiffe an, die Inseln zu besuchen und ihnen willkürliche Gesetze vorzuschreiben. Lord Russel zwang der Regierung einen Vertrag auf, welcher bestimmte, daß Ausländer Eigenthum auf den Inseln besitzen und es nach Belieben veräußern dürften, sowie daß die Engländer die Erlaubniß haben sollten, sich im Reiche aufzuhalten, „so lange sie dessen Gesetze befolgten." Der Franzose Baillant bewirkte es kraft seiner Batterien, daß der katholische Priester Walch die Erlaubniß erhielt, sich im Lande aufzuhalten, unter der Voraussetzung, daß er nicht predigte und nicht Bekehrungsversuche machte, was er doch keineswegs unterließ. Der französische Consul befrachtete seine Brigg Clementine mit Branntwein und andern Waaren, die einem Amerikaner gehörten, und ließ sie unter englischer Flagge in Honolulu's Hafen mit den von der Regierung fortgeschafften katholischen Priestern am Bord, einlaufen. Jetzt fertigte die Regierung eine Bekanntmachung aus, die auf immer den Katholicismus und die Katholiken vom Reiche ausschloß, und brachte die Priester wieder mit Gewalt an Bord der Clementine, nach einem von dem englischen Consul ausgesprochenen Protest, der die vorgebliche englische Flagge öffentlich vor seinem Hause verbrennen ließ. Ein französisches Kriegsschiff setzte inzwischen die widerspenstigen Priester abermals ans Land; aber bei der Audienz, welche sie bei dem Könige hatten, betrugen sie sich so äußerst unverschämt und roh, daß er zu seinem persönlichen Schutze die Wache in das Zimmer rufen mußte. Der König blieb beharrlich bei seinem Rechte, und sie mußten nach Verlauf einiger Zeit das Reich verlassen.

Neue Streitigkeiten brachen inzwischen bald aus. Da man es abgeschlagen hatte, einen Provicar zu empfangen, der von dem Bischof

von Nikopolis geſchickt war, kam 1829 eine Fregatte an, welche die Fran=
zoſen gegen Mißhandlung beſchützen ſollte, obgleich es notoriſch war,
daß es auf der ganzen Inſelgruppe nicht mehr als vier Franzoſen gab,
und daß im Ganzen nur drei franzöſiſche Schiffe die Hafen des Reichs be=
ſucht hatten. Unter Drohung, die Kanonen in drei Tagen gegen die wehr=
loſe Stadt ſpielen zu laſſen, zwang man die Regierung, einen Vertrag ein=
zugehen, der freie Religionsübung feſtſetzte; daß ferner kein höherer Zoll
als 5 Procent auf die Einführung von geiſtigen Getränken gelegt werden
ſollte; daß der franzöſiſche Conſul ſeine Landsleute gegen des Reichs Ge=
ſetze ſollte in Schutz nehmen können, und als Bürgſchaft für die Be=
obachtung des Vertrags wurden 20,000 Piaſter erpreßt. Drei katho=
liſche Prieſter begannen nun ihre Wirkſamkeit, doch nahm keine hoch=
ſtehende Perſon ihre Lehre an, und nur die niedere Klaſſe wurde von den
Ceremonien in dem katholiſchen Tempel angelockt. Aber dies war nicht
genug; Capitän Mallet kam wieder mit einem Kriegsſchiff und fordert
neue Rechte für die Katholiken, ſowie, daß Branntwein in unbedingten
Maſſen ſollte eingeführt werden können. Die Regierung wies die neuen
Forderungen mit Feſtigkeit zurück, und Frankreich hat ſpäterhin die
20,000 erpreßten Piaſter zurückbezahlt.

　　Von nun an ging die innere Entwickelung des neuen Staats raſch
vorwärts und als Richards 1828 in die Regierung trat, empfing ſie
mit ihm neue und friſche Kräfte. Die ſchnellen Fortſchritte, und zumal
der wachſende politiſche Einfluß der Miſſionäre ermangelte inzwiſchen
nicht, Viele zu erbittern, am meiſten den engliſchen Conſul Charlton, der
in einem groben und unehrerbietigen Ton bei allen Gelegenheiten die Re=
gierung mit ſeinen kleinlichen Klagen behelligte. Als endlich Richards
nach England und Nordamerika abgeſandt wurde, um die Anerkennung
der Unabhängigkeit des Staats zu bewirken, folgte Charlton nach, um
ihm entgegenzuarbeiten, ward aber von ſeiner Regierung verleugnet und
abgeſetzt. Als die hawajiſche Regierung inzwiſchen Charlton's Eigen=
thum ſequeſtrirte, worauf Valparaiſo's Zollkammer rechtmäßige Forderun=
gen wegen nichtbezahlter Zollabgaben machte, thaten einige Engländer
Einſpruch, welche ſich auf den Inſeln befanden, aufgefordert von Charl=
ton's Stellvertreter, der ebenſo difficil und zankſüchtig wie er ſelbſt war,
und dies gab dem Lord Paulet den Vorwand, auf eine wahrhaft vanda=

lische Art gegen den neuen Staat aufzutreten. Er landete 1843 mit
der Fregatte Carysfort, forderte die Aufhebung der Beschlagnahme auf
Charlton's Eigenthum nebst Schadenersatz, Bürgschaft dafür, daß kein
Brite künftighin anders als nach englischen Gesetzen sollte verurtheilt
oder gefänglich eingezogen werden können, sammt mehreren anderen unver-
schämten Forderungen. Um seiner übermüthigen Sprache noch mehr
Nachdruck zu geben, machte er sein Geschütz angriffsfertig, sodaß das
Land in die gewaltigste Gährung gerieth, und der König in seiner Verzweiflung nachgeben mußte, obgleich er den Lord benachrichtigen ließ, daß
er Bevollmächtigte nach England senden würde, um gegen die schreienden
Gewaltthätigkeiten zu protestiren. Paulet machte inzwischen neue und
ungeheure Forderungen, sodaß der König zuletzt sein Reich England über-
geben mußte. Hierauf ward die englische Flagge auf der Festung von
Honolulu aufgesteckt, Besteuerung ausgeschrieben, neue Verordnungen wurden ausgefertigt, und Gesetzlosigkeit und Gewaltthaten öffentlich aufgemun-
tert. Glücklicherweise kam Admiral Thomas mit der Fregatte Dublin, um
Englands volksthümliche Ehre noch zu retten. Er widerrief alle Schritte
Paulet's, und übergab die Inseln aufs neue ihrer rechtmäßigen Regierung. Zehn Tage lang wurden Freudenfeste gefeiert, und als kurz nachher die Nachricht einlief, daß England, Frankreich und Nordamerika die
Unabhängigkeit des Staats anerkannten, ward die Freude ebenso groß
und allgemein, wie es die Verzweiflung eben erst gewesen war.
Indessen entstanden doch neue Verwickelungen mit Frankreich. Am
25. August 1849 besetzte der Admiral Trommelin das Fort von Honolulu
und brachte große Verwirrung in alle Verhältnisse. Die Franzosen
verließen jedoch bald die Insel und nach diesem Drama hat das hawajische Königreich mit Europa's Mächten in Frieden gelebt.

So ist im Lauf von dreißig Jahren ein Staat sozusagen vor unsern
Augen erstanden. Vor dreißig Jahren fesselte das Heidenthum alle
Sinne, Kräfte und Hilfsquellen. Menschenopfer wurden gebracht, Götzen
verehrt, und Despotismus lähmte Alles. In den Augen der gesitteten
Welt waren die Sandwichsinseln nichts als nackte Klippen, deren Buchten
den unglücklichen Schiffbrüchigen Tod brachten; — das Feuer von
Mauna Roa's Vulkan war bezeichnend für die ungastlichen Inseln.

Jetzt ist hier ein geordneter Staat, wo Freiheit und Menschenrechte anerkannt werden. Man hört oft einwenden, daß trotz der so sehr gepriesenen Civilisation die Volksmenge abgenommen, daß die Insel die Herren nur gewechselt habe, die Eingebornen nur Knechte im Dienst der Fremden geworden seien, daß die Regierungsform noch sehr viel von der alten Barbarei besitze, daß die Religion nur mit den Lippen bekannt werde, und daß die ganze Aufklärung blos ein äußerer Schein sei. Es läßt sich nicht leugnen, daß diesen Einwendungen einige Wahrheit zum Grunde liegt. Mit den Fremden kam Geschmack an Luxus in das Land, und die geringeren Klassen mußten sich plagen, um den Häuptlingen bisher unbekannte Genüsse zu verschaffen. Krankheit und Pest rafften Viele fort, und die Annahme der fremden Kleidertracht bekam den Eingebornen anfänglich übel. Aber man muß nicht vergessen, daß dergleichen Uebel alle Uebergangszustände begleiten. Daß die Staatsform noch nicht ihre volle Entwickelung erreicht hat, kann Den nicht wundern, der in seiner eigenen Heimat gesehen hat, wie langsam es selbst mit anerkannt gemeinnützigen Reformen geht. Die Aufklärung ist nur ein Schein, sagt man, aber nichtsdestoweniger ist es gewiß, daß hier sich fast kein einziger Mensch findet, der nicht lesen, schreiben und rechnen kann. Und welchen Aufschwung hat nicht der Ackerbau genommen! Die Inseln erzeugen fünf Millionen Pfund Zucker von ausgezeichneter Güte, Kaffee, der dem von Mokka an die Seite gesetzt werden kann, Tabak so gut wie der westindische, Reis, Mais, Tarro und Früchte. Und wenn man sich erinnert, daß sie noch vor Kurzem unbebaut lagen, muß man sich fragen, was sie einst werden können, wenn erst ausländische Capitale und ausländischer Unternehmungs= geist zu wirken anfangen; denn die Trägheit der Eingebornen drängt zu solchen Reizmitteln. Welchen Einfluß wird nicht diese Inselgruppe, die zwischen Neuholland, China und Amerika in der Mitte liegt, auf den Handel dieser Länder ausüben können, wenn die Dampfschiffe erst einan= der in regelmäßigen Linien ablösen!

Man hat die Missionäre schlechte Beweggründe, der Habsucht, Bigot= terie, und vor Allem der Herrschsucht sowohl in geistlicher, wie in weltlicher Hinsicht beschuldigt, und man kann ihnen allerdings mit Grund vor= werfen, daß sie sich nicht mit dem Reiche, das nicht von dieser Welt ist, be= gnügt haben, und wohl auch die Strenge tadeln, womit sie sich unschuldiger

Freude widersetzten; aber man muß nicht blind gegen den Segen sein,
welchen ihre unermüdliche Thätigkeit über dieses Land verbreitet hat.
Ueber Beweggründe wollen wir nicht richten. Einer ist, der richtet!

Bei unserer Abreise von Honolulu den 3. Juli wurden wir auf
Veranlassung, daß der nächste Tag unsers Königs Geburtstag war, von
der Festung mit 32 Schüssen begrüßt. Der Gruß ward von unserer
Seite pflichtschuldigst beantwortet, und wir verließen den Hafen mit einem
frischen Winde. Unsere Hinreise war doch langwierig gewesen, und je
weiter wir nach Norden kamen, desto mehr verschwand der klare tropische
Himmel und die milden Winde; aber mit unseres Nordens kaltem Klima
stellten sich auch dessen helle Abende ein.

Sechstes Kapitel.

Californien. San Francisco. Ein Bild der Stadt und des Treibens
der Bevölkerung. Rechtswesen. Polizei. Lynch=Justiz. Die Spielhäu=
ser. — Sacramento. — Wallejo. — Capitän Sutters. Neu=Helvetia.
— James Marshal, der Entdecker der Goldlager. — Die Stadt Co=
lonna. — Die Goldgräber. — Der „Stern von Texas". — Die ver=
schiedenen Methoden des Goldgrabens. — Die Chinesen. Die Indianer.
— Klima. Pflanzen= und Thierwelt Californiens. — Rückblick auf die
Geschichte des Landes.

Sidney, im October 1852.

Es währte lange, ehe die amerikanische Küste vor San Fran=
cisco sich uns zeigte. Aus dem Nebel, der das Land in sein gewalti=
ges weißes Gewand einhüllte, schossen endlich die hohen klippenvollen
Ufer empor, und uns gähnte jene weltberühmte Einfahrt entgegen, welche
mit Recht den Namen „des goldenen Thores" führt. Denn innerhalb
dieser Pforte, welche Goldlager in den Thälern, die von den reißenden
goldführenden Flüssen durchströmt werden! Welche Flächen von nicht min=
der goldenen Erzeugnissen in einem andern Sinne! Welche köstliche
Lage für den Kreislauf des Welthandels und der Weltreichthümer.

10*

Welch sprudelndes Leben, welche Pläne und Berechnungen, Tugenden und Laster!

Wir durchfuhren die zwei englische Meilen breite und drei Meilen lange Straße und erreichten den Hafen, welcher sich 75 Meilen nach Nord und Süd erstreckend den herrlichsten Zufluchtsort im Nothfall für die Flotten der ganzen Welt bildet, und ankerten außerhalb Sancelito, eines kleinen Neubaus, eine Stunde schneller Segelfahrt von San Francisco, nördlich von der Einfahrt, auch „die Wallfischherberge" genannt, da hier Gelegenheit war, Wasser, wenngleich nicht in reichlicher Menge, einzunehmen. Ganz in unserer Nähe erhob sich das felsige Land mit seinen aufgethürmten Koppen, die zur Zeit gelb und durch die, allen Pflanzenwuchs verbrennende Sonne entblößt war, mit tiefen Thälern dazwischen, in deren Oeffnungen hin und wieder einige Wohnungen lagen, welche meistens das Gepräge des aus dem Stegreif Entstandenen, das hier in Californien sich jedem menschlichen Vorhaben aufgedrückt zu haben scheint, an sich tragen.   Auf der andern Seite streckte sich der geräumige Hafen, eigentlich durch schmale Straßen in drei Busen abgetheilt, umgeben von unebenen Ufern mit mehreren tausend Fuß hohen Bergen, welche meistens in dicken Sonnenrauch oder dichten Nebel eingehüllt liegen, und voll von zahlreichen Inseln, die sparsam mit niedrigem Buschwerk bewachsen oder ganz nackt und von Millionen von Vögeln, die dort ihren Aufenthalt haben, guanoweiß sind, beschützt gegen die heftigen Windstöße, die auf diesem „Binnenmeer" schrecklichen Spielraum haben, um die Schifffahrt zu beunruhigen, und sich kleineren Fahrzeugen nicht selten höchst gefährlich beweisen.   Und dort hinab gen Süden, hinter einer vorspringenden Landzunge und zwischen zwei Höhen, die sich über die niedrige Küste erheben, zeigen sich die weißen Häuser jenes San Francisco, dessen Name in den Träumen so Vieler mit goldenen Buchstaben gezeichnet ist, wo man das neue Paradies zu finden glaubt, und welches doch das Grab so vieler lächelnden Hoffnungen gewesen ist, aber gleichwohl noch lange der Tummelplatz der wildesten Leidenschaften bleiben wird, und noch immer einen sprechenden Beweis von der schaffenden Kraft liefert, welche die Menschen besitzen, wenn sie der „auri sacra fames" beherrscht und sie von der Alles verschlingenden, Alles begehrenden Gewinnsucht getrieben werden.   Wir blieben in Sancelito acht Tage, um in dieser Zeit einige nothwendige Ausbesserungen der Fregatte vornehmen zu lassen, und nöthigen Wasservorrath einzunehmen. In den ersten dieser Tage wurden fleißige Wanderungen zu den naheliegenden und etwas entfernteren Hügeln gemacht. Auf den Landhöfen, welche unten am Strande liegen, wird ziemlich starke Viehzucht getrieben, die sehr lohnend sein muß, da z. B. eine Kanne Milch drei Thaler kostet. Die Bevölkerung ist sehr gemischt, meistens Amerikaner, aber auch Spanier, und nicht selten Indianer, so= daß man schon auf diesem kleinen Fleck eine Probekarte der Mischung hatte, welche überall in diesem Lande angetroffen wird, das uns nur wenige Jahre bekannt ist. Es fiel in den wenigen Tagen, die wir hier umherstreiften, mit Ausnahme der stillen Genüße, die man stets im Schooße einer neuen Natur erfährt, nach deren Hervorbringungen man so begierig ist, aber zu bewundern so wenig Zeit hat, nichts Merkwürdiges vor. Na= türlich versäumten wir auch nicht, St. Francisco zu besuchen. Dieser Ort hat zu große Weltberühmtheit gewonnen, eine zu bedeutende Rolle in den neuesten Weltbegebenheiten gespielt, um ihn nicht vorzugsweise zu beleuchten. Ich wünschte nur, ich besäße die Fähigkeit, dieses Gemisch zu schildern von europäischem Prunk und Elend, von Reichthum und Ar= muth, von Wohlstand und Verzweiflung, diese Schöpfung des Augenblicks und des Zufalls, wo man keinen Schritt thun kann, ohne die Herrschaft der menschlichen Kraft über die Dinge zu bewundern, und doch zugleich sich zu härmen und zu beklagen über die Abhängigkeit desselben Geistes von seinen Lastern und unreinen Begierden, von seinem Eigennutz und Drang nach dem Vergänglichen und Unnützen im Gegensatz zu dem Rei= nen und Erhabenen, welches das Ziel seiner Anstrengung sein müßte.

Man muß bei dem Besuch, und noch mehr bei der Beurtheilung Californiens so wie es jetzt ist, sich in eine ganz eigenthümliche Stim= mung versetzen, jeden andern Maßstab bei Seite legen, mit dem man Länder und Völker zu messen gewohnt ist, allen Forderungen an Ordnung entsagen, sich von allen Eindrücken hergebrachter Sinnesweise und Mäßig= ung in jeder Hinsicht frei machen. Man wandelt hier unter lauter Täu= schungen und gebrechlichen Schöpfungen des Augenblicks. Die Schön= heit und Pracht, welche dem Beschauer entgegen zu strahlen scheint, ent= hält nichts als Leerheit und Elend; das Gediegene, oder vielmehr das, was sich als solches darstellt, zerfällt bei der geringsten Prüfung in Nichts. San

Francisco ist ein großer „humbug“ (Blase), eine Ironie über die Größe, ein Hohngelächter über das Glück. Das Herz thut Einem weh, so viel Elend zu sehen. Und bei alle dem kann wahrscheinlich kein anderer Ort der Erde so viele abwechselnde Gegenstände für das Nachdenken und die Betrachtung darbieten, keiner so die Neugierde anstacheln und ent= flammen, keiner so bethören und Den behaglich einschläfern, der einem Schattenbild von Genüssen, einem Schattenbilde von Thätigkeit nachjagt.

Hier liegt eine Stadt mit 70 — 80,000 Einwohnern, eine Stadt. strahlend in des Goldes und gewerblichen Reichthumes Pracht, in seinem Zauberschloß fabelhafte Schätze verschlossen haltend, und Alles das darbietend, was menschlicher Kunstfleiß und Erfindungsgeist, als das am meisten Raffinirte und Kostbarste — allenfalls für Geld — hervor= zubringen vermocht hat. Hier liegt sie, groß und weitausgedehnt, und ladet hierher einen Volksstrom in mächtigen Wogen von Europa, Asien und Australien, und hier werden alle Erzeugnisse der Welt in einen Umlauf gesetzt, dessen schwindelnde Schnelligkeit nur von dem übertroffen wird, mit welchem neue Antriebe zur Production und zum Erwerbe von hier wieder ausgehen. Und diese Stadt, diese Reichthümer, diese Pracht, diese Volksbewegung, dieser wunderbare Umsatz aller möglichen Dinge ist eine Schöpfung von sechs Jahren! Sie ist vor unsern Augen empor= gewachsen, und hat sich mit jedem Pendelschlag entwickelt! Hier stand noch vor drei Jahren eine Reihe von Zelten, das Feuer fuhr über die neugebauten Wohnungen, und Asche deckte die noch nicht jährigen Bau= stätten der Stadt; aber gleich dem Phönix hat sie sich erhoben und in gewaltigem Flügelschlage zu Macht und Größe ausgebreitet. In Wahr= heit, wenn irgend wo, so ist hier Veranlassung still zu stehen und nachzuden= ken, welche Macht dem schwachen Menschen zu Theil geworden ist, seine Riesenwerke aus Nichts zu schaffen. Mit welcher Theilnahme muß der Fremde diese Metropole der Eitelkeit in dem Eldorado der neuen Welt betrachten!

San Francisco breitet sich amphitheatralisch innerhalb zwei mit hohem Buschwerk bewachsenen Höhen, welche in den Hafen als Erdzun= gen hinausschießen, auf einem sandigen, abschüssigen Erdstreifen aus, wel= cher weiterhin sich wiederum in ansehnliche Flugsandfelder erweitert. Zwischen diesen dehnt sich die Stadt beinahe in einem Viereck die ziemlich nackten Höhen, auf welchen der oberste Theil liegt, hinauf, während der andere auf Pfählen oder Schiffswracken in der See, die noch in alle leeren Räume zwischen die niedrigsten Straßen hineinspült, selbst erbaut ist.   Dieser ganze niedrigere Theil der Stadt ruht blos auf Schutt, den man in größter Eile zwischen die Pfähle niedergestürzt, und auf welchem man häufig ansehnliche Steingebäude aufgerichtet hat, die deshalb auch nicht selten unausfüllbare Risse haben oder gar einstürzen.   Hier sind keine Straßen, sondern blos Brücken, welche, weil sie von denen gebaut sind, die zuerst die Grundstücke einnahmen, und jetzt besitzen, sich in dem verfallensten Zustande befinden, voll von Löchern und Lücken, ebenso gefährlich für Menschen und Thiere, wie häßlich anzusehen.   Vier oder fünf von diesen Brücken laufen sehr weit in den Hafen hinaus und werden „wharfs“ genannt. Um diese liegt die aus mehreren tausend Schiffen und aus einer Menge Dampffahrzeuge bestehende Handelsflotte, welche in allen möglichen Formen, von dem stattlichen Clipperschiff bis zur kleinen Schaluppe, bald scharf gebaut und schnellsegelnd, bald plump und schwerfällig, bald neu angestrichen und aufgeputzt, bald deutliche Spuren der Wuth des Meeres und der Stürme tragend, sich hier von allen Weltmeeren sammelt und ihre vielfarbigen Flaggen ausbreitet. Man findet ziemlich häufig zwischen den Häusern auf diesen Brückenstraßen hier und da ein altes mit Tauen befestigtes Schiffswrack, das, jetzt müde von Jahren und Beschwerden, und nicht mehr tauglich hergestellt zu werden, da Alles so theuer ist, aufgehört hat, die falsche Woge zu pflügen, und nun der Ruhe pflegt als „store-ship“, (Vorrathsschiff), und Magazin für Waaren aller Art.   Ein großer Theil dieser Schiffe dient zur Aufbewahrung allerlei Geräthschaften der angekommnen Fremden, welche während ihrer Wanderungen sich nicht mit allen ihren mitgebrachten Sachen belästigen können, sondern gegen eine hohe Abgabe sie hier niederlegen, um sie gegen Feuer gesichert zu wissen, das hier sehr gewöhnlich ist. Wenn diese Sachen späterhin nicht zurückgefordert werden — oft weil der unbekannte Besitzer oben in den Bergwerken gestorben ist — so verkauft man sie in öffentlichen Versteigerungen ohne Besichtigung des Inhalts zum Vortheil der Aufbewahrer, der oft sehr bedeutend ist. Die eigentlichen Straßen, welche durch die Stadt gehen, sind sehr geräumig und

durchschneiden einander in rechten Winkeln; sie sind entweder größten=
theils mit Brettern quer belegt, wie Brücken, oder auch sandig wie Land=
straßen, aber nie mit Steinen gepflastert. Die Häuser dieser Straßen
zeigen die größte und sonderbarste Mannigfaltigkeit, die man sich denken
kann. Bald ist es eine kleine Bretterhütte auf Rollen oder Walzen, roth
oder weiß angestrichen, bald sind es geräumige hölzerne Wohnungen, von
einem oder zwei Stockwerken, bald wieder elegante Steingebäude aus
rothen Mauersteinen, wie die englischen, die meisten mit flachen Dächern
oder mit einem viereckiggeformten Frontespice, wodurch sie ein eigenes
Aussehen bekommen; bald hebt sich dort ein großes Haus von Eisen wie
ein gigantischer Bienenkorb. Aber alle diese Gebäude von Holz, Stein,
Segeltuch oder Eisen, welche dort in unordentlicher Mischung durchein=
ander stehen, stimmen in Einem Punkt überein, sie sind sämmtlich Läden
oder Vorrathshäuser.

Wandert man durch eine dieser Straßen, besonders eine der Haupt=
straßen, so hat man einen Anblick vor sich, welcher vermuthlich nirgends,
nicht einmal in den nordamerikanischen Städten, wo sonst das Schilder=
und Feilbietungswesen herrschend ist, sich in gleichem Grade wiederfinden
möchte. Ueberall auf den Häuserwänden, Schornsteinen, Vordergiebeln,
Grundmauern, mit Einem Wort, überall, wo es möglich gewesen ist, sie
anzubringen, sieht man colossale Schilder hervorragen wie große
Coulissen, mit gigantischen Buchstaben oder bizarren Malereien, mit
Flaggen, Wimpeln, Pfeilern, Obelisken, Pfannen, Hämmern, Aexten oder
anderen Werkzeugen, alle von ungeheurer Größe, darüber die In=
schriften, welche die Nahrungszweige und Namen der Inhaber in
allen europäischen Sprachen angeben. Man scheint gleichsam in einem
ungeheuren Walde zu wandern, wo die Schilder sich wie drohende Aeste
hervorstrecken, und wo man unwillkürlich den Kopf niederbeugt, beinahe
kriechend oder, so gut man kann, lavirend, durch alle diese gefährlichen Aus=
wüchse. Und welche Waaren innerhalb! Hier blitzen Juwelen in ihren
kostbaren Einfassungen, dort ruht das Gold in den ausgezeichnetsten und
kostbarsten Arbeiten, oft in gediegenen Klumpen. Und gleichwohl wird
der Reichthum und der Glanz in diesen Läden von den aufgestapelten
Goldhaufen überstrahlt, welche aus den Geschäftslokalen der Bankquiers
hervorleuchten.

Hier duften die herrlichsten Wohlgerüche, dort blinken Metall=
waaren, aufs feinste gearbeitet und aufs beste geglättet, in erstaunlichen
Massen von aller möglichen Art. Hier liegen ausgebreitet maßlose Vorräthe
der elegantesten Kleider von allen Façons und Moden, von der Wäsche
bis zum Oberrock, von den Pantoffeln bis zum Hut. In einem
Lande, wo Wäsche so theuer ist und wo man ganze Schiffsladungen mit
schmutziger Leinwand nach China oder den Sandwichsinseln schickt, um
sie rein zurückzuerhalten, lohnt es sich nicht, etwas Altes zu flicken; reißt
ein Schuh, zeigt sich ein Loch in einem Rocke oder in einem Paar Bein=
kleider, ein Fleck auf einem Hemde und will man nicht — was man
doch ungestraft kann — mit etwas von diesem gehen, so wird das Klei=
dungsstück ohne Bedenken weggeworfen, so richtet man seine Schritte
nach einem Kleiderladen dieser Art und geht daraus verwandelt und ver=
schönt wieder hervor, ohne mehr ausgegeben zu haben, als was man sonst
gethan haben würde, um das zerrissene herzustellen, das schmutzige
zu reinigen. Auf einer andern Stelle sind die Straßen von einem über=
mäßigen Vorrath theils von Eßwaaren, theils von Früchten, Eisenarbei=
ten, chinesischen Waaren aller Art, oder europäischen Gegenständen in
allen Formen, die sich weit vor den Häusern ausdehnen, fast verrammelt.
Speisewirthschaften und Erfrischungsörter senden ihre den Gaumen an=
lockenden Düfte auf jeden Schritt aus, und beinahe an jeder Straßenecke
sind die Außenwände der Häuser in Gestelle verwandelt, beladen mit
leckeren Gerichten aller Art, lockenden Trinkgeschirren, dampfenden Thee=
und Kaffeekannen, wo man stehenden Fußes unter einem ausgespannten
Zelt des Magens Ansprüche oder die Begierde der Augen befriedigt. Man
hört das Klappen der Billardbälle, das Rollen der Kegelkugeln, und von
allen Seiten tönt der Ruf: „this way, Gentlemen!" abwechselnd mit
der heiseren Stimme der Versteigerer, welche von allen Orten Waaren
an die Höchstbietenden verkaufen. Rechnet man hierzu die Spielhäuser, welche
in unheimlicher Menge auf allen Straßen blühen, aus denen unter Tönen der
Musik eines wohlbesetzten Orchesters das Klappern der Würfel oder das Klin=
gen der Gold= und Silbermünzen mit der Einladung der Spielwirthe: make
your game, gentlemen! gehört wird und mit welchen sich der Spielenden
Gelächter oder wilder Ausruf, die Bewegung und das Gedränge überall, die
Lichtmassen, das Geräusch und der Lärm mischen, so hat man eine Vorstellung

von dem gährenden Chaos, dem Narrenwerk, dem unruhigen Speculations=
geist, der nimmer ruhenden Gewinnsucht, welche uns in tausend Gestal=
ten auf jedem Schritte begegnet, aus jedem Geschäft angrinst, aus jedem
Zuruf hervorschallt. Es ist ein Gewühl von Fahrenden, Reitenden,
Springenden und Gehenden, von Kleidertrachten und Physiognomien,
welche man kaum sonst irgendwo finden wird.

In London und Paris hat doch im Ganzen Alles mehr ein Gepräge
von Gleichheit, einen gewissen sich überall aussprechenden nationalen Zug
angenommen. Aber hier sind Leute von allen Zungen und von Völkerschaf=
ten aller Art. Hier zeigt sich der Chinese in seiner weiten Kleidertracht mit
seinem Hut, der einem Sonnenschirme gleicht, mit seinem Haarzopf und
seinen dicksohligen Schuhen; der „Löwe“ aus Europa in seinem moder=
nen bunten Putz, mit seinem stutzerischen Gang, mit seiner spöttischen
Miene; der Goldwäscher vom Oberlande, ziemlich einem Straßenräuber
gleichend, mit fliegendem Haar, langem Bart, großen Stiefeln
und zerrissenen Kleidern; der feingebürstete und glattpolirte Krämer, ge=
wöhnlich ein Deutscher, mit seinem einschmeichelnden Wesen; endlich der
Matrose, der ruhig seinen Taback im Munde umwendet, mit dem Hut
in dem Nacken und das Halstuch nachlässig auf die Brust geknüpft, das
ganze Gesicht flammend von eben zu sich genommenen kräftigen Stärkungs=
mitteln. Mit Einem Wort: dieses Gemälde von San Francisco ist die er=
staunlichste Mosaik; und ohne diesen Wirrwarr gesehen, und diesen Lärm,
diese Unordnung vernommen zu haben, welche sich überall offenbart, kann
man kaum durch irgend eine Beschreibung einen vollständigen Begriff da=
von bekommen.

Dieser außerordentlichen Mischung zufolge hat die Stadt keinen
eigentlichen Charakter, und kann daher kein dauerndes Interesse erwecken.
Sie ist weder europäisch, noch etwas Anderes, sie trägt das Gepräge,
Alles nachgeäfft zu haben, sie erinnert an Alles. Worte aller Zungen
schallen beständig um die Ohren, ohne daß man vermag, irgend eine
bestimmte Sprache aufzufassen, und das Auge sieht aller Welt Erzeug=
nisse und Eigenthümlichkeiten bunt durcheinander gemengt. Es ist des=
halb schwierig, wenn nicht unmöglich, sich hier heimisch zu fühlen; es
ergötzt eine Weile, sich von dem Wirbel fortreißen zu lassen; man geht
umher und staunt, man horcht mit Begier, aber bald findet sich eine

unbeschreibliche Ermattung ein, man hat Nichts, sich daran festzuhalten, und man verläßt diese Heimath des Getümmels mit einem Gefühl von Freude, eine Heimat des Friedens und der Zufriedenheit, wenn auch in der Ferne, zu besitzen.

Von öffentlichen Gebäuden hat San Francisco keine große Anzahl. Der Kirchen sind weder viele noch ausgezeichnete; kein Thurm zeigt gen Himmel in einer Stadt, die voll ist von Allem, was irdisch ist. In alten Schiffswracken im Hafen sind mehrere Gotteshäuser eingerichtet, und die Gottesfurcht scheint hier nicht sehr in Aufnahme zu sein. Die Schauspielhäuser haben auch kein besonderes Aeußeres. Das sogenannte „Jenny-Lind-Theater" war jedoch ein ganz solides Gebäude von behauenem Kalkstein, und zeichnete sich durch reine Bauart und schöne Verhältnisse aus. Daß inzwischen die Kunst hier nicht hochgeschätzt wird, noch große, veredelnde Triumphe feiert, läßt sich von einer Stadt denken, wo Preiscourante und Auctionskataloge in so großer Menge fabricirt und so gründlich studirt werden. Taschenspieler, Betrüger aller Art, Charlatane in allen Gestalten gedeihen hier mehr als irgendwo anders in Nordamerika, und die Zeitungen sind täglich voll von den unverschämtesten Bekanntmachungen und Großsprechereien, nebst Berichten der abenteuerlichsten Vorlesungen — Alles um Geld zu erlangen. Ueber das Unterrichtswesen weiß ich nicht Bescheid zu geben; aber daß man der Literatur nicht leidenschaftlich huldigt, und daß ihre Erzeugnisse keinen reißenden Absatz finden, kann ich aus den sechsfachen Preisen der Bücher schließen.

Die Dächer aller Häuser sind voll von Wassergefäßen, um sie beim Feuer zu gebrauchen, ein Unglück, das so oft (und häufig durch Mordbrennerei) über die Stadt ergangen ist, daß man genöthigt ist, auf Mittel zu denken, um ihm zu steuern; deswegen hat man auch an den Straßenecken große Brunnen gegraben, in welche Spritzenschläuche in vorkommenden Fällen gleich hineingelassen werden. Der größte Brand, der die Stadt heimgesucht hat, brach im Mai vorigen Jahres aus und verzehrte beinahe den ganzen untersten Theil. Aber binnen drei Tagen erstand er aufs neue aus der noch rauchenden Asche, der Handel kam in Gang wie zuvor, und Alles hatte das alte Aussehen wieder angenommen.

In dem oben erwähnten Jenny-Lind-Theater ist ein großer offener Platz, in dessen Mitte eine hohe Tribüne errichtet ist. Hier werden

öffentliche Gerichtsversammlungen gehalten, von hier erschallen jene ame=
rikanischen Reden, die eben so lang wie begeisternd sind, und hier wird
eine ziemlich summarische Gerechtigkeit gepflegt.

Der Rechtszustand in San Francisco hat dieselbe Natur der Zu=
fälligkeit wie alles Andere. Man scheint einig zu sein über die Wahr=
heit des alten Satzes „summum jus summa injuria“, und in aller
Stille auf die sinnreiche Bemerkung eines Professors einzugehen: „die Ge=
rechtigkeit, mein Freund, ist relativ.“ Denn man vermeidet möglichst
die Schlangenwege des Gesetzes, und zieht es vor, nach besten Kräften
sich selbst Recht zu verschaffen, je schneller desto besser. Die Juristen ge=
hören nämlich hier zu den theuersten Luxusartikeln; man kann einem
Sachwalter nicht weniger als 20 bis 30 Thaler für eine Conferenz
von Einer Stunde bieten, und da der Ausfall des Rechtshandels,
wie man behauptet, in nicht geringem Grade von den klingenden Grün=
den, womit man seine Beweise zu unterstützen vermag, abhängig sein soll,
läßt sich leicht begreifen, wie lohnend dieses Gewerbe — denn in Califor=
nien ist jedes Geschäft ein Gewerbe — für die, welche es treiben, sein muß.

Noch vor wenigen Jahren hatte die Stadt keine geordnete Polizei.
Da jedoch Mord und Raub zur Tagesordnung gehörten, vereinten sich
wohlgesinnte Bürger zu einem sogenannten Sicherheitsausschusse; Diebe
wurden ergriffen, Mörder eingezogen, und mancher Schurke, den des Ge=
setzes ohnmächtige Hand nicht fassen konnte, ohne weitere Umstände am
nächsten Laternenpfahl aufgehängt. Das Lynchgesetz ward mit seiner
schnellen unerbittlichen Strenge angenommen, und ihm hat man es zu
danken, daß die Sicherheit jetzt musterhaft ist. Man kann — ich ver=
suchte es selbst — seine Sachen legen, wohin man will, auf Straßen,
Brücken, Dampfboote oder an öffentliche Orte, und gewiß sein, sie
unberührt auf seinem Platze wiederzufinden. Die Polizei ist hier ebenso
wohl geordnet und diensteifrig, wie an jedem Orte Europa's. Die Po=
lizeidiener zeichnen sich durch nichts Anderes aus als durch eine kleine
silberne Schaumünze auf der Weste, und, eben so gut gekleidet wie die
Vornehmsten, mischen sie sich unter die Menge, und üben mit dem Bei=
stand eines Jeden, den sie darum angehen, ihre beschützende Macht aus.

Daß man indessen nicht immer ihre Dazwischenkunft benutzt, son=
dern selbst mit seinem Gegner oft wenig Federlesens macht, geht aus

einem Zuge hervor, der hier als etwas so Natürliches und vollkommen
Ordnungsmäßiges betrachtet wird, daß nur vorurtheilsvolle Leute, wie wir,
Kenntniß davon nehmen konnten.   Einer unserer Landsleute, welcher ein
„Intelligence-office" hat, wo man unter Anderem Arbeitsnachweisungen
bekommt, hatte einem Seemann eine Stelle auf einem Fahrzeug verschafft,
und als Vergütung für diesen Dienst die bedungene Abgabe von fünf
Piaster empfangen.   Der Seemann kam indessen bald zurück, misvergnügt mit seinem Vertrage, und forderte das erlegte Gold zurück, aber
da er anfing grob zu werden, ging der Andere ohne Weiteres in seine
Kammer, holte ein Paar Pistolen, und forderte, mit diesem Sprachrohr
in der Hand, den Mann auf, sich zu entfernen, was dieser auch bei so bedeutenden Gründen heiter und in aller Eile that.

Die Polizei ist auch sehr eifrig Matrosen abzufassen, welche hier
häufig aus ihren Schiffen davongehen und sie, ganz von Mannschaft entblößt, lassen.   Drei von unsern Leuten hatten während ihres Urlaubs auf
dem Lande zu tief in den Becher geguckt, und etwas über die Ge-
bühr erhitzt, waren sie mit Gewalt an Bord eines draußen auf der Rhede
liegenden Schiffes gebracht, wo sie gegen ihren Willen zurückgehalten wurden.   Aber schon am nächsten Tage hatte die Polizei sie aufgespürt und
wurden zu ihrer eigenen Freude und Zufriedenheit zur Fregatte
zurückgeführt.

Will man dagegen eine Probe von den Schutzmitteln sehen, womit
man vor nicht langer Zeit genöthigt war, sich zu umgeben, um Leben
und Eigenthum zu sichern, welche aber bei der besser befestigten Ordnung
anfangen seltener zu werden, so muß man in ein Spielhaus gehen.   Und
man braucht nicht weit zu gehen, es zu finden, auch hat man nicht
große Schwierigkeiten zu überwinden, um eingelassen zu werden.   Sie
sind in jeder Straße anzutreffen, sowie an jeder Ecke und stehen, mit Ausnahme einiger Mittagsstunden, den ganzen Tag weit offen.   Tritt man ein,
so befindet man sich in geräumigen, geschmackvoll geschmückten Sälen, wo
das Auge von köstlichen Gemälden bezaubert wird, welche indeß die Schönheit oft zu unverhüllt darstellen; das dem Ohr von Tönen eines oft vortrefflichen Orchesters geschmeichelt und der Mund Einem wässerig
beim Anblick alles des Nektars und der Ambrosia wird, welche in prächtigen Gefäßen überall aufgestellt sind, wo die Bankhalter gegen unge-

heure Abgaben täglich ihr Wesen treiben, und ihre Haufen von Gold- und Silbermünzen aufthürmen, um welche die Spieler sich in dichten Schaaren versammeln.

Es ist in Wahrheit lehrreich die Gesichtszüge dieser eifrigen Verehrer des trügerischen Glückes näher zu betrachten. Hier sieht man einen zierlichen jungen Herrn, nachlässig auf den Stuhl hingeworfen, seine bleichen, blasirten Züge haben die Fähigkeit verloren, die wechselnden Gefühle auszudrücken, von welchen sein Inneres zerrissen wird, während sein Auge doch noch bisweilen von einem dunkeln Feuer flammt, wenn die rollenden Würfel Augen zeigen, welche einen Einsatz nach dem andern hinwegraffen. Dort sitzt ein Goldgräber in seinen zerrissenen Kleidern mit wildem Aussehen, verworrenem Haar und Bart; er hat stolz seinen Beutel mit Goldstaub, 100 Piaster an Werth, hingeworfen, seine Uhr und andere kostbare Sachen vielleicht obenein verkauft, und wenn der Bankhalter nun seine Schaufel nimmt, und den Goldhaufen einstreicht, die Frucht langsamer, verzehrender Anstrengung, harter Entbehrung, unvernommener Seufzer, und zahlloser Schweißtropfen, so sieht man seinen Mund sich zu einem Hohngelächter verziehen, und er hat nichts mehr zu wagen, er steht leise auf und verläßt langsam und schleppend diesen Schlupfwinkel des Lasters, diese Folterkammer der Seele.

Wie viel Fleiß und Arbeitsamkeit haben hier ihre Sparpfennige in den Abgrund der Spielhölle niederrollen sehen! Und wie oft hat nicht der leere Beutel Verzweiflung und Verbrechen hervorgerufen! Nicht aus Kurzweil haben sich diese Spieler mit breiten Gürteln versehen, woraus die Mündungen scharfgeladener Pistolen und „Resolvers" mit sechs Läufen hervorragen. Nicht selten werden sie gegen die falschen Bankhalter gerichtet, welche gleichfalls bewaffnet sind, und man hat Beispiele, daß sechs Schüsse gewechselt wurden, ehe das Herzblut des Einen, den Andern überspritzte und den Kampf endete. Aber nicht immer wendete sich die Mordwaffe gegen die Bankhalter, welche, abgesehen von mannigfaltigen Kniffen, worin sie so wohl geübt sind, die sie offen treiben, und die sogar mit den Speisewirthen im Complot stehen, um die Getränke der Kunden so zu mischen, daß die Plünderung leicht und ungestraft vor sich gehen kann. Wie oft werden nicht diese Mündungen gegen den Besitzer selbst gerichtet! Hier, wie überall, wo der Teufel der Spielwuth die Men-

schen unter die Thiere erniedrigt, ist von manchem hoffnungsvollen
Jüngling, der Verwandte und Freunde verließ, um durch Arbeit und Entsagung sich eine sorgenfreie Zukunft zu sichern — von manchem ehrenhaften Manne und Gatten, der während des Spielwahnwitzes Frau und
Kinder vergaß, nichts dort geblieben als ein zerschmetterter Schädel und
ein geronnener Blutstrom.

So kann ich mit Grund sagen, daß der Eindruck von San Francisco ein höchst widerlicher und empörender war. Alles trug Spuren von
der Hast des Tages und der Stunde, von den Anstrengungen der Gewinnsucht, von den Kunstgriffen der Betrügerei und Begierde. Hier giebt
es keine andere Triebfeder als das Geld, nichts Anderes, das gewürdigt
und nicht Anderes, dem nachgetrachtet wird. Des Goldes Glanz überstrahlt Alles. Es ist wahr, man kann nicht blind sein gegen das Große
und Bewunderungswürdige, das sich als Frucht der menschlichen Thätigkeit darstellt. Aber fragt man nach dem Grunde, der es hervorgerufen
hat, so begegnet man allezeit diesem Wunderdinge, das Mammon heißt,
vor welchem die Menschen anbetend niedergesunken sind, dem sie ihr Rauch-
opfer anzünden, und in dessen Dienst sie sogar klug und talentvoll
werden.

Während unsers Aufenthaltes, der nur zwölf Tage währte, zogen
zwei Begebenheiten die ganze öffentliche Aufmerksamkeit auf sich, und da
sie für Amerika bezeichnend sind, will ich sie flüchtig erwähnen. Die
eine war die Präsidentenwahl in der großen Union. Fahnen und ungeheure Anschläge zeugten überall von der öffentlichen Freude über den
Ausfall der Wahl, und man begrüßte sie gerade als wir ankamen, mit
solchem Nachdruck, daß die Glasscheiben in den meisten Häusern sprangen,
und der herausströmenden Begeisterung um so viel freieren Spielraum ließen,
die mit so vieler Heftigkeit sich Luft zu machen suchte. Aber drei Tage darauf
lief die Nachricht von dem Tode des großen Staatsmannes und Redners
Henry Clay's*) ein. Im Augenblick waren die Läden, die Obelisken vor
ihnen, Schilder und alle Häuser mit Trauerflor umwickelt, die Flaggen
auf halbe Stange gehißt, und man sah einen großen Theil der Bevölkerung in Trauertracht, ganz wie bei einer Königstrauer bei uns. Und

---

*) Er war den 12. April 1777 zu Hannover in Virginien geboren.

doch war es nur ein einfacher Bürger ohne Ahnen oder große Aemter,
ohne Kriegsruhm oder Reichthum, dessen Grab sich geöffnet hatte. Aber
es war ein Patriot, auf den das Vaterland stolz war, denn er hatte sein
ganzes Leben lang gesucht, ihm zu nützen, es war ein Name, der über
das Volk seinen Glanz warf, es war einer von den nordamerikanischen
Sternen, welcher unterging, und im ganzen Lande, von den großen Seen
bis zum mexikanischen Meerbusen, vom atlantischen bis zum stillen
Ocean, war Alles niedergesunken in Trauer und Alle ehrten sein Andenken. Welch kräftiger Sporn zur Anstrengung für den Einzelnen,
wenn die ganze Nation sich wie ein Mann erhebt, um feierlich zu bezeugen: daß dieser Bürger sich um das Vaterland hochverdient machte. Denselben Tag, wo wir abreisten, sollte sein Erinnerungsfest durch einen allgemeinen Trauerzug, woran alle Staaten und alle Völkerschaften verschiedener Mundarten theilnehmen würden, sogar Chinesen, obgleich sie zuletzt
kamen, gefeiert werden. Die Einladungsschrift zu diesem Fest war vor
unserer Abreise in den Zeitungen zu lesen.

San Francisco's herzlich müde und überdrüssig sehnte ich mich
nach dem Innern des Landes, wo ich etwas von der nordamerikanischen
Natur mit ihren klippenvollen Bergen sehen, wo ich die Arbeit des Goldgrabens kennen lernen, und vor Allem Landsleute treffen und mich mit
eigenen Augen überzeugen sollte, wie es ihnen ging, um der Wahrheit gemäß
es nach der Heimat zu berichten, und dort vielleicht Veranlassung zu geben, denen ein warnendes Wort zu sagen, die zu leichtsinnig ihr Vaterland verlassen. Freilich kostete hier eine achttägige Reise dieselbe
Summe, mit welcher man ganze sechs Monate in Schweden umherreisen
könnte, aber die ebenangeführten Gründe schienen mir gewichtig genug,
alle ökonomischen Bedenklichkeiten zu überwinden.

Ich begab mich also eines Nachmittags hinunter zu einer von den
in die Bucht weit hinaus führenden Hafenbrücken, Pacific Wharf, wo
drei Dampfschiffe bereit lagen, nach Sacramento abzugehen. Aus-
geputzt mit einer Menge bunter Flaggen, mit ellenlangen Anschlägen über
die Abgangszeit und den Bestimmungsort, wimmelnd von läutenden,
schreienden und tobenden Ausrufern, wurden diese ungeheuren Gebäude
bald von Reisenden angefüllt. In Europa wählt man gewöhnlich den
Morgen zur Abgangszeit und den Tag zum Reisen, damit die Reisenden

Gelegenheit haben, die Küsten zu sehen, an denen man vorüber kommt. Hier in dem Lande der Geschäfte reist man Nachts, in Besorgniß eine einzige Minute der Tageszeit unbenutzt verstreichen zu lassen, in welcher vielleicht ein vortheilhaftes Geschäft hätte abgeschlossen werden können. Um die höchstmögliche Zahl von Reisenden zu gewinnen und sie abzuhalten, ein anderes Fahrzeug zu benutzen, das gleichzeitig concurrirend auftritt, ereignet es sich nicht selten, daß die Dampfschiffe derselben Linie Passagiere gratis mitnehmen, ja man erzählt, daß eine neue Compagnie, um sich bekannt und beliebt zu machen, ein treffliches Musikchor anwarb, um die zahlreichen Freipassagiere, die man eingeladen hatte, die Reise mitzumachen, und die man mit trefflichen Mittagsessen bewirthete, zu unterhalten. Hat man bei dem Wirrwarr, dem Gedränge und Lärm, der den Abgang begleitet, sich selbst und seine Sachen glücklich an Bord gebracht, so kann man einer gütigen Vorsehung und seiner eigenen Mitwirkung dafür danken.

Dank dieser Vorsehung befand ich mich nun an Bord der „Antilope", aber, mein Gott! in welcher Gesellschaft. Ich glaubte mich in eine zweite Noahsarche versetzt, wo ich allerdings kein zoologisches Museum fand, aber ein wahrhaft ethnographisches Cabinet mit Vertretern aus allen Ländern der Welt, in allen möglichen Mustern und allen erdenklichen Formen, und erst nach Verlauf einer geraumen Zeit und nachdem ich mir mit Mühe einen Weg durch dichte Schaaren mit den verschiedenartigsten Gesichtszügen gebahnt hatte, ward es mir vergönnt, mich auf das Verdeck zwischen einem Haufen schnatternder Chinesen, mit meinem Reisesacke statt des Kopfkissens, hinzustrecken. Denn da ich es für gut befunden hatte, sozusagen Incognito zu reisen, hatte ich die beschwerliche Repräsentation unsers Kriegsschiffs den Kameraden an Bord der Eugenie überlassen, und ich und mein Geldbeutel befanden uns wohl dabei.

Wir steuerten die Bucht hinauf, in deren nordwestlichem Winkel der gewaltige Sacramentofluß hinaus strömt. Von den Inseln an denen wir vorüber kamen, flogen Millionen Vögel auf, von dem Schnauben des Dampfwunderthiers aufgeschreckt; die Küsten erhoben sich nach allen Seiten hoch und majestätisch, aber nackt und wild. Wir fuhren der Stadt Ballejo vorüber, wo der General desselben Namens vor zehn Jahren wie ein kleiner König lebte, und im Besitz unermeßlicher

Heerden es unternahm eine Hauptstadt mit Gebäuden für alle Beamte und
Collegien des Staates zu gründen, aber das ganze Unternehmen aufge=
ben mußte und zwar mit Erlegung einer ungeheuren Geldstrafe, welche
ihn, wenn nicht an den Bettelstab, doch bedeutend herunterbrachte. Wir
landeten und machten einen flüchtigen Besuch in der Stadt Benicia,
wo die in Californien stationirte Militairabtheilung von einigen hundert
Mann ihr Hauptquartier hatte, und kurz nachher befanden wir uns auf
dem Flusse, der eine ebenso große Breite hat wie die Themse bei London
oder der Rhein bei Köln. Die Küsten sind niedrig, bedeckt mit dichten
Weiden, zwischen welchen riesenmäßige Pappeln aufschießen, und zu bei=
den Seiten des niedern Laufes dehnen sich grüne, unübersehbare Ebenen
nach den Bergen zu, die sich fern am Horizonte zeigen, aus. Weiterhin
wird der Fluß schmaler und die Ufer höher, und vereinzelte Wohnungen
verkünden, daß man durch ein bevölkertes Land fährt. Wie wird nicht Alles
in einigen Jahren hier einen veränderten Anblick gewähren, wenn diese
gewaltigen Flächen von einem ackerbautreibenden Volke bewohnt werden,
das sein Gold in den goldenen Aeckern sucht und den Hammer und Spa=
ten des Goldgräbers mit dem friedlichen Pflug vertauscht. Dörfer und
Städte werden dann den majestätischen Fluß umkränzen, und da, wo vor
wenigen Jahren der Biber seine merkwürdigen Wohnungen ungestört er=
richtete, wird der Mensch bauen. Wir kamen nach Sacramento um
3 Uhr Morgens, und ich benützte die kühle Morgenstunde, mich ein wenig
umzusehen.

Um die Zeit als Commodore Sloat im Juli 1846 die ameri=
kanische Flagge in Californien aufpflanzte, hatte ein Schweizer, Ca=
pitain Sutter, seine Ansiedelei zwei Meilen von hier auf der Stelle,
wo der „American river", in den Sacramento fließt, nachdem er durch
drei Nebenflüsse, Nord=, Mittel= und Süd=Fork das Schneewasser
aus der Sierra Nevada im Osten aufgenommen hat. Capitain Sutter
herrschte unumschränkt über sein Neu=Helvetien, unterjochte die In=
dianer und machte sie sich theils unterthan, theils verpflichtete er sie sich,
brachte den Eingeborenen Geschmack am Ackerbau bei, und trat immer als
ein kluger und ausgezeichneter Wohlthäter des Landes auf, dessen reich=
ster Grundbesitzer er war. Damals wohnte in Californien ein träges,
durch ein günstiges Klima entartetes Volk, das Schafzucht trieb, vom

Ertrag seiner Heerden lebte, und nicht Lust hatte, die fruchtbare Erde zu bebauen. Ein wenig Korn und Hafer, Kürbisse und Melonen war Alles, was sie bedurften, und die wenigen Luxusartikel, von deren Dasein sie Ahnung hatten, wurden ihnen von einigen wenigen Schiffen zugeführt, die ihre trefflichen Häfen besuchten.　　　Später zog ein Theil Amerikaner nebst anderen Fremden hieher, welche bessere Anordnungen trafen; kleine Ansiedlungen entstanden und eine Auswanderung zu den fruchtbaren Ebenen nahm ihren Anfang.　　Da fand ein unerwartetes Ereigniß statt, das mit einem Zauberschlage ganz Californien umgestaltete.

Capitain Sutter schickte Leute in die Berggegenden, um Fichten-wälder aufzusuchen, und da man vorzügliche rund um den mittleren Lauf des Süd-Fork fand, wurde im Februar 1848 James Marshal dahingeschickt, um eine Sägemühle zu bauen. Damit beschäftigt, für das Wasser einen Abzugskanal zu graben, sah Marshal einige gelbe Körner auf dem Grunde schimmern, nahm sie auf, und überzeugte sich, daß es reines und gediegenes Gold war. Große Klumpen fanden sich, und binnen einigen Tagen hatte man dort 150 Dollars an Werth, ohne zu graben, blos beim Aufwühlen des Sandes gefunden. Wiewohl man diese Entdeckung geheimzuhalten suchte, verbreitete sich doch das Gerücht davon mit Blitzes Schnelle umher, und die zauberhafteste Wirkung war die un-mittelbare Folge. Juristen, Aerzte, Priester, Landleute, Mechaniker, Kaufleute, Handwerker, Seeleute, Soldaten — Alle verließen Haus und Hof und die gewohnten Beschäftigungen, und strömten nach der Gegend, wo man in wenigen Tagen sich fabelhafte Reichthümer e r g r a b e n hatte; Städte und Dörfer entvölkerten sich, oder richtiger, sie wurden, gleich dem Palast im Märchen, durch eine Zaubermacht in bisher unbebaute Wild-nisse versetzt, und wo der Bär und wilde Indianer bisjetzt allein gehaust hatten, wiederhallten nun die Berge von geschäftiger Menschen Arbeit. So entstand Sacramento.

Im Jahre 1849 befanden sich hier blos einige Zelte; aber in kurzer Zeit sah man auf dem hohen Strand eine hübsche Stadt mit zierlichen Häusern, und jetzt ist die Regierung dorthin verlegt und schon bewegt sich hier eine Volksmenge von 40,000 Menschen. Die Stadt ist in Form eines Vierecks gebaut; alle Straßen, welche dem Flusse parallel laufen, sind auf amerikanische Weise in der Ordnung 1, 2, 3, 4, u. s. w. nume-

rirt, und alle, welche sie in rechten Winkeln durchschneiden, sind mit a,
b, c, d, u. s. w. bezeichnet. Diese Straßen sind breit und entweder
gepflastert wie in San Francisco, oder auch mit grobem Sande belegt
und sorgfältig bewässert. Die Häuser glichen denen in San Francisco, haben
aber im Allgemeinen ein festeres und gediegeneres Gepräge. Breite Bür-
gersteige, über welche Wetterdächer gespannt sind, bilden längs den Häuserreihen gleichsam lange Galerien voll von unförmlichen Schildern in bunter
Mischung. Denn selbst hier giebt es in je zweiter Parterrewohnung einen
Kaufladen, und wenn man diese Menge Läden sieht und diese erstaunlichen Vorräthe von jeder Art, so muß man glauben, daß die ganze Stadt
ein einziges Handelsvorrathshaus ist und alle Einwohner Kaufleute sind,
und man sieht sich nach Käufern um und wundert sich, woher sie kommen
sollen. Dennoch sind kaum drei große Dampfschiffe und eine bedeutende
Handelsflotte hinreichend, um täglich die ungeheuren Waarenvorräthe
hieherzuführen. Aber wie San Francisco die Hauptquelle und Pulsader
für ganz Californien ist, so ist Sacramento es für alle kleinen Städte in
dem östlichen Goldbezirk, und von diesen kleinen Städten, deren es eine
erstaunliche Menge giebt, werden die Waaren weiter nach den kleineren
Plätzen vertheilt, welche unfern der Landstraßen, an den Flüssen und den
Wäldern zerstreut umher liegen, weshalb man sich auch die Kostspieligkeit
der Waaren erklären kann, wenn man sie aus letzter Hand verkauft, worauf ich später zurückkommen werde.

Sacramento liegt niedrig am Rande einer ungeheuren Ebene
auf der linken Seite des Sacramentoflusses, wo er den „American river"
aufnimmt. Dieser Lage zufolge ist es jedes Frühjahr, wenn der Schnee auf
den Bergen schmilzt und die Flüsse anschwellen, bedeutenden Ueberschwem-
mungen ausgesetzt. Im letzten Märzmonat ward es von einer solchen
Wassermasse überschwemmt, daß die Häuser halb unter Wasser standen,
und die Verbindung durch Brücken und Boote, wie in Venedigs Kanälen
erhalten werden mußte. Beinahe alle Häuser litten erschrecklich, und viel
Eigenthum ward zerstört. Bei uns würde ein solches Volksunglück im
Andenken einer Generation und noch länger fortleben, und noch nach Jahrzehnten würde man Spuren davon sehen, die vielleicht nie ganz verwischt
werden könnten. Hier in diesem neugeschaffenen Lande erinnert sich fast Niemand an diese Begebenheit, und eine Woche darauf, nachdem sich das Wasser

verlaufen hatte, konnte man kaum eine Spur seiner Verwüstungen mehr
entdecken.

Während ich umherging und Schilder las, und alles Sonderbare
anstaunte, das mich umgab, begann die Stadt sich zu regen: die Buden
wurden aufgeschlossen, die Fenster geöffnet, die Tagediebe fingen an sich
um die Läden und Wirthshäuser zu versammeln, Kunden fanden sich ein,
Karren mit Brot und andern Eßwaaren fuhren durch die Straßen, das
Leben kehrte zurück mit seiner Unruhe und mit seinem Getöse, der Handel
ergriff wieder sein Scepter.

Da Sacramento der Mittelpunkt eines großen und fruchtbaren Be-
zirks ist, so wird die Verbindung mit dem inneren Lande durch eine Menge
Diligencen, welche täglich von hier nach den verschiedenen Stationen abgehen, im Gange erhalten. Außerhalb der Comtoire dieser Stationen begann
nun der gräßlichste Lärm. Ausrufer strengten ihre Lungen an, die Orte
aufzuzählen, wohin ein gewisser Wagen abging, schilderten die schönen
Gegenden des Landes, die Bequemlichkeit des Beförderungsmittels, die
Billigkeit des Preises, die Raschheit der Pferde, des Wagens ausgezeichnete Bauart, des Schaffners artiges, gentlemenmäßiges Betragen u. s. w.
Um einander zu überschreien, stellten sie sich zusammen, und schrieen buchstäblich, was nur die Kehlen aushalten konnten, und wenn nichts Anderes
den Mitbewerber um die Gunst der Leute zum Verstummen zu bringen
vermochte, so warf man ihn mit verfaulten Melonen, Brotstücken, Birnen
und anderen leichten Angriffswaffen, die bei der Hand waren, bis der
Sieger stolz auf dem Wahlplatz dastand, die zahlreichen Namen der Mit-
reisenden in sein Rechnungsbuch eintragend und ihr schweres Geld
einstreichend. Endlich, nachdem ich eine Weile zwischen zwei Be-
werbern geschwankt und mich zuletzt für die Gesellschaft bestimmt hatte,
die am respectabelsten aussah, nahm auch ich Platz.

Mein Bestimmnngsort war die Stadt Colonna, welche 70 englische Meilen entfernt lag, und wo die meisten und ungleichartigsten Aus-
grabungen getrieben werden sollten. Es ward mir ein Platz in einer geschmackvollen Kalesche angewiesen, der inwendig mit purpurfarbigem Zeuge
bekleidet und auswendig mit vielen hübschen Insignien bemalt war. Im
Anfang schien ich ungestört alle die Annehmlichkeiten genießen zu können,
welche mich von dem Nebenbuhler abgelockt hatten, aber bald bemerkte ich,

daß ich in eine Löwenhöhle gekommen war. Wir fuhren nämlich erst vor alle Grogkneipen der Stadt, und lockten einen häßlicheren Passagier nach dem andern heran, bis ich mich endlich zwischen zwei ungebürsteten Amerikanern eingeklemmt befand. Der eine von diesen war allerdings so höflich, daß er seine Mundergüsse nicht gerade direct an meiner Nase vorbei zum Fenster hinaussandte, sondern jedesmal, wenn er sich beschwert fühlte, mich in das Genick hieb, um sich hinter meinem Rücken zu entledigen, welches Verfahren sich zu meiner Qual alle drei Minuten erneuerte, sodaß ich während der ganzen Reise vor und hinter fuhr wie ein unfreiwilliger Klöppel.

Nachdem wir einen Milchkarren überfahren hatten, dessen eines Rad zerschmettert wurde, ohne daß mein Kutscher die mindeste Notiz davon nahm, verließen wir endlich Sacramento und begannen unsere lange Reise. Die ersten 30 Meilen ging es über eine unübersehbare Fläche, eben wie eine Meeresfläche, sparsam bedeckt mit verbranntem, wildwachsendem Hafer, und riesenmäßigen Eichen, aber nichtsdestoweniger die Landstraße entlang von ländlichen Wirthshäusern mit den prunkendsten Namen besetzt, wo allezeit durstige Seelen ihre Kehlen mit irgend einer stärkenden Flüssigkeit anfeuchteten. Es ist wahr, hier wird kein Branntwein getrunken, und man sieht nicht wie bei uns die Trunkenbolde leblos auf ihrer Ladung liegen, wenn sie aus der Stadt nach Hause fahren, sich der Vorsehung Gottes und der Klugheit des Gespanns überlassend. Aber wahrscheinlich ist die Menge starken Getränks, die hier genossen wird, nicht geringer als bei uns. Man bedurfte wirklich auch sehr oft eines Labetrunks. Von ordentlichen Wegen war keine Spur, man fährt in der ersten besten Richtung über die ungebahnte Fläche. Demzufolge wurde der dünne Graswuchs bald vernichtet, und es blieb nur der tiefe, feine Sand zurück, sodaß wir fortwährend in einer Wolke von Staub fuhren, der sich zolldick auf Kleider und Glieder legte und keineswegs dazu beitrug, die Sonnenhitze zu mildern, welche mit einer Macht von beinahe 40 Graden brannte, ohne daß ein einziger Windhauch uns Kühlung und Linderung zuwehte. So fuhren wir davon über die anziehende Fläche, von Staub und Hitze gepeinigt.

Nachdem sie glücklich zurückgelegt war, kamen wir zu mehr coupirten Gegenden mit Hügeln und tiefen Thälern, wo aber Alles fortwährend ebenso wasserleer und verbrannt war. Das Gebüsch war so ver-

sengt, daß es ganz roth aussah: Aecker waren selten, und selbst die
Föhren und Eichen, die hier dicht nebeneinander standen, sahen durstig
und welk aus. Nur da, wo eine Bach rieselte, war Leben und Frucht=
barkeit, und Alles schien anzudeuten, daß das Land blos Wasserleitungen
bedürfe, um in den herrlichsten Garten verwandelt zu werden. Nach
einer anstrengenden Reise von zehn Stunden gelangten wir endlich zur
Stadt Colonna, nachdem wir eben vor Sutter's „mill" vorüber ge=
kommen waren, wo das Gold zuerst entdeckt wurde.

In der Tiefe eines Thales bei einem über Steine brausenden Wasser=
fall, dessen Wasser oben sehr klar ist, aber weiter unten, eine Folge der
Wäschereien, eine trübe röthliche Farbe annimmt, liegt die Stadt gleich
einem neugebauten Dorfe, bestehend aus einer einzigen kurzen und geraden
Straße mit einigen hunderten weißangestrichener Holzhäuser, dazwi=
schen eine höchst einfache Methodistenkirche. Hier wie überall finden sich
unförmliche Schilder mit dazu gehörigen Buden, Wirths= und Spiel=
häusern. Ueber den Fluß geht eine von einem hier ansässigen Dänen auf
Speculation gebaute Brücke, nachdem die Frühlingsfluth, welche Sa=
cramento überschwemmte, die alte weggerissen hatte. Man bezahlt einen
halben Thaler, um über diese Brücke zu gehen, einen Thaler um hinüber
zu reiten, und sieben Thaler um mit einem Frachtwagen hinüberzufahren.

Fänden sich nicht ringsum auf den Hügeln, am Strande, zwischen
den Gebüschen eine Menge Zelte, Häuser von geschälten Holzstämmen
und Laubhütten, welche die Nähe zahlreicher Goldgräber andeuten, die
von hier alle ihre Bedürfnisse holen, so würde es unbegreiflich scheinen,
wie alle diese Buden, Bäckereien, Fleischverkäufe u. s. w. vollgepfropft
von Waaren, Absatz finden und wie es möglich ist, daß fast sämmt=
liche Einwohner des Ortes Kaufleute oder Handwerker sein können und
dennoch alle reichlichen Verdienst haben. Gleichwohl ist man nur eine
Viertelmeile von hier auf der Hinreise durch einen kleinen Sprößling von
Stadt gekommen, der kaum einige Monate alt ist, aber sich dazu hält,
aus allen Kräften zu wachsen und sich schon ungetünchte dreistöckige Häu=
ser, neugezimmerte Buden, Schilder, Wirthshäuser, neben anderen mehr
oder minder nothwendigen Dingen zugelegt hat, genau wie seine älteren
Geschwister. Und kaum eine Meile von hier liegt eine dritte Stadt,
George Town, welche vor einer Woche vom Grund aus niederbrannte,

aber schon wieder aufgebaut wird, und sich in dem alten Handelsgleise bewegt.

Ueberall ist hier Zerstörung, aber zu gleicher Zeit auch neue Schöpfung, und das so vollständig, so blitzschnell, daß man sich in das Fabelland des Orients versetzt glaubt, wo Wunderwerke durch einen Zauberspruch hervorgerufen wurden.

Aber wie wird hier auch gearbeitet! Ringsumher sind die Goldgräber in Thätigkeit, überall hört man den Schlag der Spaten, Haken und „cradles", überall sieht man müde, schweißtriefende Gestalten, man stolpert über aufgeworfene Erdhaufen und Goldgräberhöhlen, und die ganze Gegend gleicht einem Schlachtfelde. Den Tag nach meiner Ankunft hatte man Goldadern bei einem Hause in der Stadt selbst gefunden, und das Graben schon begonnen. Zwei Tage darauf wollte man zwei Quadratfuß nicht für 6,000 Thaler verkaufen. Man fing an mit einem kleinen Loch in der Erde, und als ich vier Tage darauf, von einem kleinen Ausflug nach Colonna, den ich sogleich schildern will, zurückkam, war die ganze Stadt unterminirt wie mit Laufgräben zu einer Festung; die Diligence mußte einen Umweg hinter der Stadt machen, und man war schon im Begriff, mehrere Häuser weiterhin nach den Außenseiten zu versetzen.

Ich besuchte während meines hiesigen Aufenthalts drei Schweden, die mit großem Erfolg das Bäckerhandwerk trieben, und mit ihrem Aufenthalt in Californien sehr zufrieden waren. Sie hatten auch Ursache dazu. Erst hatten sie in San Francisco gedient und sich dann mit Goldgräberei an mehreren Stellen beschäftigt; sie zeigten mir einige große Goldklumpen von der feinsten Sorte, wovon der eine wohl einen Fuß lang, eine Hand breit, einen Finger dick und 3000 Thaler werth war. Diesen Klumpen hatte man auf einer Stelle gefunden, wo bereits, aber nicht tief genug, gegraben worden war. Sie hatten dessenungeachtet das unsichere Graben aufgegeben, und jetzt ihre Arbeitskraft auf ein Handwerk verwendet, das ihnen täglich mehr als 100 Thaler reinen Gewinn einbrachte.

Es war höchst bezeichnend, sie Vergleichungen zwischen ihrer jetzigen und ehemaligen Lage anstellen zu hören. In der Heimat arme Handwerksburschen mit einem Arbeitslohn, der kaum für die ersten nothwen-

digen Bedürfniſſe zureichte, tyranniſirt vom Meiſter und ohne andere Aus=
ſicht für die Zukunft als auf eine, wenn nicht verachtete, doch wenig
geachtete bürgerliche Stellung mit nagenden Nahrungsſorgen und eine
Menge faſt eben ſo nagender, ihrer Meinung nach, unnützer Steuern —
und hier, frei und unabhängig, Niemand, der ſich erdreiſtete ſie zu über=
wachen, kein Meiſter, der faullenzte, während die Früchte ihres Schwei=
ßes und ihrer Mühe ihn bereicherten, keine anmaßenden jungen Herren,
keine prahlenden Uniformen, mit Einem Wort: keine Bevorrechtete. Ver=
gebens bot ich alle Gegengründe auf, um den Vorzug des Vaterlandes
geltend zu machen. Die Erinnerung an das, was ſie gelitten hatten,
ſtand zu lebendig vor ihnen, und ich mußte einräumen, daß ſie auf ihrer
Seite Grund hatten, mit ihrem Tauſch zufrieden zu ſein. Wiewohl das
Fortkommen hier mehr auf Glück beruht als auf Arbeitſamkeit, Fleiß
und Redlichkeit, konnte ich die Augen nicht vor der Achtung verſchließen,
in der die Arbeit hier ſteht, konnte ich nicht umhin, anzuerkennen, was das
Gefühl der Freiheit im Denken und Handeln auszurichten vermag, wenn
es von billigen, gerechten Geſetzen beherrſcht wird, und ſich ſeiner eigenen
ſowohl wie der Rechte Anderer bewußt iſt. Wenn ich dagegen an die
Lage des Arbeiters bei uns dachte, wie jämmerlich ſeine Arbeit belohnt,
wie wenig ſeine Mühe und Entbehrung gewürdigt, ja wie wenig ſelbſt
ſein Menſchenwerth von den glücklicher Geſtellten geſchätzt wird, wie
wenig wahr ſeine Freuden ſind, wie wenig unabhängig und hoff=
nungslos ſeine Zukunft vor ihm liegt, — ſo konnte ich nicht umhin,
in die Loſung einzuſtimmen, der ich hier überall begegnete: „Haltet die
Arbeiter in Ehren! Gebt dem Arbeiter ſeinen Brudertheil vor Gott und
und Menſchen, legt ſeinem Fortkommen keine Hinderniſſe in den Weg,
ſondern ſucht ihm den Gebrauch der Kräfte, welche Gott ihm ſchenkte,
zu erleichtern.“

Und doch, wenn ich ihnen ihre Kindheitserinnerungen zurückrief,
von ihren Gefühlen für Verwandte und Freunde ſprach, ſo hörte ich ſie
alsbald ausrufen: „Wär ich dort, wär ich doch dort!“

In Colonna beluſtigte es mich, ſo viel wie möglich überall ſelbſt
hineinzugucken, um eine klare Vorſtellung von dem Leben, das ſich hier
bewegte, zu erhalten. So ging ich eines Abends in ein Spielhaus. Es
hatte zur Vorſteherin „den Stern von Texas“, eine Amazone, die

drei Jahre als Soldat in dem texanischen Kriege gedient hatte, und nun auf ihren Lorbern ausruhte, die sie durch ihre Liebenswürdigkeit möglichst zu vergolden suchte. Chinesen und Neger, Amerikaner, Europäer und Indianer stellten hier ein Bild dar, dessen bunten Wirrwarr keine Feder schildert. Es war unterhaltend und lehrreich, den verschiedenen Ausdruck in ihren Gesichtern zu verfolgen, je nachdem diese von dem Wechsel des Spiels angespannt, von den Tönen der Musik bewegt, oder von dem wogenden Rythmus des Tanzes verzückt wurden. Selten im Leben sieht man so viele Gemüthsbewegungen, so viele Leiden in Einem Raume, so viele erzwungene Munterkeit, so viel Thierisches sich offenbaren; aber nachdem man eine Zeitlang dieses Schauspiel betrachtet hat, stürzt man zuletzt hinaus, überwältigt von Entsetzen und Ekel.

Die verzehrende Hitze, welche über ganz Californien vom Anfang des Julius herrscht, hatte Alles dermaßen verbrannt, daß das Land ganz verödet aussah, daß man nur an Bächen, Hohlwegen und großen Strömen üppige Blumen und Gebüsche antraf. Aber während und gleich nach der Regenzeit ist dieses Land das schönste, das man sehen kann; dann glänzt die Flur in den schönsten Farben, dann duftet die Luft von den lieblichsten Wohlgerüchen. Hier giebt es Nadelbäume von ungeheuren Dimensionen, zu Zimmerholz geeignet, Arzneigewächse von den wohlthuendsten Wirkungen, Gemüse in Ueberfluß, und von Anfang April bis Junius ist Californien so blühend, daß wenige Länder sich damit vergleichen lassen.

Die Fauna ist eben so reich wie die Flora. Die Wälder sind voll Schaaren grauer Bären, Tigerkatzen, sogenannten amerikanischen Löwen, Luchsen und Cioten (Cajoten ausgesprochen), die alle die Sicherheit der Einwohner bedrohen, nebst großen Heerden von Elennthieren und Rehen. Ratten schleichen sich millionenweise überall ein. Marder, Wiesel und Biber geben gutes Pelzwerk, Hasen nebst zwei Arten Eichhörnchen, wovon die eine große Gänge in der Erde gräbt, vortreffliche Nahrungsmittel. Der widerliche Geruch von Stinkthieren oder Stinkratten läßt sich aus der Entfernung von über eine Stunde spüren. Schildkröten sind nicht selten in den Flüssen, die außerdem von Lachsen und andern wohlschmeckenden Fischarten wimmeln; Frösche und Kröten sind zahlreich, unter andern die gefährliche Hornkröte, ebenso Ottern und Schlangen, namentlich Klapper=

schlangen, die nicht selten in Kästen oder anderes Hausgeräth kriechen, und sich aus den wollenen Stoffen der Goldgräber ein Lager machen. Scharen von Vögeln zwitschern in den Eichbäumen, und Tauben und Feldhühner geben reichliches Jagdwild ab. Schimmernde Schmetterlinge wetteifern mit Blumen an Farbenpracht. Perlenmuscheln finden sich in allen Bächen und werden mit Begierde gegessen wie Austern.

In einer solchen Natur fand ich ein schwedisches Ehepaar, Herrn Arnberg und seine liebenswürdige Frau, welche vor einigen Wochen die Goldlager bei Auburn verlassen, und nun hier ihre Wohnung aufgeschlagen hatten, die, im Vergleich mit denen anderer Goldgräber, glänzend war. Sie bestand aus einem in zwei Räume abgetheilten Zelte, wovon der vordere als Erholungsort für die umherwohnenden Goldgräber diente, und der innere jene einfache Schönheit besaß, welche nur ein edles weibliches Wesen um sich zu verbreiten vermag. Die Küche befand sich in einem andern Zelt, und zwar der Kühlung wegen einige Ellen tief in der Erde. Ein drittes Zelt diente dazu, Gäste und kranke Kameraden aufzunehmen, die hier die liebreichste Pflege fanden.

Das Flußufer entlang war eine Zeltreihe aufgeschlagen, welche von meinen übrigen Landsleuten, als den Mitinteressenten der hier bestehenden Baltimoregesellschaft bewohnt wurde. Diese Zelte waren nicht eben geräumig, sie enthielten weder Prachtmöbel noch große Vorräthe an Lebensmitteln oder Luxusartikeln, sondern nur eine Bettstelle von vier Pfählen und einigen Brettern mit einer Filzdecke, eine Reisetasche, Kochtöpfe und Zinnteller. Und doch wohnte Zufriedenheit unter diesen Dächern; hier ruhten sie fröhlich nach des Tages Arbeit und Hitze, und berechneten voll Hoffnung, wenn der Tag grauen werde, der sie nach der Heimat bringen sollte.

Wann der Abend seine Schatten über die Gegend verbreitete, wann die Arbeit beendet war, und Jeder seine einfache Mahlzeit genossen hatte, versammelten wir uns Alle in Arnberg's Zelt und plauderten von dem lieben Vaterlande. Diese Abende waren wahre Feste. Man muß Landsleute an einer fernen Küste angetroffen haben, um recht zu empfinden, mit welcher Bewegung man von dem armen, in so vielen Hinsichten kärglich ausgestatteten und doch so lieben Vaterlande spricht. In solchen Stunden fühlt man doch wieder, daß weder Gold noch unbegrenzte Freiheit die Freuden der Heimat ersetzen können.

Jeden Vormittag brachte ich damit zu, auf allen Höhen umherzu-
streifen, meine Botanisirbüchsen mit Blumen zu füllen, und mit Hasen
und Eichhörnchen um die Wette zu springen; gegen Mittag kehrte ich
zum Thale zurück, wo mir die Mahlzeit doppelt so gut in einer solchen
Gesellschaft schmeckte, wie sie mich hier erwartete. Dann ging ich hinaus zu den Goldgräbern, deren Arbeiten ich mit meiner ganzen Aufmerksamkeit folgte. Ich wusch sogar selbst etwas Gold, doch nicht soviel,
daß ich einen anständigen Tagelohn verdiente. Meine Augen erfreuten
sich doch beim Anblick des Goldes in der Pfanne.

Die Aufschlüsse, welche ich nun geben will, kann man für vollkommen zuverlässig halten, selbst wenn sie bisweilen übertrieben erscheinen
sollten. Was ich von dem hier Mitzutheilenden nicht mit meinen eigenen
Augen gesehen habe, ist mir doch von Gewährsleuten erzählt, von deren
Glaubwürdigkeit ich völlig überzeugt bin. Ich muß jedoch hinzufügen,
daß, da keiner von meinen hiesigen Landsleuten weder ungewöhnlich vom
Schicksal begünstigt noch von irgend einem eigenthümlich vernichtenden
Misgeschicke heimgesucht ist, sondern alle guten Muths waren, Californien und dessen Goldbezirk weder durch ein Zauberprisma angesehen ist,
das immer mit rosenrothen Farben malt, noch durch die Brille der
Verzweiflung, welche Alles in Nacht und Dunkel hüllt.

Ueber den Ursprung des Goldes herrschen verschiedene Ansichten. Die
wahrscheinlichste scheint die zu sein, daß es tropfenweis aus dem innersten
Kern der Erde hervordringt, in deren Tiefe es sich als das gediegenste
Erz befindet und später in den Bergmassen abgesetzt wird, welche durch
die vulkanischen Umwälzungen ausgeworfen werden. Von ihnen ist es
im Lauf der Jahrtausende durch das Alles lösende Wasser abgenagt
worden, ist den starken Bergströmen gefolgt, und während deren Vor-
wärtsschreiten zu Boden gesunken. Verhalte sich dies nun wie es will,
so viel ist gewiß, daß ganz Californien, mit Ausnahme der Küstenstrecke
und der großen unübersehbaren Ebenen, goldhaltig ist, und da man nun
Gold gefunden hat in dem südlichen oder alten Californien, in Mexico,
auf der Panamalandenge und in Guyana, der alten Gruben von Co-
lumbien, Peru und Chile nicht zu gedenken, so ist anzunehmen,
daß die ganze Andeskette voll von diesem Erze ist, nicht allein in Gestalt von Goldadern, sondern auch vermischt in der Erde wie lose Klumpen.

Man muß sich indeß keineswegs vorstellen, daß das Gold auf dem Felde liegt, als ob es vom Himmel niedergeregnet sei. Der Goldgräber muß oft die Erde in Strecken von ganzen Meilen untersuchen, Löcher durch die harten Stein- und Sandlager graben, will er zuletzt nicht seine Arbeit verloren, seine Hoffnungen vernichtet, seine Erfahrungen geäfft sehen. Ueberall, wo die Flüsse durchgeströmt sind, hat man Hoffnung, wenigstens etwas zu finden, und da es augenscheinlich ist, daß das Land vielfache Naturrevolutionen und durch diese Erhöhungen und Senkungen erlitten hat, so findet man es nicht allein in den gegenwärtigen Betten der Ströme, sondern fast überall, wo ehemals ein Wassergang gewesen ist. Man hat deswegen Grund, Gold nicht allein in den Sandhügeln und auf den Ebenen — den Ablagerungen des Wassers — sondern auch auf den Kuppen hoher Berge zu suchen, und das Hauptkennzeichen eines goldhaltigen Erdstriches ist, daß er Schichten von Grauwacke oder Quarz besitzt, die der reißende Strom wie Kieselsteine rundgeschliffen hat. Selbst auf bedeutenden Höhen ist es ziemlich gewöhnlich, daß man nach Wegräumung des obersten Sandlagers, auf einen festen Steingrund stößt, der theils voller zahlreichen Riesenhöhlen, theils von solchen runden Steinen angefüllt ist. Daraus kann man schließen, daß der Fluß hier sehr reißend war, und man kann alsdann unbedingt darauf bauen, Gold in den Vertiefungen zu finden, wo das Wasser einen Wirbel gebildet und einen weniger starken Lauf angenommen hat; das Gold ist durch seine große Schwere niedergesunken und liegen geblieben, selbst nachdem das Flußbette sich mehrere tausend Fuß über seine vorige Lage erhoben hat.

Das Gold kommt bald als feine, blättrige Glimmerkörner, vermischt mit Sand, oder eingeschlossen in kürzeren oder längeren Adern, und erfordert dann blos eine sorgsame Wäsche, bald in größeren oder kleineren Klumpen, vom Gewicht Eines bis zu mehreren tausend Dollars vor, und befindet sich dann gewöhnlich tief in Sand- oder Steinlagern, oder man sieht es auch als Adern oder Eicheln in Felsenspalten sitzen, in welchem Fall es mit dem bloßen Messer abgeschabt werden kann, nachdem man den Fels gesprengt hat; endlich findet es sich auch beinahe unsichtbar mit Quarz vermischt, und man löst es dann nur durch ein weitläufigeres Verfahren.

Das Gold wird auf vier verschiedene Arten gewonnen, welche ich
nun näher beschreiben werde, indem ich mich der hier gebräuchlichen Kunst-
sprache bediene, um keinen Irrthum zu begehen. Die am meisten lohnende
Art ist Flußgraben, river-digging, wodurch das Gold vom Grunde des
Stroms aufgenommen wird. Mit einem solchen river-digging war
gerade die Baltimoregesellschaft beschäftigt, und ich hatte so die beste Gelegenheit das Verfahren dabei zu erforschen.

Der Strom, der während des Frühjahrswassers außerordentlich hoch
stieg und das Thal überschwemmte, sodaß man genöthigt war, Häuser
und Zelte abzubrechen und sie auf die Anhöhen zu bringen, mußte, um die
Bearbeitung möglich zu machen, aus seinem Bette geleitet werden. Vom
Januar bis jetzt war die Gesellschaft beschäftigt gewesen, ungeheure Dämme
oberhalb der Strecke, welche jetzt aufgenommen werden sollte, zu erbauen,
und man hatte eine große Arbeitskraft angewendet, einen Hügel an der
Seite des Flusses zu durchstechen, um das Wasser durch einen Kanal abzuleiten. Sieben Monate waren somit blos mit vorbereitenden Arbeiten
verstrichen. Aber nun war auch der Kanal fertig, und sechs Fuß tief
mit steinernen Wänden versehen, und zeigte durch seine ganze Anlage und
die ausgezeichnete Ausführung, daß Nichts gespart war, die Arbeit stark
und dauerhaft zu machen.

Es ist keineswegs ungewöhnlich bei solchen river-diggings Kanäle
von 1800 Ellen Länge anzulegen, und wenn man sie sieht, stellt man
sich nicht vor, wie viele Arbeitskräfte und Kapitale hier niedergelegt sind,
um oft nicht die geringste Ausbeute zu gewähren. Selbst wenn die stei-
gende Fluth, was nur zu oft geschieht, nicht in einigen Stunden alle diese
Dämme vernichtet und die Kanäle überschwemmt, ist es keineswegs eine
Seltenheit, daß ein Fluß, aus dem man mit großen Anstrengungen und
Kosten das Wasser abgeleitet hat, sich nicht im geringsten auf seinem entblößten Boden goldhaltig zeigt, nicht ein einziges Goldkorn zum Ersatz
so vieler Monate Arbeit giebt. Während meines hiesigen Aufenthaltes
ereignete es sich, daß ein bedeutender Schaden an einem oberhalb liegenden, einer anderen Gesellschaft gehörenden Damme verursacht wurde, und
ich sah die Goldgräber bis unter die Arme im Wasser waten, um mit
ungeheurer Anstrengung den Schaden auszubessern.

Jetzt war der Fluß, mit Ausnahme des Wassers, welches noch in den Vertiefungen stand, und zu dessen Wegschaffung man eine Pumpe anwenden wollte, welche der Gesellschaft 600 Piaster kostete, abgeleitet.

Nun beginnt die Goldgräberei. Mehrere tiefe Löcher ein paar Ellen weit werden gegraben, und der Sand und die kleinen Steine, genannt „dirt", den man herausholt, in eine Einrichtung, das sogenannte „tom-long" geworfen. Dies ist eine Wasserrinne von Brettern, eine Elle breit und ziemlich schräg. Das niedrigste Ende ist etwas breiter, und hier liegt auf dem Grunde eine Eisenblechplatte, die einem Siebe mit dichten drei bis vier Linien breiten Löchern gleicht; dieser ganze niedrigste Theil mit der durchlöcherten Platte ruht auf einem größeren Trog, der durch zwei Querhölzer getheilt ist und etwas weiter hinausgeht als das darüber ruhende Bretterende. In das oberste Ende dieses tom-long hat man aus dem oberhalbliegenden Wasserbecken einen Wasserschlauch von Leinwand mit einer fünf Zoll weiten Oeffnung hineingeleitet. Der dirt wird nun von Denen, die den Flußgrund aufgraben, in das oberste Ende des tom-long geworfen, das Wasser strömt aus dem Schlauch, spült den dirt ab und führt ihn auf die Löcherplatte nieder; der Sand und alle die feineren Theilchen fallen durch die Löcher in den unten befindlichen Trog, während zwei Männer, dort postirt, ununterbrochen damit beschäftigt sind, die Steine fortzutragen. Das beständig niederströmende Wasser führt aus dem darunterliegenden Trog allen den feineren Sand weg, wodurch dann allmälig vor dem tom-long eine Sandbank gebildet wird, und der Sicherheit wegen erleidet der dirt noch einmal das Reinigungsverfahren des tom-long. Dieses Waschen wird fortgesetzt, bis man alle Sand- und Steinlager durchbrochen hat, ja selbst ein Stück des Felsengrundes, unter welchem das Gold sich niemals findet, auf welchem es aber oft unmittelbar oben aufliegt.

Oft ist der Grund so hart, daß man ihn nicht mit dem Spaten zu durchdringen vermag; man wendet dann den Hammer an, um durchzubrechen, und wo sich große Steine finden, müssen Mehrere ihre Anstrengungen vereinigen. Dieses Aufnehmen des dirt ist somit keine leichte Arbeit, zumal bei einer alles versengenden Sonnenhitze, bei welcher man bis an die Kniee im Wasser steht. Ist der dirt sehr mit Lehm gemischt, so wird natürlich ein stärkerer Wasserstrom erfordert, um den Lehm von

den Steinen zu reinigen. Man verlängert dann den tom-long, indem
man mehrere ähnliche Rinnen oder Schleusen ineinander fügt. Wenn
nun der Abend kommt, ergreift ein Jeder sein „pan“, ein Blech-
becken, eine Elle weit und 1½ Viertelelle tief, füllt es mit dem dirt,
der durch die Löcherplatte gegangen und nun im Troge ist, setzt sich dann
am Flußufer nieder und wäscht ihn in einer ununterbrochen kreisförmigen
Bewegung unter der Wasserfläche, bis aller Schmutz weggespült ist und
dann auf dem Boden sich nur eine Lage von schwarzem Eisensand befindet. Nun wäscht man vorsichtig diesen Eisensand ab, und das Ganze
wird in ein kleines Blechgefäß gelegt, um zu trocknen, worauf der Sand
entweder abgeblasen, oder durch einen Magnet, oder durch Quecksilber abgezogen wird, und so hat man dann endlich des Tages goldene Ernte
erworben.

Während der Eine oder der Andere der Gesellschaft mit dem hier beschriebenen Reinigungsverfahren beschäftigt ist, ruhen die Andern ein
wenig aus. Sie sitzen oder liegen um diesen Gefährten, die Augen starr
auf das tief im „pan“, liegende Gold gerichtet, während das Muskelspiel
im Gesicht deutlicher als das Wort das Ergebniß zu erkennen giebt. Ist
die Arbeit geglückt, so sieht man auf den harten Zügen gleichsam einen
Wiederschein des Goldglanzes, während der Schatz geprüft und bewundert von Hand zu Hand geht. Aber ach, sieht man im „pan“ nichts
Anderes als schwarzen Eisensand, war die strenge Arbeit vergeblich, hat
man umsonst der Hitze und Nässe getrotzt, so hört man keinen lustigen
Einfall, so wiederhallt kein fröhliches Gelächter, es müßte denn ein Hohngelächter wegen getäuschter Hoffnungen, ein Fluch auf den Golddurst sein,
vielleicht begleitet von einem Seufzer nach der Heimat, von einer Sehnsucht nach Frieden und Ruhe. — Giebt es etwas zu theilen, so geschieht
es entweder jeden Abend oder am Schluß der Woche.

Ein anderes Verfahren ist das sogenannte dry-digging (Trocken-
graben). Nach ihm gräbt man das Gold in Sandbänken, Hügeln, am
Rande tiefer Höhlen, auf Ebenen oder Bergen. Der Gräber begiebt sich
mit seinem Spaten, der etwas rundlich wie eine Schaufel ist, mit seinem
Hammer und „pan“, hinaus, um, wie es heißt, zu „prospecta“ oder
auf Untersuchung zu gehen. Er wählt sich eine passende Stelle aus, wobei weder Erfahrung noch theoretische Anleitung besonders nützt, gräbt

sich in die Erde ein, haut sich durch 40 ja 100 Fuß tiefe Sand- und Kieslager bis er auf das Gestein kommt, wo er seinen „pan" mit dem „dirt" füllt, der obenauf liegt, und welcher dann auf die vorherbeschriebene Weise gewaschen wird, um nachzusehen, ob die Arbeit hier sich lohne. Lohnt sie sich nicht, so wandert er weiter.

Nichts ist im Allgemeinen unglücklicher als dieses Wanderleben. Oft verzweifelt der Gräber, bevor er sich bis auf den Felsengrund hineingearbeitet hat, verläßt die Stelle und geht weiter; ein Anderer kommt nach ihm, benutzt des Vorgängers Arbeit, gräbt etwas tiefer und findet Gold, viel Gold. Verbreitet sich das Gerücht, daß Der oder Jener große Geschäfte macht, wie man sich ausdrückt, so sieht man die Goldgräber rasch von den angrenzenden Orten aufbrechen, aber binnen einigen Stunden ist die erwartete Goldgrube wieder als unbrauchbar verlassen. Bei diesen beständigen Wanderungen, diesem rastlosen Jagen nach besseren und reicheren Plätzen, geht die kostbare Zeit verloren; die hohen Transportpreise verzehren den vorigen Verdienst, Krankheiten erzeugen sich durch Anstrengung und unregelmäßige Lebensweise, abgesehen davon, daß mancher Gräber bei diesem Umherschweifen sich verirrt hat und elend umgekommen ist.

Ist der Gräber inzwischen zu einer Stelle gekommen, wo er Aussicht hat, einige Zeit bleiben zu können, so mißt er sich einen zwölf Fuß breiten Platz ab, und schlägt Stäbe in die Erde, woran er eine Anzeige befestigt, daß er „claim" von der Stelle, das heißt, Besitz davon genommen habe. Bearbeitet er jedoch seinen „claim" nicht jeden dritten Tag, so hat der Erste Beste Recht, ihm den Besitz streitig zu machen. Er bringt sein Bischen fahrende Habe hierher, errichtet sich eine Hütte aus runden Bauhölzern, oder ein Zelt, oder häuft blos einige Zweige unter einer laubigen Eiche zusammen, schlägt einige Pfähle zur Bettstelle in die Erde, macht eine Vertiefung im Felde zur Feuerstelle, und ist nun „zu Hause". Ist der Ort lohnend, so währt es nicht lange, bis sich Mehrere einfinden; sie vereinigen sich zu einer Gesellschaft, die „claim" von größeren Strecken ergreift, welche sie zusammen in shares (Parte) vertheilen, von denen einige im günstigen Falle zu außerordentlich hohen Preisen, oft mit mehreren tausend Thalern, entweder zu gemeinschaftlichem Besten oder für Rechnung des einzelnen Antheilsbesitzers verkauft werden. Die Gesellschaft wählt sich einen Präsidenten oder Capitän,

Andersson.   12

Sekretär und Schatzmeister, giebt sich eine Verfassung als Körperschaft, mit völliger Befähigung sich Gesetze zu geben und sie aufrechtzu-
erhalten.   Bald bilden sich zu gleicher Zeit mehrere Gesellschaften; es
entsteht in Kurzem eine Stadt, und Handel und Volksbewegung blühen
auf wie Gras im Frühling, nicht selten Laster, Unordnung, Sittenverfall,
Elend und Untergang im Schlepptau mit sich führend.

Die Bearbeitung der dry-diggings geschieht im Ganzen genommen ebenso wie die zuvor beschriebenen Flußgrabungen, nur macht der
Wassermangel hier einige besondere Maßregeln nothwendig. Ist der Erdboden von der Beschaffenheit, daß ein „tom-long" nöthig ist, um den
Lehm abzuwaschen, so muß man auf den Sandebenen und Hügeln Wasser
dazu von Gesellschaften kaufen, die auf Speculation ungeheure Wasserleitungen durch alle die Bezirke angelegt haben, wo die Goldgräbereien
im Gange sind.   Um Colonna finden sich mehrere solche, die eine Ausdehnung von 15 bis 25 englische Meilen haben, und über hohe
Berge und durch tiefe Thäler, gestützt von ungeheuren Mastbäumen, hinlaufen.   Wenn man sich erinnert, daß jede Planke 3 bis 4 Thaler kostet, und
daß der Taglohn für einen Arbeitsmann bis 10 Thaler steigt, so läßt sich leicht
ermessen welche ungeheure Kapitale zur Anlegung solcher Wasserleitungen
erforderlich sind. Und doch durchschneiden sie die ganze Gegend, und man
kann nicht funfzig Schritte auf den Wegen thun, ohne über eine Wasserleitung zu fahren.   Von diesen kauft man Wasser für die tom-longs;
man bezahlt bis gegen 30 Thaler für das Wasser, das auf eine Tages-
wäsche darauf geht, und das von einer einzigen Schleuse kommt.   Ist
die Wasserleitung aus mehreren Schleusen zusammengesetzt, so ist die
Ausgabe verhältnißmäßig größer, aber Der, welcher Nachts bei der La-
terne arbeitet, erlegt blos die halbe Summe.   Ehe solche Wasserleitungen
gebaut waren, sah man oft die Goldgräber Eimer voller „ dirt" lange
Strecken Weges tragen, ja es war nicht ungewöhnlich den dirt auf Mauleseln nach entfernten Flüssen zum Waschen führen zu lassen.   Man begreift, wie langsam die Arbeit auf diese Weise gehen, und wie lohnend
sie sein mußte, um doch mit Vortheil betrieben werden zu können.

Doch nicht bei allen „dry-diggings" ist man genöthigt den
tom-long anzuwenden und große Summen für das Wasser auszugeben.
Wo das Erdreich von Lehm frei ist und das Graben in der Nähe eines

Flusses stattfindet, bedient man sich nur einer sogenannten „cradle", einer Wiege von 1½ Ellen Länge, bestehend aus zwei Absätzen übereinander in rechtwinkliger Form. getrennt durch einen Zwischenboden von Leinwand, von welchen der oberste einen Boden von Eisenblech hat, durchbohrt von zahlreichen kleinen Löchern wie der unterste Theil des tom-long, der unterste dagegen ist in zwei Räume abgetheilt. Diese „cradle" ruht auf zwei transversalen Wiegenfüßen, die sich in zwei ausgehöhlten Querhölzern bewegen, sodaß sie mit Leichtigkeit in eine wiegende Bewegung gesetzt werden. Da fast niemals ein digging von einem einzigen Gräber bearbeitet wird, sondern in der Regel von zweien, die sich vereinigen, so trägt der Eine dirt in Schöpfkellen aus dem Loche zum Fluß, während der Andre bei der cradle sitzt; der dirt wird in den obersten Absatz geschüttet, der Wäscher greift mit der linken Hand in einen Griff, der an der Kante des cradle angebracht ist, und wiegt ihn hin und her, während er in der rechten eine Schöpfkelle hält, womit er Wasser aus dem Fluß schöpft und es in die Wiege gießt, sodaß der dirt unaufhörlich überspült wird, der Sand fällt in den untersten Absatz, und das Gold bleibt auf dem Leinwandszwischenboden, während die Steine auf der Löcherplatte liegen bleiben, von wo sie, nachdem man den obersten losen Absatz aufgehoben hat, herausgeworfen werden. Der niedergefallene dirt wird dann in dem „pan" auf die vorherbeschriebene Art gewaschen, und endlich das Gold von dem ihn begleitenden schwarzen Eisensand gereinigt.

„Cioting-digging unterscheidet sich nur dadurch von dem eben Beschriebenen, daß man sich bei diesem Verfahren wagerecht in die Sandhügel eingräbt und den goldhaltigen dirt losbricht. Ihren Namen haben diese Grabungen von einer Thierart, Cioten, erhalten, die auf diese Weise Gänge und Höhlen in die Erde graben, um sich darin zu verbergen. Diese oft sehr tiefen Grabungen sind dem Menschenleben durch häufige Erdstürze gefährlich; in letzterer Zeit wendet man deshalb die kostspielige Vorsicht an, das Dach mit Stützen zu unterbauen, wodurch der Erdsturz verhindert wird. Diese Grabungen sind am häufigsten lohnend, aber äußerst beschwerlich, und deshalb nicht so allgemein wie die ersten.

Die Quarzminen endlich werden für die besten gehalten; denn da sie ziemlich reichhaltig sind, das heißt, 2 bis 5 Cents Gold von jedem Pfund Stein enthalten, so machen sie einen längeren Aufenthalt an der-

selben Stelle möglich, wodurch man die Vortheile eines mehr geordneteren
Lebens genießt. Der Quarz und das Gold sind ohne Zweifel gleichzeitig,
denn man findet letzteres fast immer im Verein mit dem ersteren. Quarzminen giebt es am häufigsten in Südcalifornien, und man fängt mehr
und mehr an, zusammengesetzte Pochwerke anzuwenden, um den Quarz zu
zerstampfen. Wiewohl eine solche Maschine hier 12 bis 1800 Thaler
kostet, wird angenommen, daß die Arbeit in den Quarzminen binnen vier
Monaten diese Auslage ersetzt. Die einfachere Behandlungsweise besteht
darin, daß man mit Hammer und Eisenstangen die Quarzstücke losbricht,
sie durch starkes Feuer ausbrennt, wodurch sie in kleinere Theile zersplit-
tern, worauf sie dann ganz fein zermalmt werden; man zieht das Gold
durch Hilfe von Quecksilber heraus, das später durch Lederbeutel ausge-
preßt wird. Das Verfahren sowohl hierbei, sowie bei den anderen Arten
des Goldgrabens ist, wie sich denken läßt, noch höchst mangelhaft, und
die Zukunft wird hierin gewiß viele Verbesserungen herbeiführen.

Ich bin nun in Kürze die mir bekannten Goldgrabungsmethoden
durchgegangen, und will zur Beantwortung einer andern Frage übergehen.

Giebt es denn wirklich soviel Gold in Californien? höre ich den
Leser fragen. Unlaugbar findet sich hier Gold, ja viel Gold, und doch ist es
meistens der vom Glück und Zufall Begünstigte, weniger der Fleißige
und Sparsame, der es findet. Ich erwähnte schon, daß ich Goldklumpen
von 6000 Dollars an Werth gesehen habe. Nach Anderer Berechnungen
habe ich angemerkt, daß man in einem „claim" 70 Unzen täglich in einem
Zeitraum von zehn Wochen gefunden hatte, was ungefähr eine Summe
von 35,000 Thalern ausmachte; daß man sogar Goldstücke
von 20,000 Thalern an Werth gefunden hat; daß ein junges
Frauenzimmer sechs Arbeiter miethete, denen sie 50 Thaler Tagelohn gab,
und doch selbst einen Ueberschuß von 100 Thalern täglich behielt; daß
man 15,000 Dollars innerhalb fünf Wochen in einem ganz gewöhnlichen claim aufgegraben hat, der schon vorher bearbeitet war; daß man
unter kleinen losen Gesteinen Goldstücke von 2200 Dollars an Werth
entdeckte, nebst mehreren ähnlichen Beispielen. Und doch giebt es Nichts,
das unsicherer ist als dieses Goldgraben. Zwei Personen z. B., welche
gleichzeitig hieher gekommen waren und ihr Glück in den Minen versuchen

wollten, bearbeiteten Jeder seinen „claim" zwischen welchen sich ein Streifen undurchsuchtes Land befand. Es entstand ein Streit, wem dieser gehörte, und da man nicht einig werden konnte, rief man einen unparteiischen
Dritten herbei, der von dem Streifen gleichviel Fuß auf jeder Seite für
die Streitenden abmaß, und dem selbst als Ersatz für seine Mühe ein
schmaler Strich in der Mitte zuerkannt wurde. Hier grub er binnen
acht Tagen 12,000 Thaler auf, während die Arbeiten auf beiden Seiten
aufgegeben werden mußten, weil man hier gar nichts fand. Ja ich habe
Personen, welche sich lange in Californien aufgehalten hatten, sagen hören,
daß sie trotz aller Mühen sich nicht den täglichen Lebensunterhalt hätten
verdienen können, sondern immer mehr in Schulden versunken wären; und
Leute, die in der Heimat für vermögend gehalten wurden, und mit Kapi-
talen hieher kamen: Aerzte, Richter, Priester, Kaufleute u. s. w. sahen
sich genöthigt, als Tagelöhner für Andere zu arbeiten, um sich gegen
wirkliche Noth zu schützen, und haben endlich damit geendigt, sich ein Grab
in dem goldreichen Lande zu graben.

Wenn man nun von den meistens mäßigen Einkünften die Ausgaben
abzieht, welche das tägliche Leben hier mit sich führt, so läßt sich leicht
ermessen, wie viel übrig bleibt. Das Werkzeug allein kostet große Summen, selbst jetzt, wo Alles billiger geworden und leichter zu bekommen ist.
Ein Spaten kostet z. B. 10 Thaler, ein tom-long 80 Thaler, ein
Hammer 6 Thaler, und alles Dieses muß man sich gleich bei der Ankunft
anschaffen, wo die Kapitale klein sind und die Noth groß ist. Ein Huhn
kostet 6 Thaler, und andere Eßwaaren verhältnißmäßig. Freilich lassen
sich die Ausgaben vermindern, wenn man ein guter Haushalter ist. Man
kann sich in ein Haus eindingen, wo man Wohnung und Kost für 9 bis
10 Dollars wöchentlich erhält, und die Kleidung ist im Allgemeinen nicht
theurer als bei uns. Zieht man es vor, seine eigene Wirthschaft zu halten, so kommt der Bäcker und Schlächter jeden Morgen vor die Zeltthüre
und liefert die nöthigen Lebensmittel zu einem verhältnißmäßig billigen
Preis.

Aber eine Menge Betrüger in allen Gestalten suchen den Neuange-
kommenen in ihr Garn zu ziehen. Nicht genug, daß es in den Städten
von Industrierittern wimmelt, die wie Raubthiere umhergehen, und suchen,
wen sie verschlingen können; selbst bei den Minen sind Falschheit und

Betrügereien im Schwunge. Gastwirthe verbreiten lügenhafte Gerüchte von dem Reichthum der Gegend, um damit Kunden an sich zu locken; und wenn sie sich einfinden, nachdem sie viel Geld für die Uebersiedelung ausgegeben haben, müssen sie unverrichteter Sache wieder abziehen. Ein anderer Kunstgriff ist einen „claims" zum Verkauf auszubieten, der als sehr reichhaltig beschrieben und für große Summen abgelassen wird, indem der Eigenthümer selbst die Goldklumpen umherstreut und den Andern zeigt, wie er sie herausnimmt.

Der Goldgräber hat übrigens keine andere Gesellschaft als die Leichtfertigkeit, keine anderen Freuden als die schmutzigsten. Es ist leicht ein Heiliger in der Sakristei, und gut unter den Guten zu sein, und von Mäßigkeit und Tugend unter lauter Tugendhaften zu sprechen. Aber wie Viele haben nicht mit den Wölfen geheult, hineingezogen in den Ringeltanz der Leidenschaft, all ihr Gold verschwendet, jenes Gold, das so leicht und glatt ist. Hier sind Leute von guter Erziehung und hochgebornen Ahnen, von welchen ich gehört habe, daß sie in einer einzigen Nacht 2 bis 3000 Thaler verloren und sich damit getröstet haben, „daß sich mehr Gold in der Erde finde", und die den nächsten Tag den Spaten wieder ergriffen, um sich ein neues Eintrittsgeld, in den nun für Gold offenen Tempel der Sünde und des Lasters zu verschaffen.

Aber wenn Krankheiten, die man sich in einem ungewohnten Klima, wo die Mühseligkeiten entsetzlich sind, so leicht zuzieht, und wo selbst das Wasser, das man trinkt, ungesund ist, nur auf eine kurze Zeit sich einfinden — wenn Kummer und Muthlosigkeit sich des Gemüthes bemächtigen und jede Hoffnungsstimme übertäuben — wenn man einen Charlatan von Arzt, der in der Regel ein ehemaliger Barbiergehilfe, oder wohl gar ein ausgelernter Schmiedebursche ist, wie einer von den Aerzten bei einem hiesigen großen Krankenhause, mit 5 bis 10 Dollars für jeden Krankenbesuch honoriren, wenn man die jämmerlichen, elenden Heilmittel in demselben Verhältnisse bezahlen muß, wenn ein Tag nach dem andern hingeht ohne den geringsten Verdienst, während das Vermögen mehr und mehr zusammenschmilzt, keine Anleihe unter 60 Procent zu machen ist, und wenn kein Freund ein Wort des Trostes an dem Krankenbette spricht, wenn keine mitleidige Hand den Angstschweiß der brennenden Stirn trocknet, keine Rettung von Elend und Untergang zu erblicken ist, ach, da

wird der Gedanke weit hinwegeilen aus dem Goldlande mit seinem Jam-
mer und schimmernden Gaukelbildern nach dem armen Vaterlande, das
freilich keine großen Schätze in sich schließt, aber wo man nicht so gren-
zenlos elend werden kann, wo mindestens Frieden und Ruhe waltet, und
wo man sein tägliches Brot im Kreise der Seinen ißt.

Die Zeitungen sind voll von glänzenden Neuigkeiten aus Californien — „2,000,000 gold dust from California“ — „Rich dis-
coveries“ u. s. w. Aber abgerechnet alle Betrügereien, die hiermit getrieben, alle die abscheulichen Lügen, welche von den dabei Betheiligten
ausgestreut werden, um Goldgräber anzulocken, wie viele dunkle Tage,
wie viele regnigte und kalte Wochen, getäuschte Hoffnungen, Entbehrungen aller Art, abzehrende Krankheiten, trostlose Sterbelager und einsame Gräber lauern nicht hinter diesen anmuthigen, goldnen Gemälden,
die wie phantastische Schilder vor diesem in Wahrheit glänzenden Elend
aufgehängt werden! Hier findet sich Gold, es ist wahr, Gold vielleicht
für viele Jahrhunderte und Millionen von Menschen, hier kann der Un-
ternehmungsgeist ein weitausgedehntes Feld offen vor sich erblicken; und
doch verlassen in diesem Augenblicke Hunderte von Menschen Californiens
Minen, um in Neuhollands Goldbezirken das Eldorado aufzusuchen, das
sie hier nicht gefunden haben.

Wenn man hier ankommt, ist es ohne Zweifel das Beste, was man
thun kann, entweder bei einem Handwerker Arbeit zu suchen, wenn man
vorher bei einem solchen in der Lehre gewesen ist, oder bei einem andern
Goldgräber Dienste zu nehmen, wenn sich Gelegenheit dazu darbieten
sollte. Unbekannt, wie man es in den meisten Fällen ist, sowohl mit den
hiesigen Lagen und Verhältnissen wie mit der Sprache, muß man allzu
theures, allzu fühlbares Lehrgeld bezahlen. Wie die Sachen jetzt standen,
hatte ein Mädchen gegen 116 Dollars monatlich, und Arnberg's Mit-
arbeiter — Diener ist ein Wort, das sich nicht in der Sprache und
in den Begriffen Californiens findet — hatte 100 Dollars monatlich nebst
Kost und Wohnung. Dieser hohe Tageslohn wird inzwischen nicht von
Dauer sein.

Einen Beweis davon, wie dies schwanken kann, giebt ein Unternehmen, welches zum Zweck hat, den ganzen Süd-Forkfluß abzuleiten, und
diesen auf einmal zur Bearbeitung geschickt zu machen, und das Wasser

über die darunterliegende jetzt dürre und unfruchtbare Ebene zu leiten.
Die Compagnie hatte sich schon constituirt und Arbeiter für etwas über
einen Dollar täglich zu verschaffen versucht, und es war aller Grund vor=
handen, daß es an Arbeitskräften nicht fehlen würde, so groß ist schon der
Zulauf von Fremden, welche kaum das tägliche Brot haben.

Ehe ich die Gruben verlasse, will ich noch ein Wort von dem dor=
tigen Rechtszustande sprechen, der nicht ohne anziehende Eigenthümlich=
keiten ist. Freilich giebt es kein Gesetz in dem alten juristischen Sinne,
d. h. geschriebene Anordnungen, deren Befolgung von einem zahlreichen
Richterstande und noch zahlreicheren Gerichtsdienern verbürgt wird. Man
zieht Gerechtigkeit ohne Gesetz dem Gesetz ohne Gerichtigkeit vor. Das
geht auf folgende Weise zu:

Aeußerst selten arbeitet der Goldgräber allein, wie ich schon bemerkt
habe. Gewöhnlich ist er Mitglied einer Gesellschaft, welche oft gegen 80
Personen zählt. Entsteht ein Zwist, wird ein Diebstahl, ein Verbrechen
begangen, von welcher Art es sei, so geschieht es wohl bisweilen, daß der
Beeinträchtigte die Bestrafung des Schuldigen selbst übernimmt und, ist
seine Sache klar und richtig, Niemand findet, daß er deswegen zu
tadeln ist. Als Belege mögen hier folgende stehen: Ein Frauenzimmer
reiste mit ihrer Tochter von Amerika über die Prairieen zu ihrem in
Californien wohnhaften Mann. Ein junger Modeherr aus Neuyork
machte die Bekanntschaft der Tochter und verleitet sie. Als er sie
nachher aber nicht ehelichen wollte, jagte die verzweifelte Mutter ihm eine
Kugel durch den Kopf, und Niemand hatte etwas gegen diesen entsetzlichen
Mord einzuwenden. — Ein reicher Mann in Mariposa stand in einem
unsittlichen Verhältniß zu der Frau eines Goldgräbers; deshalb ange=
klagt wurde er ins Gefängniß geworfen, da man aber befürchtete, seine
Reichthümer könnten auf die Richter einwirken, rissen die Goldgräber ihn
aus den Händen der Polizei und knüpften ihn am ersten besten Baume
auf. Gewöhnlich aber bildet sich in der Gesellschaft eine Jury, welche
freispricht oder verurtheilt, in welchem letztern Falle die Vollstreckung dem
Spruch unmittelbar folgt, und entweder in Abscherung der Augenbrauen
und des Haupthaars nebst Ausstoßung aus der Gesellschaft oder in Prügel
mit der Katze oder im Erhängen besteht. Der Spruch der Jury wird immer
befolgt, und eine Appellation giebt es ebenso wenig wie Geldbußen. Das

Rechtsverfahren ist also streng und bestimmt; Allen liegt an dessen Aufrechterhaltung, — Alle sind gleich vor diesem Gericht, und man wird nicht
viele Beweise anführen können, daß es blind gewesen sei. Deswegen
herrscht auch jetzt die größte Sicherheit in den Minen. Keine Thüre wird
anders zugeschlossen als mit einem Pflock oder mit einem Ende Strick,
und Diebstähle gehören zu den Seltenheiten. Vermißt man etwas, so
macht man es am nächsten Baum durch einen Anschlag bekannt, und in
kurzer Zeit erhält man meistens das Verlorene zurück.

Die Goldgräber gingen sonst immer mit Pistolen bewaffnet. Jetzt
sieht man diese Mordwaffen blos in Spielhäusern, und Niemand denkt
mehr an die Nothwendigkeit, durch ihre Hilfe Leben und Eigenthum zu
schützen. Ehemals war es gewöhnlich, seine Schätze unter Felsen, Büschen, Bauholz oder im Boden seines eigenen Zeltes zu vergraben. Bei
Krankheiten und Umzügen blieb viel Gold an geheimen Stellen versteckt,
und man glaubt, daß viele Millionen Dollars auf diese Weise in den
Schooß der Erde niedergelegt sind. Jetzt hat man dies nicht mehr nöthig.
Entweder trägt man sein Gold in Lederbeuteln bei sich, oder man verwahrt es in Kisten und Koffern, wiewohl man natürlich die Menge der
so verwahrten Schätze nicht Allen und Jedem angiebt.

Es ist klar, daß sich bei den Gruben ein Gemisch von Personen
aller Art findet, daß man allerlei Sprachen radebrechen hört, alle mögliche Trachten und Gesichtszüge sieht. Am zahlreichsten sind jedoch die
Amerikaner, und die englische Sprache ist die bei weitem vorherrschende. Dann
folgen der Anzahl nach die Chinesen, ein emsiges, mäßiges und sparsames
Volk, hier wie überall die beständige Zielscheibe für den rohen Uebermuth
der Andern, der beständige Gegenstand der Unterdrückung und Grausamkeit. Haben die Chinesen einen guten Strich gefunden, so werden
sie sofort von einer stärkeren Körperschaft mit Prügel daraus vertrieben, und sie danken Gott, wenn es nicht mit Pistolenschüssen geschieht.
Der Staat, welcher von andern Goldgräbern nicht mehr als drei Dollars
jährlich für das Arbeitsrecht fordert, nimmt dieselbe Summe monatlich
von den armen Chinesen, und führt als Grund dafür an, daß, wenn
man sie nicht höher als Andere besteuerte, das himmlische Reich die westlichen Küsten des stillen Meers bald überströmen würde. Man behauptete sogar, wenn ich nicht irre, daß in dem letzten Jahr 49,000 Chinesen

in Californien eingewandert seien. Sie leben fast blos von Reis, halten in Allem auf die größte Reinlichkeit und Ordnung, und es ist in Wahrheit eine Lust, sie in ihren Zelten zu besuchen und zu sehen, wie nett und gut sie dieselben eingerichtet, aufgeputzt und wohnlich gemacht haben. Man sieht sie in großen Schaaren das Land durchziehen, von Ort zu Ort verjagt, alle ihre Habe auf den Schultern tragend, und sich mit der größten Geduld in alle Widerwärtigkeit finden. Es kommt mir vor, als haben die Chinesen etwas Trübsinniges, Kindliches, als liege in ihrem Wesen etwas Leidendes. Obgleich man sie gewöhnlich der Verschlagenheit, der Erwerbsucht und Betrügerei beschuldigt, kann ich doch nicht umhin, mich beim Anblick eines Chinesen zu freuen, denn ich sehe in ihm, inmitten der allgemeinen Verwirrung und Leichtfertigkeit, das Bild der Arbeitsamkeit, der Mäßigkeit und Reinlichkeit.

Ein Goldgräber ist eine eigenthümliche Gestalt, und gleichfalls werth, beschrieben zu werden. Die Beine in langen Stiefeln steckend, besteht seine Tracht übrigens in einem Paar mehr oder minder durchsichtiger Beinkleider und einem meistens roth- oder blauwollenen Seemannshemde. Der Kopf mit den fliegenden ungebürsteten Locken, und der üppige Bart, der oft bis zur Brust hinunterreicht, wird von einem Hut bedeckt, der in den Nacken niederhängt; in dieser Rüstung, die sehnigen Arme und die breite behaarte Brust entblößt, mit der Gluth der Anstrengung auf den Wangen und dem Schweiß der Arbeit auf der Stirn, sieht man auf den ersten Blick in ihm nur den Sohn der Kraft und der zwanglosen Freiheit. Aber diese Lumpen bergen bisweilen den Millionär, den jetzigen oder vielleicht den künftigen. Man kann nie nach dem Aeußeren beurtheilen, ob man einen Pair von Frankreich — man zeigte mir in San Francisco einen solchen ci-devant auf dem Pflaster vor dem Jenny-Lindtheater sitzenden, der den Vorübergehenden für geringes Geld seinen Dienst als Schuhputzer anbot, während er wahrscheinlich auf dem Pont-Royal in Paris mit der tiefsten Verachtung auf seine jetzigen Standesgenossen niedersah — einen von Englands stolzen Lords, einen von Deutschlands ehemaligen Reichsgrafen, einen von Spaniens Granden, oder einen Prälaten, einen Großhändler, einen Fabrikbesitzer, einen Rechtsanwalt oder blos einen entlaufenen Seemann oder freigemachten Landesverwiesenen vor sich hat. Alle sind hier gleich. Hier gilt nicht das Sprichwort: „Kleider machen Leute." Nur das Gold, das Gold bildet den Unterschied, der doch nie besonders fühlbar ist. Der, welcher heute in Lumpen geht, und sich schwerer abmüht als der elendeste Tagelöhner, an dem man stolz vorüber geht, weil man mit einer solchen Person nichts zu schaffen haben mag, kann morgen sich einen Ruhetag gönnen, sich dann im Glanz des allbezwingenden Goldes zeigen, und kraft dieses Talismans über Alles, was Kunst und Raffinement zu schaffen vermögen, über das Verfeinertste, das Leckerste, was dem Gaumen schmeicheln kann, ja vielleicht obenein über die demüthigen Verbeugungen Dessen, der ihn gestern geringschätzte, verfügen.

Auch in einer andern Hinsicht ist der Goldgräber ein Wesen besonderer Art. Er ist oder muß Alles sein; in seiner Heimat gehörte er einem bestimmten Stande an, trieb ein gewisses Geschäft, den einen oder den anderen Nahrungszweig; aber hier wird er Alles. Er nimmt seinen Spaten, Hammer, „cradle" und arbeitet im Schweiß seines Angesichts, so lange ein Goldkorn seine goldnen Träume lebendig erhält. Aber erwacht er, ohne seine Träume verwirklicht zu sehen, so schlägt er ein Zelt auf, liefert seinen Genossen Essen und wird Schenkwirth, oder verdingt sich auf einer Pachtung, oder bei einem andern Gräber auf Taglohn, wird Gehilfe in einer Werkstätte, Aufwärter in einem Wirthshause, Matrose auf einem Schiffe, Lastträger im Hafen, Zimmermann bei irgend einem Baue, Hausknecht, Ausrufer — mit Einem Worte, er wird alles Mögliche, übernimmt jede Rolle in diesem großen Lustspiel, blos um das tägliche Brot zu erwerben und, wo möglich, noch etwas darüber, um der Venus, dem Bacchus oder der blinden Göttin des Spiels ein Opfer zu bringen. Ohne jede Minute wie ein Chamäleon sich verwandeln, verschiedene Gemüthsstimmungen nach den verschiedenen Lagen annehmen zu können, kommt man in Californien nicht fort, und deswegen wird man auch finden, daß Alles hier das Werk des Zufalls, ohne Kern, ohne innere Bedeutung ist.

Und nun zum Schluß einige Worte über die Art des Goldgräbers, hierherzureisen. Es giebt drei Wege: entweder um Cap Horn, über die Panamalandenge, oder durch das feste Land über die mexikanischen Hoch= ebenen, die Prairien und Berge. Alle drei Wege sind beschwerlich. Außer daß die Schifffahrt um das stürmische Cap Horn unendlich langwierig

ist, und daß man dabei alles Ungemach zu erdulden hat, das ein empör-
tes Meer und ein rauhes Klima mit sich führen, wie oft treten nicht auch
auf einer so langen Seereise Krankheiten, Mangel an dem Allernoth-
wendigsten und harte Ereignisse in jeder Hinsicht ein? Der Weg von
Neuyork nach Chagres, von da über die Landenge von Panama
und dann nach San Francisco ist freilich der bequemste, aber unendlich
kostspielig; die Fahrzeuge nehmen überdies eine so große Anzahl Reisender
ein, daß man viele Wochen lang sich nicht vom Platze rühren kann, selbst
wenn man glücklicherweise aus Mangel an Essen und Trinken nicht umkommen sollte. Einige Tage nachher, als wir Honolulu verlassen hatten, kam ein Schiff von Panama, überfüllt mit Reisenden, die, wie He-
ringe in einer Tonne, eingeschichtet waren. Krankheiten hatten überhand
genommen; eine Person hatte einer anderen aus Verzweiflung das Leben genommen, und war dann selbst an der Schiffsraa erhenkt worden; man
hatte zwölf Tage lang kein Brot gehabt, und das Wasser, das anfangs
mit 2 Thalern für die Flasche bezahlt wurde, war auch ausgegangen.
Dies ist nur eins von den unzähligen Beispielen, wie unredliche Schiffs-
führer ihre Fahrzeuge dermaßen überladen, daß Elend und Tod die un-
ausbleibliche Folge sein muß.

　　Aber am schrecklichsten ist die Reise zu Lande über den Mississippi.
Der Weg geht über Hochebenen und durch Sandwüsten, wo sich kein
Wassertropfen befindet, wo alles, was lebt, unter der brennenden Sonnenhitze verschmachtet. Die Thiere fallen nieder und kommen um, selbst die
Menschen sinken vor Ermattung und Durst leblos hin. Oft kommen die
Karawanen erst an, wenn der Schnee in den Bergketten, welche sich
zwischen den vereinigten Staaten und Californien ausdehnen, zu fallen
beginnt. Alle Versuche sich Bahn hindurch zu machen, sind vergeblich
gewesen. Ganze Schaaren sind spurlos in der Tiefe verschwunden. Andere haben sich gegenseitig angefallen, oder daran gemacht, ihre eigenen
Thiere zu verzehren, oder an ihren eigenen Kindern vergriffen, und, wann
endlich Hilfe eintraf, hatte die Verzweiflung und das tiefe Elend
die Menschen so verwildert und wahnwitzig gemacht, daß sie die ihnen ge-
reichten Lebensmittel nicht kosten wollten, sondern lieber ihrer Kameraden
halberstarrte Leichen verzehrten. Einst kam in Californien Nachricht an, daß eine große Schaar Auswanderer im Begriff sei jenseit der

Berge umzukommen. Man kaufte Lebensmittel für mehrere Millionen Dollars auf und schickte sie ihnen entgegen, konnte aber nur eine unbedeutende Anzahl retten. Die Jahrbücher der Menschheit enthalten nichts so Herzergreifendes wie die Berichte von den unerhörten Leiden, die hier durchgekämpft worden sind, alle die heiligsten Gefühle sind erstorben und Menschen in wilde Thiere verwandelt, welche, wenn sie nicht gegen Andere rasen konnten, ihre Raserei gegen sich selbst wendeten. Ich will den Leser nicht mit Beispielen dieser Art empören. Aber es ist ein Abschnitt aus der Geschichte der Menschheit, den der Physiolog nicht zu studiren versäumen darf. Er kann viel daraus lernen.

Californien, oder richtiger der Theil des Landes, welcher Obercalifornien genannt wird, und jetzt einen der vereinigten Freistaaten Nordamerika's ausmacht, ist ein Land von 4,000 Quadratmeilen mit dem größten Wechsel der Natur und des Erdbodens und mit dem verschiedensten Klima. Gegen Norden grenzt es an jenes Oregongebiet, das späterhin so viele Streitigkeiten mit England erregt hat, zu dessen Besitzungen man es hat rechnen wollen, im Westen ist es von Arkansas und den Flußdomainen des Missouri durch die hohe Californiabergkette oder Sierra Nevada getrennt, welche unzugänglich und schneebedeckt der Ursprung zahlreicher Flüsse ist, die sich in das stille Meer ergießen; und im Süden ist es von Mexiko durch große Sandwüsten getrennt; der nördlichste und östlichste Theil ist höchst bergig, in waldbekleidete Anhöhen und tiefe Thäler zerklüftet, während um Sacramento von Norden und um San-Joaquins von Süden laufende Flußthäler mehrere hundert Meilen weite Ebenen sich ausbreiten, welche nach der Küste zu von parallellaufenden Bergrücken geschlossen sind. Ist das innere Land durch eine Menge Ströme und Bäche ziemlich reich bewässert, und von gewaltigen Eichen und Nadelholzbäumen bedeckt, mit Stämmen von ein bis drei Ellen im Durchmesser und gegen 90 Fuß Höhe, so sind die Ebenen dagegen äußerst nackt und trocken, durchglüht von einer brennenden Sonne, sodaß aller Ackerbau für die Gegenwart unmöglich ist; das Küstenland aber ist wieder in Folge des dichten Nebels, der fast immer darüber liegt und die Luft rauh und feucht macht, fruchtbar. Die Regenzeit fällt zwischen September und April, dann schwellen die Flüsse an und die Gewächse schießen riesenhaft hervor. Um die Weihnachtszeit säet man gewöhnlich und ern-

tet im Anfang des Juni. Von Mai bis September ist die trockene
Jahreszeit und in diesem Zeitraum geschieht es nicht selten,
daß die Heerden in zahllosen Schaaren aus Durst und Ermattung umkommen. Wenn in einer Zukunft, die nicht ferne sein kann, Wasserleitungen in den niedrigeren Theilen des Landes angelegt sind, muß
hier ein Ackerbau aufblühen, womit der weniger Länder der Erde sich
wird messen können, und das Gold, das man jetzt aus der Erde auf-
gräbt, dürfte alsdann vor der goldenen Frucht erbleichen, welche über
Californiens bebaute Fluren wogt. Ich habe bereits eine kurze Uebersicht über die Pflanzen- und Thierwelt gegeben, und man hat daraus
gesehen, welcher Reichthum sich hier in allen Richtungen findet. Wein-
reben schlängeln sich an den Bäumen hinauf, und an mehreren Stellen
hat man schon angefangen, gute Weinsorten zu erzielen; Wälder und
Gewässer sind voll von wohlschmeckenden Nahrungsmitteln, Salzseen finden sich in Menge, und außer dem Golde enthalten die Berge unerschöpf-
liche Blei-, Kupfer-, Eisen und Silberschätze.

Als die vereinigten Staaten Nordamerikas in den Jahren
1838—1842 ihre große „Exploring-Expedition" aussendeten, äußerte
Wilkes in seinem Bericht: „Obercaliforniens Lage muß in wenigen
Jahren eine Losreißung von Mexiko bewirken. Das Land zwischen Californien und Mexiko wird stets eine unfruchtbare Wüste bleiben, allen Verkehr hindernd, den zur See ausgenommen, der auch, durch veränderliche
Winde und die häufigen Epidemien, welche in dem niedern Mexiko und
dessen Häfen herrschen, oft unterbrochen werden wird. Es ist wahrscheinlich,
daß Californien sich mit Oregon vereinigt, um zusammen einen Staat
zu bilden, der bestimmt ist, die Schicksale der am stillen Meere liegenden
Länder zu beherrschen. Dieser werdende Staat hat eine bewunderungswürdige Lage für eine Seemacht, und zwei der trefflichsten Häfen in der
Welt — den im Sunde bei San Francisco und den bei Juan de Fuca.
Diese zwei Länder sind im Besitz aller Bedingungen eines schnellen Auf-
schwunges und eines lebhaften Verkehrs mit Polynesiens Inselgruppen
und Südamerikas Ländern auf der einen, mit China, den Philippinen,
Neuholland und Neuseeland sammt Ostindien auf der andern Seite, woran
sich in kurzer Zeit noch Japan schließen muß. Das wechselnde Klima,

wird eine Mannigfaltigkeit von Erzeugnissen hervorbringen, deren Ausbeute nicht zu berechnen ist, und dieses Land, das allen andern Ländern
bis zum großen Weltmeer, überlegen ist, kann im Besitz des anglo-norman-
nischen Stammes, mit Ausschluß der jetzigen indolenten Ansiedler, sich
zu einer Kraft erheben, die nicht ohne Einfluß auf die künftige Weltgeschichte bleiben wird."

Dies ward sechs Jahre nach der Goldentdeckung niedergeschrieben.
Wir wissen, wie die Weissagung auf dem Wege ist, in Erfüllung zu gehen.
Wir sehen das Land vereint mit Nordamerika und bevölkert von einer Nation,
die ohne Zweifel die betriebsamste, die am meisten fortschreitende auf Erden
ist; wir sehen von allen Enden der Welt Schaaren von arbeitenden, em-
sigen, speculirenden Menschen dorthin strömen, und Reichthümer von dort
ausfließen, welche in mehr als einer Hinsicht ziemlich festgewurzelte Verhältnisse verändert haben; wir sehen Handelsflotten zwischen Asiens, Ame-
rikas und Australiens getrennten Ländern mit einer Regelmäßigkeit fahren,
welche man kaum irgendwo anders finden dürfte. Es ist unmöglich, zu
berechnen, was hier geschaffen werden kann, und wie Alles sich entwickeln
wird. Aber Großes und in manchen Hinsichten einflußreich auf Europa
und dessen Völker, deren Schicksale für die Zukunft ohne Zweifel enger
mit der neuen Welt verknüpft sind, als man bei uns noch geneigt ist anzunehmen, muß es werden.

Hier streiften ehedem wilde Indianerstämme umher; sie sind jetzt
von den Küsten und Ebenen vertrieben, aber sie verbergen sich noch in den
Wäldern, den bergigen Gegenden, in kleinen Gemeinschaften, an den er-
erbten Sitten haltend, wiewohl zum Theil verunstaltet durch das Zusammenleben mit den sogenannten civilisirten Fremden, die sich das Land
ihrer Väter angemaßt haben. Sie wohnen zusammen in Städten, deren
Häuser wie Heuschober aussehen, sind sehr fruchtbar an Nachkommen-
schaft, leben in Monogamie, aber die Frau ist eine Sclavin, welche kaum
Erlaubniß hat, in Gesellschaft ihres Mannes zu sein, und wenn er gemächlich zu Pferde sitzt oder stolz zu Fuß einherschreitet, nur seinen Bogen und seine Pfeile tragend, muß sie außer dem Kinde die ganze fahrende
Habe schleppen, und alle Arbeit verrichten. Ihre Nahrung besteht außer
einer Menge wilder Gewächse, vornehmlich aus Mehl, das aus Eicheln
bereitet wird, nebst Fischen und Fleisch des getödteten Wildes, über

Kohlen gebraten. Die Männer sind athletische Gestalten mit herrlichen, ebenmäßigen Gliedern, häufig mit edlen Gesichtszügen, von dunkler Hautfarbe und mit üppigem Haar. Die Weiber sind kleiner und minder schön, und man sieht ihnen an, daß die anstrengende Mühseligkeit ihrer Körperausbildung geschadet hat. Andere Bekleidung als die sie von den Weißen erhalten können, brauchen sie nicht, wohl aber Zierrathen alle Arten von Fellen und Federn. In Colonna sah ich mehrere Indianerfamilien bettelnd umherwandern und verschiedene Schmucksachen einkaufend. Beim Herumtreiben auf den Straßen sammeln sie den Staub vor gewissen Buden, wo Gold aufgekauft wird, um nachher die wenigen Goldkörner auszuwaschen, die zufällig niedergefallen sein können. Diese Beschreibung bezieht sich übrigens nur auf die Bergindianer. Die weiterhin im Lande an den Ufern der Flüsse sind klein von Wuchs, häßlich und mit abscheulichem Stirnhaar, das schräg über den Augen abgeschoren ist. Diese nehmen oft Dienste bei Landeigenthümern — haciendos — oder bei Grubenarbeitern, und sollen ein arbeitsames Volk sein.

Gegen die anderen Indianer wird dagegen ein so gut wie ununterbrochener Vernichtungskrieg geführt, der ohne Zweifel zuerst von den Amerikanern ausgegangen ist und nun von beiden Seiten fortgesetzt wird, wie folgende Geschichte zeigt. Bei den Wohnungen der Baltimore-Gesellschaft hatte einige Tage vor meiner Ankunft ein Auftritt stattgefunden, der leider nicht zu den Seltenheiten gehört und beweist, in welchem Verhältniß Eingeborene und Usurpatoren in diesem Lande zueinander stehen. Zwei Chinesen, die in der Tiefe einer engen Schlucht auf eigene Rechnung einige „diggings" bearbeiteten, fand man eines Tages ermordet, und ihre Hunde kamen mit mehreren in ihrem Leibe festsitzenden Pfeilen zurück. Alle Goldgräber der ganzen Gegend ringsum wurden eilig zusammenberufen, man ordnete sich zu einer förmlichen Treibjagd und traf die Indianerhorde in einem nahen Gebüsch. Eine Büchsensalve nach der andern wird auf die zwischen den Bäumen flüchtenden Wilden abgeschossen, bis sie durchbohrt niedersanken; ein kleiner Indianerbursche, der sich in einer tiefen Berghöhle versteckt hatte, hätte beinahe dasselbe Schicksal gehabt, wenn nicht einige Schweden beherzt genug gewesen wären, das arme Wesen zu retten und ihn bei seinen mit mehreren Kugeln durchschossenen Beinen herauszuziehen. Und doch gab er keinen

Schmerzenslaut von sich, seinen Augen entfiel keine Thräne, als Arnberg einen schmerzhaften Schnitt that, um ihn zu retten. Ein Indianer, der in eines weißen Mannes Hände fällt, kennt sein Schicksal und geht ihm trotzig, man könnte sagen heldenmüthig, entgegen. Mit den Stäm= men, welche noch nördlicher wohnen, hört der Kampf nie auf, und die Goldgräber haben dort keinen sichern Aufenthaltsort.

Ferdinand Cortez und seine eroberungssüchtigen Nachfolger verbreiteten sich zuerst in diesen von wilden und unbändigen Völkerschaf= ten bewohnten Bezirken, und mit dem Abenteurermuthe, der ihnen eigen= thümlich war, brachten sie diese blühenden Gegenden unter Spaniens Krone. Hier wurden späterhin, wie in Brasilien und in den Landschaf= ten um den Platafluß Bekehrungsanstalten gegründet, deren Vorsteher fromme würdige Jesuiten gewesen sein sollen, welche nicht blos das Kreuz in Händen trugen, sondern auch hinter dem Pflug hergingen, nicht blos die Religion des Friedens, der Wahrheit und Barmherzigkeit, sondern auf die Thaten des Friedens lehrten, und selbst der Barmherzigkeit Werke übten. Die Indianer, welche zum Christenthum übertraten, blieben zehn Jahre bei den frommen Vätern und wurden nicht eher entlassen, als bis sie ein Handwerk gelernt hatten und aller ihrer Noth abgeholfen war, ja man gab ihnen obenein kleine Luxusartikel mit, durch welche die Indianer sich so glücklich fühlen.

Im Jahre 1823 trennte sich das Land von Spanien und vereinigte sich mit dem freigewordenen Mexico. Die alten Spanier blieben jedoch, und Alles ging den gewohnten Gang bis 1835, wo die geistlichen Vor= steher der Missionäre verjagt und mexicanische Commissäre an ihre Stelle gesetzt wurden, welche nicht zauderten, durch Erpressungen aller Art und empörende Grausamkeiten sich völlig verhaßt zu machen. Inzwischen war eine Menge Ausländer ins Land gekommen, meistens Engländer und Nordamerikaner; ein Aufstand brach 1836 aus, dessen Zweck unstreitig dahin zielte, Californiens Unabhängigkeit auszurufen, aber dessen Er= gebniß war, daß einige Ehrsüchtige, namentlich Alvaredo, sich zur Macht emporschwangen und alle Vortheile derselben zu Nutze mach= ten. Unter dem Vorwand, daß die zahlreichen Ausländer ein Complot zum Umsturz der „bestehenden Ordnung", wie man die Tyrannei und Willkür hier nannte, geschmiedet hätten, ward ein Theil derselben ver=

trieben, ein Theil gemordet die Mehrzahl aber unter Martern und em-
pörenden Leiden fortgeſchleppt. Dies gab den ausländiſchen Mächten
die erſte Veranlaſſung, ſich in die mexicaniſche Verwaltung und Ober-
herrſchaft in Californien zu miſchen, und da ſpäter der mexicaniſche Krieg
ausbrach und zu Ende geführt wurde, machte Nordamerika auf dieſes
Land als auf eine ihm einverleibte Provinz (1847) Anſpruch.

Zu der Zeit, wo das Gold entdeckt wurde, zählte Californien
kaum 15,000 Einwohner. Der Handel beſchränkte ſich zunächſt nur auf
die Küſte; das Innere des Landes lag unbebaut und den umherſtreifen-
den Indianern überlaſſen. Aber ſchon im Verlauf weniger Wochen waren
mehr als 5000 Goldgräber zu den Minen hingeſtrömt, und man ſagt nicht
zu viel, wenn man ſie jetzt auf ein Drittheil einer Million anſchlägt *).
Seit 1849 fingen die Amerikaner an, die Ebenen, Mexico's Höhen oder
die Landenge von Panama zu überſchreiten, während ein großer Theil
den Weg um Cap Horn nahm, und in kurzer Zeit hörte man alle Berge
von des Hammers Schlägen, des „cradle" Gewiege und des Waſſers
Brauſen in den „tom-longs" wiederhallen.

Das Land wird jetzt, wie die andern Staaten, durch einen von der
Bevölkerung gewählten Gouverneur verwaltet. Es iſt in „counties" eingetheilt, jede derſelben hat einen Sherif und einen „recorder", um die
Ordnung unter Beiſtand einer aus der Bevölkerung gewählten Jury auf-
rechtzuerhalten. In jeder „countie" werden aus den Perſonen, die
ſeit drei Jahren amerikaniſches Bürgerrecht gehabt haben, Wahlmänner
auserkoren, welche zwei Repräſentanten für den Congreß ernennen, der
in Sacramento zuſammentritt, und von welchen zwei Bevollmächtigte
zum Congreß in Waſhington geſandt werden. Die Commiſſionäre ordnen Alles, was die Indianer und ihre Verhältniſſe anbetrifft, haben
Handels- und Friedensangelegenheiten aller Art zu beſchließen, theilen
Gaben und Lebensmittel aus u. ſ. w., und berechnen ſich oft unglaublich
hohe Zinſen. Eine andere Art Geſchäftsmänner ſind die Weizenmehl-

---

*) In den Times aus New-York wird die Bevölkerung Californiens
unter dem 30. Decbr. 1853 folgendermaßen angegeben: 215,000 Amerikaner, 25,000 Deutſche, 25,000 Franzoſen, 17,000 Chineſen, 20,000 ſpa-
niſcher Abkunft, 20,000 Indianer, 2500 Neger und 5000 Gemiſchte. Darunter ſollen 65,000 Weiber und 30,000 Kinder ſein.   Anm. d. Ueberſ.

Controleure, welche im Namen des Staates alles Weizenmehl, das zum Verkauf feilgeboten wird, und das schlecht und ungesund sein sollte, besichtigen mußten. Das einzige, was man inzwischen dadurch gewonnen hat, ist, daß sich ein öffentliches Bestechungssystem ausgebildet hat, denn das Weizenmehl ist eben nicht besser geworden.

Uebrigens ist das politische Leben mit seinen Versammlungen und Reden, seinen Stimmenbewerbungen und „humbugs", seinen Institutionen mit ihrer zügellosen Freiheit, und seinen Gemeindeverhältnissen mit ihrer weitausgedehnten Selbstverwaltung, vollkommen amerikanisch und bedarf deshalb keiner besonderen Schilderung, selbst wenn ich eine solche zu liefern fähig wäre.

Siebentes Kapitel.

Abfahrt von San Francisco. — Seeleben. — Rückkehr nach den Sandwichsinseln. — Ausflug nach den Vulkanen des Oahu. — Gastfreundschaft der Kanaken. — Die Hitze unter der Linie. — Otaheiti und seine malerische Lage. — Korallenriffe. — Hauptstadt Papiti. — Königin Pomare. — Der französische Gouverneur. — Bevölkerung, Leben, Natur. — Fatuahua. — Basalthöhlen. — Geschichtliches. — Politische Verfassung. — Eimeo. — Savago-Island. — Eingeborne am Bord. — Haifischfang. — Die Freundschaftsinseln. — Taufauhau oder König Georg. — Die Onoinseln. — Missionswesen. — Fahrt nach Neuholland.

Wir segelten von San Francisco den 10. August ab, und sahen mit erleichtertem Herzen, den Steven gegen Westen gewendet, heimwärts. Denn nach der alten Welt ging nun wieder der Curs. Aber ein Nebel zum Verzweifeln, der weiß und dicht über Meer und Küste lag, zwang uns, am Abend innerhalb der engen Einfahrt Anker zu werfen. Am folgenden Morgen war er allerdings etwas lichter, doch immerhin noch dicht genug, um uns bisweilen in eine bedenkliche Nähe der Klippen zu bringen. Endlich glückte es uns, aus der engen Durchfahrt herauszukommen, und im Verlauf einiger Stunden hatten wir den Küstengürtel hinter uns, der in den undurchdringlichsten Nebel eingehüllt war.

13*

Der Himmel hob sich wieder klar und blau, die Luft nahm bald wieder ihre milde Wärme an, die Sonne stieg aus dem Meer auf, feurig und groß wie sonst, glühend und strahlend am Tage, und tauchte am Abend in ihrer ruhigen Majestät wieder in dasselbe nieder; am dunkel= blauen Firmament leuchtete das Sternenheer, der Mond warf sein Silber über die Wellen, die von Millionen lichter Punkte wiederglänzten, — Alles war wie früher unsäglich schön. Als sich bald darauf ein Nord= ostpassat erhob, und der Wind fast gerade über den Spiegel des Schif= fes in die Segel blies, sodaß die Leesegel des Backbords und Steuerbords nebst den andern von der frischen Brise gefüllt wurden, und die Fregatte auf die Sandwichsinseln zuschoß — wo wir wieder landen mußten, um Mundvorrath einzunehmen, da die Preise in San Francisco zu übertrie= ben hoch waren, durchlebte man aufs neue diese Tage des Friedens und der stillen Zufriedenheit, die einen Ersatz für Das gewähren, was man sonst auf der See entbehren muß.

Sehen wir nun, wie es am Bord zugeht! Um 4 Uhr Morgens, wenn die Hundewache zu Ende ist, hört man den Ruf: „Raus, raus! Steuerbords = oder Backbords=Wache!" Und wenige Minuten darauf sieht man die leichtgekleideten Matrosen und Bootsmänner die Treppen und Leitern mit der sorglich zusammengerollten und umwickelten Koje auf den Schultern, die wie ein ungeheures Wickelkind aussieht, heraufklettern. Nun beginnt der Reinigungsproceß und in kurzer Zeit ist Alles, was sich in den drei Stockwerken an Holzsachen befindet, so glänzend und weiß, daß kein Puppenschrank netter sein kann; nur Der, wer in einem Kriegs= schiff am Bord gewesen ist, kann sich eine Vorstellung davon machen. Alles dieses Scheuern kreischt Einem freilich ein wenig in die Ohren, wenn man in seinem stillen Morgenschlummer liegt; aber wenn man dann auf das Ver= deck kommt, wird man reichlich für die Resignation belohnt, womit man sein Schicksal ertragen hat.

Man braucht auch nicht als Beispiel Paris und London auf= zurufen, daß Wasserleitungen Reinlichkeit, und hiermit Gesundheit, Zu= friedenheit, Sittlichkeit befördern. Das Wasser ist nicht blos des körper= lichen Lebens Quelle — deshalb lassen auch alle Schöpfungslehren den Urgrund der Schöpfung aus dem Schoos des Meeres aufsteigen: Venus Anadyomene, das Urei des polynesischen Volksstammes, das auf dem

Meere schwamm, u. s. w. — sondern auch des geistigen Lebens Ursprung, das mit dem leiblichen Wohlbefinden innig vereinigt ist. Wer am Bord lebte, hat mehr wie irgend Einer Veranlassung gehabt, sich davon zu überzeugen. Wie sollte auf einem kleinen Raume, wo 420 Personen eingeschichtet sind, Krankheiten gesteuert werden können, wenn nicht diese Reinlichkeit in allen Richtungen, diese Entfernung alles Schmutzigen und Ungesunden unaufhörlich stattfände?

Doch still, — jetzt wird geblasen: „Alle zum Blankputzen", und auf die Reinigung der Holzgegenstände folgt nun die der Metalle. Alle Beschläge, Eisenpflöcke der mannigfaltigsten Benennungen, Stangen und Kanonen werden strahlendblank geputzt, der Bootsmann streift die Hemdsärmel auf und scheuert mit aller Macht die gewaltigen Kanonen, da er seine Ehre darein setzt, diese ebenso „galant" wie schreckeinjagend zu sehen; steht man daneben, und sieht man seinen Eifer, sein Schooskind völlig „strahlendschön" zu machen, so erinnert man sich unwillkürlich an Tegnèr, der in der Frithjof's Saga Ingeborg vom Helm sagen läßt: blank muß er werden. Und wenn Der, welcher dies zu sagen oder zu denken scheint, nicht wie die nordische Jungfrau, welche den Helm putzt, „erröthet, wenn sie ihr Bild darin erblickt", so muß dies mehr dem Umstand zugeschrieben werden, daß Wind und Wetter die Haut des Bootsmanns dermaßen gegerbt haben, daß sie unempfänglich für die Strahlenbrechung des Purpurs geworden ist, denn blank wie ein Spiegel ist seine Kanone.

Nun ist Alles in Ordnung. Chef und Officiere zeigen sich nach und nach auf dem Deck, nachdem man gehörig „geweckt" worden ist, und ein erfrischendes Morgenbad unter der Gallionspumpe genommen hat. Wohlbekannte Flötentöne rufen zum Kaffeetisch, darauf genießt man in Ruhe seine Morgencigarre, und endlich zieht sich Jeder in seine Kajüte zurück. Die Mannschaft hat inzwischen gefrühstückt, und nun beginnen die Waffenübungen mit Gewehren, Kanonen, und den Säbeln, die Märsche, Schwenkungen u. s. w., und da der Seemann weder in der Haltung noch in der Richtung stark ist, so bieten diese Evolutionen dem Zuschauer oft höchst pikante Situationen dar. Inzwischen spielt die Musik auf der Batterie.

Um zwölf Uhr wird zum Mittagsessen geblasen, und die Mannschaft bildet nun malerische Gruppen auf dem Verdeck, zwischen den Batterieen, und das Ganze trägt ein gewisses Gepräge des Feldlebens. Wenn man die gesunde Eßlust dieser fröhlichen Söhne des Neptun sieht, so begreift man, woher sie sich die üppigen und frischen Formen, die kräftigen von Gesundheit und Zufriedenheit strahlenden Gesichter holen; denn man sieht sie mit dem Löffel in der Hand die Rationen wie echte Ritter „sans peur et sans reproche" anfallen. Um diese Zeit ist das Schanzdeck voll von Spazierenden, bis die wohlbekannten Flötentöne zum Mittagstisch rufen, um den man sich schnell schaart, um die Lebensgeister zu stärken. Da es sehr schädlich ist, sich unmittelbar nach einem guten Mittagsessen anzustrengen, zündet man seine Cigarre an, und Jeder sorgt für sein Wohlbefinden auf die Weise, die ihm am meisten zusagt; die Meisten verschwinden in die Kajüten, um, wie es zur See heißt, „das Journal zu führen", oder eine Siesta zu halten, wie man in Spanien sagt, und kommen erst wieder hervor, wenn es zu dämmern beginnt; darauf macht man eine Abendpromenade auf dem Deck, und schließt den Tag mit einer Tasse Thee. Doch nein, so schließt man ihn nicht. Jeder, dem es ein Genuß ist, die Sterne flimmern und den Mond schwermüthig traulich auf die Erde herabblicken zu sehen, geht aufs Verdeck, und wirft noch einen Blick bald über das schäumende, tiefe Meer, bald auf die schwellenden Segel und die hohen Masten, welche zur dunkelblauen Himmelsfeste hinaufragen, oder man mischt sich auch in einen Haufen von Matrosen, und hört sie Geschichten erzählen und Lieder singen, die sich freilich nicht für den Druck unter die Erzählungen einer „Sittenlehre für Kinder", oder zur Wiederholung vor sehr zimperlichen Ohren eignen, aber welche oft so von angeborner Laune und Mutterwitz sprudeln, daß man nicht umhin kann, Das zu unterdrücken, was ich die kritische Ethik nennen möchte, und den Lachmuskeln Freiheit zu lassen. Einige von diesen Liedern wiederzugeben, dürfte interessant genug sein, aber man hat nicht immer den Muth Das, was man mit großem Vergnügen gehört hat, zu wiederholen.

So ist wieder ein Tag unsers Lebens entschwunden, die Nacht steigt nieder, und man schläft ruhig und vergnügt ein, während jede halbe Stunde der Wachthabenden Ruf: „Alles wohl!" noch mehr in Sicherheit und Ruhe einlullt. Ein neuer Tag bricht an, und man beginnt dasselbe Leben

von Neuem, nur mit der Veränderung, welche Wind und Wetter mit sich führen. Man blickt wieder über jene blaue Fläche hinaus, wo Woge auf
Woge rollt, aber — Bewegung ist Leben, und es wird nie langweilig, nie
einförmig, über das Meer hinzuschauen. Man wird wieder vom Winde
stärker oder schwächer geliebkost, die Wolken nehmen neue Gestalten an.
Das ganze Seeleben ist ein einziges Thema mit tausend
Variationen. Die merklichste Abweichung bildet der Sonntag und
die Stunden, wo „Korum" (Gottesdienst) am Bord ist. Feierlich, wie
die Andachtsstunden immer für die Menschen sein müssen, sind sie es noch
mehr, wenn man wahrhaft „Gottes Geist über den Gewässern schweben
sieht", wenn fromme Gesänge über die Wogen hinschallen, und Gebete
zum Himmel aufsteigen, der klar und hoch sich über dem zerbrechlichen
Fahrzeuge wölbt, welches ohne Dessen Schutz, der dem Sturm die Schwinge
kürzt, ohnmächtig sein würde, der Wuth der Elemente zu trotzen. Des
Seemannes Religiosität ist eine Wahrheit, die oft wiederholt worden ist,
und wenn man Zeuge eines Gottesdienstes auf dem Meere war, so begreift man, daß dies nicht anders sein kann. — Einige Mal haben auch wir
Leichenbegängnisse am Bord gefeiert; wir haben einen Reisegefährten, der
nicht so weit gelangte wie wir, dessen Hoffnung, die Küsten der Heimat
wiederzusehen, plötzlich getäuscht ward, in die blauen Fluthen versenkt.
Versammelt auf dem Deck, haben wir die Erinnerungen an unsere Sterb-
lichkeit gehört, und hier, umgeben von dem Tod in tausend Gestalten,
kann man nicht leichtsinnig die Leiche in die Nationalflagge einhüllen,
das hohle Rasseln der drei Schaufeln Erde hören, sie niedersenken
sehen in die dunkle, schweigende, unendliche Tiefe, und die Woge über der
Stelle, wo sie ohne Andenken, ohne Raum niedersank, zusammenschlagen
hören. — Niemand kennt den Platz wieder, wo sich das Grab auf-
gethan! —

Aber das Leben am Bord hat auch seine lustigen Auftritte, zumal
wenn die Mannschaft Sonntag Nachmittags Ball hält. Hinaufgeklettert
an den Mastkörben, halbliegend kreuz und quer, ergötzen sich die zahlreichen Zuschauer an den schnellen, leichtfüßigen Tänzern, welche ihre
Beine geschmeidiger als unsere Trommelschläger ihre Stöcke schwingen,
und deren Glückseligkeit zunimmt, je breiter die Ströme ihres Schweißes über
Stirn und Wangen rollen. Bisweilen giebt es auch kleine Maskenauf-

züge, wo die Disciplin etwas lockerer wird, und man manchen Freiheiten nachsieht, deren Duldung in ihrer gutmüthigen Unschädlichkeit liegt.

Befindet sich das Fahrzeug im Hafen, so bläst die Musik zu bestimmten Zeiten Retraite, und die Mannschaft, welche ans Land entlassen war, kommt natürlicherweise etwas aufgeräumter zurück als gewöhnlich. Wann der Seemann den Fuß auf das Land setzt, sucht er ein wenig Ersatz für Das, was er auf der See entbehren muß; selbst der Matrose liebt es, bisweilen einmal „ein lustiges Leben" zu führen, das nur seine Schranken in den hohen Preisen findet, welche sehr häufig nicht ganz mit seiner Kasse über=einstimmen. In der Freude wohnt Kraft, und nach einem kleinen Trink=gelage sehnt er sich wieder nach seinem Schiffe, und nach dem Meere, die ihm dann doppelt lieb werden.

Doch, wie viel Annehmlichkeiten auch eine Seereise haben mag, was mich betrifft, ich schließe mit dem Spruch: „Draußen ist es gut, aber daheim ist es besser", und setze nun meine Reisebeschreibung ebenso nach der Zeitfolge fort, wie ich sie angefangen habe.

Schon den 25. August kamen wir nach Honolulu, und ich ver=sichere, daß wir nicht ohne ein eigenes Interesse von Theilnahme aufs Neue die kegelförmigen Vulkane auf Oahu ihre abgestumpften Scheitel in die Höhe strecken, die Kokospalmenhaine am Strande ihre Kronen wiegen, und die trefflichen Kanakhäuser, gleich Heuschobern, aus den grünen Thälern, welche jetzt bei dem Eintritt der Regenzeit wo möglich jene noch saftigere Färbung angenommen hatten, hervorschimmern sahen. Im=mer ist es angenehm, einen Ort wiederzusehen, von welchem man günstige Eindrücke mitgenommen hat, in desto höherem Grade aber ist es der Fall, für je unmöglicher man ein solches Wiedersehen gehalten hat. Die Sandwichsinseln sind der einzige der bisher von uns besuchten Punkte, der etwas von den Eigenthümlichkeiten seiner Ureinwohner bewahrt hat. Dieses neuaufgeschossene Staatenleben mit seinen unreifen Anstalten hat mehr als irgend etwas Anderes unsere Aufmerksamkeit gefesselt, seine junge Civilisation hat kräftiger als alles Andere uns den Sieg des Gu=ten auf Erden verkündet, seine großartige Natur und seine gutmüthigen Einwohner haben uns nur angenehme Eindrücke hinterlassen. Mit Sehn=sucht sahen wir der Erneuerung aller dieser wohlthuenden Eindrücke ent=gegen, und als die Fregatte in den Hafen hineinfuhr, die niederfal=

lende Ankerkette rasselte, und wir augenblicklich von einer Menge Kanoes
mit dichtgedrängten, leichtgekleideten und zum Theil gar nicht bekleideten
Kanaken und Kanakinnen, welche uns ihr Alloah (Gott segne sie) wie
alten guten Bekannten zuriefen, umgeben wurden, da fühlten wir, daß es
im Grunde nicht viel bedarf, um Menschen seelenfroh und vergnügt zu
machen.

Ich gab bereits früher einige Schilderungen von diesen In-
feln, die in so vieler Hinsicht verdienen, daß Europa seine Aufmerk-
famkeit auf sie hinwende und in seine Gebete die Anstrengungen ein-
schließe, die hier gemacht werden, um aus der Dunkelheit des heidnischen
Lebens zum Licht und zu den Segnungen des Christenthumes und der
Civilisation emporzudringen.   Der Gegenstand ist freilich nicht erschöpft,
und ich hätte viel hinzuzufügen; ich fürchte indeß die Geduld meiner
Leser zu ermüden, wie denn meine Absicht auch nur ist, das am meisten
Charakteristische meiner Reise mittzutheilen.

Während der größte Theil der Reisegefährten die üblichsten Zer-
streuungen am Lande auffuchte, machte ich einen Ausflug nach einem
Thal auf der anderen Seite des früher erwähnten Nuuanuthales. Ich
durchstreifte es bis zu den höchsten Bergkuppen und fand mehrere neue
Pflanzen, welche das erstemal meiner Aufmerksamkeit entgangen waren,
und obgleich es sehr beschwerlich war, die steilsten Höhen zu besteigen,
welche hoch über die Wolken emporragten, ward ich doch reichlich durch
alle Herrlichkeit, welche mich umgab, belohnt, sodaß ich nicht wußte, worauf ich mein fast ermüdetes Auge mit der höchsten Bewunderung ruhen
lassen sollte.

Die hier wohnenden Kanaken waren von denen, welche ich im
Nuuanuthal antraf, ganz verschieden und äußerst gastfrei. Sie folgten
mir am Tage wie Hunde, und waren auf den kleinsten Wink bereit auf
die undurchdringlichsten Bäume zu klettern und in die steilsten Abgründe
zu steigen, um mir eine Blume zu holen, nach der ich Verlangen hatte.
Sie führten uns beinahe mit Gewalt in ihre Hütte, da ich Miene machte,
die Nacht im Walde zuzubringen, und überredeten mich, ihnen zu folgen
indem sie auf den bewölkten, mit Regen drohenden Himmel hinwiesen.
Sie schlachteten Hühner und kochten rothe Kartoffeln, um uns damit zu
bewirthen, und brachten ihre Milchnäpfe herbei, mit Einem Wort, es gab

Nichts in der Hütte, ich sage mit Fleiß Nichts in seiner vollsten Bedeu=
tung, das sie uns nicht angeboten hätten, und wir waren zu ermüdet und
hungrig, um nicht Alles anzunehmen, obgleich wir nur wenig besaßen, ihr
Wohlwollen zu vergelten. Das Zusammensein mit diesen guten und
vergnügten Menschen, die uns die ganze Nacht mit ihrem munteren Ge=
schwätz wach erhielten, indem sie meinen mitgebrachten Wein tranken und
meine Cigarren rauchten, war in der That so behaglich, daß es mir fast
leid that, dieses anspruchlose Kanakhaus verlassen zu müssen, wo ich
„Wilde" angetroffen hatte, die mir mehr wirklich civilisirte und gute Ge=
sinnung zeigten als Viele, welche Anspruch hierauf machen.

Der Anfang unserer Abfahrt von den Sandwichsinseln, wo wir
uns zwei Tage aufhielten, war nichts weniger als angenehm. Heftige
Regengüsse, begleitet von starken Stürmen, gehörten zur Tagesordnung;
dann folgte Windstille, die ebenso unangenehm auf dem Meere, wie der
heftigste Sturm auf kleineren Seen ist. Nachdem diese etwa eine Woche
angehalten hatte, ward der Wind frisch und günstig, und wir würden
nun wieder die herrlichste Reise gehabt haben, wenn nicht unausstehliche
Hitze uns Tag und Nacht gequält hätte. Man ist der geringsten An=
strengung unfähig, und kaum eines klaren Gedankens mächtig; alles
Aeußere verschwindet vor der unsaglichen Gleichgiltigkeit, wodurch alles
Innere sich abstumpft und gleichsam hinwelkt.

Endlich tauchte den 14. September Morgens ein dunkler Punkt am
Horizonte auf, und „Land" erscholl es vom Mastkorbe. Das Schiff schoß
rasch dahin, der dunkle Punkt erweiterte sich, und bald sahen wir aus
dem Wasser „des stillen Meeres Stern" auftauchen, das herrliche oft be=
sungene Taheiti (Otaheiti, Tahiti), das mir von meiner Kindheit an,
aus Reisebeschreibungen bekannt gewesen ist, das mir stets wie ein irdisches
Paradies, wie eine Insel der Glückseligkeit, die meine junge Einbildungskraft
mit den herrlichsten Bildern von Schönheit und Farbenpracht ausschmückte,
vorgeschwebt hat. Jetzt lag diese Königin des Meeres vor mir.

Wie auf einem glänzenden Schilde liegt das Eiland, auf der Fläche
des Meeres schwimmend. Auf der östlichen Seite ist es durch ein etwas
niedriges, vom Meere bisweilen verborgenes Vorgebirge mit einem andern
ebenso hohen aber weit weniger umfangreichen Felsen, Tajaralu, ver=
einigt, und es trägt selbst auf seiner Mitte einen gigantischen Berggipfel,

von welchem nach allen Seiten schmale, beinahe messerscharfe Rücken, wie erstarrte Lavaströme, laufen, zwischen welchen schmale, tiefe Abgründe gäh-
nen, auf deren Grunde wundersam geformte, pfriemenspitze, zernagte
Felsenmassen sich wie unübersteigliche Mauern erheben. Aber alle diese
Thäler und diese bei dem ersten Blicke wilden, nackten Berge haben keinen
rothen, verdorrten Erdboden, keinen verbrannten Graswall, wie manche
andere gepriesene Gegenden Oceaniens. Bis zu den Gipfeln haben sich
die Berge in einen dichten grünen Mantel eingehüllt, und in den Thälern
haben die Gewächse ein solches Gepräge von Ueppigkeit, daß nur die
tropischen Urwälder mit ihnen verglichen werden können. Den Strand
entlang unterhalb dieser hohen Bergkämme breitet sich ein flacher Landstrich aus, wo bebaute Felder, Bambushäuser und Haine von Kokospalmen und Brotfruchtbäumen Zeugniß von der Arbeit und dem Wohlbefinden der Menschen geben. Und dieses ganze prachtvolle Gemälde,
ausgeführt vom höchsten Künstler, ist in einen Rahmen von niedrigen Korallenriffen eingefaßt, an welchen die Wogen sich in nie ruhenden, nie
schweigenden Brandungen brechen, die hier eine Wehr bilden, gegen
welche jede von Menschenhänden aufgeführte Hafenanlage als eine elende
Kleinigkeit erscheint, und in deren Schutz die stille Lagune des Strandes,
des Thales und der Berge schöne Formen treu abspiegelt.

Vorwärts geschaukelt durch einen günstigen Wind, bewunderten wir
die aufeinander folgenden großartigen, prachtvollen Bilder, welche die langen tiefen Thäler wie in einem beständig wechselnden Kaleidoskop zur Schau
stellten. Wir fuhren dem Point Venus vorbei, welchen Cook durch
seine weltberühmten Beobachtungen des Planeten Venus, verewigt hat,
drangen kurz darauf durch eine schmale Oeffnung in dem Korallenriff,
und bald fiel der Anker in der stillen Lagune vor Papiti. Eine französische Corvette, ein Dampfschiff und eine Kriegsbrigg lagen dort, und
nachdem wir die französische Flagge mit funfzehn Schüssen begrüßt hatten,
welche die Corvette zurückgab, wurde die sogenannte Protectoratflagge
mit einundzwanzig Schüssen bewillkommt, und diese von einer Landbat-
terie erwiedert.

Der Hafen bildet eine kreisförmige Bucht, gestützt von einem Damme
in Bogengestalt, aufgeführt von den bewunderungswürdigen Baumeistern,
die wir Korallenthiere nennen, und ist eine Wehr gegen die Stürme des

Oceans und den hohlen Wellengang. In dem stillen Basin, das hierdurch entsteht, und dessen Grund in den strahlendsten Farben der in der
Tiefe aufgethürmten Feenschlösser glänzt, hat hin und wieder ein Korallenriff sich emporgehoben, und eins von diesen, M o t u t a, ist jetzt ein kleines von Palmen beschattetes, unbeschreiblich liebliches Eiland, wo sich die
Königin P o m a r e ehemals gern aufhielt, eine aufgeworfene Erdschanze
jetzt aber die Anwesenheit der Franzosen bezeichnet. In Entfernung einer
Kabeltaulänge vor uns dehnte sich das Gestade aus, bewachsen mit
Kokospalmen und Brotfruchtbäumen, zwischen welchen sich die Häuser
freilich nicht in städtischer Regelmäßigkeit gruppirten, wo aber die wenigen
europäisch construirten Gebäude, ringsumher zwischen den zahlreichen
Kanakhütten in dieser unbeschränkten Naturfreiheit, die gerade mit der
natürlichen Schönheit übereinstimmt, und namentlich diese pitoreske Mannigfaltigkeit bildet, die in den Augen des Malers einer Landschaft Charakter verleiht, zerstreut lagen. Die ganze schmale Ebene, die zum Theil
von der Hauptstadt Papiti eingenommen wird, trägt das Gepräge der
unerschöpflichen Fruchtbarkeit dieses Erdstrichs, und über diesem Allen
bis in die schwebenden Wolken hinein, erheben sich die Felsenspitzen,
welche, von einer 7500 Fuß hohen Centralmasse ausgehend, einen imposanten Vordergrund zu dem bewunderungsvollen Bilde abgeben, welches
den Strand und dessen Umgebungen darstellt.

Und diese Schönheit, dieser Reichthum ist nicht von der Art, welcher
bei näherer Betrachtung entflieht. An einem mondhellen Abend zwischen
den Häusergruppen, welche die sogenannte Hauptstadt Papiti bilden, umherzuwandern, das bleiche Licht zwischen den dichten Laubgewölben beben,
und sich über die Haine und Hütten ergießen zu sehen, von der unendlichen
Milde dieser Luft, die Kühlung und Wärme zugleich, und beide in rechtem Maße mit sich führt, geliebkost zu werden, sich an die Gruppen der
Eingeborenen vor den Bambushütten anzuschließen, und ihrem ungekünstelten Gelächter und ihrem munteren Geschwätz zu lauschen, — alles
Dieses gewährt einen Genuß, der Einem nur hier geboten wird.

Den Strand entlang erstreckt sich der am meisten zusammenhängende
Theil der Stadt. Einzelne Häuser sind, wie schon bemerkt, einigermaßen
in europäischem Styl, wiewohl von Holz, niedrig und klein. Eine Ausnahme hiervon macht ein großes Gebäude mitten im Hafen, das wie eine

Kirche aussieht, aber Bäckerei und Magazine für die französische Besatzung,
enthält; neben diesem liegen die Kasernen derselben und eine andere für
das National=Regiment, sowie das Gouvernementsgebäude und der Palast
der Königin.

Der größte Theil der Häuser gehört jedoch den Kanaken und liegt,
ohne sonderlichen Anspruch an ordentliche Viertel, in kleinen Gruppen
von acht bis zehn Häusern zwischen wogenden Palmen, Brotfrucht=
bäumen und blühendem Gebüsch. Sie sind aus zwei bis drei Ellen
hohen und zwei Zoll dicken Bambusstöcken, die in einem länglichen Kreise
in einer Entfernung von einem Zoll voneinander, in die Erde gesteckt sind,
erbaut, wodurch, insofern sie nicht von einer dichten Matte aus Kokos=
blättern bedeckt sind, was gewöhnlich um die Bettstelle der Fall ist, ein
kühlender Luftzug im Innern der Hütte hervorgebracht wird. Das Ganze
ist von größeren Bambusrohren oder kleinen Stäben des Brotfruchtbau=
mes gestützt und mit Stricken von Bast zusammengebunden. Man bedeckt
die Hütte mit einem zierlichen, sorgsam zusammengefügten Dache
von Pandanusblättern, das ebenso dicht und dauerhaft, wie hübsch ist,
und die Häuser haben daher nicht jene schwere Heuschoberform wie auf
den Sandwichsinseln, sondern ein leichteres und luftigeres, oft sogar ele=
gantes Gepräge. Man findet sich in ein Land versetzt, das mit Recht
für eins der am herrlichsten ausgestatteten auf Erden gehalten wird, wo
man in vollem Maße das dolce far niente eines sorgenfreien Lebens
ohne alle jene Mühe und Besorgniß für die Erhaltung des Daseins
genießt, womit man an anderen Orten stets im Kampfe liegt, und
wodurch der Geist unterdrückt und der Körper zugleich getödet wird. Hier
wo Alles ein ewiger Sommer, in dem das Leben sich unaufhörlich in tau=
send Formen erneut, wo Alles ein helles, ewiges „Einerlei" ist, aber von
der Art, wie man es sich in der ewigen Seligkeit denkt; hier fühlt man,
was es heißt, in dem unerschöpflichen Reichthum der Natur zu schwelgen
und nichts Anderes, nichts Mehr zu begehren.

Innerhalb der Häuser findet man keinen großen Ueberfluß an
Luxusgegenständen, welche in einem minder gesegneten Klima die Men=
schen für nöthig halten, um das Wohlbefinden hervorzurufen, das die
Heimat so theuer und werth macht. Der Fußboden ist meistens mit
Blättern und Blumen bestreut, die die Hütte mit duftenden Wohlgeruch

erfüllen oder auch mit Matten belegt, worauf die ziemlich forglofen Be=
wohner den Tag und das Leben verträumen; große Kiffen, niedrige
Schemel, einige höchst einfache Gefäße, zahlreiche Koffer und Kiften mit
chinefifchen Zierrathen, recht reine Betten mit weiten Vorhängen und
bunten Teppichen machen das ganze Meublement aus. Und man braucht
ja auch nicht viel mehr, um gemächlich zu fpeifen und zu fchlafen, zwifchen
welchen wenig ermüdenden Befchäftigungen das Leben hier getheilt ift.
Man röftet einen Theil wie Kartoffeln fchmeckende wilde Bananen, Brot=
frucht und Schweinefleifch über einigen, oft unter freiem Himmel außerhalb
der Hütte in Kreisform aufgeftellten Steinen; um die Mahlzeit zu genießen läßt man fich auf Schemel nieder, und während der Verdauung
ftreckt man fich auf den Betten oder auf den Matten aus. Voilà tout!

Papiti hat keinen Mangel an Läden und Gafthöfen, aber die erfteren
bekunden keinen bedeutenden Handel, oder Reichthum an Waaren, und
letztere haben nicht jenes elegante Gepräge, welches andeutet, daß man
fich in der Hauptftadt eines Königreiches befindet. Im Gegentheil, Alles
ift in einem fo kleinen Maßftabe wie möglich, und wenn man auf Das
Rückficht nimmt, was im Allgemeinen eine Stadt bildet, fo kann man
Papiti kaum für etwas Anderes anfehen als für ein großes Dorf. Man
wird indeß daran erinnert, daß es eine größere Bedeutung hat, wenn
man das Stadtviertel anfieht, welches die Wohnungen des franzöfifchen
Gouverneurs und der Königin in fich fchließt. Diefes Quartier ift auf
beiden Seiten von Wällen und Gräben umgeben, an die dritte grenzen
die Kafernen der Franzofen, und an der vierten, am Hafen, befinden fich
verfchiedene Militairetabliffements, wie die Depots der Artillerie u. f. w.
Wachen ftehen an ihrem Schilderhaus, man hört den Schall von Trom=
meln und die ganze übrige kriegerifche Mufik, man fieht in den friedlichen
Hainen die Soldaten marfchiren und exerciren, Waffen zwifchen den
blühenden Gebüfchen blitzen, kurz, man merkt, daß man fich in einem von
der Soldateska occupirten Lande befindet, wo der Säbel den Platz des
Scepters eingenommen hat und Trommelwirbel Königsbefehle find.

Die Wohnung des Gouverneurs liegt auf einer großen Esplanade,
welche auch als Exercirplatz benutzt wird. Eine hübfche Allee führt zu dem
Haufe, einer ftattlichen ziemlich hohen Villa mit einem prächtigen Balkon,
hinauf, Alles aus Frankreich hierhergebracht, und vor demfelben plätfchert

ein kühlender Springbrunnen in einer kleinen Blumenanlage. Die Salons des Gouverneurs, die aus französischer Artigkeit uns offen standen,
sind mit jenem prunklosen Luxus möblirt, welcher blos darauf berechnet
scheint, den Genuß dieses herrlichen Klimas zu erhöhen, und wenn man
die Wachen in den Vorgemächern und den Gouverneur, Monsieur Page,
wie er mit ruhiger Würde unter seinen Gästen einherschritt, sah, so lag
der Gedanke, er sei der wirkliche Herrscher über „des Oceans Perle"
nicht fern.

Wendet man sich von der Villa des Gouverneurs ein wenig links,
so gelangt man in einen großen viereckigen häßlichen Hofplatz mit einigen
schattenlosen Kokospalmen in einem Winkel, und vor sich erblickt
man ein ziemlich langes niedriges Haus von einem Stockwerk mit einem
Dach von durchaus derselben Bauart wie die der übrigen Kanakhäuser.
Dieses Haus ist der Königin Residenz. Hier wohnt diese Pomare, die,
wie unbedeutend auch ihre königliche Würde sein mag, wie wenig ihre
Person auch geachtet wird, da man sie eher als Gefangene denn als Souve-
rain behandelt, gerade durch ihre Misgeschicke und durch die Verfolgungen, welche sie von den Franzosen hat erleiden müssen, sich einen
Namen in Europa verschafft hat, dessen sich wenige Herrscher rühmen können.

Ein Ausflug verhinderte mich bei der Audienz, welche Königin Pomare unserm Chef und seinem Gefolge zugestand, gegenwärtig zu sein.
Es scheint als ob diese Feierlichkeit ohne besondere Ceremonien stattgefunden habe. Sitzend auf einem Sopha in einem nicht sonderlich reich
meublirten Gemach, umgeben von ihrem Mann, einem Kanak, von ganz
angenehmem Aeußern, und ihren vier Söhnen, bekleidet mit Waffenröcken,
trug Ihre Majestät einen Kanakanzug von der Art, wie ihn alle
ihre weiblichen Unterthanen tragen; übrigens zeigte sie jenes unbe-
sorgte, gleichgiltige Aeußere, das in diesen Ländern die Potenz der königlichen Würde zu sein scheint. Da Ihre Majestät geäußert hatte, daß sie
die Musik leidenschaftlich liebe, erwies unser liebenswürdiger Chef ihr
die Aufmerksamkeit, ein paar Abende hintereinander das Musikchorps der
Fregatte vor ihrem Quasi-Palais spielen zu lassen, und bei einer dieser
Veranlassungen versäumte ich nicht, Ihre Majestät in Augenschein zu
nehmen, um bei der Abreise von Tahiti ihr Bild mit mir zu nehmen.
Es war einer jener milden Sommerabende, welche man nur auf diesen

paradiesischen Inseln erleben kann. Von allen Seiten waren musiklie=
bende Männer und Weiber jeden Alters zusammengeströmt, und man
schwang sich auf dem Platz vor der Wohnung der Königin bald auf die
ungezwungenste Weise im Walzer, in Gallopade und Polka, Kanaken
und Europäer durcheinander, während die Aelteren niedergehockt oder auf
dem Platze gruppenweise umhergehend, nicht minder heiter waren. Alles
war Leben und Bewegung und die Luft wiederhallte vom Jubel in allen
erdenklichen Tonarten. Pomare sowie ihr Gemahl und der Hofstaat
wurde es bald müde, nur vom Sopha unter der Veranda Zuschauer der
Freude zu sein, die Majestät trug daher kein Bedenken, sich wie ein anderer
Mensch zu benehmen, und erlaubte sich selbst einen raschen, kunstlosen
Walzer unter ihren Unterthanen. Da sie in eine weite gelbe Blouse ge=
kleidet war, konnte ich ihre Figur nicht so genau unterscheiden, aber ohne
äußerst grotesk zu sein, war sie doch so umfangreich, daß man ihr einen
Platz unter den großen Frauenzimmern einräumen kann. Ihre Gesichtszüge
hatten nichts Ausgezeichnetes, waren aber gutmüthig und regelmäßig; im
Ganzen schien sie weder von Regierungssorgen niedergedrückt — welche
wohl der französische Gouverneur auf seine starken Schultern genommen
hatte — noch besonders durch ihre hohe Stellung im Staate, — welche
erwähnter Franzose nun seit langer Zeit ihr so wenig angenehm wie mög=
lich zu machen, keine Gelegenheit versäumt hatte, — beglückt zu sein.

In der Regel hielt Pomare sich nicht in Papiti, sondern an einem
einige Meilen davon entfernten Orte auf, und jetzt wurde sie dort,
wahrscheinlich gegen ihren Willen, wegen einer neuen Differenz mit
den Franzosen, zurückgehalten. Einer von ihren Söhnen, der bei einem
König auf einer der benachbarten Inseln erzogen wurde, war von diesem
zu seinem Nachfolger erwählt; aber dies wollten die Franzosen verhin=
dern, entführten den Knaben und lagen nun mit der Mutter wegen seiner
Auslieferung im Streit.

Hinsichtlich der Kanaken — so werden auch hier die Eingebornen
genannt — gilt viel von Dem, was ich bei den Sandwichsbewohnern be=
reits mitgetheilt. Sie sind hübsche, gutmüthige, wohlwollende und frohe
Menschen, welche man nicht sehen kann, ohne von ihnen ein wenig ein=
genommen zu werden. Es scheint der Satz Anwendung auf sie zu
finden: daß eine schöne Natur sich in einer schönen Gesinnung abspiegelt.

Die Männer sind kräftig, von herrlichem Körperwuchs, wahre bewegliche Broncegestalten, deren Muskelbau man zu bewundern nicht aufhören kann, und deren Beweglichkeit man stets unermüdlich findet, wenn es etwas Anderes gilt als in der Hütte ausgestreckt auf einer Matte zu liegen. Man muß sehen, wie sie, geschmeidig gleich den Thieren des Waldes, die Berge oder Baumstämme hinaufklettern, wie sie in leisem Trabe enorme Lasten auf einer langen Stange über den Schultern tragen, während sie beständig ihre einförmigen Melodieen summen, um zu erkennen, daß dies ein Bild von Frische und Kraft ist, zu welchem wenige Seitenstücke geliefert werden können. In der Stadt begegnet man ihnen gewöhnlich in weißen linnenen Beinkleidern und weißem oder farbigem Hemde; aber auf dem Lande gehen sie ganz nackt, blos mit einem Stück bunten Zeugs um die Lenden, dessen leichte Drapperieen keineswegs die festen, herrlichen Glieder entstellen, sondern die treffliche Haltung dieser „Wilden" noch mehr hervorheben.

Die Frauen sind bedeutend kleiner und von jener Ueppigkeit, zu welcher sich die weiblichen Formen entwickeln, wenn sie nie durch Zwang gehemmt werden, und welche deshalb in so hohem Grade zu zeigen geeignet sind, wie „der Schöpfung Meisterstück" aussehen sollte, um diesen Namen zu verdienen. Das freundliche, angenehme Gesicht mit den schwarzen funkelnden Augen ist meistens von wallenden Locken beschattet; Andere flechten das blauschwarze Haar, dessen Glanz der Gegenstand der Misgunst mancher wirklichen Schönheit sein würde, in zwei Flechten, deren Reichthum noch mehr durch einen kokett aufgesetzten Kranz von fein geformten Blättern oder Farrenkräutern, oder durch eine Blume hervorgehoben wird, die geschmackvoll an der Stelle angebracht ist, wo sie am meisten verschönt, die man aber bisweilen auch ins Ohr steckt; bald eine süßduftende Morinda Citrifolia, bald ein hochrother strahlender Hibiscus, bald eine gelbe Malva oder ein andrer der Flora geraubter Liebling. In einer einfachen Blouse, die in reichen Falten bis zu den entblößten Füßen niederfällt, stellt diese ganze Gestalt ein Bild von Freiheit und Naturpoesie dar, das, gepaart mit ungekünstelter Anmuth und instinktmäßiger Liebenswürdigkeit, sich gar schön entfaltet. Fügt man nun eine nie unterbrochene Heiterkeit, eine stets offenherzige Freundlichkeit und einen völligen Mangel an aller Sprödigkeit hinzu, so wird man einräumen, daß diese Taheiterinnen wirklich kleine bezaubernde Wesen sind, welche vielleicht nur da-

durch etwas weniger gefährlich werden, daß sie ihre Liebenswürdigkeit nicht
selbst genug in Ehren halten.

Man kann sich nichts Vergnüglicheres denken als in aller Ungenirt=
heit in ihre einfache Wohnung zu treten, sich auf die weichen Matten nie=
derzulassen, und eine Conversation einzuleiten, welche freilich von beiden
Seiten, was die Wortlaute betrifft, nicht vollkommen verstanden wird,
aber in vollstem Maaße durch die Lebhaftigkeit und die ausdrucksvollen
Geberden dazu beiträgt, das gute Verständniß zu erhöhen. Es ist nun
zwar eine unbestreitbare Wahrheit, daß Vieles, was hier erträglich, ja
sogar vollkommen comme il faut ist, daheim eine ganz andere Benen=
nung erhalten würde; aber in einem Lande, wo kein Geschöpf Zwang
oder ängstliche Mühe kennt, muß man es Menschen verzeihen, wenn sie
sich in strenge Convenienzforderungen steifer Ordnung ohne Leben nicht
zu fügen wissen, wenn sie, unter der immerstrahlenden Sonne, fröhlich
singen wie die Vögel, und mit den Blumen beständig in neuer Schönheit
zu strahlen, wetteifern.

Da unser Aufenthalt sich auf vier Tage beschränken sollte (obwohl
es fünf wurden, weil an dem Tage, wo wir abfahren sollten, Windstille
eintrat), beeilte ich mich, einen Ausflug nach dem Innern der Insel zu
unternehmen, um nähere Bekanntschaft mit dem Lande, dessen Volk und
seiner Natur zu machen. Ich miethete mir deshalb einen Kanaken als Weg=
weiser und Träger meines Papiervorraths und begab mich, begleitet von
meinen gewöhnlichen Dienern, zwei Männern der Besatzung, zum Knoten=
punkt der Gebirge. Ich habe also nur einen Theil von Taheiti gesehen,
und hier, wie überall, wo wir angekommen und hingegangen sind, kann ich
blos über den kleinen Theil berichten, den ich selbst in Augenschein ge=
nommen habe. Aber dies kann doch als Probe des Uebrigen dienen,
und einen ungefähren Begriff von den Eigenthümlichkeiten der Insel
geben.

Unser Weg ging anfangs der Meeresküste entlang, wo unter dem
dichten Gebüsch, das ein ziemlich sumpfiges Feld verbarg, eine einzelne
Kanakhütte hie und da hervorschimmerte. Der Fußsteig schlängelte sich
später über den zwischen den Bergen und dem Strande liegenden flachen
Erdstreifen, der fast bis zur Undurchdringlichkeit mit Guavebüschen, einer
Holzart, die vor nicht länger denn 40 Jahren hier eingeführt wurde, be=

wachsen ist, und sich in dem Grade vermehrt hat, daß es alle andere
Vegetation erstickt hat. Man sucht sie nun auf alle mögliche Weise auszurotten, um den nützlicheren Pflanzungen Platz zu schaffen, aber vergebens. Ein Grund des Widerwillens der Franzosen gegen dieses dichte
Guavegebüsch ist der, daß die Kanaken während des Kriegs mit den Usurpatoren hinter dessen dichtem Versteck Schutz fanden, von wo aus der
kleine Krieg mit Glück angewandt wurde, ohne daß die mit der Gegend
unbekannten Soldaten sich in dessen Labyrinthe hineinwagten. Indessen
bringt die Guave das ganze Jahr hindurch eine wohlschmeckende Frucht
hervor, und ist überdies ein treffliches Brenn- und Kohlenmaterial. Bald
erreichten wir eine vorzügliche Landstraße „broomroad", welche sich jetzt
um die ganze Insel zieht und die Pulsader ist, wodurch alle die entfernteren Gegenden mit der Hauptstadt und dem Handel in Verbindung
stehen.

Diese „broomroad" dürfte unter den Landstraßen nicht ihresgleichen
haben, nicht allein weil sie längs dem Meeresgestade durch die herrlichsten Gegenden führt, die ein Menschenauge schauen kann, sondern selbst
wegen ihres Ursprungs. Die Gesetzgebung der Jesuiten nämlich bestimmte, daß jede Uebertretung der Keuschheit und Mäßigkeit damit bestraft werden sollte, eine gewisse Strecke Landstraße zu bauen, und wiewohl
sie so buchstäblich, „Straße des Lasters" genannt werden kann, wandert
man sie jetzt nicht allein mit aller Ruhe und Bequemlichkeit, sondern sogar mit Entzücken. Zu beiden Seiten breiten schattige Palmen ihre
Laubmassen, und deren Kühlung über den Wanderer aus, während Bananen, sich unter ihren Früchten beugend, und blühende Hecken sein Auge
bezaubern; überall, wohin er sich wendet, zieht sich die reiche Landschaft
hin, heben sich die majestätischen Berge, während der hohe, klare Himmel sich über einem Lande wölbt, wo Alles Glückseligkeit athmet.

Nachdem wir eine Zeit lang diesem Wege gefolgt waren, geriethen
wir wieder in eine Guavewildniß, bis wir nach einer einstündigen Wanderung uns an dem Eingange eines Thals, in der Nähe eines brausenden Bergstromes befanden. Die Vegetation begann hier einen großar-
tigeren Charakter anzunehmen; gewaltige Stämme der aus Oahu bekannten Aleurites triloba (deren Frucht, die einer Wallnuß gleicht, sowohl
als Purgativ wie als Surrogat für die Lampe benutzt wird; denn, da

fie reichhaltig an Oel ift, bringt fie eine klare und anhaltende Flamme
hervor), mifchen fich mit den dunkleren Schatten von Citronen= und Apfel=
finenbäumen, die von der goldenen Frucht niedergedrückt werden, nebft dem
ſchwarzblättrigen Ficus, deſſen Zweige, lothrecht niederfallend, Wurzel
ſchlagen und auf dieſe Weiſe große Strecken überwuchern. Unter dieſen
und mehreren andern merkwürdigen Bäumen war der ganze Boden mit
feingeformten Farren in unzähligen Arten und anderen ſchönblühenden
Kräutern überzogen. Das Thal wird immer ſchmaler, die Berge ziehen
ſich mehr und mehr zuſammen, bis ſie hoch, finſter und ernſt ganz über
dem Haupte des Wanderers zu hängen ſcheinen und kaum ſo viel Platz
zwiſchen ſich übrig laſſen, daß der ſchnelle Strom ſein klares, friſches
Waſſer über das Steinbette fortwälzen kann. Wir ſetzten unſern Marſch
fort, wateten ein paarmal durch das Waſſer, bis wir plötzlich ſtill ſtan=
den, gefeſſelt von einem Anblick, der mit Recht wunderſchön genannt
werden kann.

Im Schatten von Bäumen, welche ihre rieſenmäßigen Stämme hoch
in die Luft ſtreckten und ihre dichten dunkeln Laubkronen ausbrei=
teten, war eine Reihe von Häuſern errichtet, welche durch das Improvi=
ſirte und Mannigfaltige in der Bauart, ſowie durch die Beweglichkeit
und reiche Carnation der Bewohner unwillkürlich an die Zigeunerhorden
erinnerte, wie ſie in ihrem Heimatlande campirt haben mögen, frei und
glücklich unter der Sonne, die ihnen das dunkle Colorit und das ſiedende
Blut gegeben hat. Bald zuſammengefügt von Bambusſtäben mit
einem wirklichen Dache über ſich, bald in Form von Zuckerhüten mit großen
Arumblättern, ausgebreitet über einige in Eile in die Erde geſteckte
Stäbe, bald aus einer einzigen ſchrägen Wand, mit freiem Ausgang zu
den andern drei Seiten, beſtehend, tragen, wie man ſich wohl denken kann,
dieſe Gebäude das Gepräge eines improviſirten Schutzes gegen die Hitze
des Tages und den nächtlichen Regen. Am Rand des Gebüſches ſah
man ſogar kleine Verſtecke aus Blättern für Kinder aufgerichtet, nicht viel
größer als Rattenlöcher, und eine aufgehäufte Maſſe von Laub gab nicht
ſelten eine Wohnung ab. Männer, Weiber und Kinder in bunter Mi=
ſchung, nackt und bekleidet, ſchlafend und tanzend, ſchnarchend und ſchrei=
end, Alles um die Wette, erfüllen den idylliſchen Platz, wo Alle ſich in
unbegrenzter Freiheit zu ſonnen ſchienen. Man riß alte hinfällige Hüt=

ten nieder, baute neue, fällte Bäume, riß Laub und große Blätter ab, kochte duftende Suppen, röstete wilde Bananen, spielte, schlief und aß, mit Einem Wort, es war ein Lager von Menschen, welche nur für den Tag lebten und mit Befriedigung ihrer wenigen Bedürfnisse beschäftigt waren.

Ich kann mir kaum ein Bild denken, das in höherem Grade als dies den Pinsel eines Malers verdient: die hohen waldbekleideten Berge, der brausende, schäumende Strom, die laubreichen Bäume und das dichte Gebüsch, und mitten in diesem Paradies die kleinen phantastischen Hütten, die braunen halbnackten Menschen mit ihren lebhaften Geberden, alles Dieses bunt durch einander, Bewegung und Leben mitten in der Stille einer majestätischen Natur. Und dicht neben dieser bunten Herrlichkeit ein Detachement französischer Soldaten mit einem Officier, damit beschäftigt eine breite, treffliche Straße anzulegen, hindernde Steine zu sprengen, große Bäume zu fällen, und das Gebüsch auszuroden — der Schlag der Axt neben dem Gebrodel der Kochtöpfe, das Geräusch der Mineurs neben dem Gebrate des Schweinefleisches und dem Geröste der Bananen, Uniformen neben nackten Gestalten, die volle französische Sprache neben dem Gequiecke der Kanaksprache — welch eine Zusammensetzung! —

Wir verweilten hier kurze Zeit, um dieses farbenreiche Gemälde zu bewundern, mit dem artigen französischen Officier ein Glas Wein zu trinken, setzten dann unsern Weg durch das tiefe enge Thal fort, und wateten mehrmals durch den Fluß. Endlich waren wir am Fuß der hohen Berge, und nun ging es empor im Zickzack am Rande gähnender Abgründe und senkrechter Felsenwände. Was sollte man hier am meisten bewundern, der Menschen Tüchtigkeit, die an einem solchen Orte einen recht guten Weg zum Reiten gebahnt hatte, oder die unsäglich reiche Natur, die hoch zwischen den Wolken die Berggipfel schmückte, oder unten in der Tiefe die Thäler füllte!

Als ich auf dem Wunderfels auf Wight stand, umgeben von seiner lächelnden Natur, oder von den Bergkuppen, die über Funchal hinausragten, niedersah auf Madeira's Ravinen und das Meer, das seine klippenvollen Ufer badet — als ich vom Gipfel Corcovado's hinausschaute nach Cap Frio, während die Urwälder Brasiliens und das fabel-

hafte reizende Rio de Janeiro unter mir lag — als ich auf der
schmalen, kalten Magelhaensstraße das Auge hingleiten ließ über
öde, schweigende, ewig grüne Nadelholzwälder — als ich von Santo Lo=
renzo Callao und jenes Lima entdeckte, wo der Sonnengott nicht
ohne Grund den Sitz seiner Verehrung aufgeschlagen hat — als Pa=
nama's Höhen, der Perleninseln farbe= und düftereiche Wälder,
der Gallopagosinseln Vulkangipfel und Californiens Eichen=
gruppen mein Auge entzückten, und zuletzt als ich von Pali mit einem
einzigen Blick das liebliche Thal, die fruchtbaren Ebenen, die Stadt mit
ihrem Geräusch, die Korallenriffe mit ihren Brandungen, und das Meer
mit seinem Gebrause zusammenfaßte, — da rief ich auf jeder dieser Stel=
len aus: dies ist das Schönste, was ich gesehen habe. Unendlich viel
Schönes ist an meinem Blick vorübergegangen, stets neue Bilder von
Größe und Pracht entfalteten sich vor mir, immer herrlichere und lichtere
Gegenden wurden mir zu sehen vergönnt, deshalb werde ich mich zu sagen
hüten: „es giebt nichts Schöneres als Taheiti!" aber wohl darf ich sagen:
kein Lob, das man an seine Natur verschwendet, keine Schilderung, welche
sein Klima und dessen Producte verherrlicht, kann übertrieben sein; die
flammendste Phantasie findet hier ihre kühnsten Träume in wundervolle
Wirklichkeit verwandelt.

So dachte ich, als ich mitten auf dem steilen Weg mich athemlos
im Schatten der hohen Bäume niederwarf, und allmälig die ganze
Pracht dieses Bildes auffaßte. Aber noch erwartete mich das Schönste,
das Großartigste.

In Schweiß gebadet und aufs Aeußerste ermattet, hatten wir uns
endlich zur Höhe hinaufgearbeitet, wo sich uns plötzlich eine so wunderbare
Aussicht eröffnete, daß man unwillkürlich sich selbst fragte, ob es hier die
Schönheit allein, oder das Merkwürdige in der Zusammenstellung dieser
Wunder der Erde sei, was diese erstaunliche Wirkung hervorbringe. In
weiter Ferne wurde die Aussicht von einem Bergkamm begrenzt, von
welchem zwei schmale, hohe und scharfe Arme ausgingen, die zwei tiefe,
gekrümmte Thäler eng umschlossen. Plötzlich bildet der eine dieser Arme
eine senkrechte oder vielmehr am Fuß nach innen gebogene Bergwand, ge=
bildet von bogenförmigen, glänzend schwarzen achtseitigen Basaltpfeilern,
die wie der künstlichste von Menschenhänden ausgeführte Bau aussahen,

und stürzt sich in ein durch seine große Tiefe finsteres Thal hinab. Von den höchsten Spitzen der Basaltwände braust in diese Tiefe ein vierhundert Fuß hoher Wasserfall nieder, dessen zwei Ellen breiter Strahl — anfangs zusammenhängend wie ein glänzender Silbergürtel auf dem schwarzen Grund mit der reichen grünen Einfassung — auf halbem Weg sich in einen feinen Schleier von Wasserdünsten auflöst, der sich wie Thau in die Tiefe senkt, und dort wie ein leicht dampfender Nebel verschwindet. Die Sonne stand im Zenith und warf ihre senkrechten Strahlen auf diese fallenden Tropfen, und in dem vollen klaren Licht dieser Sonne vereinte der eine Regenbogen über dem andern sich zu einem Farbenspiel, so wechselnd und doch so beständig, daß die Tiefe in Flammen zu stehen schien. Rings um die gigantischen Bergwände die große schweigende Natur in ihrer ernsten Majestät, dort das bewegte stets wechselnde Leben! Und hoch oben auf dem Berggipfel ein von den Franzosen besetztes Fort! Gestützt auf sein Gewehr, stand hier in der blau und rothen Uniform ein Soldat, und sollte ein Maler, um den Effekt dieser Landschaft zu erhöhen, einen pittoresken Punkt auf seinem Gemälde anbringen wollen, er würde nichts Passenderes wählen können.

Mit den Augen alle diese Herrlichkeit verschlingend erreichten wir endlich Fatuahua, wo die kleine französische Garnison, ungefähr funfzig Mann stark, lag, und wo wir mit französischer Herzlichkeit von den Soldaten und ihrem Lieutenant empfangen wurden, die vor vier Tagen uns in ihren wenig geräumigen und bequemen Wohnungen Platz gemacht hatten, wo die Tage rasch verstrichen, theils unter lohnenden Excursionen, theils unter munteren Gesprächen und allerlei possirlichen, von unseren lustigen Wirthen veranstalteten Auftritten.

Eines Tages bestieg ich einen über das Fort hinwegragenden Berg, auf dessen Gipfel eine kleine Fläche geebnet war, von wo die französische Protektoratflagge bei feierlichen Gelegenheiten wehte. Von hier lief der Berg in einem schmalen Kamm und zwar so schmal aus, daß man bisweilen auf allen Vieren kriechen mußte, um nicht in den Abgrund, der auf beiden Seiten uns angähnte, hinabzustürzen. Welche Aussicht öffnete sich hier! Nach allen Seiten diese entsetzlichen Höhen, der beinahe 8000 Fuß hohe Berg Ruana, dessen in Wolken gehüllte Spitze noch nie, ungeachtet des ausgesetzten Preises, von einem menschlichen Fuße betreten wurde, daneben die nackten Felsenspitzen, deren dreikuppiger, wie eine gewaltige Krone keck über den Wolken sich brüstender Gipfel das Diadem genannt worden ist, und in derselben Reihe die enormen Bergmassen, vor deren kolossaler Größe alles Andere, selbst tausend Fuß hohe Felsen, zu Unbedeutenheiten herabsinken. Unten in der schwindelnden Tiefe das schmale, zwischen den Bergen eingeklemmte Thal mit seinem weißschäumenden, beständig in kleinen Wasserfällen hüpfenden Felsenstrom, dort die lächelnde fruchtbare Ebene mit ihren Hütten und Plantagen, Papiti mit seinen malerischen Stadtvierteln und schattenreichen Hainen, der Hafen mit Schiffen und seiner kleinen lieblichen Insel, die Korallenriffe, weiß von den schäumenden Brandungen und zuletzt das blaue Meer, dessen Unendlichkeit fern am Horizont von den schwachen Umrissen der „Gesellschaftsinseln begrenzt wird!" Diese Aussicht war so großartig, so unbeschreiblich und so schön, daß sie, einmal gesehen, unauslöschlich in der Erinnerung mit allen den Eindrücken von Erstaunen und Freude haftet, welche zu fühlen den Menschen gegeben ist.

Hier oben war es, wo die Eingebornen während des Krieges Posto faßten, nachdem sie Schritt vor Schritt von den Franzosen aus ihren Verschanzungen vertrieben waren, und entblößt von aller andern Ammunition als die, welche sich an Steinen vorfand, die sie in großen Massen über die heranstürmenden Feinde hinwälzten. Fatuahua liegt im Centrum der Insel; von hier ist die Communication ziemlich leicht nach jedem andern Orte, und Der, welcher im Besitze dieses Platzes ist, beherrscht nicht allein die Ebene, sondern selbst den Bergpaß, den letzten Zufluchtsort der Kanaken während der Angriffe der Usurpatoren. Die Franzosen strengten sich deswegen auf das Aeußerste an, diese wichtige Position zu erobern, und da die Kanaken endlich sahen, daß es nach unglaublicher Mühe den verwegenen französischen Soldaten, von einem kanakischen Ueberläufer angeführt, geglückt war, den noch höher überhangenden Berg, wohin noch Niemand sich gewagt hatte, zu ersteigen, glaubten sie, daß entweder Gott oder der Teufel mit im Spiele sei, und diesen beiden Mächten wichen sie. Der Muth sank ihnen, und sie zogen sich zurück, dem Feinde Fatuahua und hiermit die Herrschaft über die Insel überlassend.

Die Vegetation hier oben war ganz verschieden von der in den niederen Gegenden. Schlingpflanzen waren gewöhnlicher, und Farrenkräuter

mit zwanzig bis dreißig Fuß hohen Stämmen, worauf die feinen Blatt=
kronen wie Palmen wogten, erhoben sich von allen Seiten. Uebrigens
hatte das ganze Pflanzenleben einen ebenso üppigen wie schönen Charak=
ter, der auf das innigste mit dem Ungewöhnlichen und Prachtvollen in
der wunderbar glückseligen Physiognomie des Landes harmonirte.

Eines anderen Tages folgte ich dem Bach im Thal von dem großen
Wasserfall bis zum Fuß der unersteiglichen Berge, deren höchster Kamm
von dem vorhererwähnten „Diadem" gebildet wird. Ehe die Wassermasse
als stolzer Wasserfall niederstürzt, bildet sie in dem Basaltgestein zwei
tiefe Höhlen und darin zwei tiefe Becken, über welche die Basaltsäulen
wie das prächtigste Dach hängen. Das eine Becken mit seinem klaren
frischen Wasser liegt höher als das andere, und beide vereinigen sich durch
einen keinen Kanal mit einem brausenden Gewässer, dessen Boden mit grü=
nen Algen bewachsen ist, und worin man bequem von dem höheren zu
dem niedreren Bassin kommen kann, ein Vergnügen, das ehemals bei den
Kanaken sehr beliebt war. Jetzt haben die Franzosen sie dessen beraubt.
Etwas weiter hinauf im Thale haben die Soldaten einen kleinen netten
Garten angelegt, wo sie vermöge des kühleren und feuchteren Klima's
beinahe alles europäische Gemüse bauen und mit einem eigenen patrioti=
schen Enthusiasmus auf einige kleine Eichen, Kastanien, Weintrauben,
Rosen und Erdbeeren hinzeigen, die von Frankreich hierhergebracht sind,
und welche hier in dem fernen stillen Meere ihnen eine lebendige Erinne=
rung an das Vaterland „la belle France" gewähren. Was ich oben
von der Natur sagte, findet hier seine vollkommene Anwendung, ja hier
in des Thales Schatten und Feuchtigkeit ist diese Natur, wo möglich, noch
verschwenderischer.

Ich besitze keine schönere Erinnerung als den Augenblick, wo ich,
müde und matt, nach Besteigung der Berge, durch den Strom gewatet
und in das dichte Gebüsch eingedrungen war, in einem schattigen Hain
von Bergbananen niedersank. Die Sonne spielte in tausendfachem Far=
benwechsel auf den zwei bis drei Ellen langen saftigen, sammtartigen
Blättern, und längs den kastanienbraunen, glatten Stämmen, während
ein Kanak nach dem andern an mir vorüberfuhr, die tropische Scene mit
seinen unverhüllten schönen Gliedern und mit seiner schweren Bürde von
rothen Fruchtbündeln belebend. Mein Wegweiser schaffte schnell Feuer,

indem er mit einem Stückchen Holz auf einem Stücke der lockeren Hibiscus tiliaceus hin und her rieb, bis ein Funke in den dadurch hervorge= brachten Spänen aufflammte. Das Feuer fing in trocknen Blättern, und nun röstete er uns Bergbananen, die über unsern Köpfen abgebrochen wurden. Diese Bananen sind eine andere Art als die, welche unten auf der Ebene geerntet werden; sie wachsen hier ganz wild und bilden eine eigene Region von vier bis sechstausend Fuß Höhe. Ihre Fruchtkapseln wachsen ganz aufrecht und die Früchte selbst haben eine kürzere knotigere Form mit rothem Fleisch, können nur geröstet gegessen werden, und schmecken dann wie Kartoffeln; mit einem Zusatz von Salz, Wasser und Kokosmilch oder Citronensaft sind sie selbst von einem echten Feinschmecker nicht zu verachten. Jetzt aß ich sie getaucht in den Saft des hier üppig wach= senden Ingwers, den unser Kanak abschabte und durch ein welkes Bana= nenblatt preßte; und auf diese Weise fand ich das Gericht um so wohl= schmeckender. Fische wurden in dem vorbeifließenden Fluß gefangen, zum Dessert einige prächtige Ananas aufgetischt und für ein herrliches Gemach zur Siesta ward auch gesorgt.

Am dritten Tage stieg ich auf den Grund des Thals nieder, in welches sich der Wasserfall hinabstürzt. So unersättlich wie man im Genuß der Natur in ihren immer wechselnden Gestalten ist, ebenso er= müdend wird es in der Länge zu erzählen, daß man immer genießt. Ich will also von meiner Wanderung im Thale nichts weiter sagen, als daß es eine Fortsetzung dieser Schwelgerei war, welche nicht ermüdet, welche den Sinn nur erhebt und erhöht; denn während die Augen auf den sichtbaren Wundern ruhen, weilt der Gedanke bei dem höheren Ursprung.

Am vierten Tage kehrte ich auf demselben Wege nach Papiti zurück, und begegnete dem französischen Gouverneur mit seinem Stabe, der nach Fatuahua ritt, um unserem Chef das Schönste dieser schönen Insel zu zeigen. Am nächsten Tage statteten die Franzosen einen Besuch auf der Fregatte ab.

Von allen Inseln Oceaniens hat kaum irgend eine die Aufmerksam= keit der Europäer in dem Grade auf sich gezogen als Taheiti. 1767 von Wallis entdeckt, wurde sie eigentlich durch Cook's und Forster's glühende Beschreibungen als das Paradies auf Erden bekannt, und man verherrlichte in Versen und in Prosa dieses Wunder des Oceans. Doch

erst in der späteren Zeit, nach der französischen Invasion, ist die Aufmerk=
samkeit lebhaft darauf hingewendet worden, namentlich durch das Schick=
sal der Königin Pomare, und ich will deswegen in aller Kürze dieser
Weltbegebenheiten Erwähnung thun.

Cook fand die Insel zwischen zwei hohen Chefs und zweihundert
Chefs geringeren Ranges, jedoch von einem sogenannten Oberkönig
beherrscht, getheilt. Später glückte es Pomare dem Großen, sich
zum wirklichen Oberherrn der ganzen Insel zu machen. Unter ihm
wurde 1813 die Abgötterei abgeschafft und das Christenthum von Mis=
sionären aus der Londoner Missionsgesellschaft eingeführt. Diese Missio=
näre bewirkten unleugbar hier, wie überall, viel Gutes. Kirchen wurden
erbaut, Schulen gegründet, viele Greuel abgeschafft, der Unredlichkeit und
dem Müßiggang entgegengearbeitet; und in vielen Hinsichten führten sie
ihren edlen Beruf mit Eifer und Glück aus. Aber auf der anderen Seite
behauptet man, daß das Gute, das sie wirkten, mehr negativ als po=
sitiv wäre. Sie vertrieben, sagt man, viel von dem alten Unwesen, aber
setzten nicht eben viel Gutes an dessen Stelle; sie verbannten alle un=
schuldige Freude, erzwangen eine heuchlerische äußere Gottesfurcht, ohne
daß der religiöse und sociale Zustand in der Wirklichkeit verbessert wurde,
und rissen zuletzt alle Macht an sich. Die Engländer erheben ihr Wirken
bis in die Wolken. Die Nordamerikaner sind mäßiger in ihrem Lobe
und thun ernste Einsprache gegen die sektirerische Verbannung aller Le=
bensfreude. Die Franzosen können nicht Worte finden, die scharf genug
wären zur Bezeichnung ihres unklugen Eifers, ihrer Tyrannei in geistiger
sowohl als weltlicher Hinsicht, ihres allumfassenden Eigennutzes und
ihrer Herrschsucht. Die Wahrheit dürfte vielleicht hier, wie überall, nicht in
den Uebertreibungen liegen. Wie auf den Sandwichsinseln hat der Baum
der Erkenntniß gute und schlechte Früchte getragen, und es kommt sehr
auf den Standpunkt des Betrachters selbst an, von welchem Zweige er
am liebsten eine Probe abpflücken und vorzeigen möchte. Was speciell
das Urtheil der Franzosen in dieser Hinsicht betrifft, so scheint es Spuren,
sowohl von dem Nationalhaß, der immer an Dem etwas auszusetzen
weiß, was der Engländer unternimmt, wie von der katholischen Unduld=
samkeit, vor deren Richterstuhl die Wirksamkeit der Missionäre nicht an=
ders als gehässig sein kann, zu tragen.

Im Jahre 1836 verſuchten zwei katholiſche Prieſter ihnen die Allein=
herrſchaft über die Seelen ſtreitig zu machen, wurden aber bald nach der
Landung verjagt. Dies gab den Franzoſen Veranlaſſung das wehrloſe
Land unter dem Vorwand, ihrer Glaubensbrüder Rechte zu ſchützen, zu
überſchwemmen. Pomare der Große war geſtorben; die jetzige Königin
Pomare *), ſeine Tochter, war früher mit dem ausſchweifenden König
Borabora Toma Toa verheirathet; aber da er ſeine Inſel nicht
verlaſſen wollte und Pomare ebenſo wenig die ihrige, ward man über die
Scheidung einig, und Pomare vermählte ſich hierauf mit Arii Faiti,
der nun den Titel Pomare Tani führt, das heißt: Pomare's Mann.

Nachdem mit einem auf der Inſel wohnhaften Franzoſen ein Streit
entſtanden war, landete Admiral Du Petit Thouars 1838 auf der
Inſel und brandſchatzte dieſelbe mit 2000 Piaſtern als Schadenerſatz
für die den Franzoſen angethanen ſogenannten Verunglimpfungen. La=
place fand ſich das Jahr darauf mit der Fregatte Arthemiſe ein,
welche an den Korallenriffen ſtrandete und genöthigt wurde zwei Monate
im Hafen zu liegen, um reparirt zu werden. Vor der Abreiſe rief er die
Chefs zuſammen, und zwang ſie, das Geſetz zu widerrufen, welches den
Proteſtantismus für die einzige Religion der Inſel erklärt, und zugleich
ein Stück Land für eine katholiſche Kirche und Schule anzuweiſen. In=
zwiſchen entſtand ein neuer Zwiſt. Der Königin Hund gerieth unglück=
licherweiſe mit einem Mops, der dem Capitän Maurais gehörte, zu=
ſammen; ein Anverwandter der Königin, Moja, chikanirte Maurais bei
dieſer Gelegenheit, und nun verlangte der Franzoſe Moja's Landesver=
weiſung, worauf die Königin nicht eingehen wollte. Andere Neckereien
folgten wiederum dieſen. Du Petit Thouars kam 1842 aufs Neue und
forderte 10,000 Piaſter als Schadenerſatz auf Grund der franzöſiſchen
Unterthanen, deren ſich überhaupt nur neun auf der Inſel fanden, zuge=
fügten Verunglimpfungen, und das folgende Jahr kam er zum dritten Mal,
riß Pomare's Flagge unter dem Vorwande herunter, daß es eine engliſche

*) Pomare bedeutet Nachthuſten und wurde urſprünglich dem Grunde
zufolge angenommen, welchen der Name andeutet. Eine neue Bennenung
mußte für die Begriffe Nacht und Huſten aufgefunden werden, und das
Wort ward heilig, da es ein königliches Unwohlſein bezeichnete. Der
Königin Eigenname iſt eigentlich Aimata, Augenfreſſerin.

sei, und nahm die Insel für französische Rechnung in Besitz. Die Missionäre hatten inzwischen mit dem englischen Consul Pritchard an der
Spitze, nicht unterlassen, Pomare antifranzösische Sympatien einzuflößen,
was Du Petit Thouars veranlaßte Pritchard, gefangenzunehmen und sich
mit seiner gewöhnlichen Brutalität zu benehmen.

Pomare war, nachdem sich zuerst auf Tahiti zwei Parteien gebildet
hatten, wovon die eine es mit der Landeskönigin, die andere mit den
Franzosen hielt, nach Rajatea gezogen. Mehrere Chefs der letzteren
Partei hatten sich förmlich unter französischen Schutz begeben, wodurch
die Usurpation einen Schein von Rechtmäßigkeit erhielt. Krieg im Innern und Krieg mit den Franzosen war die Folge hiervon, und selbst
zwischen England und Frankreich würde die Occupation ernstliche Rei-
bungen bewirkt haben, wenn nicht die französische Regierung sich beeilt
hätte, Du Petit Thouars' Schritte sämmtlich zu desavouiren. Indessen
waren diese Fehden zwischen den Eingebornen und Ausländern keineswegs
ein Kinderspiel. Fuß für Fuß vertheidigten die Kanaken ihr Vaterland,
und es gehörte französischer Muth dazu, namentlich des Landes natürliche
Vertheidigungsmittel zu besiegen. Dies glückte ihnen im Jahre 1847;
und unter dem Namen eines Protektorats verwalten sie noch jetzt mit einer
Garnison von 3 bis 400 Mann Pomare's Staaten, und die Königin
wird, wie früher bereits bemerkt, mehr als Gefangene denn als frei-
geborene Fürstin behandelt.

Die Lage der Missionäre hat sich vollkommen verändert. 1848
ward verordnet, daß Kirchen und Missionen als Nationaleigenthum betrachtet werden sollten, ohne im entferntesten an eine Entschädigung
der Grundeigenthümer oder der Missionäre für deren Ausgaben bei Erbauung von Wohnungen zu denken. Im zuletztverflossenen Monat
März kam die Verordnung, daß die Distriktschefs die Priester wählen
sollten, und wenn ein Ausländer gewählt würde, sollte die Wahl der Ge-
nehmigung des französischen Gouverneurs unterworfen sein, desgleichen
sollte kein Distrikt mehr als Einen Priester haben. Die Folge hievon
war, daß sich für den Augenblick nur drei ausländische, von den Franzosen besoldete Geistliche fanden, die das Recht zu predigen hatten, und
diese haben das von den Franzosen bestimmte Ritual der Staatskirche,

welches calviniſtiſch iſt, angenommen. Es giebt zwar auch eine katholi=
ſche Kirche mit Biſchof und Prieſter, aber, obgleich das Volk wegen der
ſchönen Muſik hinſtrömt, huldigt es doch keineswegs der Lehre, welche
dort verkündigt wird. Niemand hat Erlaubniß in der Landesſprache zu
predigen, ohne ſich den Beſtimmungen der Franzoſen zu unterwerfen.
Die alten Miſſionäre ſind deswegen jetzt beinahe alle fort, und die Ver=
ſammlungen werden von jungen Eingeborenen geleitet, welche in dem Se=
minar zu Papiti ordinirt werden und keineswegs die Eigenſchaften und
Kenntniſſe beſitzen, die zu ihrem hohen Ruf erforderlich ſind. Die Aus=
ſichten für Tahitis religiöſe und moraliſche Zukunft ſind daher trübe, die
Civiliſation, welche hier zu keimen begann, die Religion, die einen neuen
Tag hätte heraufführen können, werden ſich vielleicht bald unter dem
Obſcurantismus und die Barbarei, die traurigen Früchte der Bajonet=
und Säbelgewalt der Militairdespotie, beugen müſſen.

Woher kommt es nun, daß die ritterlichen Franzoſen ihren Waffen=
ſchild in ſolcherweiſe befleckt, daß ſie die wenig edle Rolle haben ſpielen
wollen, ein armes kleines Land zu uſurpiren, ein von Natur ſo mildes
und wohlwollendes Volk zu unterdrücken, des Haſſes Flammen zwiſchen
ſo friedlichen Bergen und Thälern zu entzünden, und mit Intoleranz ge=
gen Männer zu verfahren, die hier im Namen der Religion Kenntniß und
Aufklärung beförderten? Was ſie auch als Beweggründe für ihr Ver=
fahren vorgeben, ſo bleibt doch die nackte unbeſtreitbare Wahrheit übrig,
daß ſie als Uſurpatoren auftraten und wie Unterdrücker gegen ein Land
und Volk handelten, das keineswegs in einem feindlichen Verhältniſſe zu
ihnen ſtand, und das der Willkür, ja vielleicht der Sclaverei und Bar=
barei anheimzufallen, nicht verdient, da es würdig begonnen hatte, ſich
aus der Dunkelheit und Rohheit des Heidenthums emporzuarbeiten. Die
Urſache iſt einfach die, daß Tahiti der köſtlichſte Beſitz iſt, den eine See=
macht ſich wünſchen kann, im Centrum eines großen Meeres, zwiſchen
Aſien, Amerika und Auſtralien, nahe bei der allgemeinen Heerſtraße von
dem einen Goldland in das andere, mitten zwiſchen zahlreich bevölkerten,
fruchtbaren Inſelgruppen gelegen, nicht nur eine Station für die kriegführen=
den Schiffe, ja ſelbſt für alle Priſen und Kaper, ſondern auch einen Hafen bil=
dend, wo alle nothwendigen Reparaturen mit Leichtigkeit vorgenommen, und
wo Proviſionen aller Art angeſchafft werden können. Aus dieſem Ge=

ſichtspunkte vornehmlich iſt Tahiti ſo wichtig, und um dies einzuſehen, braucht man blos darauf zu achten, wie die Engländer die Zähne darüber knirſchen, daß die Franzoſen ihnen zuvorgekommen ſind, und ſich nun im Beſitz eines Poſtens befinden, der in ſo manchen Hinſichten mit Recht der Schlüſſel des ſtillen Meers genannt werden kann. Es bleibt nun abzu- warten übrig, ob nicht die Engländer es noch verſtehen werden, dem alten Erb- feind die Wage zu halten, indem ſie ſich einen Erſatz an den Sandwichs- inſeln verſchaffen, ſofern ihnen nicht Nordamerika den Rang abläuft; denn ſeitdem Californien den Staaten einverleibt wurde, hat dieſe Inſel- gruppe eine große Bedeutung für die Union erlangt. Der Beſitz der Marqueſasinſeln, die ein politiſcher Verbannungsort ſind, ſammt der Occupation von Tahiti, die wahrſcheinlich bald daſſelbe werden wird, — die liebliche Inſel, ein Aufenthaltsort für Gefangene und Verbrecher — verurſacht indeß Frankreich große Ausgaben, nicht allein für Kriegs- ſchiffe und Garniſonen, ſondern auch für eine große Anzahl Beamter und Prieſter, Ausgaben, die keinesweges der Handel deckt, der wegen einer Menge kleinlicher und hemmender Einſchränkungen min- der blühend als jemals früher, obgleich bei einem freieren Syſtem alle Bedingungen zu einem anſehnlichen Handel ſich hier vereinigt finden.

Was des Landes innere politiſche Verfaſſung und Statiſtik betrifft, ſo kann ich leider davon nicht viel ſagen. Die Ländereien ſind zwiſchen der Königin, den Chefs, Franzoſen und dem Volk, das Land in eine ge- wiſſe Anzahl Diſtrikte getheilt, und in jedem von dieſen haben die Chefs (und deren Zahl iſt Legion, denn die Söhne eines Chefs haben den Rang des Vaters), das Recht, die Diſtriktsgouverneure und die Parlaments- mitglieder zu ernennen. Denn hier giebt es auch eine Art Parlament, unter der Leitung eines ſelbſtgewählten Präſidenten, die Mitglieder deſſelben ſind Eingeborne, aber es iſt leicht zu ermeſſen, welche ſtaatsmänniſche Qualificationen dieſe Leute beſitzen können und welchen Einfluß „le com- miſſionaire de la république française" übt, der das ganze äußere Departement ungetheilt unter ſeiner Adminiſtration hat!

Nicht weit von der Villa des Gouverneurs ſtand ein halbfertiges Gebäude mit äußeren Galerien und einer großen Kuppel, beſtimmt zu- gleich Verſammlungshaus für die Kammer der Deputirten und Theater zu werden, eine echt franzöſiſche Idee. Daß die Herren Chefs nach fran-

zöfifchen Pfeifen tanzen, ift natürlich, und das äußere Kennzeichen bemerkt man bei vielen Eingebornen, welche mit dem Orden der Ehrenlegion
sich brüften.　Ich konnte nie ohne ein gewiffes Mitleid an einem alten
Chef in Papiti vorbeigehen, der hinfällig und grauhaarig in einem Lehn-
ftuhl vor feiner niedrigen Bambushütte faß, zufammengefunken, baarfuß
und ohne Hemde und Hofe, aber mit einer Art von blauem Waffenrock,
aus deffen Knopfloch das rothe Band hervorguckte. Ach, auch hier, mitten
in der unvergleichlichen Größe der Natur, wird der Menfchen elendes
Spielzeug zur verfuchenden Lockfpeife.　Der Mann gehörte zu den erften,
welche ihr Vaterland an die Fremden verriethen, und wenn auch diefe
ihn mit einem bunten Fetzen von Band belohnten, hatten ihn feine Landsleute doch oft fchwer genug fühlen laffen, welch eine Laft ein folcher Fetzen
fein kann.

Man muß übrigens fich nicht vorftellen, daß Taheiti und deren
Volk fonderlich franzöfirt ift. Die Franzofen behaupten, daß die Kanaken
ihre Sprache verftehen, obgleich fie nicht zu bewegen feien, fie zu fprechen.
Dagegen wird man nicht allein immer verftanden, wenn man englifch
fpricht, fondern man hört fie auch bisweilen fich englifcher Ausdrücke bedienen. Im Grude find die Franzofen tief gehaßt, und man fieht täglich
Beweife von diefem Haß der Eingebornen gegen ihre Beherrfcher. Ich
war oft Zeuge davon, daß, wenn ein Franzofe fich einer Kanakhütte
näherte, die Weiber auffprangen und riefen „tabu“ (heilig, verboten),
während die Männer die unzweideutigften Zeichen des Unwillens äußerten.
Aber deffenungeachtet fieht man doch kleine Kinder in den Gaffen, mit
durchaus europäifchen Zügen umherlaufen, welche an „les Gamins de
Paris“ erinnern und offenbar franzöfifches Blut in den Andern haben.
Inzwifchen fteht die franzöfifche Herrfchaft hier nach meiner Meinung
auf fo fchwachen Füßen, daß es keinesweges unwahrfcheinlich ift, das
Ganze werde zufammenfallen und das Volk fich wieder in Befitz feiner
natürlichen Rechte fetzen. Und wehe den Europäern, wenn diefe Stunde
fchlägt!

Montag den 20. fegelten wir am frühen Morgen nach der von Papiti aus fchwach dämmernden Infel Eimeo, oder wie die Franzofen
fie nennen, Morea, und trafen dort Vormittags ein. Unfer Chef, der
bei keiner Gelegenheit fäumt, unfer wiffenfchaftliches Beftes zu befördern,

setzte zwei Bote aus und ließ uns landen, während die Fregatte draußen beilegte. Durch einen Kanal innerhalb der großen Korallenriffe, welche die Insel umgeben, ruderten wir bis an ein großes Dorf, das sich unterhalb der Höhen auf der einen Seite der tiefen Bucht hin erstreckte. Die ganze Insel scheint womöglich noch bergiger als Taheiti, voll von säulenartigen, pfriemenspitzen Felsenkoppen und dazwischenliegenden Bergjochen, bis zum höchsten Kamm mit der üppigsten Vegetation bedeckt. Mitten unter den höchsten und steilsten Bergspitzen liegt ein Thal, das der Sage nach dadurch entstanden ist, daß ein Gott in wildem Zornesmuth seinen gewaltigen Speer niederschleuderte und in dieses Thal hinein drang, die tiefe Bucht, deren blaue Fläche, umgeben von den himmelhohen, laubigen Bergufern, ein ebenso liebliches wie prachtvolles Bild gewährt.

Von dem Dorfe, dessen Kanakhäuser wie in Papiti in dichten Palmen- und Kokoshainen versteckt lagen, wanderte ich zwischen Guavebüschen und Ficusbäumen längs dem Strande, wo der schwedische Consul eine ansehnliche „hacienda“ bewohnte, und wo ich einen Wegweiser erhielt, der mich über das sumpfige Flachland bis zum Fuß der Berggipfel führte. Die Natur war hier dieselbe wie auf Taheiti. In zoologischer Hinsicht war dieser Strich äußerst interessant.

Eimeo war ehemals bekannt wegen seiner Kaffee- und Zuckerplantagen. Nach der französischen Invasion sind diese in Verfall gerathen; dagegen wachsen hier eine Menge Apfelsinen, welche nach Californien verschifft werden, und eine englische Brigg lag gerade segelfertig im Hafen mit einer solchen Fruchtladung. Uebrigens ist die Insel durch eine Mineralquelle bekannt, von welcher Gas in gewaltigen, kochenden Blasen aufstieg; ein Vorrath davon wurde zum Bedarf des Schiffes eingenommen. Um 6 Uhr Abends waren wir wieder an Bord der Fregatte, die die Reise, von Wind und Wetter begünstigt, fortsetzte.

Cook's Inseln ließen sich bald in Norden sehen, und am 28. tauchte Savage-Island östlich vor den Freundschaftsinseln liegend, aus dem Ocean auf. Da wir zur Mittagszeit ziemlich nahe unter der flachen Insel passirten, wollte unser Chef uns abermals eine Gelegenheit geben, unsere naturhistorischen Sammlungen zu vermehren, und bestieg selbst das Boot, um uns ins Land zu begleiten. Die Brandungen brachen sich gewaltsam am klippenvollen Ufer, und die Insel mit ihren aus

nackten grauen Bäumen bestehenden Wäldern hatte ganz dasselbe dunkle
und feindliche Gepräge wie Chatam-Island unter den Gallopagosinseln.
Wir mußten nicht, ob der Name der Insel sich auf eine für Menschen
unbewohnbare Natur oder darauf bezog, daß sie von menschenfeindlichen
Wilden bewohnt wurde.

Unsere Ungewißheit sollte bald gehoben werden; denn wir waren
kaum zwei Kabeltaulängen von der Fregatte entfernt, als der Strand
von einer ungeheuern Menschenschaar erfüllt wurde, und fünf Kanoes
auf uns zugerudert kamen. Diese Kanoes waren sehr lang und schmal,
mit einem Vorsprung vorn und hinten, und mit weißen Streifen
bemalt. Als sie so in rascher Fahrt heranschossen und bald in der Tiefe
verschwanden, bald sich auf dem Gipfel einer Welle zeigten, glichen sie vorwärts sich schlängelnden Krokodilen von keineswegs freundschaftlichem Aeußern. In jedem Kanoe saßen vier Wilde; hin und wieder hatte Einer einen
Fetzen statt der Bekleidung übergeworfen, aber die Meisten waren ganz nackt.
Eine Menge Spieße waren in den Boten in die Höhe gerichtet. Sie forderten
uns mit den heftigsten Geberden auf, ans Land zu kommen, und hielten
Bananenbüschel in die Höhe, uns anzulocken. Aber da ihr Aussehen
keineswegs anlockend war, und wir ihre Gesinnung gegen uns durchaus
nicht kannten, fanden wir es gerathener, zur Fregatte zurückzukehren,
als uns auf dem Lande der göttlichen Vorsehung zu überlassen, indem wir
uns trotzig der Gefahr aussetzten, gespießt oder zu einem Mahle für die
Herren Wilden gebraten zu werden. Als sie sahen, daß wir den Curs
änderten und abzogen, entstand ein außerordentlich reges Leben in den
Kanoes. Die Wilden peitschten die Wellen mit ihren kurzen stumpf ab-
gerundeten Rudern, legten den Kopf auf die Kniee nieder und erhoben
ihn dann wieder mit einem gewaltigen Ruck, und durch diese rasenden
Anstrengungen glückte es ihnen, die Fregatte beinahe gleichzeitig mit uns
zu erreichen. Auf unsere freundschaftliche Aufforderung kletterte erst ein
Einzelner auf das Deck, und da noch ein Dutzend Kanoes ankamen, erhielten wir Besuch in Ueberfluß. Und nun folgte eine Scene, welche das
ganze Interesse der Neuheit hatte; endlich sahen wir einmal Ureinwohner, frei von jedem fremden Einfluß, wodurch die Erinnerung zu den
jetzt fast verschwundenen Tagen zurückgeführt wurde, welche älteren See-
fahrern Stoff zu Schilderungen über ihr Zusammentreffen mit Wilden

gaben. Stellungen und Gruppen zeigten sich, die den Pinsel eines Malers verdienten, und unter unsern Reiseeindrücken wird ohne Zweifel dieses Bild am spätesten sich aus unserer Erinnerung verwischen, da
es am meisten Originalität besaß.

Die ganze Schaar bestand aus Männern, und Alle waren unter
Mittelgröße. Der obere Theil des Körpers schien ziemlich robust gebaut,
aber mit dem unteren war es schlecht bestellt. Die glänzende kupferrothe
Haut war mit Kokosöl eingeschmiert, die Gesichtszüge waren keineswegs
unangenehm, die Augen schwarz und funkelnd, die Nase war bisweilen
gebogen, der Mund fast immer wohlgebildet. Das Haar sah bei Einigen
aus, als ob es verschnitten gewesen sei, Andere hatten es zu einer ungeheuren Masse wachsen lassen, und stand bald wie eine Glorie nach allen
Richtungen heraus, bald war es auf dem Scheitel oder im Nacken befestigt,
wo es einen ungeheuren Knäuel oder Büschel bildete; noch Andere hatten
Zierrathen im starken Barte angebracht, und alle Ohren waren theils mit
Zähnen, die an Bändern hingen, theils mit zwei langen heraußstehenden
Federn besetzt. Ich bemerkte keinen Tätowirten, aber Einer hatte
sich einen schwarzen Strich auf die Stirn gemalt und einen auf jeden
Backenknochen. Mit Luxusartikeln war Keiner versehen, wenn man nicht
einige Muscheln dazu rechnen will, welche Einzelne an einer Schnur um
den Hals trugen, und welche hier als heilig betrachtet wurden, nebst um
die Hüften gelegten Gewanden von trockenem Grase, in welchen noch Weni-
gere auftraten. Sie hatten Alle fast ohne Ausnahme größere oder kleinere
Narben auf Rücken und Armen, die unzweideutige Zeichen waren, daß
sie gegenseitig mehr als einmal an einander gerathen waren.

Der Erste, welcher auf das Verdeck kam, sank buchstäblich vor Entzücken über dieses unser „schwimmendes Land" zusammen, und brach hierauf in Exclamationen aus, welche Mehrere herbeiriefen. Als wir
nun alle unsere Herrlichkeiten von Perlbändern, Ringen und bunten Ta-
schentüchern, womit wir uns in England versehen hatten, auskramten,
wurden sie von dem wildesten Entzücken ergriffen, das Menschenzungen
ausdrücken und Menschengesichter abspiegeln können; und nun begann
der lebhafteste Tauschhandel, ein wirklicher Freihandel! Die Fregatte
wurde förmlich von ihnen geentert: Spiegel, Stückpforten, die Gallion,

15*

Maſtleitern, Deck, Alles wimmelte von Wilden, welche Strickleitern, Spieße, Fiſchgeräthſchaften, Lanzen, Netze, Kokosöl, Hals- und Ohrgehänge, Früchte, mit Einem Wort, Alles, was ſie beſaßen, feilboten. Anfangs wurden dieſe Artikel gegen unſere prächtigen Taſchentücher abgeſetzt; aber als die blauen, rothen und weißen Glasperlen ans Tageslicht kamen, war nur für ein Perlenband etwas zu erhalten.

Einen ſolchen rothbraunen, nackten, bärtigen Wilden zu ſehen, mit der einen Hand den Spieß feſthaltend, und die andere nach dem Perlenbande ausſtreckend, während jedes Glied die leidenſchaftliche Begierde ausdrückt, das Geſicht Hoffnung, Sehnſucht, Glückſeligkeit abſpiegelt, und der Mund unaufhörlich einen Laut hervorbringt, der die aufgeregten Gefühle dolmetſcht — dies war in der That ein höchſt charakteriſtiſches Schauſpiel.   Ein Wilder reichte drei Pfund Sterling und eine halbe Krone für ein Perlband hin, und als er für dieſe elenden Metallſtücke ſich glücklich das flimmernde Meiſterwerk erworben hatte, ſank er überſelig zur Erde nieder, jubelnd über den Dummkopf, der ſich ſolcher Weiſe hatte an der Naſe herum ziehen laſſen.   So können dieſe Naturkinder uns lehren, wie relativ unſer Glück und Entzücken iſt.

Ein Anderer ging umher und wollte mit aller Gewalt einen zerbrochenen Compaß, ein Dritter ein Bruchſtück eines Sextanten, ein Vierter ein paar engliſche Bücher verkaufen.   Dies im Verein mit ihrem Beſitz von engliſchem Gelde weckte die ſehr wahrſcheinliche Vermuthung, daß ein engliſches Schiff hier geſcheitert und übermannt war. Welches Schickſal war der Bemannung zu Theil geworden?   Waren dieſe Wilden Menſchenfreſſer?   Wir konnten uns auf keine Weiſe Aufſchluß hierüber verſchaffen.   Aber ihre gewaltſame Gemüthsbeſchaffenheit ſchien keinesweges eine ſolche Vermuthung unwahrſcheinlich zu machen, und als wir uns ſpäterhin auf den Freundſchaftsinſeln nach dieſen Inſelbewohnern erkundigten, erhielten wir zur Antwort: „no good“ und es verlautete, daß es Sitte bei ihnen ſei, ihre Miſſionäre zu ermorden und zu eſſen.   Bisweilen gerathen ſie miteinander in Streit.   Kokosnüſſe, Zuckerrohrſtücke und andere ſchwere Gegenſtände werden dann, wie man verſicherte, in blinder Wuth von einem Kanoe nach dem andern geſchleudert, und die Geſichter nehmen einen Ausdruck der ſchrecklichſten Wildheit und Mordluſt an.

Während des Tauschhandels gab es manche possirliche Auftritte. Einige stiegen zur Batterie hinunter und geriethen beim Anblick der Kanonen, Gewehre und Säbel, deren Wirkung sie doch wahrscheinlich nicht völlig begriffen, in das höchste Erstaunen. Andere stellten sich an dem Flaggenkasten auf, liefen dann um die Wette nach der Gallion, und brachen darauf in das wildeste und ausgelassenste Freudengelächter und Erstaunen über die Länge der Bahn aus. Als die Musik später zu spielen begann, gingen ein Paar zu den Musikanten hin, legten das Ohr nahe an die Instrumente, bliesen darauf und horchten, ob sie einen Ton gaben, und sahen äußerst betroffen aus, wenn der Erfolg nicht nach Wunsche war; zuletzt hockten sie sich sämmtlich vor den tönenden Instrumenten nieder und lauschten mit offenem Munde, wiewohl die Meisten doch mit ihren Perlenbändern zu sehr beschäftigt waren, um sich von der Macht der Töne afficiren zu lassen. Die Epauletten des Chefs und des Schiffspredigers Brille schienen ihnen der Nachstrebung sehr werthe Gegenstände.

Als unser Vorrath von Luxusgegenständen erschöpft war, fanden sie ohne Zweifel, daß sie nichts mehr bei uns zu thun hatten, und Einer nach dem Andern stürzte sich nun in das Meer wie der Fisch in sein Element und schwamm zu den Kanoes. Sie hinterließen uns eine Menge Gegenstände, wodurch die ethnographische Sammlung interessante Beiträge erhielt.

Unsere Reise zeichnete sich an den folgenden Tagen durch nichts Anderes als durch den Fang eines Haifisches aus. Dies ist stets ein Ereigniß am Bord. Man versammelt sich am Reling und starrt mit grimmigen Blicken nach dem Unthier, das sich in der Tiefe wälzt, und von Zeit zu Zeit seine scharfen Rückenflossen über die Wasserfläche emporhebt. Ein Stück Speck wird eilig herbeigeholt und auf einen zuverlässigen Haken gesteckt; wenn der Hai dann die ausgeworfene Lockspeise zu Gesicht bekommt, so sieht man ihn auf das schleunigste darauf losteuern und den verrätherischen Leckerbissen verschlucken. Nun zieht Alles was ziehen kann an dem Seile, und wenn das Thier endlich auf dem Verdeck liegt, und mit seinem Schwanz Alles in seiner Nähe gewaltig peitscht, sieht man die Matrosen sich hinzudrängen, und dem Erzfeind unter spaßhaften, derben Scheltworten, wodurch sie ihrer Erbitterung gegen diesen Tiger des

Meeres Luft machen, verschiedene gewaltige Schläge versetzen. Am letzten
September, dem Jahrestag unserer Abreise von der Heimat, zeigten sich
die mittelsten Freundschaftsinseln oder Haabaigruppen, aber
da beinahe kein Lüftchen die Fregatte zum erwarteten Ziel hintrieb, an=
kerten wir erst spät Abends vor Foua.

Nach allen Seiten sahen wir uns von Länderstückchen umgeben.
In der Ferne nach West hin dämmerte der dreiseitige zuckerhutartige 3900
Fuß hohe Kao und daneben der bedeutend niedrigere Tofoua, an dessen
nördlichem Ende eine mächtige Rauchsäule aus einem brennenden Vulkan,
welcher jedoch nicht Flammen ausspie, gen Himmel stieg. Im Osten la=
gen drei lange schmale von einem gemeinschaftlichen Korallenriff auf
der Windseite geschützte Inseln: Haano, Foua und Lefouga, und
südlich wurde die Inselreihe durch einige kleinere Inseln fortgesetzt. Das
Wasserbecken, das sich gen Ost und West öffnete, war mit kleinen, mit
laubigen Bäumen bewachsenen Koralleninseln bedeckt und von einer Menge
Korallenriffe, wovon nur eine kleine Anzahl über die Wasserfläche her=
vorragte, angefüllt. Wie verschieden auch diese Inseln an Umfang und
Form waren, hatten sie doch alle, mit Ausnahme von zwei vulkanischen
gen West, das Gemeinschaftliche, daß sie ganz und gar von Korallenriffen
gebildet und so durchaus flach und niedrig und besonders dicht bewachsen
waren.

Ohne daß ich mich nun auf das oft behandelte Kapitel von dem
Ursprung der Koralleninseln einlasse, wird man ermessen können, daß
wir Grund hatten hier eine ganz andere Natur zu erwarten, als wir sie
auf Taheiti und Eimeo sahen.

Schon um die Mittagszeit, als wir noch eine gute Strecke von den
Inseln entfernt waren, kam ein Kanoe mit zwei Eingeborenen auf uns zu,
wovon der Eine, dessen christlicher Name Kornelius war, als Lootse fun=
girte, und der andere als Gesellschafter ihn begleitete. Sie gaben eine
hübsche Probe von der Menschenrace, die wir bald treffen sollten, ab.
Es waren stolze Gestalten, die überall darauf hätten Anspruch machen
können, hübsche Männer genannt zu werden, und gänzlich ohne
Schmuck, aber um die Hüften trugen sie ein Stück Tapa, eine Art Zeug,
dünn wie Papier, gewirkt aus einer Baumrinde; binnen einigen Augen=
blicken hatten wir sie jedoch mit Hemden, Beinkleidern und Schärpen, ja

sogar mit Röcken, Uniformsmützen und einem Paar Glacehandschuhen, die nicht von der reinsten Art waren, versehen. Selbst von ihrer Pracht entzückt, blähten sie sich darin wie Pfauen, aber wir Anderen mußten gestehen, daß ihre natürlichen Vorzüge keineswegs durch den neuen Staat gehoben wurden, worin sie sich gezwungen bewegten, und welcher offenbar Meister Kornelius beschwerlich wurde, als er in den Fokmastkorb hinauf auf seine Wacht sollte. Musik verursachte namentlich seinem Begleiter große Freude, zumal gefiel ihm die Posaune, die sich, je nach den verschiedenen Tönen, verlängerte oder verkürzte. Uebrigens waren es frohe, wohlwollende Menschen, die mit Enthusiasmus Alles, was man ihnen anbot, annahmen, und welche diesen Tag sicherlich als einen Festtag ihres Lebens betrachteten.

Früh am nächsten Morgen ging ich ans Land. Mit Schwierigkeit fand sich eine Einfahrt zwischen den Korallenriffen, und wir legten bei einem Etablissement an, das einem Landsmanne gehörte, der zu Taheiti als schwedisch-norwegischer Consul angestellt gewesen war, sich aber jetzt hierher begeben hatte, um in Verein mit einer englischen Compagnie eine Kokosnußölfabrik zu betreiben. Diese schien hier gedeihen zu können, vorausgesetzt daß man Absatz findet, denn nirgends hatte ich einen solchen Reichthum von Kokospalmen gesehen. Berücksichtigt man diese Wälder, und ihre außerordentliche Fruchtbarkeit, so scheint eine solche Fabrik alle Bedingungen für einen Aufschwung zu haben, zumal wenn man hinzufügt, daß durch ein Gesetz bestimmt ist, jede Verletzung des sechsten Gebotes solle damit bestraft werden, tausend Kokosnüsse der Fabrik zu liefern, ein Recht, das unser Landsmann sich von der Regierung dadurch erworben hatte, daß er ihr während des letzten Krieges Gewehre und andere Ammunition verschaffte. Man sah am Strande einen ungeheuren Haufen von solchen Sündenüssen, die bequem eine Kriminalstatistik abgeben konnten; dicht daneben lag die Oelfabrik selbst, welche durch eine von Manchester hierhergebrachte zusammengesetzte Dampfmaschine getrieben wurde, und etwas weiter hinauf unsers Landmannes Wohnung, ein luftiges auf hohen Pfosten aufgeführtes Haus.

Dem niederströmenden Regen zum Troß streifte ich am Ufer umher, durchsuchte die Wälder, besuchte die Eingeborenen in ihren Hütten, kostete ihr Essen und bewirthete sie mit Dem, was ich mitbrachte, tauschte

mir etwas von ihrem Hausgeräth gegen Perlenbänder und andere dergleichen Gegenstände ein, obgleich man sich hier aus Putz weniger
machte und lieber Kleider und leere Flaschen nahm, um hierin das Kokosöl
aufzubewahren, das dadurch bereitet wird, daß man erst den Kern ras-
pelt, und dann das Oel auspreßt. Den, welcher nähere Bekanntschaft
mit der interessanten Bevölkerung der Freundschaftsinseln sucht, muß ich
auf die Arbeiten früherer Reisenden verweisen, da ich nur das Wenige berichten kann, was ich während eines Aufenthalts von zwölf Stunden erfuhr, in welchen so viel Unbekanntes und Merkwürdiges aufgefaßt werden sollte.

Ich habe bereits gesagt, daß die ganze Insel auf Korallengrunde
ruht, und also niedrig und flach ist. Ueber der Korallenmasse liegt eine
ziemlich dicke Lage der fettesten Gartenerde, und hierin gedeihen Pflanzen, die an Ueppigkeit, wenn auch nicht an Artenreichthum und Mannigfaltigkeit sich mit denen jedes anderen Erdstrichs messen können. Wiewohl ich in den wenigen Stunden nicht viele Gewächse einsammeln konnte,
schlage ich doch die hiesige Flora auf 400 Arten an, da man 700 von
dem ausgedehnten Fidchi-Archipelagus mit seinen vielfachen Inseln kennt.
Was mich in Erstaunen setzte, war hier eine so geringe Uebereinstimmung
mit den früher besuchten Oceaninseln anzutreffen. Es fanden sich gewiß
viele Pflanzen, die diesen Inseln gemeinschaftlich waren, vielleicht sogar
die wichtigsten, aber der ganze Charakter war verschieden. Außer dem
völligen Mangel an Bergen, ließ sich gleich bemerken, daß die Farren
hier keine so wichtige Rolle spielen wie auf den andern vulkanischen Inseln. Unter durchaus neuen Arten trat theils eine Palmenart auf, theils
ein besonderes Gewächs, eine Cycade, zwischen Palmen und Farren stehend, dessen Stamm ebenso hoch war wie der der Kokospalme. Mais
wird in größerer Menge gebaut als an irgend einem andern Orte, ebenso
Gartengewächse, Theepflanzen, Bananen, Zuckerrohr, dagegen nicht
Tarro, da hier Mangel an Wasser ist.

Die Thierwelt zeigte eine ebenso merkwürdige Verschiedenheit.
Wilde Schweine und Hühner sah man überall. Eine Menge ausgezeichnet schön befiederter Landvögel belebte die Wälder mit ihrem Gesang, an Insekten schien es aber zu fehlen. Eine prachtvolle Schlange
wand sich auf den Korallenklippen am Strande, Nattern dagegen schienen

hier weit weniger vorhanden als auf Tahiti. Am Ufer hatte man Gelegenheit, die zoologische Beschaffenheit der Insel wahrzunehmen. Zur
Zeit der Ebbe hob sich die Küste, vier bis sechs Ellen, sie besteht aus
einer festen Korallenwand, vom Wasser zu beinahe freistehenden Blöcken
zerfressen, die wiederum so hart waren, daß man mit dem Hammer,
kaum einige kleine Stücke der äußerst unebnen Fläche abzuschlagen vermochte. Diese Steinlager schienen von verschiedenen Arten gebildet
zu sein.

Selbst die Einwohner zeigten sich verschieden von den übrigen Insu-
lanern; ihre Wohnungen waren hübscher und reinlicher als auf Tahiti, und
prächtig im Vergleich mit denen der Sandwichsinseln. Sie bestanden aus
Bambusstäben und zwischen diesen dehnten sich in elliptischer Form zwei
bis drei Ellen hohe Wände von hübschem und leichtem Flechtwerk aus, die
bei Seite geschoben werden konnten, und, unterstützt von einer Stange,
den herrlichsten Sonnenschirm außerhalb der Hütte bildeten, darüber
wölbte sich ein leichtes Dach von Pandanusblättern, getragen von bogenförmigen Pfählen; das Innere der Hütte bestand nicht aus einem einzigen Raum, sondern war durch dünne geflochtene Zwischenwände in drei
Theile getheilt, wovon der eine Vorrathskammer, der andere Schlafstelle,
und der dritte und mittelste eine Art Salon war, in dem man auf den
Matten, welche den Fußboden bedeckten, arbeitete und speiste. Unter dem
Dach hingen Kleider und Hausgeräthe, längs den Wänden standen zahlreiche Kisten, angefüllt mit Tapastücken und andern kostbaren Artikeln.
In einigen Hütten hingen gute blankpolirte Gewehre in vollkommenem
Zustande; andere Waffen schienen nicht benutzt zu werden; denn die wenigen Spieße und Keulen, die wir bemerkten, sahen eher wie Reliquien
verschwundener Zeiten aus. Die Wirkerei von Tapazeug und Matten
schien ihre Hauptbeschäftigung zu sein, und ich sah Stoffe, die einen hohen Grad von Vollkommenheit besaßen und fast feinen Shawls glichen.
Hausgeräth gab es sehr wenig, doch ward nirgends ein ausgehöhltes
Holzgefäß vermißt, worin sie ein berauschendes Getränk, Ava, bereiten das
bei allen feierlichen Gelegenheiten genossen wird. Alle Geräthschaften
werden von den Fidchiinseln geholt, deren Bewohner größere Kunstfertigkeit zu besitzen scheinen.

Ich habe schon ein flüchtiges Bild unsers Lootsen Kornelius und seines Kameraden entworfen. Ungefähr derselbe Typus findet sich bei Allen wieder. Die Männer haben einen herrlichen Kopf, den sie hoch und stolz tragen, und hübsche Formen. Sehr muskelstark schienen sie nicht zu sein, doch trugen sie erstaunliche Lasten. Die Weiber waren nicht so anmuthig wie die Tahiterinnen, aber von regelmäßigerer Schönheit. Die Hautfarbe beider Geschlechter ist dunkelkupferbraun, glänzend von dem eingeriebenen Kokosnußöl. Die meisten Männer waren auf dem Rücken, Unterleib und den Beinen tätowirt, die Weiber dagegen gar nicht. Beinahe Allen fehlte ein Zeigefinger, was an die Zeiten erinnerte, wo man bei dem Tode eines Verwandten seinen Kummer dadurch an den Tag legte, daß man sich verstümmelte und seinem Götzen das abgeschnittene Glied als wohlgefälliges Opfer darbrachte. Die Frauen haben die Gewohnheit, das Haar mit Kalk zu bestreichen, sodaß es ganz weiß wird, und es dann auf das sorgsamste über fein ausgeschnittenen Kämmen zu frisiren. Die Zahl der Weiber und Kinder ist außerordentlich groß; der Kopf der Letzteren wird mit Ausnahme von zwei großen „ailes de pigeon“ an jedem Ohr, die ihnen das Aussehen von geputzten Affen geben, gänzlich geschoren. Man trifft auch hier eine Menge alter Weiber an, was für die sanfte Gemüthsart der Einwohner spricht.

Uebrigens fand sich hier eine Menge von Abkömmlingen der Bevölkerung des Fidchi=Archipelagus, der Schifferinseln und anderer Inselgruppen vor, die eine große Abwechselung von Physiognomien und Charakteren geben, denn es ist unglaublich, wie höchst verschieden diese Stämme sind. Sie entspringen zwar alle von einem über ganz Polynesien ausgebreiteten und mit den Malaien verwandten Stamme, aber gleichwie ihre Sprache so abweichend ist, daß die verschiedenen Inselbewohner kaum einander gegenseitig verstehen, so findet man auch die ungleichartigsten Physiognomien. Die Verschiedenheit an Gesinnung und Sitten ist noch auffallender. Man betrachte z. B. blos die nebeneinander wohnenden wilden menschenfressenden Völkerschaften auf den Fidchiinseln und die sanften gutmüthigen Bewohner der Freundschaftsinseln! Seit der Einführung des Christenthums ist der Verkehr lebhafter und eine Verschmelzung im Entstehen, und bald wird hier nur Ein Gott und Ein Volk gefunden werden, vorausgesetzt daß die ursprüngliche Bevöl=

kerung nicht zuvor verjagt wird. — Alles natürlich zu Gottes Ehre und
zu seines Namens Preis.

Mit Recht nannte Cook diese Inseln „die Freundschaftsin=
seln"; denn das Volk, welches sie bewohnt, ist das gutmüthigste unter
der Sonne. Tritt ein Fremder in ihre Hütte, so schütteln sie ihm die
Hand, und die Freude strahlt ihnen aus den Augen; sie bewirthen ihn
mit Kokosnüssen, Papaya, Bananen, Brotfrüchten und Fleisch, Alles ser=
virt auf Bananasblättern, welche das reizendste Tischtuch bilden. Zeigt
man ihnen Putz, so sieht man es besonders den Frauen an, daß es ihnen
Freude machen würde, ihn zu besitzen, aber sie sind nie zudringlich und
suchen noch weniger, wie manche Andere, sich des Gegenstandes ihrer
Sehnsucht mit Gewalt zu bemächtigen. Giebt man ihnen ein Geschenk
so suchen sie ein Gegengeschenk zu machen, und zeigen sich aufs äußerste
gastfrei.

Aus mehreren Gründen möchte ich glauben, daß hier das Christen=
thum gute Fortschritte gemacht hat. Eine Bibel giebt es in jeder Hütte,
und sie sah immer ziemlich abgenutzt aus. Die Weiber sind keineswegs
spröde; kommt ihnen aber Jemand zu nahe, so rufen sie augenblicklich
„tabu" und zeigen gen Himmel. Welcher Gegensatz gegen den Leicht=
sinn der Schönen von Tahiti und den Sandwichsinseln! Uebrigens
mag es dahin gestellt sein, inwiefern die tausend Kokosnüsse irgend einen
Antheil an diesem exemplarischen Verhalten haben oder nicht. Schon im
Jahre 1797 kamen Missionäre von London nach Tonga=Tabu —
der Hauptinsel in Süden —; drei derselben wurden ermordet, und die
Anderen kehrten zurück; 1822 siedelten sich Methodisten hier an, aber
erst 1826 begannen die eigentlichen Predigten des Evangeliums, und
gegenwärtig sind zahlreiche, meistens inländische Apostel über die Inseln
verbreitet. Ich besuchte eine ihrer Kirchen. Es war eine geräumige,
herrliche Hütte, inmitten derselben die Kanzel, und der Fußboden mit
weichen Matten belegt. Weiter nach der Küste hinab war der Begräb=
nißplatz, wo einige einfache Grabhügel sich erhoben, statt der Blumen mit
kleinen farbigen Steinen, die zu den allersonderbarsten Figuren zusammen=
gelegt waren, geschmückt.

Trägheit scheint die Schooßsünde der Inselbewohner zu sein. Und
wie sollten sie auch thätig sein in einer Natur, wo Kleidung und Speise

ihnen zuwächst, und die Menschen nur die Hände darnach auszustrecken
brauchen! In wenigen Minuten errichten sie ihre Hütten, ihren Schutz
gegen Regen und Sonne, ihre Schlafstätte, — und mehr brauchen sie
nicht. Ein mildes Klima macht Kleider überflüssig. — Um den Durst
zu löschen brechen sie eine Kokosnuß ab, und trinken deren labende Milch,
den Hunger stillen sie mit Früchten von hunderterlei Arten, alle wohl-
schmeckend, alle gesund. Die Kokospalme, die Banane und der Brotfruchtbaum beschatten die Hütte, und mit diesen Bäumen haben sie Alles,
was sie sich auf Erden wünschen, und ohne sie würden sie selbst im Paradies nicht gedeihen. Balken, Kanoes und Brennholz liefern die
Stämme der Palme; Matten, Körbe, Stricke, Taue und Zeuge deren
Blätter; Speise, Getränke, Oel, Wein, Gefäße deren Früchte. —

Während meiner Abwesenheit war die Fregatte von einer Menge
Kanoes umschwärmt worden, die nicht allein die Repräsentanten des „ge-
meinen Volks", sondern auch einen Prinzen, den Bruder des regierenden
Königs, und den Gouverneur der Insel an Bord brachten. Diese beiden
Herren waren die edelsten Gestalten, die man sich denken kann. Der
Gouverneur soll aus einem Geschlecht stammen, das mit Hinsicht auf
seinen aristokratischen Ursprung vornehmer ist als selbst das des Königs, und
die Vornehmheit sah ihm auch aus den Augen. Denn wenn irgend die
Rede von Aufrechterhaltung der Race, von dem menschlichen Aeußeren
als etwas Erblichem in unvermischten Geschlechtern sein darf, so muß es
hier sein, wo die Häuptlinge durch ihre ganze Körperbildung eine eigene
Kaste zu bilden scheinen. Da ich bei diesem Besuche nicht zugegen war,
kenne ich die näheren Details nicht, aber die Gesellschaft soll über unser
„großes Kanoe" und Alles, was sie darin vorfanden, äußerst entzückt gewesen sein. Und wenn wir so viel bei ihnen finden, was uns interessirt,
wie muß es da nicht ihnen gehen, wenn sie zu uns kommen?

Die Freundschaftsinseln bestehen eigentlich aus drei Gruppen, den
Tongainseln, der Habai- und der Vavaugruppe, und liegen
unter dem zwanzigsten Grade südlicher Breite. Gegenwärtig werden sie alle
von König Georg beherrscht, der Erste, der sie unter Einem Scepter
vereinigt hat. Sein eigentlicher Name ist Taufauhau, und er ist
Sohnessohn von Mumui, der zu Cook's Zeit lebte. Er hat eine äußerst
unruhige Regierung gehabt. Selbst Christ und eifriger Verkünder der

neuen Lehre, hat er sich stets im Kampf mit den mächtigen heidnischen Häuptlingen befunden, und erst neulich mit Hilfe der Engländer einen weitverzweigten Aufruhr unterdrücken müssen. Die heilige Tonga ist die Hauptinsel, mit der Hauptstadt Nukualofa.

Einige Tage von einer frischen Brise begünstigt, erreichten wir den 5. October die isolirten Onoinseln, welche sich hoch und romantisch über den Meeresspiegel erheben, umgeben von Korallenklippen, an deren grünen Ufern sich starke Brandungen schäumend brachen. Ein Kanoe mit zwei Eingeborenen und einem Engländer kam uns entgegen, sie blieben jedoch nur ganz kurze Zeit am Bord, da es nicht im Plan des Chefs lag, hier zu verweilen, und sich überdies kein sicherer Ankerplatz fand. Der Engländer war ein von Californien hierher gezogener Goldgräber, der den stillen Frieden auf einer herrlichen Südseeinsel dem unsichern Suchen nach in der Erde verborgenen Schätzen vorgezogen hatte. Die Insel, sagte er, sei von ungefähr 400 Einwohnern, guten, sanften Menschen bewohnt, welche, um sich ihren Missionären zu fügen, täglich dreimal in die Kirche gingen, des Tabaks und anderer „Unsittlichkeiten" sich enthielten, und in Allem den Brüdern auf Tonga verwandt zeigten.

Ich kann hier nicht umhin, ein paar Worte von den Herren Missionären zu sagen, obgleich ich sehr wohl weiß, wie schwer es ist, sich zwischen allen den Scheeren durchzulootsen, auf die man stößt, wenn es darauf ankommt, im Allgemeinen etwas von ihrer Wirksamkeit mitzutheilen. In Missionsberichten liest man nicht allein prahlende Beschreibungen von den harten Prüfungen, schweren Verzichtleistungen und schrecklichen Gefahren, denen diese Apostel sich auf jedem Schritt preisgeben, sondern auch von den herrlichen Früchten, welche ihre Aussaat trägt, von der gründlichen Sinnes- und Herzensänderung, dem guten Geist, welchen sie hervorrufen, von der Glückseligkeit, welche sie über Volk und Land verbreiten; und durch diese bald dunkeln, bald lächelnden Bilder entlocken sie Thränen und fromme Fürbitten, und — was oft noch wichtiger ist — klingende, goldene Beiträge.

Gegen jede Misdeutung meiner Worte muß ich hier gleich Protest einlegen. Es sei fern von mir, die Missionäre der Charlatanerie zu beschuldigen, wenn sie die Unbekehrten fast wie Teufel, und sich selbst als

Märtyrer schildern.   Es sei auch fern von mir, Jemand der Einfalt zu
beschuldigen, der ihnen nicht allein seine treuen Fürbitten, sondern auch
ein Scherflein zur Beförderung ihrer Sache opfert.   Ich bin zu sehr
von der wiedergebärenden Kraft der christlichen Religion überzeugt,
als daß ich das in seiner Quelle edle Ziel verkennen sollte.   Der müßte
wohl blind sein, welcher nicht sähe, daß Christi Lehre noch heutigen Ta=
ges Wunderwerke unter den Menschen thut, und der müßte sehr ungerecht
sein, der nicht erkennt, daß der Meister eifrige, aufopfernde, treufeste
Diener hat.   Ich protestire blos gegen die Unwahrheit in jeder Gestalt,
und daß es unwahrhafte Berichte von Missionären giebt, ist gewiß; man
legt oft den Bekehrten Reden in den Mund, die sie nie gehalten haben,
und die Schilderungen von Leiden und Elend sind nur allzuoft darauf
berechnet, Mitleiden zu erwecken, und die Beutel zu öffnen.

Die Lage der Missionäre ist keineswegs so traurig, wie sie oft vor=
geben.   Ueberall, wo wir ihrer Spur folgen, sehen wir, daß sie sich der
Arbeitskraft der Eingeborenen bedient haben, ihre eigenen Zwecke zu be=
fördern, und daß sie nicht allein dieselben geistig, sondern auch leiblich be=
herrscht haben.   Sie leben nicht in Armuth, werden nicht von den Qua=
len der Einsamkeit niedergedrückt, denn meistens leben sie mit ihren Fa=
milien zusammen, und haben ungefähr so viel von den Lebensgütern, als
sie mit Billigkeit fordern können.

Was man ihnen dagegen vorwirft, und ein Recht hat ihnen vorzu=
werfen, das ist ihr Mangel an Toleranz, der an das Mittelalter und dessen
Religionsverfolgungen erinnert.   Es scheint oft mehr die Religion der
Zwietracht und des Hasses zu sein, die sie predigen, als die der Liebe.
Die verschiedenen Sekten, welche die Länder der Heiden überschwemmen,
kämpfen dort miteinander auf Leben und Tod, und wenden alle erdenk=
liche Mittel an, ihrer gegenseitigen Wirksamkeit entgegenzuarbeiten.
Dies ist namentlich mit den Methodisten der Fall, welche größeren Abscheu
gegen die Katholiken als gegen die ihren Götzen opfernden Heiden hegen.
Die katholischen Missionäre ihrerseits sind nicht weniger gewaltthätig und
intolerant.

Und diese Wilden sind es, diese einfachen Naturkinder, die man zu
Richtern über die christlichen Dogmen macht! Und vor den Augen Derer, die

man überzeugen will, daß Christus unter seine Fittiche die ganze Welt
versammelt, daß er der Erbarmer und die Liebe ist, daß durch seine
Barmherzigkeit Alle Brüder sind, Alle umschlungen von einem und dem-
selben Bande der Versöhnung, vor Deren Augen erlaubt man sich in
Christi Namen diese fanatischen Verfolgungen! Was müssen diese armen
Unbefestigten von der Lehre der Wahrheit und Liebe denken, wenn ihre
Verkündiger selbst so ganz dem Geist der Liebe zuwiderhandeln?

Nicht selten haben die Flammen des Bürgerkrieges auf diesen Inseln gewüthet, entzündet von den Missionären, welche lieber die Stämme
durch gegenseitigen Ausrottungskrieg von dem Lande ihrer Väter vertilgt
sehen wollten, als einer anderen Glaubensgemeinschaft anheimfallen. Die
Sandwichsinseln und Taheiti's Geschichte erzählen von blutigen Fehden.
Im Jahre 1844 brach auf den Tongainseln ein furchtbarer Krieg aus.
Der Chef der nordamerikanischen Entdeckungsexpedition, Wilkes, wollte
als Friedensstifter auftreten; aber die Methodisten riefen: „Laßt die
Heiden Christen werden oder umkommen!" Und sie kamen um zu Tausenden, und mit ihnen viele Christen.   Aber in den Berichten hieß es,
daß der und der Fürst für die Sache des Christenthums streite, aber von
den vielen Tausenden steht nichts da, welche den Tod in diesen blutigen
Fehden fanden.

Welche Lüge im Allgemeinen diese Völkerschaften Christen zu nennen!
Kann man sagen, daß Christi Lehre von ihnen verstanden wird? Ist ein
klares Bewußtsein in ihrer Gottesverehrung, ist lebendiger Glaube und
Liebe in ihrem Lobgesang? Ach! der Fanatismus erleuchtet nicht, be-
lehrt nicht, erwärmt nicht. Nicht durch Predigen vom Morgen bis Abend
nicht durch lange ihm unverständliche Gebete, nicht durch eine trockne
Sittenlehre wirkt man auf ein Volk, das in einer phantastischen Naturpoesie lebt, in behaglichem Genuß Dessen, was eine reiche Natur schenkt,
das nichts weiß von irgend einer Anstrengung, am wenigsten von der des
Denkens, selbst wenn man es auf das Denken abgesehen hätte, was nicht
der Fall ist.

Wie ist nun das Glück beschaffen, das die Missionäre ihrer Heerde
bereiten? Sie berauben sie jeder unschuldigen Freude, umdüstern ihr
Leben, verwirren ihre Begriffe, sie schaffen da Bedürfnisse, wo früher
keine bekannt waren.   Aber sie verbessern nicht ihre gesellschaftlichen Zu-

stände, sie bringen ihnen keine von den Fertigkeiten bei, die ihnen im wirk=
lichen Leben nützlich werden könnten. Und was bedeutet das Wort Ci=
vilisation, das immer auf der Zunge geführt wird? In Europa verweilt
der Gedanke bei dem Handel, den Manufakturen, der Industrie, der Wissen=
schaft, als Ergebnisse eines höheren Verstandes und eines geläuterten
Willens; dort muß der Mensch durch Nachdenken und Fleiß ver=
edeln, was eine ärmliche Natur in Form von Rohstoffen schenkt; dort
muß er so gut wie selbst schaffen, was zur Befriedigung seiner Bedürfnisse
fehlt; hier dagegen wächst Alles von selbst, Bekleidung und Nahrung,
ohne des Menschen Zuthun. Aber mit den Fremden kommen die Bedürf=
nisse, und dahin ist der Friede, die stille unbewußte Glückseligkeit. Oder
auf welch andere Weise soll man sich das Phänomen erklären, daß die
Völkerschaften gleichsam aussterben, daß jetzt kaum Hunderte da zu fin=
den sind, wo sonst Tausende lebten? Woher alle diese Krankheiten, alle
die Laster, die sonst unbekannt waren?

Dennoch bin ich weit entfernt alles das Gute zu verkennen, was die
Wohlthäter der Menschheit nicht allein gewollt, sondern auch dadurch ge=
leistet haben, daß sie die Verkünder des Wortes aussendeten. Meine
Meinung ist nur, daß, wenn man mit wahrem Eifer die Förderung der
guten Sache will, man einen andern Weg einschlagen muß. Man muß
das Unkraut von dem Weizen scheiden, Betrüger und Unruhstifter verjagen,
würdige Werkzeuge für den Dienst Gottes auswählen, ihnen Sanftmuth
und Mäßigung anempfehlen, und sich nicht irre führen lassen von ihrer Selbst=
vergötterung und ihrem Märtyrergeschrei. Aber vor Allem muß man aufhö=
ren, da Blutströme fließen zu lassen, wo die Religion der Liebe gepredigt wird,
aufhören, in Christi Namen das Paradies der Natur in Wüsteneien zu
verwandeln. Man nehme den Menschen, wie er ist, weder als ein Unthier,
noch als einen Engel, man richte seine Wirksamkeit sowohl auf den Verstand
wie auf das Herz, man gebe allen Streit um Glaubensartikel, jede Verfol=
gung Andersdenkender auf!

Daß es auch redliche Missionäre giebt, Männer von Herz in der
Brust, und Verstand im Kopfe, habe ich schon mehrmals zu bemerken Ge=
legenheit gehabt. Es giebt würdige Herolde des großen Lichts, das auf=
geht über die Länder, Männer, die ihren Glauben durch ihre Thaten be=
wiesen haben! Doch genug hiervon!

Den 6. October paſſirten wir den Meridian, und dieſer Tag mußte
alſo in unſerm Tagbuch überſprungen werden, um in Uebereinſtimmung
mit der Zeitrechnung daheim und auf der Halbkugel zu kommen, auf der
wir jetzt wieder anlangten. Am 18. dämmerte uns Howe = Island,
hoch und iſolirt, entgegen, und die nächſte Nacht hatten wir eines von
jenen Unwettern, welches durch die Elektricität der Luft, durch die blendenden und langanhaltenden Blitze und die gewaltigen Regengüſſe an die
Pamperos des Platafluſſes erinnerte.

Am Abend des 21. Octobers ankerten wir in Sidney's ſchönem geräumigen Hafen.

Achtes Kapitel.

Neu=Holland. Port Jackſon. Die Stadt Sidney. Bevölkerung und Leben. Illawarra. — Anſiedler. — Schwarzes Königspaar. — Natur. —
Die Eingebornen und ihre Sitten. — Botany=Bay. Geſchichte der Colonie. — Neu = Süd = Wales und andere Colonien. — Auſtralia = Felix.
Klima, Production, Handel. Die Entdeckung der Auſtraliſchen Goldlager.
Mac=Gregor. — Das Goldgraben. Theuerung. Die engliſche Regierung
und die Auswanderung nach Neu = Holland.

Auf dem ſtillen Meer, November 1852.

Donnerſtag den 21. October zeigte ſich die Küſte von Neu = Holland, jenem Lande, das in mehr als Einer Hinſicht einen Antipoden
unſers Europa's bildet, deſſen Natur nichts als Contraſte von Dem auf-
zeigt, woran wir gewöhnt ſind, und deſſen neue Verhältniſſe nach der
Entdeckung des Goldes ſich in ſo hohem Grade eignen, auf die alte Welt
mächtig einzuwirken. Allmälig traten die plötzlich ſich abflachenden, zer-
riſſenen, mit Sandfelſen beſetzten und an Patagonien erinnernden Ufer
deutlicher hervor, und gegen Abend landeten wir in Sidney's Hafen
Port Jackſon, wo ſich ein prächtiger Leuchtthurm hoch und heilbringend erhebt.

Der Hafen erſtreckt ſich fünf bis ſechs engliſche Meilen von der
Mündung in ſüdlicher Richtung wie ein langer Meerbuſen aus. Er iſt

gleichsam eine schmale, etwas gekrümmte, von einer Menge vorspringender Landzungen getheilte Bay, die Küsten sind mit niedrigen Felsen besetzt aber keineswegs mit der reichen, tropischen Vegetation, sondern mit Nadelholz und melancholisch armen Gebüschen bewachsen. Wir waren lange von jedem in europäischem Sinne civilisirten Lande entfernt gewesen, hatten lange die Freuden des gesellschaftlichen Lebens entbehren müssen, und hatten deshalb mit Sehnsucht der Ankunft daselbst entgegengesehen. Ueberdies: „Briefe aus der Heimat", Nachrichten von unsern Lieben! Welche Seligkeit liegt nicht hierin, wenn man sich auf der andern Hälfte der Erdkugel befindet! Um sieben Uhr fiel der Anker, Briefe und Neuig= keiten von Europa wurden gebracht, Jeder isolirte sich mit seinen Schätzen, um sich mehrere tausend Meilen hinweg zu träumen, um mit den Ge= liebten zu plaudern, sie in ihren häuslichen Verhältnissen zu sehen — und Alles war Jubel und Freude.

Sidney's Hafen, von dem ich bereits ein flüchtiges Bild ent= worfen habe, ist unleugbar einer der ausgezeichnetsten in der Welt, nicht allein wegen seiner Geräumigkeit und Schönheit, sondern auch wegen der bedeutenden Tiefe und der hier herrschenden Winde. Sowohl Ein= wie Ausfahrt sind ununterbrochen von wechselnden Land= und Seewinden begün= stigt, die, ohne zu heftig zu sein, doch mit hinreichender Frische wehen. Der Hafen besteht aus mehreren Buchten, „coves", getrennt durch schmale, reichbelaubte, hervorspringende Landzungen. Diese „coves" sind so tief, daß die größten Schiffe fast dicht am Strande, der gleichsam natürliche Brücken bildet, anlegen können, und Sidney's Handelsflotte ist auch in sie alle vertheilt, und zeigt sich nirgends in ihrer ganzen Größe. Gegenwärtig war die Anzahl der Schiffe nicht außerordentlich bedeutend, aber täglich kamen viele aus allen Weltgegenden, und von allen mög= lichen Dimensionen an, selbst Dampfschiffe aus England, und noch meh= rere wurden erwartet. Eine englische Kriegsbrigg und ein armirtes Dampfschiff waren gleichfalls hier stationirt.

Die Stadt Sidney erstreckt sich längs der westlichen Seite des Ha= fens Port Jackson. Diese Seite bildet hier vier von schmalen „coves" ge= trennte Landzungen. Die nördlichste derselben ist größtentheils von Villen bedeckt, die in trefflichen Gärten liegen; die andere wird theils von dem botanischen Garten, theils von einer sehr besuchten Promenade

zwischen schattenreichen Hainen eingenommen; auf der dritten befindet sich
das Gouvernementsgebäude, das einer großen Ritterburg gleicht, mit
kleinen Thürmen und Vorsprüngen, hohen schmalen Fenstern und spitzen
gewölbten Bögen, umgeben von einem Park in englischem Styl mit
Baumgruppen und weichen Rasenwällen, die darauf berechnet sind,
Natur und Kunst aufs Schönste zu vereinen; an der Spitze
dieser Landzunge liegt auch das hübsche Fort, ein geschmackvolles,
aber nicht großes Gebäude, umgeben von niedrigen, kanonenbespickten
Mauern. Die vierte dieser Landzungen ist ganz und gar mit Gebäuden
der Stadt besetzt, die außerdem über die Ebene zwischen der ersten und
zweiten Landzunge, sowie in der Vertiefung zwischen der dritten und vierten zerstreut sind.

Sidney hat somit eine höchst coupirte Lage, und von welcher Seite
man auch diese Häusermassen übersieht, stellen sie sich immer mit einer
Nettigkeit und Eleganz dar, welche keineswegs verschwindet, wenn man
sie näher in Augenschein nimmt. Die Straßen sind gerade und regelmäßig, weder so volksleer wie in den spanischen Städten, noch wie die
nordamerikanischen durch ihr geräuschvolles Treiben belebt. Die sehr
lange Hauptstraße George-street, giebt allenthalben Zeugniß, daß sie
einer Stadt angehört, die einer der Centralpunkte des Welthandels ist,
oder wenigstens werden kann und muß. Die Häuser sind sämmtlich
aus dem überall vorhandenen, leicht zu bearbeitenden Sandstein aufgeführt, und demzufolge kann die Architektur ihnen Solidität zugleich
mit jener geschmackvollen Form geben, welche, ohne mit Filigranarbeit
überladen zu sein, Verzierungen in Harmonie mit dem ganzen Styl anzubringen weiß. Des Sandsteins lichtgelbe oder braunrothe Farbe
verleiht außerdem diesen Gebäuden ein eigenes aristokratisches Gepräge,
das vortrefflich mit den hohen Fenstern, den Spitzbögen, den kanelirten
Fensterstöcken und den hervorspringenden Erkern harmonirt.

Paterre finden sich überall Läden, und in der Menge der Waaren
und geschmackvollen Anordnung wetteifert Neu-Hollands Hauptstadt mit
jeder andern. Hier finden sich nicht wie in andern amerikanischen
Städten „stores“, das heißt Lager, von allen möglichen Arten Waaren,
sondern jeder Laden ist mit seinem besonderen Handelsartikel versehen.
Aber sind die Läden zahlreich, so sind die Caffés und Trinkstuben es

16*

nicht minder. Beinahe jedes zweite Haus hat ein solches Etablissement, und Gäste giebt es leider überall genug, denn vielleicht findet sich kein Ort, wo die Trunkenheit mehr überhand genommen hat als in Sidney.

Kirchen sind hier in großer Anzahl, da volle Religionsfreiheit herrscht, und jede Secte hat ihre eigene oder eigenen Kirchen. Die meisten derselben sind hübsche Gebäude, Miniaturbilder unserer alten gothischen Meisterwerke, verjüngt durch elegante Zusätze des modernen Geschmacks, und alle ohne Ausnahme haben jenes zierliche, festliche Aeußere wofür ich keinen besseren Ausdruck weiß als „very english".

Auf der Hochebene zwischen den beiden ersten Landzungen liegt der sogenannte Hyde-Park, ein überaus großer eingezäunter Platz, der einem Exercirplatz gleicht. Am nördlichen Ende liegt der Palast des Militairchefs, ein kolossales, majestätisches Gebäude von imponirender Einfachheit, an der westlichen Seite des Parkes das Museum, das, noch nicht vollendet, ganz denselben Charakter hat wie die anderen Gebäude, zierlich und zweckmäßig; eine hübsche kleine Blumenpartie nimmt den Hofraum vor dem mit hohen Säulen geschmückten Eingang ein; der vollendete Theil des Gebäudes umfaßt hauptsächlich einen großen Saal, wo das Licht von oben einfällt, und worin die zoologischen und ethnographischen Sammlungen längs den Wänden und in Schränken mitten im Saal geordnet sind. Die Sammlungen tragen freilich Spuren der Kindheit, aber einer Kindheit wie die des Herkules, welche eine Entwickelung und Größe verheißt, die der von Australien selbst entspricht.

Zwischen dem Museum und dem Gouvernementshotel liegt der botanische Garten, der von der Stadt durch einen Park getrennt ist, auf dessen höchstem Punkt eine kolossale Statue des Gouverneurs Bourke errichtet ist. Der Park ist eine sehr beliebte Promenade; von kühlenden Seewinden umweht, scheint er von der Natur selbst zur Freude der Menschen bestimmt, auf der einen Seite die Stille des Landes und des Meeres, auf der andern der volkreiche Lärm der großen Stadt. Der botanische Garten hat zwei Abtheilungen, die eine ist für die zahlreichen Baum- und Buscharten Australiens, die andere zu Blumengewächsen und exotischen Pflanzen, namentlich chinesischen, bestimmt. Ohne die vegetativen Merkwürdigkeiten, die sich hier finden, aufzuzählen, kann ich doch nicht umhin, zu bemerken, daß hier Alles angetroffen wird, was die Menschen aus dem Pflan-

zenreich Neu=Hollands, Neu=Seelands, Neu=Caledoniens, den philippinischen
Inseln, China's und Ostindiens, als das Wirksamste und Prächtigste haben,
Alles, was das Auge am meisten durch Schönheit, Form und Pracht der
Blumen bezaubert, Alles, was den in des Gewächshauses Geheimnisse
Eingeweihten am meisten interessirt und in Erstaunen setzt. Sidney's
Regierung und Bevölkerung muß eingesehen haben, von wie unberechenbarem Nutzen eine solche Einrichtung für die Wissenschaft ist, und hier
scheint das Gartenwesen überhaupt eine Modesache zu sein. Denn außer
daß der botanische Garten einen jährlichen Zufluß von 15,000 Thalern
vom Staate erhält; daß sich hier ein Gartenverein befindet, der bei jeder
von seinen vier jährlichen Ausstellungen beinahe 1000 Thaler an Prä-
mien austheilt — Ausstellungen, die fast mit denen Hamburgs wetteifern
können —; daß dessen Mitglieder eine jährliche Abgabe von 15 bis 40 Thalern erlegen, und daß dessen Bestehen vom Staat garantirt wird, giebt es hier
viele Privatleute, welche jährlich auf ihre Gärten bis an 6000 Thaler und
noch mehr wenden, und überall sieht man die prächtigsten Anlagen, voll
von allen reizendsten Kindern der Flora, von gewaltigen Araukarien, den
verschiedenen Ficusarten und der Salix babylonica, deren sämmtliche hiesige Exemplare von dem Bäumen um Napoleon's Grab auf St. Helena
abstammen.

Die Bibliothek in der Nähe von Bourke's Statue ist ebenfalls ein
prächtiges Gebäude. Die Büchersammlung war nicht groß, aber sorgsam
gewählt. Dort fanden sich auch einige recht hübsche Gemälde inländischer
Meister und ein großes Lesecabinet mit europäischen Zeitungen und Zeit-
schriften, und mehrere kleinere mehr für Handelsinteressen und Wechsel-
geschäfte geeignete Lesecabinete.

Auch Sidney's Victoriatheater habe ich besucht. Wohl sieht man
in den Theatern der Vorstädte und Boulevards in Paris die französische
Freiheit und Zügellosigkeit ausarten, aber das ist doch Nichts gegen Das,
was man hier erlebt. Man lag, spazierte, sprang auf die Bänke, man
aß und trank ganz ungenirt, man sprach, sang und schrie. Jeder that,
was ihm gerade einfiel. Der Saal war so übel nicht, doch offenbar
mehr darauf berechnet, die Zuschauer zu fassen, als ihrem Schönheits-
sinne zu schmeicheln. Man brachte Alles: Ballet, Sologesang, Lustspiel
und Drama zur Aufführung, sodaß es eine vollständige Musterkarte der

Kunst in Australien war, aber Alles gleich miserabel und roh; ich verließ daher das Haus höchst unbefriedigt und mit aufrichtigen Wünschen einer besseren Zukunft. Wenn ich noch die Hospitäler, das Gefängniß im nördlichen Theile der Stadt und vier kolossale Frucht= und Victualien= bazare nenne, glaube ich die merkwürdigsten öffentlichen Gebäude er= wähnt zu haben.

Sidney, das jetzt sechzig Jahre zählt, hat schon 80,000 Einwohner, und die Stadt ist noch immer im Wachsen. Auf allen Straßen sieht man Bauplätze, und viele große prachtvolle Häuser waren in Arbeit. Mit jedem Tage erweitern sich die Grenzen der Stadt; und mit einer Popu= lation, welche jede Woche sich um Tausende vermehrt, wird sie in kurzer Zeit mit Europas ersten Städten in Leben und Treiben wetteifern können. Das Polizeiwesen ist ganz auf englische Weise eingerichtet. Constabler, ganz wie die in London gekleidet, stehen auch hier an jeder Straßenecke. Zahlreiche Wagen halten an bestimmten Stellen, die Preise sind billig. Gasflammen erleuchten Abends Straßen und Häuser mit ihrem klaren, weißen Schein.

War der Eindruck von San Francisco lästig und ungünstig, so war das Bild, das man von Sidney behielt, mit Ausnahme der Theater, höchst belebt und liebenswürdig. Auch hier ist das Geld freilich die Haupt= triebfeder und das große Ziel für Alles, vielleicht in einem weit höheren Grade, als man in Europa gewöhnt ist. Aber Alles trägt hier den Charakter von Mäßigung, von ruhigem Bewußtsein seiner Hilfsquellen und seines Strebens, der von dem „public spirit", dem Patriotismus, der von dem Engländer unzertrennlich ist, überall Zeugniß giebt. Man kann nicht umhin zu bemerken, und sich über die Resultate zu freuen, welche ein edles und ernstes Streben hier erzielt hat. Man findet mit Erstaunen in dieser jungen, und demzufolge noch wenig befestigten, bürger= lichen Gesellschaft einen lebendigen und starken Speculationsgeist, neben einem stark entwickelten Gemeingeist ein schönes und sorgsam gepflegtes häusliches Leben, und man glaubt sich nach Altengland mit dessen ernster Selbstbeherrschung, dessen sicherem Vertrauen auf „Gott und mein gutes Recht", dessen männlicher Kraft, und dessen sowohl materieller wie geisti= ger Größe versetzt. Während wir sonst überall der Menschen ganzen Sinn ausschließend darauf hingewandt gesehen hatten, zu sammeln, und

das Erworbene wieder zu vermehren, fanden wir hier nicht allein gastfreie
Leute, die nur dem Drange ihres Herzens zu folgen schienen, wenn sie
uns alle erdenkliche Aufmerksamkeit und Gefälligkeit bewiesen, sondern auch
solche, die mit Eifer und Verstand ihren Platz in der bürgerlichen Gesell=
schaft ausfüllten, daneben noch Zeit und Geld der Wissenschaft, Kunst und
andern das menschliche Leben tröstenden und veredelnden Mächten opferten,
oder welche mindestens lebendigen Sinn für diese höheren Genüsse hatten.

Ich würde kein Ende finden, wollte ich alle die Vergnügungen auf=
zählen, an welchen meine Reisegefährten theilnahmen: Diners, Soupers,
Bälle wechselten miteinander ab; allein ich mußte, damit ich ein wenig
Zeit erübrigte, um Aufschlüsse über die Natur des Landes, die Bevöl=
kerung und den gegenwärtigen Zustand in socialer und politischer Hinsicht
zu sammeln, mich den meisten dieser Freuden entziehen.

Nachdem ich den ersten Tag die Stadt durchstrichen, das Museum
und die verschiedenen Gärten besucht, und mich mit dem Director des
botanischen Gartens, Herrn Moore, über meine Ausflüge in der Um=
gegend von Sidney und der besten Benutzung der kurzen Zeit, berathen hatte,
reiste ich den nächsten Tag nach Wollongong, ungefähr sieben eng=
lische Meilen südlich von Sidney im Distrikt Illawarra ab, Herr
Moore hatte die Güte mir seine Gesellschaft zur Erleichterung meiner
Streifzüge in der Umgegend anzubieten; drei andere Herren vereinigten
sich mit uns, und diese Gesellschaft beförderte nicht allein in hohem Grade
den wissenschaftlichen Zweck meiner Reise: mich mit der Vegetation be=
kannt zu machen, sondern ich erhielt gleichfalls im Lauf der Unterhaltung
so viele werthvolle Aufklärungen über das Land und dessen gegenwärtige
Verhältnisse, daß ich das, was von meinen Mittheilungen hierüber von
Interesse sein kann, ausschließlich ihnen verdanke.

Wir verließen Port Jackson auf einem Dampfboot und fuhren süd=
wärts, um später der Küste zu folgen. Diese gestaltete sich während der ersten
Hälfte der Fahrt durchaus wie bei der Einfahrt, sie bestand aus zerklüfteten,
horizontalen Sandsteinlagern, war schroff abgedacht, und äußerst unfrucht=
bar. Bald erreichten wir das bekannte Botany=Bay, welches noch vor
einem Jahrzehnt für die Meisten mit Neu=Holland synonym war, eine runde
Bucht mit niedrigen Ufern von weißen Sandfeldern und einförmigen, trauri=
gen Umgebungen. Von hier begann das Land allmälig ein etwas freundlicheres

Aeußeres anzunehmen, bis wir nach sechsstündiger Reise Wollongong er=
reichten, wo die weißen Sandufer, hier zwar mit einigen kleineren Felsen=
inseln umgeben, sich wieder geltend machten. Der Hafen war klein und
durch Kunst, nämlich durch Aufführung eines Dammes von gehauenem,
sinnig zusammengesetztem Sandstein gegen die Brandungen, gebildet.
Unser Dampfschiff war das einzige Fahrzeug, das sich hier befand, der
Ort gab also keinen hohen Begriff von Handel und Verkehr.

Ueber das von dichtem Gebüsch begrenzte Ufer breiteten sich weite
Ebenen aus, welche, mehr nach oben mit Hügeln und Wäldern abwechseln.
Ungefähr vier englische Meilen von der Küste beginnt der 4 bis 600 Fuß
hohe Bergrücken mit seinen vielen Kegeln — von denen Mont Keera
der höchste ist — erst sanft abdachend, später aber immer steiler
werdend, bis er eine Hochebene erreicht, wo das Land den einförmigen,
nackten Charakter annimmt, der Neu=Holland eigenthümlich ist, sich zu er=
heben. Weiter hinab nach Süden finden sich tiefe, jetzt ausgetrocknete
Lagunen, belegt mit weißem Salzniederschlag, und noch südlicher drängt
sich eine lange, schmale Meeresbucht hinein, Illawarra=See genannt,
deren Mündung aber so seicht ist, daß sie im Sommer ganz austrocknet,
sodaß die Bucht dann vom Meere abgeschnitten ist.

Eine Strecke oberhalb des Hafens lag die Stadt Wollongong, oder
richtiger ein Thema zu einer Stadt, das noch einige Jahre warten muß,
um diesen Namen zu verdienen, und das jetzt höchstens ein großer Flecken
genannt werden kann. Die Straßen sind schon abgemessen, die Bau=
plätze gewählt, aber die Häuser nur hier und da erbaut, sodaß das Ganze
ein zweideutiges Ansehen hat und weder Land, Dorf, noch Stadt ist, son=
dern etwas von Jedem. Die Fünfzahl scheint hier sehr beliebt zu sein:
es giebt fünf Kirchen: eine katholische, eine anglikanische, eine baptistische,
eine calvinistische und eine methodistische, etwa 50 Häuser, 5 Hotels,
500 Einwohner, 5 Schulen und 105 Kinder mit 5 Lehrern und 5 Leh=
rerinnen, und, um dem Ganzen die Krone aufzusetzen, 5 Hauptstraßen.
Diese Charakteristik umfaßt ungefähr Alles, was ich von Wollongong zu
sagen habe. Ich muß jedoch hinzufügen, daß die Stadt für Sidney
durch seine Producte von Butter, Eier, Schweinen und durch seine reichen
Steinkohlenlager von Wichtigkeit ist. Ihr Klima ist so angenehm und ge=
sund, daß eine Menge Familien hierherziehen, um hier den Sommer zu

genießen; daß die Gegend für so herrlich gehalten wird, daß man immer
Lustpartien hierher macht; und endlich daß Wollongong in seiner Fruchtbarkeit die Bürgschaft eines schnellen Aufblühens besitzt.

Um dies mehr ins Licht zu setzen, muß ich mich etwas ausführlicher
äußern, ohne mich auf Specialitäten einzulassen, die mit Recht als ermüdend betrachtet werden könnten.   Wie vollkommen eigenthümlich und
verschieden von Allem, was wir zu sehen gewohnt sind, die Vegetation
in diesem Lande auch sei, wo die Baumrinde sich in großen Lagern vom
Stamme löst, wo Alles eine trockne, saftlose, nadelartige Beschaffenheit
neben dem Gigantischen in der Stammentwickelung annimmt, wo Alles
auf Dürre und Mangel an Schatten hindeutet, hat das Ganze doch einen
eigenthümlichen Anstrich, der, im Großen genommen, an die nordische
Natur erinnert.   Wie bei uns, oder wenigstens im nördlichen Europa
auf Frankreichs, Hollands und Deutschlands Küsten, findet man die
breite Uferfläche mit Soldanella, Strandhafer und andern Flugsandge-
wächsen bedeckt; jenseits des hohen Walles, der die Sandlager begrenzt,
steht zur Wehr gegen die Stürme ein dichtes Gehege von Banxien und
Fabricien, wie bei uns die zackigen, knotigen Buschgewächse und verkrüp-
pelten Bäume, und oberhalb breiten sich große Salzfelder aus.   Dann
kommen die Grasanger mit den verbrannten Farrenkräutern zwischen den
einzelstehenden Bäumen; endlich tritt man in die bebauten Regionen;
längs den Wegen stehen Alleen von Acacia melanoxylon, die unsern
Linden ähnelt; üppige Weizenfelder wogen uns entgegen, die Wiesen
dehnen sich mit weichen Teppichen von Klee und Riedgras aus; die dichten Wälder zeigen uns Bäume, die den Eichen und Birken gleichen; die
erste wird durch Eucalyptus mit seinem ungeheuren Stamme und seinen
kolossalen Zweigen, die letzte durch eine Art Leucadendron mit weißem
glänzendem Stamme und schwarzen Zweigen ersetzt.   Gärten mit üppigen Weinranken und der reichsten Mannigfaltigkeit aller europäischen
Früchte, mit Blumenanlagen, in welchen man dieselben Gewächse wie in
unserm Norden wiederfindet, lächeln Einem entgegen.   Selbst die Gemüsegärten tragen dazu bei, die Aehnlichkeit zu erhöhen.   Wir fanden hier
alle unsere alten Freunde wieder, nur besser, nur entwickelter.   Wie
fruchtbar dieser Boden ist, wird man begreifen, wenn man hört, daß man
dreißig Jahre hintereinander Weizen ernten kann, ohne daß das Land des ge-

ringſten Düngers bedarf, und daß Mais und Weizen in der Regel zwan=
zig bis dreißigfältig tragen. Die Ernte der Aecker, Wieſen und Gärten
findet durch die in ſpäterer Zeit mittelſt Straßen und Dampfboote erleich=
terten Communicationen einen ſchnellen Abſatz, und man nannte mir meh=
rere Farmers, die vor einigen Jahren ganz arm hierher gekommen
waren, und jetzt in prächtigen Höfen wohnten und mehrere tauſend
Pfund Sterling beſaßen.

Ringsumher hat man Alles in Ueberfluß, was das tägliche Leben
erfordert, ausgezeichnete Korn = und Obſtarten, vortreffliches Vieh und
herrliches Bauholz. In dieſen etwas dünnen Wäldern findet man gigan=
tiſche Ameiſenhaufen, welche Hünengräbern gleichen, von Lehm zu dem
feſteſten Bau von ſechs bis acht Ellen Höhe zuſammengefügt. Die ſchwar=
zen Ameiſen, welche den Eingebornen zur Nahrung dienen, ſind der
Coloniſten ſchlimmſte Plage, und der Vertilgungskrieg, den man gegen
ſie führt, iſt in mehr als Einer Hinſicht ein Krieg gegen des Landes
ganze ſchwarze Bevölkerung.

Aber erſt wenn man ſich dem Bergrücken nähert, bekommt die Ge=
gend ihren eigenthümlichen und intereſſanten Charakter. Man findet hier
freilich nicht die tropiſche, ſchwellende, ſaftige Natur, nicht die breiten
Blätter und rieſigen Blumen, aber doch eine Größe und Pracht, wor=
auf man keineswegs wegen der überall herrſchenden Dürre vorbereitet iſt.
Gummibäume von zweihundert Fuß Höhe und mindeſtens drei Ellen im
Durchmeſſer, ungeheure Feigenbäume mit großen Luftwurzeln, die ſich
aus den von Lianen durchflochtenen Zweigen herabſenken, und bis zur
Mitte des Stammes mit Schwammgewächſen, welche Ameiſenhügeln oder
übermäßigen Vogelneſtern gleichen, bedeckt ſind, dichte Haine von hundert
Fuß hohen Palmen und zwanzig bis dreißig Fuß hohen palmenähnlichen
Farren mit ihren reizend geformten Blattkronen, bis zum Gipfel von
einer Schaar ſchönblühender Schlingpflanzen umwunden — das iſt ein
ſchwaches Bild von der Naturpracht und dem Reichthum, wodurch ſich
die von keiner menſchlichen Hand entweihten Urwälder in dieſem Theil
von Auſtralien auszeichnen. Bei jedem Schritt ſtanden meine an Eng=
lands lehmige Felder und Kreidehügel oder an Sidney's Sandbänke ge=
wöhnten engliſchen Begleiter ſtill und riefen aus: „charming! most
beautiful!“ ich aber hatte vor zu kurzer Zeit Pali und Fatuahua geſe=

hen und fand hier nur ein schwaches Nachbild der Pracht jener Gegen=
den, obgleich das Gemälde, das sich hier vor uns aufrollte, wahrlich
nicht zu verachten war. Meine Blicke wurden hier mehr von den Einzel=
heiten in der australischen Vegetation mit ihren reinen glänzenden Farben
und mehr als alles Andere von dem ungeheuren Gummibaum mit For=
men, wozu weder Brasiliens gigantische Urwälder, noch Californiens Na=
delwälder Seitenstücke aufweisen können, angezogen. Dort schlingt sich
zwischen Massen von weißen Pimelien und purpurrothen Kennedyeyn eine
gelbe Passiflora mit grünen, glänzenden Blättern, dort hebt sich, gleich
einer reichbelaubten Ulme, eine riesenmäßige Nessel mit Blättern, grö=
ßer als die riesigen Huflattichblätter, welche gleich Feuer brennen;
dort ist das Feld mit seinen Farren bedeckt, unter welchen die köstlichsten
Blumen hervorblicken. Und da wir zuletzt den Gipfel erreichten, wo die
trocknen Sandlager uns den neu=holländischen Erdboden in seiner ganzen
Eigenthümlichkeit zeigten, fanden wir auch alle die leuchtenden dürr=
blättrigen Blumenkinder, wovon wir in den Gewächshäusern einige dürf=
tige Repräsentanten haben.

Ich hielt mich drei Tage in dieser Gegend auf, machte Ausflüge
nach allen Richtungen, und fand überall eine erstaunliche Fruchtbarkeit
und zufriedene Menschen.

Um Wollongong trieben sich die schwarzen Ureinwohner müßig
in großen Schaaren, ohne Haus oder Heimat, beinahe unbekleidet, um=
her. Bei einem Bache einige zwanzig englische Meilen von der Stadt
war ein kleiner Trupp von ihnen mit Fischen, das heißt Harpuniren
mit einer zweischneidigen Lanze beschäftigt. Elendere und widerlichere
Wesen habe ich nie gesehen. Alle haben Gesichtszüge, die halb denen
der Neger, halb denen der Malayen gleichen, krauses, wirres Haar,
niedrige Stirnen, kleine, trübe Augen, bläuliche Säuferlippen, hervor=
stehende Backenknochen, eingesunkene Backen, heraustretenden Mund,
zurückgebogenes Kinn mit Bart überwachsen, misgestaltete dünne Arme
und Beine, ekelhaftem Schmerbauch und lange schmale Hände und Füße.
Die Männer waren ziemlich groß, die Weiber winzig, die Kinder noch
am erträglichsten. Die ersten hatten bisweilen Etwas an, das Anspruch
darauf machte, Kleider genannt zu werden, doch die meisten waren bei=
nahe nackt, blos in einen schmutzigen grauen wollenen Stoff, den die

Regierung jährlich an sie an der Königin Geburtstag austheilt, einge=
hüllt. Eine kleine Figur näherte sich mir und präsentirte sich als die
Königin „the queen" (sie sprechen fast alle verständlich englisch) und ein
garstiger, alberner Kerl, der neben ihr stand, stellte den König vor. Ihre
Majestät Länge war nicht über zwei Ellen groß, und die ganze Person in
dem losen, zerlumpten Stoffe läßt sich am besten mit einer von jenen Vo=
gelscheuchen, welche man in Erbsenbeeten aufstellt, und welche aus einer
mit einigen flatternden Lumpen behängten Stange besteht, vergleichen.
Sich zur Erde niederneigend und mir ihren Erstgebornen zeigend, wie=
wohl sie mir selbst nicht eben älter als zwölf Jahr zu sein schien, ant=
wortete sie auf meine Frage nach ihrem Alter: „black men no tell years"
(schwarze Menschen zählen die Jahre nicht) und bettelte mich mit rühren=
dem Ausdruck um einen Schilling an. Als sie ihn empfing und ihn nicht
augenblicklich ihrem vielgeliebten Herrn und Gemahl dem König über=
reichte, versetzte er ihr sofort einen Schlag auf den Kopf, mit einem Et=
was, das einem Hute glich, sodaß sie sich jammernd an einer Mauer
niederwarf, wo ich sie späterhin noch antraf, indem sie einen wenig har=
monischen Gassenhauer herausschrie.

Da ich mit dem Austheilen von kleinen Münzen noch freigebiger wurde,
ließ sich die ganze schwarze Gesellschaft, in Allem aus sechszehn Personen
bestehend, herbei, mir im Mondschein eine Scene aus dem bekannten
„Corroboring" vorzutanzen. In seiner Ganzheit ausgeführt enthält dieser
Tanz ein Gemälde ihres ganzen Lebens mit dessen abwechselnden Ereig=
nissen. Sie zünden ein Feuer in einer Entfernung von zehn Schritten
an, bemalen Brust, Arme und Unterleib mit weißen Querstrichen, sodaß
sie wie abscheuliche Skelette aussehen, und versinnlichen so ausgerüstet
bald ihre Kriege mit Angriff und Spießwerfen, bald den Zweikampf,
bald die Kängurujagd u. s. w. Ich ward blos mit der letzten bedient,
die von zwei Schwarzen eröffnet wurde, welche das Männchen und Weib=
chen darstellten, die bald einander lockend und innig umfingen, bald ein=
ander bissen und mit Haß und Wuth verfolgten, bis ein Dritter sich
zeigt, der still steht und auf sie lauert; sie entdecken den Feind, suchen
und nehmen die Flucht, werden aber von seinem Spieß durchbohrt und
sterben unter Zuckungen und einem heiseren Grunzen. Das Ganze war
eher abscheulich als interessant.

Die Schwarzen sind größtentheils verdrängt, wenigstens vom Küsten-
lande wo man indeß überall in Waldbränden, die große Strecken verzehrt
haben, Spuren von ihnen sieht. Die, welche noch übrig sind, halten sich in
der Nähe von Städten und Colonien auf, wo sie von allerlei Ueberbleib-
seln leben, oder obdachlos im Gebüsch umherstreifen; höchstens machen
sie sich aus Buschwerk einen Schutz gegen den Wind, und nähren sich
von Ameisen, Beutelthieren, Gewürm, Blättern und Wurzeln. Diese
sind gutmüthige, demüthige Wesen, von denen man rührende Beispiele
wahrer Ergebenheit und Treue gegen ihre weißen Freunde erzählt. Die
letzteren dagegen, welche in den innern von Europäern bisher noch unbe-
suchten Gegenden leben, sind wild und unversöhnlich und mehr als ein
dreister Reisender hat einen qualvollen Tod durch ihre Spieße gefunden.
Ohne einen Begriff von einem höheren Wesen, nur in Furcht vor dem
bösen Geist, Debldebl, ohne Obrigkeit, ohne Stammeintheilung, nimmt
man mit Recht an, daß sie vielleicht auf der niedrigsten Stufe der menschlichen Intelligenz stehen. Man wird schwerlich Geschöpfe antreffen, die,
mit der Fähigkeit der Sprache begabt, mehr Affen gleichen. Bogen und
Pfeile sind ihnen unbekannt; sie bedienen sich blos der Spieße, welche
sie mit erstaunlicher Fertigkeit werfen, der Schlägel, womit sie Feinde und
Weiber züchtigen, und einer eigenen Art von Waffen, des sogenannten
Bumerang's. Dies ist ein ellenlanges rechtwinkeliges Stück Holz, welches
sie auf die merkwürdigste Art werfen, bald gerade in die Höhe, worauf es
eine schräge Richtung nimmt, bald horizontal, beinahe die Erde streifend,
worauf es in einem hohen Bogen zu dem Punkte zurückkommt, von wo
aus es geworfen wurde.

Mit dieser in ihren Händen gefährlichen Waffe, vertheidigen sie sich,
wie einfach sie auch scheint, gegen jeden Feind und fällen ihre Beute, vornehmlich das Känguru. Wenn man ihre gewaltigen Schlägel und die
Kraft sieht, womit sie dieselben gegen ihre widerspenstigen Frauen anwenden, erstaunt man, daß diese solche Donnerschläge überleben können.
Man kann sich dies indeß durch ihren ungewöhnlich dicken Hirnschädel,
vermöge dessen sie sich ohne sonderliche Beschwerde der ehelichen Zucht
unterwerfen können, erklären.

Eines Tages sollte ich mit auf die Kängurujagd gehn; denn man
behauptete, es gäbe Kängurus im Holze; aber ungeachtet unsere Schwar-

zen ausgeschickt wurden, um sie aufzuspüren, kam uns doch keines dieser
seltsamen Thiere zu Gesicht, und wir mußten die interessante Jagd aufgeben. Gleich den übrigen Eingebornen Neu-Hollands fangen auch diese
Thiere an selten zu werden, und sie gehen sicherlich ihrer vollkommenen
Ausrottung entgegen. Ihre Naturgeschichte ist zu bekannt, als daß ich
mich hier dabei aufhalten sollte. Dasselbe gilt von den Specialitäten der
Fauna und Flora Neu-Hollands, die eine so allgemeine Aufmerksamkeit
erregt haben, daß sie schon in mehreren Werken behandelt sind.

Nach der Rückkehr auf demselben Dampfschiffe nach Sidney, wur-
den die übrigen Tage zum Umherstreichen in der nächsten Umgegend der
Stadt und zugleich zu einem Ausfluge nach Botany-Bay angewandt. Die
Gegend um Jackson ist ein Hochland. Auf jedem erhöheten Punkt hat
man eine herrliche Aussicht, aber die Hügel haben fast alle eine monotone
Decke niedriger Gebüsche, die ziemlich dünn über das Sandfeld verbreitet
sind. Betritt man dagegen dieses trockene Feld, so wird man von einem
Pflanzenreichthum überrascht, den man weit entfernt war, zu erwarten.
Wir freuen uns mit Recht, wenn wir in unseren Treibhäusern bewundernd
vor einer blühenden Dryandra, Grivella, Protia und tausend anderen,
die in der späteren Zeit Lieblinge der Blumenfreunde geworden sind, stehen. Hier wuchsen sie alle wild in der prachtvollsten Mischung, und
in den leuchtendsten, prahlendsten Farben. Gruppen von Bäumen, Myrten ähnlich, mit beinahe senkrecht stehenden Blättern, die nur geringen
Schatten gewähren, ganze Gebüsche von Geranien und Pelargonien, und
Allem, was in unsern modernen Gärten werthvoll ist, begegnet hier
dem Auge, gehe man nun in dem niedrigen Walde unter dem spärlichen
Schatten der Akazien oder Casuarinen, oder im Gebüsch, wo Personia
und Podocarpus ihr buntes Laubwerk verflechten, oder auf den Sandebenen mit dem in allen Farben spielenden Blumenteppich, wo der Gras-
baum am Gipfel seines schwarzen Cylinderstammes, der einen Büschel
von steifen, grasähnlichen Blättern hat, einen Blumenhalm von vier
Ellen Höhe hervorschießt, der wie eine schmale, weiße Feder aussieht.

Keine Schilderung vermag einen klaren Begriff von dieser Natur
zu geben. Alles deutet trockene, saftlose, magere Unfruchtbarkeit an, und
doch ist Alles mit der reichsten Vegetation bedeckt; alle Gewächse haben
freilich trockene, saftlose Blätter, aber dennoch die glanzvollsten Blumen.

Denselben Charakter findet man, mit Ausnahme der fruchtbaren Bezirke um die Flüsse, wo man eine in jeder Hinsicht tropische Vegetation findet, und wo alles gedeiht, was die begünstigsten Erdstriche hervorbringen, überall auf Neu-Hollands dürren, unermeßlichen Landstrecken wieder. Wegen dieser Mannigfaltigkeit wird Australien mit Recht als eines der am herrlichsten ausgestatteten Länder der Erde gepriesen.

Was mehr als alles Andere beitrug, die Umgegend Sidney's so unendlich reizend zu machen, waren die vielen Villen, die in den Thälern, auf den Höhen, und am Ufer zerstreut liegen, und ich kann diese nicht besser beschreiben als wenn ich mir die allerschönsten englischen Cottages in das herrlichste Klima versetzt denke, als Bild von Schönheit, Eleganz und Comfort in der innigsten Vereinigung. Ich besuchte mehrere dieser Villen, und die zuvorkommende Gastlichkeit der Eigenthümer zwang mich beinahe, sie in Augenschein zu nehmen. Die Leute, welche mich auf diesen Ausflügen begleiteten, wurden reichlich bewirthet und ich selbst ward mit Güte überschüttet. Einer von diesen Eigenthümern, an den ich einen Empfehlungsbrief hatte, wohnte fürstlich in einem Palast, den ein botanischer Garten umgab, voll von neu-holländischen und Kapgewächsen. Im Besitz von bedeutenden Sammlungen in allen naturhistorischen Zweigen war er selbst sowohl Liebhaber wie glücklicher Ausüber dieser Wissenschaft, und stand mir willfährig zur Seite in meinen Forschungen.

Botany-Bay liegt ungefähr zwölf englische Meilen südlich von Sidney. Auf dem Weg dahin passirt man zuerst die unendlichen Sanddünen, welche die Küste mit ihren weißen unfruchtbaren Anhöhen bedecken, und dann eine große Sandebene, bedeckt mit blühenden Gewächsen, ebenso wie die Hügel um Sidney. Ganz unten an der Bucht, deren Ufer niedrig und unfruchtbar und doch in botanischer Hinsicht interessant sind, liegt ein freundliches Wirthshaus „Sir Joseph Bank's Hotel", das den Naturforscher und Mäcen verewigt, der Cook auf seiner Entdeckungsreise begleitete, und welcher, betroffen von den reichen wunderbaren Gewächseigenthümlichkeiten der Gegend diese Bucht Botany-Bay taufte. Aber nicht ohne Grund hat man sie auch „die Bucht des Andenkens" genannt, denn das Land ist voll von Blumen mit bedeutungsvollen Namen, wie: Darwinia, Hardenbergia, Andersonia u. a. m., die an Freunde der Wissenschaft erinnern, welche von der Erde verschwunden sind, aber ewig in diesen reizenden Erinnerungssäulen leben. Hier spricht Alles von dem größten Weltumsegler, obgleich kein Andenken die Stelle schmückt, wo er zuerst ein Land sah, dessen künftige Größe seinem inneren Auge aufging, hier war es, wohin England seine philanthropischen Blicke wandte, als es seine Verbrecher aussandte, um ein neues und würdigeres Leben beginnen zu lassen, und am äußersten Ende der Landzunge steht des unglücklichen La Perouse's Gedenksäule.

Bank's Hotel bietet außer seiner hübschen Lage, dem Reisenden noch ein anderes Interesse; es enthält nämlich eine Sammlung inländischer Thiere, wie des Känguru, des wilden Hundes, des Emu oder Straußes, mehrerer Arten von Papageien, Tauben, und von Vögeln, welche Feld-hühnern gleichen. Nachdem wir ein leichtes Frühstück eingenommen hat-ten, ritten wir zwei Meilen weiter, theils am Meeresufer, theils durch einen lichten Wald zum äußersten Ende der Landzunge, wo wir Halt machten. Dicht an dem steilen Strand ist eine zwanzig Fuß hohe, schöne Säule aufgestellt, welche auf einem vierseitigen Piedestal ruht, von einer niedri-gen Steinmauer umgeben. Auf des Piedestales einer Seite liest man französisch und englisch, daß diese Stelle diejenige war, von wo La Pe-rouse zuletzt berichtete. Man wird sich erinnern, daß Frankreich mehrere Expeditionen aussandte, um ihn aufzusuchen, und daß Dillon erst lange nachher seine Spur auf Banikoro, nördlich von Caledonien, östlich von den Salomonsinseln, wo er nebst der ganzen Schiffsmann-schaft wahrscheinlich ermordet worden ist, auffand. Etwas entfernt von diesem Monument trifft man auf eine einfache Grabstätte, die auf vier Stützen ruht; dieses Grabmal umschließt die Gebeine eines auf der von La Perouse geleiteten Weltumsegelung verstorbenen Physikers, und enthält die lateinische Inschrift: „physicus in circumnavigatione, Duce de la Perouse, Ex fratribus minoribus Galliae“. Derselbe starb den 17. Februar 1788 und ward hier auf Befehl von La Perouse beerdigt.

Die Zeit erlaubte mir keinen Ausflug nach Paramatta, einer Stadt in Neu-Süd-Wales, die eine eigene geschichtliche Bedeutung hat, worauf ich später zurückkommen werde; da wir uns Sonnabend den 3. November, nachdem uns acht Tage die Natur und Verhältnisse in einem der interessantesten Länder der Erde zu studiren gestattet waren, auf der Fregatte einfinden sollten.

Daß ich nach einem so kurzen Aufenthalt nicht aus eigener Er=
fahrung und selbstständiger Forschung, im Besitz irgend einer tieferen
Kenntniß der hiesigen Zustände und Verhältnisse sein kann, ist selbstver=
ständlich.   Ich benutzte die wenigen Tage, Aufklärungen bei allen Per=
sonen, mit welchen ich in Berührung kam, einzusammeln und man versah
mich bereitwillig mit einer Menge gedruckter Abhandlungen über die Zu=
stände der Colonie.   Mit Hilfe deren und ganzer Jahrgänge von Sid=
ney's Zeitungen, von der Regierung veröffentlichter Documente, die
Statistik der Colonie betreffend, geologischer Berichte ausgesandter Wissen=
schaftsmänner, der Rapporte der Goldgräber und der Kundmachungen der
Emigranten u. s. w. bin ich einigermaßen in Stand gesetzt, vollständigere
Notizen mitzutheilen, die, wie ich glaube, von Interesse sein können, und von
deren Uebereinstimmung mit der Wahrheit ich mich überzeugt habe.

Zuerst also eine Uebersicht über die Entstehung und das Schicksal
der Colonie.   Franzosen, Engländer und Spanier bestreiten einander die
Ehre der ersten Entdeckung Australiens, wiewohl starke Gründe dafür
sprechen, daß sie eigentlich den Chinesen zukommt.   1605 segelte der
Spanier Quiros von Peru in der Absicht ab, „das große Land im Sü=
den" zu untersuchen.   Nachdem er mehrere Inseln entdeckt hatte, kam er
nach den Neu=Hebriden, di Australia del Espiritu Santo, welche
er für einen Theil des großen südlichen Festlandes hielt. Der Nächstcom=
mandirende, Torres, verwendete zwei Monate dazu, die Straße zwischen
Neu=Holland, und Neu=Guinea zu befahren, und bestätigte jenes Landes
Inselnatur.   Die Holländer machten ungefähr um dieselbe Zeit Ent=
deckungen auf der westlichen Küste, und dehnten allmälig ihre Reisen wei=
ter südlich aus.   Ohne mich bei einer Menge mehr oder minder aben=
teuerlicher Fahrten aufzuhalten, begnüge ich mich, zu erwähnen, daß
Tasman 1642 von Batavia's damaligem Gouverneur, Anton
van Diemen ausgesandt wurde, und das Land entdeckte, das bald nach
ihm, bald nach dem Urheber der Reise Van Diemens Land benannt wird.
Auf seiner zweiten Entdeckungsreise 1644 segelte er in die Carpen=
tariabucht hinein, und weiter gen West, und 1663 wurde eine Karte
über das neue Land, das dort Nova Hollandia genannt ward, ver=
öffentlicht. 1768 kam Cook auf Endeavour nach Botany=Bay, unter=
suchte die Küste genau eine Strecke aufwärts und brachte die glühendsten

Schilderungen des neuen Landes mit nach England. Fünf Jahre später, 1773, besuchte er es wieder, und machte neue Entdeckungen. Aber die Straße zwischen Van Diemens Land (Tasmania) und Neu-Holland ward erst von dem Arzt Baß und dem Lieutenant Flinders entdeckt, und dadurch wurde des ersteren Eigenschaft als Insel außer allem Zweifel gesetzt.

Nachdem Englands damalige unpolitische Zwangsgesetze Amerika dahingebracht hatten, sich vom Mutterlande loszureißen, wodurch es eines Landes beraubt wurde, wohin es seine unruhigen Söhne schicken konnte, beschloß man, 1786, in Neu-Süd-Wales eine Strafcolonie zu gründen. Capitän Phillip ward mit sechs Transport- und drei Vorrathsschiffen, ungefähr 200 Soldaten und 757 Verbrechern abgesandt, und warf am 20. Januar 1788 in Botany-Bay Anker. Das neue Land mit seinem unfruchtbaren, ungastlichen Anblick, und das allen östlichen Stürmen ausgesetzt lag, schreckte die Reisenden ab. Capitän Phillip sah die Unmöglichkeit ein, hier eine Ackerbaucolonie zu gründen, und fuhr weiter, um einen passenden Platz zu suchen. Beim Absegeln aus der Bucht faßte er La Perouse's Expedition ins Auge, und, obgleich Frankreich und England damals im Krieg lagen, so begegneten sich die in friedlicher Absicht ausgeschickten Feinde dennoch mit gegenseitigem Vertrauen, und dies war die letzte Spur von dem berühmten Entdecker. Phillip fand bald den herrlichen, einladenden Hafen Port Jackson, der seinen Namen nach dem Seemann empfing, welcher von der Mastspitze des Cook'schen Schiffes zuerst die Bucht zu Gesicht bekam. Dahin segelte nun die ganze Flotte, am 26. Januar 1788 ward Sidney gegründet und nach dem damaligen ersten Lord der Admiralität benannt.

Das Aufblühen der Colonie fand im Anfange große Schwierigkeiten. Die Colonisten entwichen schaarenweis und kamen theils durch die Speere der wilden Einwohner, theils vor Elend in den Wäldern um. Eine Ackerbaucolonie ward bei Paramatta angelegt, und lieferte zwar die nöthigsten Existenzmittel, die jedoch nicht hinreichend waren, eine fürchterliche Hungersnoth abzuwenden. Eine neue Colonisirung ward vom Lieutenant King auf der fruchtbaren Insel Norfolk beschlossen, aber die Angekommenen würden ohne Zweifel bald verhungert sein, wenn nicht große Vögelschaaren todt zur Erde niedergefallen wären, sodaß man

jede Nacht zwei bis dreitausend derselben sammeln konnte, die seit dieser
Zeit allgemein „die Vögel der Vorsehung" genannt wurden. Phillip
zog sich 1792 zurück. Unter seinem Nachfolger Hunter, dem zweiten
Gouverneur der Colonie, trafen die ersten freien Emigranten ein. Er
stieß jedoch bei allen seinen Unternehmungen auf Widerstand von dem
dort stationirten Neu-Süd-Wales Corps, einer Schaar wilder Trotzköpfe,
und kehrte 1800 wiederum zurück. Während sein Nachfolger, der obenerwähnte King, am Ruder saß, ging die Colonie sehr zurück. Trunkenheit
nahm in einem Schrecken erregenden Grade überhand, Schaaren von Müßig-
gängern trieben sich raubend und plündernd umher, und eine Insurrection
„the irish rebellion" mußte mit Waffengewalt unterdrückt werden.
Die Colonie auf der Insel Norfolk ward nun verlassen und nach Port
Dalrymple auf Van Diemens Land versetzt, und erst 1825 ward sie
neubevölkert. Um dieselbe Zeit traf Oberst Collins ein, um eine Colonie auf der Südküste bei Port Phillip zu gründen, aber da er die
schlechteste und unfruchtbarste Seite der Küste gewählt hatte, ward sie
mit Van Diemens Land wieder vertauscht; doch selbst hier schritt die Colonisirung nur langsam fort, und erst 1825 ließen sich Colonisten in dem
Theil von Neu-Holland nieder, wo jetzt Adelaide und die fruchtbare
Colonie Süd-Australien liegt. Nach King wurde Capitän Bligh zum
Gouverneur ernannt. Durch seinen heftigen Charakter machte er sich bei
den Colonisten verhaßt, welche sich gegen ihn empörten und, vereint mit
dem obengenannten Soldatencorps, gefangennahmen, worauf er aus
eigenem Antriebe 1818 nach England zurückkehrte.

Nun ward General Macquarie hingesandt, und mit ihm beginnt eine neue Aera für Australien. Das unruhige, eigenmächtige Mi-
litärcorps ward aufgelöst, und dadurch Ordnung und Friede erzielt.
Versehen mit einer ausgedehnten Vollmacht konnte Macquarie kräftig als
Administrator und Ordner der Verhältnisse des neuen Landes auftreten.
Er baute Brücken, und ließ Bäume anpflanzen; überall entstanden neue
Landstraßen, überhaupt ward Alles, was zur Erleichterung der Communication beitragen konnte, befördert; prächtige Häuser erhoben sich, und Verbesserungen aller Art wurden eingeführt. Mehr philanthropisch als vorsichtig handelte er selbst nach dem Princip, das er allen Anderen einzu-
schärfen suchte, nämlich daß jeder Verwiesene, der in Neu-Süd-Wales an-

17*

kam, sein voriges Leben als nicht dagewesen betrachten und hier ein neues
anfangen sollte, bei welchem Fleiß und rechtschaffener Wandel die Bedin=
gungen für Glück und Wohlstand seien.   Man fürchtete jedoch, daß er
den Deportirten dadurch den Gedanken einflößte, Neu = Holland sei ihr
exclusives Eigenthum und jede Landabtretung an freie Emigranten sei
eine Usurpation ihrer Rechte.   Man warf Macquarie vor, daß er zu offen
die Verbrecher in Schutz nehme, insofern er sie sogar in die Administration
zog, und daß er ihnen leichtsinnig große Landstrecken übertragen habe,
welche sie verkauften, um sich die Mittel zu einem zügellosen Leben zu ver=
schaffen.   Demzufolge entstanden zwei Parteien: die Exclusionisten und die
Emancipisten, welche seitdem ununterbrochen einander feindlich gegenüber
gestanden, und viel Zwist und Verwirrung verursacht haben.

Macquarie zog sich 1821 zurück, und erhielt den Astronomen
Brisbane zum Nachfolger, worauf noch vier Gouverneure einander mit
zum Theil ungleichen Verwaltungssystemen ablösten, bis der jetzige, Sir
Charles Fitzroy, an die Spitze der Geschäfte gestellt wurde.

Viele Wissenschafter haben, vornehmlich unter Brisbane's und
Macquarie's Regiment, mehr oder minder ausgedehnte Entdeckungsreisen
in das Innere des Landes unternommen.   Mit Uebergehung aller der
Fahrten, wodurch ein Evans, Oxley, Stuart, Allan, nebst
Mehreren im Lauf dieses Jahrhunderts unsere Kenntniß des neuen Welt=
theils vermehrt haben, will ich unter den letzten und berühmtesten,
nur den Botaniker Doktor Leichhardt nennen, der von Moreton=
Bay nach Port Essington ging, und später einen Versuch machte,
das Land von Sidney nach Swan River, des Continentes südlichster
Spitze, zu durchforschen, aber nicht zurückkehrte, und von dem man mehrere
Jahre hindurch nichts erfuhr.   Spätere Expeditionen, welche ausgesandt
wurden, ihn aufzusuchen, haben leider die Gewißheit ergeben, daß er mit
seinen Gefährten von den schwarzen Papuas ermordet wurde.   Tyers,
Dixon und Strzelicki haben endlich durch verwegene Reisen in hohem
Grade unsere Kenntniß von des Landes innerer Naturbeschaffenheit ver=
mehrt, welche nichtsdestoweniger noch ziemlich unvollständig ist.

Neu=Holland war bekanntlich zuerst nur zur Strafcolonie bestimmt,
deren Absicht war, nicht allein das Mutterland von einer Menge Müßig=
gänger, die es nach beendigtem Krieg mit Amerika überströmten, sowie

von einer Schaar gefährlicher Verbrecher zu befreien, sondern es den Ge=
fallenen auch möglich zu machen, sich in einem neuen Lande wieder zu er=
heben, und durch ein neues und besseres Leben dem Vaterlande und dem
Glück zurückgegeben zu werden. Wie edel und würdig diese Absichten
auch waren, wie theoretisch wahrscheinlich sie zu erreichen, ist es doch als
eine vollkommen abgemachte Sache anzusehen, daß der Plan total mis=
glückt ist. Hierzu haben viele zusammentreffende Umstände beigetragen.
Zuerst die Planlosigkeit in der ganzen Anlage der Colonie, und die ge=
ringen Capitale, womit sie betrieben werden sollte, demnächst die anfäng=
lich thörichte Herrschaft der Fregattencapitäne, aber am allermeisten die
Unverbesserlichkeit der Deportirten. Es ist bewiesen, daß, als es in Eng=
land bekannt wurde, wie angenehm das Klima hier sei, wie dankbar der
Ackerbau, und mit welcher Leichtigkeit man sich große Schätze erwerben
könne, manche Verbrechen im Mutterlande einzig und allein in der
Absicht begangen wurden, um dadurch der Deportation anheimzufal=
nen. Angekommen am Ziel seiner Wünsche, ergriff dieser Auswurf der
menschlichen Gesellschaft schnell jede Gelegenheit zum Erwerb, und ver=
wandelte das so Gewonnene in neue Mittel, ein lasterhaftes Leben zu
führen. Es hat überdies selbst hier sich bestätigt, daß es einem Depor=
tirten fast unmöglich sei, sich in seinen eigenen und Anderer Augen auf=
zurichten; ein Sträfling bleibt in der Regel ein Verbrecher, und Rückfall
in die alten Sünden ist leichter als der erste Fall. Die neue Colonie
hatte von Anfang an keinen Kern von ehrenhaften, vorwurfsfreien Bür=
gern, keine achtbaren moralisch befestigten Personen an die Spitze der
niederen Verwaltungszweige zu setzen, kein ehrliches Element, um darin
zu gedeihen. Wie das Recht hier gepflegt wurde, wird man daraus
schließen können, daß die Jury bei ihrer Einführung aus lauter Depor=
tirten zusammengesetzt wurde, die gewiß nicht immer ihre höchste Ehre
und Freude in der Aufrechthaltung der Gerechtigkeit fanden. Dies und
vieles Andere hatte zur Folge, daß die Anzahl der Sträflinge in einem
furchtbaren Grade stieg. Im Lauf des ersten Jahres verhielt sich die
Zahl der Verbrecher zu der ganzen Bevölkerung wie 1 zu 370, in den
darauf folgenden wie 1 zu 300, und von 1831 bis 1835 wie 1 zu 120.
Die junge Colonie machte deshalb einmal über das andere Eng=
land die eindringlichsten Vorstellungen, sie mit diesen Friedensstörern zu

verschonen, dagegen aber die schönen fruchtbaren Länder mit thäti=
gen, achtbaren und guten Menschen zu bevölkern, und Glück und Wohl=
fahrt im Schutz der Sittlichkeit und Ordnung aufblühen zu laffen. End=
lich nach vielen und großen Anstrengungen wurde ihre Bitte erhört. Seit
1846 schickt England keine Verbrecher mehr hierher. Dazu wird jetzt
die Insel Norfolk verwendet, und man hat gleichfalls kürzlich Neu=
Caledonien auserfehen, Das aufzunehmen, womit keine andere Ge=
gend sich freiwillig beläftigen laffen wird.

Bevor ich nun zu einer kurzen Schilderung von Neu=Hollands
natürlicher Beschaffenheit, seiner reichen Producte, Goldminen und Emi=
grantenfrage übergehe, dürfte es hier an der rechten Stelle sein, des Lan=
des constitutionelle Verhältniffe, und was damit in Verbindung steht,
flüchtig zu berühren.

Neu=Holland besteht gegenwärtig bekanntlich aus folgenden fünf
Colonien: Neu=Süd=Wales, Victoria, Süd=Australien,
Weft=Australien, Tasmanien oder Van Diemens Land.

Unter diesen ist Neu=Süd=Wales die älteste, und die, wo Alles am
meiften geordnet und befeftigt ist, und wonach auch die übrigen ihre For=
men erhalten. Im Anfange ihrer Gründung lag die ganze executive
Macht in der Hand des Gouverneurs. Seit 1824 ward ihm ein Rath,
bestehend aus sieben Personen, zum Beiftand und zur Controle beigegeben,
und 1829 wurden diese auf vierzehn Mitglieder vermehrt, von welchen
sieben durch die Krone aus den Coloniften ausgewählt wurden, die sie=
ben Andern aber Inhaber eines Amtes in der Colonie sein mußten.
Diese Form veränderte sich weiter 1843, sodaß der Rath nun aus sechs=
unddreißig Mitgliedern bestand, von welchen zwölf vom Gouverneur er=
nannt wurden, sechs Regierungsbeamte sein sollten, und die übrigen vier=
undzwanzig vom Volke selbst gewählt werden. Zuletzt, als der Diftrikt Port
Phillip 1850 von Neu=Süd=Wales getrennt wurde, erhielten alle Co=
lonien Neu=Hollands eine Regierungsform, derzufolge das Land verwaltet:
1) ein Generalgouverneur als Repräsentant der Königsmacht; 2) ein
executiver Rath, der aus dem Gouverneur als Präsidenten, aus dem
Chef der Militärmacht, dem Colonialsekretär und dem Colonialschatzmeister
besteht; 3) ein gesetzgebender Rath, zusammengesetzt aus sechs Regierungs=
beamten, sechs andern Mitgliedern, gewählt von der Regierung, nebst

siebenundzwanzig Volksrepräsentanten. Für den Augenblick ist in Eng=
land ein Vorschlag im Werke, Neu=Süd=Wales eine neue Repräsen=
tativverfassung zu geben, eine Frage, die auch hier Zwist und Parteistrei=
tigkeiten hervorgerufen hat. Die Repräsentation sollte aus zwei Kam=
mern bestehen, aus einer mit zweiundsiebenzig Mitgliedern, genommen aus
den Wahldistrikten durch allgemeine Wahl, und einer andern, entsprechend
dem Oberhause, aus einundzwanzig Mitgliedern, wovon zwei Drittel vom
Gouverneur aus Personen gewählt würden, die früher im gesetzgebenden
Rath gesessen hätten, und die übrigen sieben Regierungsbeamte sein sollten.
Die Conservativen wünschen hierin eine Abänderung, und zwar die, daß vier=
zehn Mitglieder des Unterhauses vom Gouverneur auf Lebenszeit mit der
Bedingung gewählt würden, daß sie volle fünfundvierzig Jahre alt sind und
5000 Pfund Sterling besitzen. „We need no boys, however cle=
ver" (wir brauchen keine Knaben, wie geschickt sie auch sein mögen), ist
ihr sprechender Grund für ein solches Censusband in diesem freien Lande.

Englands Gesetze gelten hier in ihrer ganzen Kraft, und werden
mit den althergebrachten Formalitäten ausgeübt; eine große Anzahl Rich=
terstühle sind nach dem Muster des Mutterlandes errichtet, und die Polizei
gleicht der in London völlig, selbst in der Kleidertracht, und auch in Kraft
und Ansehen, kann hinzugefügt werden. Die Verbrechen haben in un=
glaublichem Grade abgenommen, seit die Colonie aufhörte, Deportations=
ort zu sein, während die Volksmenge sich zugleich vervielfacht hat. Sie
betrug in Neu=Süd=Wales 1821 nur 27,783 Einwohner, war aber
1851 schon auf 197,208 gestiegen, wovon 113,072 männlichen, 84,136
weiblichen Geschlechts waren.

Es existirt keine Staatskirche; alle Sekten sind gleich vor dem Ge=
setz und haben dieselben bürgerlichen Gerechtsame, sowie sie auch Beiträge
zur Erbauung von Kirchen und zur Besoldung ihrer Prediger vom
Staate erhalten können. Die Bekenntnisse, welche für den Augenblick
dergleichen Staatsbeiträge, zusammen 30,000 Pfund Sterling jährlich, er=
halten, sind das englische, das katholische, das schottisch=puritanische und
das methodistische. An der Spitze der Katholiken steht ein Erzbischof
und Generalvicarius; die Anglikaner haben gleichfalls ihren Bischof.
1846 war das Verhältniß der verschiedenen Religionsbekenner folgendes:
129,425 Protestanten, 56,762 Katholiken, 1726 Anabaptisten.

Was das Unterrichtswesen betrifft, so steht auch dies auf vollkommen englischem, das heißt praktischem Fuße, mit dem Unterschiede, daß die meisten Schulen hier vom Staate erhalten werden, sodaß die Bürger nur einen geringen Beitrag dazu liefern: 1846 befanden sich hier 159 Schulen mit 8574 Schülen; 1851 hatte man schon 427 Schülern mit 21,120 Schülern, welche dem Staate 20,059 Pfund Sterling kosteten.

Man ist im Allgemeinen der Meinung gewesen, daß die Kinder der Colonie mehr Anlage zum Handel und anderen praktischen Gewerben als zu den sogenannten gelehrten Studien hatten, und sie mußten bisher nach England gehen, um sich für die Wissenschaft auszubilden. Man fühlte tief das Unselbstständige hierin und alle Unannehmlichkeiten, welche es mit sich führte, und vor zwei Jahren beschlossen die Repräsentanten und die Regierung die Mittel zur Stiftung einer Universität in Sidney anzuweisen. Dies ward am 10. October 1852 ins Werk gesetzt, und während wir uns hier aufhielten, las man in allen Zeitungen die bei dieser Veranlassung gehaltenen Reden nebst Beschreibungen der Ceremonien. Es war ganz in dem guten alten Styl „die classische Bildung" bis in die Wolken erhoben; Grüße, Antworten und Eide lateinisch; Aufzüge und Trachten aus dem Mittelalter. Als Anfang sind drei Professoren und einige Lectoren angestellt, von denen einige ihre Vorlesungen schon begonnen haben. Dreiundzwanzig Studenten machten den ersten Stamm aus, lauter junge „good looking fellows", die die Straßen in schwarzen faltenreichen Camelotmänteln und einer viereckigen flachen schwarzen Mütze mit Quasten durchstreifen.

Neu-Süd-Wales' innere Politik ist ebenso englisch wie alles Uebrige. Clubs, Meetings, Zeitungen von verschiedener Farbe, sind in vollem Schwunge, und der public spirit, das Interesse für des Landes große allgemeine Angelegenheiten, das politische Bewußtsein, wenn ich so sagen darf, das die Engländer in Europa in so hohem Grade auszeichnet, wird in vollem Maße bei denen Neu-Hollands wiedergefunden. Whigs und Tories existiren auch hier; wenngleich nicht so ausgeprägt wie im Mutterlande; desto schärfer tritt eine Partei hervor, die beständig in Krieg mit Englands Colonialminister und Parlament liegt, um den Colonieen eine erweiterte politische Selbstständigkeit auszuwirken. Man hat schon große Zugeständnisse gemacht; dennoch beharren die Colonisten fest bei

ihren Klagen, und sie werden damit nicht aufhören, bis die Verwaltung
ihrer eigenen Angelegenheiten, die Verwendung ihrer eigenen-Fonds, wie
in Canada, ausschließlich in ihren Händen ruht. In diesem Augenblick geht
ein solches allgemeines „grumble" durch die ganze Colonie. Der legis=
lative Rath in Neu=Süd=Wales hat eine Petition an die Königin und das
Parlament abgefaßt, in der sie Nachstehendes begehren: die Besteuerung
der Colonie und die Verwendung ihrer Gelder ist kein Recht Englands;
das Einkommen von dem Verkauf der Colonialländereien gehört der Co=
lonie; Zoll und andere Einkünfte fallen der Colonie anheim, die selbst
für die Besoldung ihrer Beamten zu sorgen hat; mit Ausnahme der
Gouverneurs steht die Wahl der Beamten den Colonisten ausschließlich
zu; die gesetzgebende Gewalt wird von den Colonisten ausgeübt.

Diese Petition wurde dem Hause der Lords von dem Herzoge von
Argyle vorgelegt, der sich die Freiheit nahm, sie mit einer Menge An=
merkungen zu begleiten, die er später in einem Brief an die Times weiter
entwickelte. Es waren dieser Brief, die „perversity" Argyle's, und die Forde=
rungen der Colonie Das, was während unsers Aufenthaltes weit und breit in
allen Zeitungen commentirt wurde, und das vorige „grumble" ist un=
terdessen zu einer wirklichen Animosität gestiegen; so eifersüchtig wacht
man auch hier über seine Rechte.

Eine wichtige Frage schließt sich aufs Genaueste hier an. Es ist
in Amerika ein allgemeiner Glaube, daß Australien seinem Beispiele, sich
von dem Mutterlande loszureißen, folgen wird, um nicht allein einen eige=
nen Staat zu bilden, sondern auch in der nächsten Zukunft, eine Herr=
schaft auszuüben, die in die Verhältnisse der übrigen Welt mächtig ein=
greifen wird. Es ist schwer, die Räthsel der Zukunft zu lösen. Es ist
freilich wahr, daß, wenn irgend ein Land sich rühmen kann, alle Mittel
zur kräftigen Selbstständigkeit, Macht, und riesenmäßigen Ausbildung zu
besitzen, so ist es Neu=Holland, und es ist klar, daß das Bewußtsein die=
ser Kraft immer mehr beitragen muß, alle ihm von einer andern Macht
angelegte Bande zu zersprengen. Aber daneben müssen wir uns auch
erinnern, daß es noch lange dauern dürfte, ehe England aufhören kann,
in Australien gleichsam wieder aufzuleben, indem es jährlich seine armen
Volksschaaren dahin sendet, welche jedenfalls noch geraume Zeit die Liebe
und Ehrfurcht gegen das Vaterland behalten werden; ferner, daß der

junge, noch nicht vollständig entwickelte Staat noch der Krieger und der
Beamten des Mutterlandes bedarf, um Gesetz und Ordnung aufrechtzuer=
halten, vielleicht auch dessen gelehrter und erfahrener Männer zur Leitung der
höheren Verwaltung, und vor Allem, daß England, gewarnt durch das
Mißgeschick und die Verluste am Schluß des vorigen Jahrhunderts, sich
wohl in Acht nehmen wird, den Bogen zu spannen, bis er bricht, wenn
es gilt die Petitionen von der „Tochter im Süden" zu beantworten.

Ehe ich zur Erwähnung der inneren Vorzüge Neu-Hollands schreite,
mag es mir erlaubt sein, einen Blick auf die anderen Colonieen zu wer=
fen. Am westlichen Ende des Continents bildete sich 1829 eine Ansiede=
lung von Emigranten am Ufer des Schwanenflusses. Die Regie=
rung ließ unter gewissen Bedingungen Land, und zwar einige Millionen
Morgen, an Oberst Peel und seine Begleiter austheilen. Das Land war
jedoch wenig zum Ackerbau geeignet, die Wiesen waren nicht besonders
reich, Mineralien selten, die Entfernung von anderen Colonieen zu groß,
und man beging viele Fehlgriffe schon bei der ersten Gründung. Aus
allen diesen vereinigten Ursachen hatte diese Colonie einen verhältnißmäßig
geringeren Fortgang; aber in der späteren Zeit begann sie aufzublühen,
und zählt jetzt ungefähr 10,000 Ansiedler.

Zunächst in der Zeitfolge steht die Gründung von „Süd-Austra=
lien", 1825, durch eine öffentliche Compagnie. Diese Compagnie ver=
kaufte in London Land zu dem enormen Preis von 1 Pfund Sterling für den
Morgen, was eine von den Ursachen für die mißliche Lage der Colonie
ward, und sie wäre ohne Zweifel daran gescheitert, wenn ihr nicht die
Regierung durch eine Anweisung auf eine Summe von 280,000 Pfund
Sterling zu Hilfe gekommen wäre. Im Jahre 1845 wurden hier die
reichen Kupferminen entdeckt, auf die ich später zurückkommen werde, und
diese, im Verein mit anderem Grubenbetrieb haben dem neuen Staate,
der jetzt 70,000 Seelen zählt, vollkommen aufgeholfen. Er ist in
zehn Grafschaften getheilt; Adelaide ist die Hauptstadt mit 17,000
Einwohnern und einem ziemlich lebhaften Handel; außerdem giebt es
siebenzehn andere kleinere Städte. Eine Menge Meerbusen schneiden in die
von Inseln umzogenen Küsten ein, zur großen Erleichterung für den
Handel; an Bergen, Seen und Flüssen ist kein Mangel; das Land ist

zum Ackerbau vorzüglich geeignet, und ausgezeichnet günstig für die Viehzucht gelegen.

Die vierte Colonie ist „Victoria", die in der südöstlichen Ecke
des Continents liegt, östlich von Süd-Australien. Bei einer tiefen
Bucht landeten 1836 einige Ansiedler aus Van Diemens Land, die eine
ausgedehnte Viehzucht und Schäferei in Port Phillip's schönen, gras-
reichen Gegenden gründeten. Da dieses Land damals zu Neu-Süd-
Wales gehörte, wurde Sir Mitchel von dem Gouverneur Bourke
abgesendet, um das neue Land zu untersuchen. Hingerissen von
dessen Fruchtbarkeit nannte er es Australia Felix, kurz darauf
ward die Colonisirung begonnen, Melbourne und mehrere andere
Städte angelegt; und im Jahre 1839 gab man dem Land einen eigenen Gouverneur. Bis 1850 fuhr dies Territorium fort unter der Verwaltung von Neu-Süd-Wales zu stehen, bis es unter Königin Victoria
als selbstständig erklärt und nach ihr genannt wurde. Die Bevölkerung be-
läuft sich auf 90,000 Seelen, mit der Hauptstadt Melbourne, welche
besonders wohlgebaut ist und 25,000 Einwohner zählt. Täglich vermehrt sich diese Anzahl um Tausende von Einwohnern. Hier, wie in
den übrigen Colonien, ist die Administration ganz wie in Neu-Süd-Wales eingerichtet. Wolle und Talg waren sonst die wichtigsten Ausfuhrartikel. Aber nun wurde das Gold entdeckt, und das unglückliche Land
befindet sich jetzt in einer kläglichen Gährung und der jämmerlichsten Unordnung, wovon später mehr.

Welches sind nun die Glückseligkeiten des gepriesenen Australiens?
Ja, das mildeste Klima, die reichste Abwechselung von Grund und Boden, die größtmöglichste Ertragsfähigkeit zum Produciren, ich könnte versucht sein zu sagen Alles, nicht nur was die Menschen bedürfen, sondern
auch Alles, was das Leben verschönt, Freiheit in geistiger und politischer
Hinsicht — und Gold! Betrachten wir diese Summe von Glückseligkeit näher!

Liebst Du die Wärme, so kannst Du nach den nördlichsten Regionen bis zur Mittagslinie gehen, wo die Sonne der tropischen Gegenden
ihre ganze wollüstige Gluth ausstrahlt. Suchst Du Italiens milde
Frische, die weder auf den Körper noch auf den Geist lähmend wirkt, so
wirst Du in den Küstenländern Das finden, was Dein Herz begehrt.

Und gehst Du gen Süd oder nach Van Diemens Land, so findest Du dort ein noch gemäßigteres Klima. Schon um Sidney hat man die gesundeste Temperatur, die man sich denken kann, und noch bei Port Adelaide kann man ohne Gefahr das ganze Jahr hindurch unter freiem Himmel leben. Krankheiten giebt es verhältnißmäßig wenige, und Brustleidende befinden sich hier namentlich wohl. Der Wechsel von Hitze zur Kühle ist freilich sehr grell. Während die Sonne bei unserm Aufenthalt in Illaware Mittags so brannte, daß meine Hände zu einer einzigen Blase zusammenschrumpften, war die Abendluft ziemlich kühl. Aber dieser Wechsel geht jedoch in so langsamen und unmerklichen Uebergängen vor sich, daß sie der Gesundheit nie gefährlich werden. Bei Sidney ist die jährliche Mitteltemperatur der Luft etwa 14 Grad R. Im Januar, der hier der heißeste Monat ist, beträgt die Mitteltemperatur 17 Grad und in den kältesten Monaten, Juli und August 9 Grad. Die Hitze ist am stärksten halb drei Uhr Nachmittags. Regen fällt hier jedoch häufiger als in der Gegend Londons, das so berüchtigt wegen seiner Feuchtigkeit ist. Aber hier giebt es keine bestimmte Regenzeit, weshalb das Land weder den gewöhnlichen Winter noch den brennenden Sommer hat, sondern alle Jahreszeiten von Regen erfrischt werden. Eine Ausnahme hiervon machen die großen Ebenen im Inneren, die regenlos und glühend sind, und außerdem heiße Westwinde aussenden, die über die Küstenländer hinsahren, alle Ströme austrocknen, und jeden Grashalm versengen!

Längs seinen großen, oft auf lange Strecken schiffbaren Flüssen besitzt das Land dagegen einen hinlänglich fruchtbaren Boden, für alle Producte der Erde geeignet. Gegen Nord wachsen Bananen, Ananas, Feigen, Apfelsinen, Zuckerrohr, und alle die ausgezeichnetsten Fruchtarten der tropischen Gegenden. Dort hat man in der späteren Zeit auch angefangen, Baumwolle zu erbauen, die an Güte fast alle bisher bekannten Arten übertrifft und eins von Neu-Hollands wichtigsten Producten zu werden verspricht. Die mittelsten und südlichen Striche sind zum Kornbau besonders passend, sodaß man schon jetzt fast so viel Korn producirt, als das Land gebraucht. Wenn die Arbeitskraft, welche jetzt beinahe ausschließend auf das Goldgraben gerichtet ist, in den natürlichen Strom zurückkehrt, wird die unendliche Fruchtbarkeit gewiß zu noch größerem Se-

gen für die Menschen sich benutzen lassen, und Australien dann eine Korn=
kammer für die übrige Welt werden.

Ich habe schon angedeutet, welche Kornarten man am vortheilhafte=
sten bauen kann, nämlich Weizen und Mais, und daß die Erde ohne Dün=
gung dreißig Jahre hintereinander dieselbe Kornart hervorzubringen vermag,
ein Beweis, daß die Fruchtbarkeit nichts zu wünschen übrig läßt. Der
Tabaksbau ist auch sehr lohnend, der Weinbau aber in noch höherem
Grade; wozu vorzugsweise die leichteren französischen und rheinischen
Trauben angewandt werden.

Die Wiesen fahren indeß fort, die Hauptquelle für Australiens
Reichthum zu sein Weit und üppig breiten sie sich im Innern des Lan=
des in einiger Entfernung von den Küsten aus und dort weiden allerlei
Vieh, namentlich Schafe, welche die unvergleichlichsten Heerden bilden;
John Mac=Arthur machte sich 1792 durch die Einführung des
Merinoschafes vom Vorgebirge der guten Hoffnung verdient. Nachdem
dasselbe sich mit dem bengalischen Schafe gekreuzt und er im Lauf einiger
Jahre seine Heerde auf viertausend Stück vermehrt hatte, reiste er 1803 nach
England und legte der Regierung Proben neu=holländischer Wolle vor,
welche die Manchesterfabrikanten für besser als die spanische erklärten;
demzufolge erleichterte die Regierung einem Jeden, der sich auf Wollzucht
legen wollte, den Erwerb von Ländereien.

Außerdem werden hier alle Arten von wollenen Waaren, also auch
Tuche jeder Art im Großen angefertigt. Unter andern Exportartikeln müssen
Seife, Salz, Lohe, und Gummi in großen Partieen genannt werden.
Die ungeheuren Bauhölzer machen auch einen wichtigen Ausfuhrartikel
aus. Die Bäume in Van Diemens Land sind häufig noch gigantischer
als die in Illawara, und werden häufig beim Schiffsbau in England
verwendet.

Fügt man noch hinzu, daß dies der Zustand eines Landes ist, in
welches man vor siebenzig Jahren die Colonisirung mit Verbrechern be=
gann, die eine noch dort lebende wilde Bevölkerung verdrängen sollten,
und wo achtungswerthe und fleißige Leute erst in den letzten zwölf Jah=
ren ungestört leben und unbeeinträchtigt arbeiten konnten; daß hier die Rede
von einem Lande ist, wo nur erst hier und da kleine Strecken bebaut und
bewohnt sind, einem Lande, wonach Mangel an Menschen und Arbeitskraft,

wo der Trieb zum Ackerbau und zu einem geordneten Erwerb nur erst
wenig entwickelt ist, und wo alle natürlichen Nahrungszweige für den
Augenblick durch eine erhitzte falsche Richtung der menschlichen Thätig=
keit versäumt sind, wie wird es dann erst um den frischen Baum stehen,
wenn es sich bereits so mit dem dürren verhält? Was wird nicht aus
diesem Australien werden, sobald ein thätiges, gesittetes Volk dort seine
Heimat gründet, wenn die Hilfsquellen einer reichen Natur durch mensch=
lichen Fleiß und Umsicht vermehrt werden, wenn Arbeit und Ordnung
alle Verhältnisse befestigt und Frieden und Glück über das Land verbrei=
tet haben? Wer vermag zu ahnen, in welcher Größe sich die Zukunft
hier gestalten wird?

Ich habe mich bisher bei der reichen Thier = und Pflanzenwelt Au=
straliens aufgehalten. Sind diese aber erstaunlich und unerschöpflich, so
sind es die mineralischen nicht minder; denn hier finden sich weit aus=
gedehnte und gehaltreiche Eisen=, Kupfer=, Blei=, und Silbergruben,
treffliche Steinkohlenlager, und endlich — Gold in unberechenbaren
Massen. Eisen gewinnt man an mehreren Orten und in großer Menge;
aber die erste Nachricht, welche davon nach Europa kam, daß das hier
entdeckte Eisen nicht allein ebenso gut sei, sondern sogar vorzüglicher als
alles andere bisher bekannte, scheint nicht mit der Wahrheit übereinzu=
stimmen. Bei dem jetzigen Mangel an Arbeitskraft, während der Spe=
culationsgeist auf lohnendere Unternehmungen gerichtet ist, werden die
Eisengruben indeß gar nicht bearbeitet. Kupfergruben befinden sich
hauptsächlich in Süd = Australien, wo in Adelaide sich funfzig Com=
pagnien gebildet haben, um Kupfer in den verschiedenen Distrikten der
Provinz zu bearbeiten; aber die falschen und übertrieben Nachrichten von
den vermeintlichen Reichthümern dieser Gruben, der Betrug bei dem Ver=
kauf der Loose u. s. w. haben das Vertrauen zu ihnen auf eine beunru=
higende Weise erschüttert.

Eine Ausnahme hiervon ist die Grube bei Burraburra, deren
Compagnie 1845 gebildet wurde. Diese Compagnie hatte 2464 Actien
oder Loose, jedes zu 5 Pfund Sterling, also ein Capital von 12,320 Pfund
Sterling, und schon das folgende Jahr gewann man 7200 Tonnen
Erz. Im December 1848 wurde bereits die Dividende für die Actie
mit zehn Pfund Sterling ausgezahlt, und die Actien selbst stiegen bis zu

150 Pfund Sterling, während die Ausbeute 13,533 Tons betrug. In der letzten Zeit dagegen ist das Werk mit minderem Erfolg betrieben und die Actien fielen in Folge davon wieder bis auf 100 Pfund Sterling, was seinen Grund darin hat, daß die meisten Arbeiter in die Gold= gruben gingen.

In denselben Gegenden finden sich gleichfalls außerordentlich reiche Bleigruben, oft selbst silberhaltig, aber diese können für den Augenblick aus Mangel an Leuten gar nicht in Angriff genommen werden. In ganz Australien, vornehmlich aber in den Küstenländern giebt es bedeutende Steinkohlenlager: ich sah bei Illawara mehrere dergleichen, ein paar hundert Fuß über dem Niveau des Landes. Steinkohlen aller Quali= täten finden sich hier, die schlechtesten und die besten.

Bedenkt man nun, welch ein geringer aber viel versprechender Theil der Mineralien des Landes bis jetzt erst bekannt, wie leicht das Brennma= terial zu beschaffen ist, so bedarf es keiner näheren Erklärung, um darzu= thun, welche reichen Beiträge zu des Landes Größe und Wohlfahrt aus diesen Adern der Erde fließen werden, sobald einmal die Goldraserei sich gelegt und die Arbeitskraft eine natürlichere Richtung genommen hat.

So waren die Verhältnisse im Anfang des Jahres 1851. Der Capitalist hatte hohe Renten von seinen Geldern, die Grundbesitzer reichen Gewinn von ihrem Lande, der fleißige Tagelöhner hohen Lohn für seine Arbeit. Australiens Wolle hatte in England die deutsche, Australiens Talg den russischen verdrängt; Alles war blühend, vorwärtsschreitend, hoffnungsvoll. Glück und Zufriedenheit wohnte überall. Da ward Gold entdeckt, und Alles wie durch einen Zauberschlag verändert. Und diese Weltbegebenheit verdient wohl unsere ganze Aufmerksamkeit und eine nä= here Auseinandersetzung.

Schon mehrere Jahre früher war ein alter Mann, Mac Gregor, zu öfteren Malen von Bathurst, einer Stadt in West jenseit der blauen Berge, dem Mittelpunkte einer weitausgedehnten Schafzucht, nach Sidney gekommen, und hatte kleine Stücke Gold mitgebracht, den Ort der Auffindung aber geheimgehalten. 1841 hatte Australiens ausge= zeichneter Geolog, Rev. Clarke, aus wissenschaftlichen Gründen be= hauptet und constatirt, daß Gold beinahe sich in allen Quarzen finde. Fortgesetze Untersuchungen setzten diese Behauptung außer allen Zweifel.

Sir Murchison machte deswegen Vorstellungen bei der englischen Regierung und veröffentlichte sogar im „Philosophical Magazine" einen Brief, worin er einen im Goldwaschen kundigen Mann nach Australien, wo zahlreiche goldführende alluvia zu finden seien, hinzusenden anräth.

Nachdem die Goldentdeckung in Californien 1848 die Welt mit betäubender Verwunderung betroffen, und Tausenden die Köpfe verdreht hatte, kam endlich 1851 die Botschaft, daß man auch in Australien Gold gefunden habe. Mr. Hargrave, welcher in Californien gesehen hatte, daß die goldführende Erde der in Australien glich, kehrte, in der Absicht, zu untersuchen, ob seine Vermuthung sich bestätigen werde, dahin zurück, und am 12. Februar 1851 machte er die in mehr als Einer Hinsicht glän= zende Entdeckung. Sein Ansuchen bei dem Gouvernement um eine Na= tionalbelohnung konnte nicht eher berücksichtigt werden, als bis der Chef der geologischen Untersuchungen sich von der Sache vergewissert hatte. Dies geschah auf die vollständigste und überraschendste Weise, worauf Hargrave mit 500 Pfund Sterling belohnt, zum Commissar der Krone mit 350 Pfund Sterling jährlichen Gehalts ernannt wurde, und die gesetzmäßige Obrigkeit des Territoriums ward.

Rasch wie der Gedanke griff die Goldwuth um sich. Oeffentliche und Privatarbeiten stockten, selbst die Auswanderung nach Californien war von Anfang an nichts gegen den nun erfolgenden Zulauf nach den Minen hier; denn jenes Eldorado lag in der Ferne, und in diesem hatte man weder mit wilden Thieren oder gegen ein rauhes Klima anzukämpfen; es befand sich nur ein paar Tagereisen von der Hauptstadt, und in einer an= muthigen, schönen Gegend. Neue Goldlager wurden bald entdeckt. Die Besinnung kehrt einigermaßen nach dem ersten Schwindel zurück; die Re= gierung begann ihrerseits Vorkehrungen zu treffen, und fertigte eine Proclamation aus, wonach Jeder, der ohne erworbene Erlaubniß Gold grabe, gestraft werden sollte; das Recht dazu muß von der Regierung gegen eine monatliche Abgabe erkauft werden. Im Mai und Juni nahm das Goldfieber zu. Die meisten Goldgräber konnten Rechnung machen auf 1 Unze und mehr täglich, vier Gräber gewannen 30 Unzen täglich, und im Lauf von drei Wochen hatte ein Mann 1600 Pfund Sterling aufgegraben. Bei Turon brach ein schwarzer Schafhirt mit seinem To= mahawk ein Quarzstück, das er seinem Herrn gab, der schnell nach demselben Ort eilte und drei Stücke fand, wovon das größte einen Fuß im Durchmesser enthielt und fünfundsiebenzig Pfund wog. Dies ergab einen Gewinn von 106 Mark reinem Golde, einen Werth von 4240 Pfund Sterling; die größte Goldmenge, die, so viel man weiß, auf einmal gefunden worden ist. Zu derselben Zeit ward Gold in Victoria entdeckt, und zwar in Mount Alexander, 50 englische Meilen von Melbourne. Nachrichten von erstaunlichen Goldfunden folgten wie ein Donnerschlag dem andern, und die Hauptstadt ward buchstäblich von ihrer Bevölkerung verlassen; 30,000 Personen waren in kurzer Zeit über die Golddistrikte zerstreut, und mehrere Hundert folgten ihnen.

Es würde zu ermüdend sein, der stufenweisen Entwickelung der Goldgräberei bis zu der schwindelnden Höhe zu folgen, worauf sie sich jetzt befindet, und alle die Stellen aufzuzählen, wo das glänzende Metall aufgegraben wird, wie viele der armen Golddurstigen dort schwitzen, arbeiten und dulden. Da ich inzwischen annehme, daß es von Interesse sein dürfte, den jetzigen Zustand zu erfahren, theile ich, was ich davon weiß, mit, obgleich meine Angaben hier sich nicht, wie in Californien, auf eigene Beobachtung gründen. Die Golddistrikte sind von Sidney zu entfernt, als daß ich in den acht Tagen hätte dahin kommen können; für mich mußten hier die Blumen Gold sein. Was ich mittheile, beruht jedoch, wie ein großer Theil des Vorigen, entweder auf veröffentlichtem Briefwechsel der Regierung mit den Geologen und auf Rapporten der Distriktsbeamten, oder auf andern zuverlässigen Angaben.

Goldminen finden sich für jetzt in Victoria um Melbourne, in Mount Alexander und der Umgegend, sowie in Neu-Süd-Wales. Sie sind daselbst in drei Distrikte eingetheilt: in den westlichen, wozu Turon, Ophir, Meroo, Tarrabourara und Abercombie gehört; in den südlichen mit Major Creek, Bell's Creek, Mungalow, und in den nördlichen bei Liverpool, Gold fields (Sefala, Bingara und Hanging Rock), wozu noch viele andere einzelne Orte hinzugefügt werden können, denn rings um die ersten goldspendenden Strecken sind neue aufgegraben, die ebenso reichhaltig sind wie die genannten, und wenn man auch nicht für den Augenblick mit Wahrheit sagen kann, daß das ganze Land Goldgruben enthält, wird es doch wahrscheinlich binnen kurzer Zeit mit Sicherheit behauptet werden können.

Wie schon zuvor bemerkt, gab die Aehnlichkeit der geologischen Beschaffenheit mit den Golddistrikten Californiens Veranlassung zu der Goldentdeckung in Australien. Da ich zu ermüden fürchte, wenn ich einen Auszug aus den vor mir liegenden höchst werthvollen geologischen Rapporten, die der Regierung mitgetheilt worden sind, mache, will ich nur auf Das hinweisen, was ich früher über die erste Entdeckung des Goldes in Californien äußerte. Als allgemeinen Satz scheint man annehmen zu können, daß das Gold in der Regel in Quarzen gefunden wird, die die Felsenmassen auf gewisse Art durchkreuzen. Ueberall wo in den Felsen Hornblende und Bimsstein eingesprengt ist, findet sich das reichste Lager, da das Gold wahrscheinlich unter dem Einfluß vulkanischer Kräfte hervorgebracht wird. Wo sich außer dem Felsen Alluvium und Quarzkies findet, kann man sich Hoffnung auf Gold machen. Californiens Goldstaub giebt 89 bis 90,70 Procent reines Gold, Rußlands Goldstaub bei Miask 89,35. Dagegen giebt der australische z. B. von Wichlon 93,32 Procent. Wie in Californien gräbt man Gold nicht allein in den Flußbetten, Sandhügeln und an Ufern, sondern selbst auf flachem Felde.

Die Art, das Gold zu gewinnen ist hier ganz dieselbe wie in Californien. Man gräbt in der Regel runde Löcher in die Erde, bis man auf den Felsengrund kommt, der auch hier aus Granit besteht. Diese Löcher brauchen bisweilen nur wenige Zoll tief zu sein, zu andern Zeiten aber auch bis vierzig Fuß. Von dem Grunde gräbt man weitumher Gänge oder sogenannte Tunnels, um den Niederschlag zu gewinnen. Zur Reinigung wendet man den „tom-long, cradle und pan" an, die ich früher geschildert, obgleich unleugbar hier, wo die Regierung sich der Arbeit angenommen und wissenschaftlich gebildete Männer ausgesendet hat, um den Arbeitern mit Rath und einsichtsvollen Anleitungen beizustehen, das Goldgraben bedeutend erleichtert worden ist.

Ich habe schon angedeutet, daß die Regierung unmittelbar nach der Entdeckung des Goldes neue Gesetze und weise Verordnungen erließ. Es dürfte vielleicht von Interesse sein, eine zusammengedrängte Uebersicht über die jüngsten Gesetzbestimmungen zu erhalten, und ich theile deshalb hier einen Auszug aus „Regulations for the management of the gold fields", Sidney den 29. März 1852 mit.

I. Alluvialgold (im Erdreiche).

a) **Erlaubniß Land zu bearbeiten, das der Krone gehört.** 1) Bei Strafe alles aufgegrabene Gold an die Krone verloren zu haben, haben Alle und Jeder sich einen Erlaubnißschein von der Regierung zu verschaffen. 2) Dieser Schein wird gegen 1 Pfund St. 10 Schillinge ausgehändigt. 3) Er wird von dem Regierungscommissär der Goldmine ausgefertigt. 4) Niemand erhält ihn, außer er kann durch ein Attest, daß er seiner vorigen Dienste enthoben worden ist, darthun, oder sich als freier Mann documentiren. 5) Neue „claims" variiren zwischen funfzehn und zwanzig Fuß nach jeder Seite, sechzig Fuß in einem Wasserlauf oder im Grunde einer Schlucht. 6) Diese „claims" bleiben blos während des im Erlaubnißscheine angegebenen Zeitraumes im Besitz des Gräbers. 7) Er geht verloren durch Verbrechen, durch unerlaubten Branntweinverkauf oder andere widerrechtliche Handlungen. 8) Die, welche ohne Erlaubniß arbeiten, haben doppelte Abgaben zu zahlen. 9) Der Regierungscommissär im Distrikt entscheidet alle Zwistigkeiten in Betreff der „claims".

b) **Erlaubniß, Land zu bearbeiten, das Privatpersonen gehört.** Nur der Grundbesitzer oder eine von ihm bevollmächtigte Person kann eine solche Erlaubniß ertheilen. Die Abgabe beträgt 15 Schillinge monatlich.

c) **Wasserleitungen.** Die Erlaubniß, dergleichen anzulegen muß zuvor bei dem Commissär eingeholt werden.

II. Matrixgold (im Gestein).

a) **Kronland.** 1) Wenn Quarzadern, worin sich Gold findet, bearbeitet werden sollen, muß der Applikant sich verbindlich machen, der Krone von dem gewonnenen Golde 10 Procent auszuzahlen. 2) Für diese Verbindlichkeit hat die Regierung Pfand in den Gebäuden und Maschienerieen des Werks; sie wird überdies von Cautionisten garantirt. 3) Dieses „claim" umfaßt eine Strecke Quarz, deren Länge eine halbe englische Meile, deren Breite auf jeder Seite eine Viertelmeile behufs der Errichtung der nöthigen Gebäude beträgt. Waldungen können auf den ringsumliegenden Kronländereien gefällt werden. 4) Das Recht geht verloren wenn nicht wenigstens zwanzig Mann oder eine entsprechende Maschinen-

18*

kraft binnen ſechs Monaten von der Ausfertigung der Erlaubniß an, dort
thätig ſind. 5) Claimsrecht wird auf drei Jahre zugeſtanden, kann aber
nach Ablauf dieſer Zeit erneuert werden.

b) Privatland. Sämmtliche Regeln gelten auch hierbei, aber
man bezahlt blos 5 Procent von dem Gewinn und iſt nicht verpflichtet,
eine gewiſſe Anzahl von Perſonen zu verwenden.

Handelsleute, welche Verkaufsſtellen einrichten, zahlen eine Abgabe
von dreißig Schillingen monatlich für Benutzung von Land, was ihnen jedoch zu jeder Zeit abgenommen werden kann.

In jedem Golddiſtrikt hat die Regierung entweder einen wirklichen
oder einen Vicecommiſſär, der die Erlaubnißſcheine ausfertigt, die Ordnung mit Hilfe einer nach der Volksmenge ſich richtenden Anzahl von
Soldaten aufrechterhält, auch die Verbrecher vor Gericht oder zur Strafe
bei dem nächſten Richterſtuhl zieht. In ſpäterer Zeit hat die Regierung
in den wichtigſten Golddiſtrikten Goldescorten von bewaffneter reitender
Militärmacht eingerichtet, die, nachdem der Commiſſär gegen Erlegung
von 1 Procent des Werths, das Gold empfangen, gewogen und in mit
Adreſſen verſehene und verſiegelte Beutel eingelegt hat, den Transport
nach Sidney geleiten. Die Regierung hat außerdem einen Exportzoll auf
Gold gelegt, der indeß noch nicht definitiv regulirt iſt.

Trotz aller dieſer Maßregeln findet man noch nicht, daß die Regierung genug gethan hat, dem Goldfieber zu ſteuern, und zugleich Einkünfte
für den Staat zu vindiciren, worauf ſie mit Grund Anſpruch machen
kann, und die ſie in Stand ſetzen könnte, gemeinnützige Unternehmungen,
wie Straßenanlagen, Urbarmachungen des Bodens u. ſ. w. kräftig zu
befördern. Da man von der Anſicht ausgegangen iſt, daß das Land der
Krone gehört, hat man vorgeſchlagen, nur freie Arbeiter gegen Erlegung
einer Abgabe von dem gefundenen Golde anzunehmen, welche hoch genug
ſein ſollte, um den unſinnigen Speculationen auf die Reichhaltigkeit der
Golderde, welche jetzt ſo Viele ruiniren, ohne daß Jemand dadurch klüger
wird, vorzubeugen. Ein anderer Vorſchlag, daß die Regierung auf eigene
Rechnung das Goldgraben mit Sträflingen betreiben ſollte, hat natürlich
aus manchen Gründen lebhaften Widerſtand erweckt. Man hält es inzwiſchen für gewiß, daß das Graben binnen kurzer Zeit mit bedeutenden
Beſchränkungen belegt werden wird.

Hinsichtlich der Reichhaltigkeit der Goldgruben, mögen einige wenige Beispiele genügen. Bei „Major Creek" wurden durch eintägiges „digging" drei bis vier Unzen pro Mann gewonnen, und daher schreibt sich die Redensart, daß „wenn die Reichthümer auch nicht unerschöpflich, doch unberechenbar sind". Bei Bingara wurden Klumpen von 5 bis 6½ ja bis 14 Unzen Gewicht gefunden, und man hatte früher nirgends solchen Reichthum wie dort gesehen. Bei Turon und Ophir wurden unglaubliche Goldmassen entdeckt. Bei Hanging Rock wurden in einem einzigen Monat zweihundertzehn Erlaubnißscheine ausgefertigt. Aber noch reicher sind die südlichen Golddistrikte, und für den Augenblick zieht der Volksstrom unaufhaltsam nach Victoria.

Am 17. April brachte die Goldescorte von Melbourne 12,873 Unzen mit, von Ballant an demselben Tag 923 Unzen. Am 3. September kamen von verschiedenen „gold diggings" in Neu-Süd-Wales 1614 Unzen nebst 411 Pfund Sterling, den 8. October 54,596 Unzen, den 21. October 4079 Unzen, und den 30. October 3321 Unzen. Man berechnet den Werth des Goldes auf 3 Pfund 7 Schilling pr. Unze.

Ich will diese Angaben mit keinem Commentar begleiten. Es genügt hinzuzufügen: daß vom 21. October 1851 bis zum 15. Juni 1852, also in einem Zeitraum von sieben und einem halben Monate exportirt wurden, blos aus Neu-Süd-Wales nach Europa 384,116 Unzen Gold zum Werth von 1,248,377 Pfund Sterling; daß in demselben Zeitraume wenigstens ebenso viel aus Victoria ausgeführt ward; daß der Staat im Laufe dieser Monate ein Einkommen von 63,479 Pfund Sterling für Ausfertigung von Erlaubnißscheinen hatte, wovon 51,792 Pfund für Aufrechterhaltung der Ordnung verwendet wurden, also ein reiner Gewinn von 11,687 Pfund Sterling übrig blieb.

Wie unglaublich ausgedehnt die Strecken auch sind, die schon bearbeitet werden und Gold in großen Quantitäten geben, so sind gleichwohl die, welche noch unbenutzt liegen, und wahrscheinlich große Reichthümer enthalten, noch umfangreicher. Ueberall, wo man in die Erde gräbt, hat man, auf Hunderte von Meilen Entfernung von den schon bearbeiteten Strecken, Gold gefunden, und es läßt sich nicht berechnen, wie viele Millionen Menschen sich hier fabelhafte Schätze ergraben können. Australien sendete in Einem Jahre mehr als die Hälfte des Goldes nach Europa, das Californien in vier Jahren ausgeführt hat. Es ist auch berechnet, daß die jährliche Vermehrung der Goldproduction in Europa den Werth von 16,500,000 Pfund Sterling erreicht hat*).

Dies ist die lächelnde, herrliche, berauschende Seite der Sache. Aber die Medaille hat auch ihre Kehrseite. Betrachten wir auch sie! Wir haben es schon gethan bei der Schilderung Californiens, und uns mit Abscheu von der Erniedrigung, den Lastern und dem Elend, den das Gold hervorgerufen hat, hinweggewendet. Ist es hier unter Australiens Himmel besser? Leider nein!

Wir wollen hier nicht aufs neue das Bild aller der Opfer und Entbehrungen, denen sich die Individuen unterwerfen müssen, aller der Misgeschicke und Unglücksfälle, denen sie ausgesetzt sind, heraufbeschwören. Bald stürzt der Regen in gewaltigen Güssen hernieder, die alle Gruben füllen und die Arbeit unmöglich machen; bald wird man von einer so langwierigen Dürre heimgesucht, daß Alles vertrocknet, die Thiere umkommen und alle Bearbeitung der Goldminen aufhören muß. Die Arbeiter sind dann genöthigt umherzuwandern und neue „claims" aufzusuchen, während des Wanderns Alles zuzusetzen, was sie sammelten, und nur Kummer und Elend zurückzubehalten. Befassen wir uns hier nur mit dem Unglück, was in Folge der „glücklichen" Entdeckung des Goldes im Allgemeinen entstanden ist.

Ehemals kamen täglich Hunderte von Menschen an, jetzt Tausende. In Port Phillip liegt eine Handelsflotte, die sogar bedeutender ist, als die von Sidney, deren Bemannung fortgelaufen ist und die Schiffe der Fäulniß und dem Verderben überlassen hat. Die zahlreichen Heerden sind von ihren Hirten verlassen, die Ländereien von ihren Bebauern, die Fabriken von ihren Arbeitern, die Gruben von ihren Bergleuten, das Land steht öde, die Städte sind leer, die Industrie verwaist, der Ver-

---

*) Den letzten aus Australien eingegangenen Berichten zufolge wäre ein Goldlager in der Nähe von Gonlong, 100 bis etwa 130 Fuß tief entdeckt worden, welches alle bis jetzt aufgefundenen Goldgruben in Schatten stellt. In nicht mehr als drei Tagen sollen nach zuverlässigen Feststellungen 18,000 Unzen Gold von einigen wenigen Goldgräbern hervorgeschafft worden sein. Ein einziger derselben hätte einen Goldklumpen, 190 Pfund schwer, gefunden.   Anm. d. Uebers.

kehr stockt — Alles und Aller hat sich der Golddurst bemächtigt. Was ist die Folge? Schreckenerregende Theurung! Noch sind Lebensmittel für Geld zu erhalten, aber bald werden sie nicht mehr zureichen für die Menschenschaaren, welche aus der ganzen Welt hierherströmen. In den Familien findet sich kein Diener mehr. Alles ist in einem Zustande der Auflösung; häusliche Ruhe und Bequemlichkeit sind dahin. Australiens Hauptnahrungszweig, die Wollproduction, droht unterzugehen bei der Unmöglichkeit, für die Erhaltung der Heerden zu sorgen, die Schafe müssen massenweise geschlachtet werden, damit die Eigenthümer wenig= stens den Talg retten. Die Kupfer= und Bleiminen werden gänzlich ver= nachlässigt. Aller Ackerbau, selbst der frühere, von so wenigem Belang er auch war, hat aufgehört. Niemand bleibt mehr bei seinen gewohnten Beschäftigungen, Alle eilen in die Goldgruben und „sollten unsere Felder fortfahren, mit Gold gespickt zu sein, so sind wir verloren", sagen die denkenden Einwohner mit Recht. Gesetzlosigkeit, Unordnungen, Auflö= sung der Gesellschaft nehmen zu; Patriotismus, gemeinnützige Thätig= keit, Gemeingeist verschwinden. Der Zustand ist hier freilich nicht so entsetzlich wie in Californien; denn die Polizei der Regierung hat hier doch noch einiges Ansehen; Mord und Raub gehören jedoch keineswegs zu den Seltenheiten.

Die Ueberzeugung, daß dieser Zustand der Ruin des Goldlandes werden wird, dafern er fortdauert, ist so fest und hat schon so allgemein Wurzel geschlagen, daß man von Allen, deren Blick in die Zukunft zu dringen vermag, den Ruf: „sauve qui peut!" hört, und nicht ohne Grund fürchtet man, daß der Staat von der drohenden Auflösung nicht anders als durch eine Revolution wird gerettet werden können.

Die Nationalwohlfahrt besteht im Ueberfluß aller der Dinge, welche dazu dienen, das Leben unmittelbar zu erhalten und zu verschönern, und nicht in aufgehäuften Reichthümern. Wo die Production von Nothwen= digkeitsartikeln stockt und diese mit großen Kosten und Anstrengung weit= her geholt werden müssen, da tritt die größte Abhängigkeit ein, da helfen keine Schätze, wie groß diese auch sind. Die Reichthümer entweichen zu Andern, nur die Entbehrung bleibt zurück. Und besitzt das Land in sich selbst Mittel zu einer hohen und kräftigen Entwickelung, so ist der Scha= den desto unersetzlicher, wenn diese Möglichkeit abgeschnitten wird, und die Arbeitskraft, die Tüchtigkeit, der Geist sich einem unnatürlichen Ziel zuwendet, und in erschlaffenden, unwesentlichen Richtungen angespannt wird. Das Spanien der alten und neuen Welt kann als Beispiel dienen, daß das Gold kein Glück schafft, weder in materieller noch in intellectueller Hinsicht, indem es Schlaffheit mit sich führt und das Volk gleichgiltig gegen alle andern Fortschritte macht, sodaß es zuletzt eine Beute ärmerer aber klügerer Nationen wird. Es ist an der Zeit, daß Australien sich an Spaniens Schicksal erinnere, um zu lernen, daß erst wenn Handel, Acker- und Bergbau, Viehzucht und Manufakturen gedeihen und vorzugsweise Arme und Sinne beschäftigen, erst dann ein Land aufzublühen, das Volk Glück und Zufriedenheit zu finden und der Staat mächtig und stark dazustehen vermag.

Nach diesem Ziele streben alle Wohlgesinnte, und deshalb wollen sie die Einwanderung in ihre natürliche Bahn leiten. Eigentlich fingen erst 1840 freie Einwanderer an hierher zu strömen. Der Gewinn von den Ländereien, welche in Neu-Holland vom Staat verkauft wurden, theilte sich in zwei Theile, wovon die eine Hälfte zum Behuf der Bedürfnisse der Colonie im Lande blieb, die andere nach dem Mutterlande ging, welches wiederum auf seine Kosten Auswanderer hinsendete. Später behielt die Colonie alle ihre Einkünfte unverkürzt. Da nun die obenerwähnte Krisis eintraf, die Arbeiter überall ihre eingegangenen Verpflichtungen brachen und sich zu den Golddistrikten begaben, ging eine Deputation nach London ab, die es der Regierung auf das eindringlichste ans Herz legte, der Colonie durch Absendung von Leuten aufzuhelfen. Demzufolge wurden 1850 von der Regierung 2458, 1851 aber 3954 und 1852 bis Anfang Juni 11,945 Individuen abgesendet. Fügt man zu diesen die Schaaren, welche auf eigene Kosten sich hierherbegaben, so erhielt 1851 allein Neu-Süd-Wales einen Zuwachs von 7890 Einwanderern und doch wird der Mangel an Arbeitern mit jedem Tage fühlbarer. Neu-Süd-Wales hat deshalb England eine Summe von 273,000 Pfund Sterling, zur Bestreitung von Ueberfahrtskosten, welche jetzt unmäßig gestiegen sind und 18 Pfund Sterling für die Person betragen, übersendet. Die Regierung ist geneigt, die Wünsche der Colonie kräftig zu unterstützen und hat deshalb versprochen, 400 Soldaten und ein Kriegsschiff zur Aufrechterhaltung der Ordnung auszurüsten und dahin abgehen zu lassen.

Aber nicht allein England beeilt sich, Tausende seiner Ueberbevöl=
kerung zu entlassen, um in Australien Heimat, Reichthum und Glück zu
finden. Von den verschiedensten Ländern der Erde gehen Volkszüge
dorthin ab, namentlich von Amerika, das schon im Begriff ist anderer Na=
tionen Produkte zu verdrängen, etwas Leichtes für Den, der zuerst kommt,
da hier nur auf starke Getränke und einzelne Luxusartikel Zölle gelegt
sind. Californiens unglückliche Goldgräber fangen gleichfalls an nach
diesen Gegenden zu ziehen.

Es sei fern von mir, Jemand zu sagen: Verlasse Deine Heimat,
brich alle Bande, die Dich an das Vaterland fesseln und suche das Glück
auf der andern Seite des Erdballes. Ich weiß, „daß es besser ist, da=
heim Wenig zu haben, als Vieles draußen". Aber muß Jemand aus=
wandern, dann rathe ich ihm aus voller Ueberzeugung: Gehe nach Austra=
lien! Meine Absicht ist nicht, durch erhitzende Schilderungen zu verlocken,
ich will vor Allem nicht auf die Lager in den Stromfurchen hinweisen,
wo das Gold sich schlüpfrig und glatt verbirgt, wo man möglicherweise
Reichthümer holen kann, aber wo Unglück, Armuth, Elend, körper=
liche und geistige Erniedrigung, ebenso leicht den armen, leichtgläubigen
Glücksjäger erwarten können. Willst Du die Heimat verlassen, so zeige ich
Dir jene fruchtbaren Felder, wo man alle Kornarten, alle Früchte, Farbe=
kräuter, Tabak, Baumwolle besser und ergiebiger zu erzielen vermag
als in allen andern Gegenden der Erde, jene Wiesen, wo Heerden von
Hornvieh und Schafen sicherern Gewinn abwerfen, als alles Gold, jene
Bergwerke, in welchen Reichthümer schlummern, welche eine Industrie
ins Leben rufen, deren Größe noch Niemand zu ahnen vermag. Zu wel=
cher Blüthe wird jenes Land gedeihen, wenn einmal alle Quellen der
nationalen Größe in Bewegung gesetzt, wenn Netze von Eisenbahnen das
Land durchkreuzen, ein erstaunlicher Handel die zahlreichen Häfen mit
Schiffen anfüllen und eine erleichterte Communication mit allen Welt=
theilen einen Umsatz befördern werden, dessen Resultat Niemand be=
rechnet!

Wer also irgend einen Grund hat sein Vaterland zu verlassen, dem
will ich dreierlei rathen: Denke nicht an die Goldgruben, sondern reise
mit dem festen Entschlusse, Deine Arbeitskraft auf etwas Anderes zu ver=
wenden. Schaffe Dir bei der Ankunft alle die Gesetzbestimmungen an,

die Dir zu wissen nothwendig sind, und nimm, ehe Du Dich ansässig
machst, erst Arbeit bei Anderen in dem Fache, worin Du später thätig
sein willst, denn Alles ist hier so eigenthümlich, so abweichend von unsern
heimatlichen Verhältnissen, daß mindestens ein halbes Jahr dazu erfor=
derlich ist, sich damit bekannt zu machen. Reise nicht, ohne ein so großes
Capital zu besitzen, daß Du bei der Ankunft nicht ganz entblößt stehst,
ein Raub eintreffender Unglücksfälle, niedergedrückt von dem ersten Mis=
geschick, ohne Mittel Dich wieder zu erheben.   Man kauft jetzt mit 7
Pfund Sterling einen Acker, und sich auf ein geringeres Areal als achtzig
Aecker zu beschränken, ist kaum rathsam, wobei die Auslagen des ersten
Jahres sich auf 500 Pfund Sterling belaufen, auf deren Deckung man
jedoch schon im nächsten Jahre mit Sicherheit rechnen kann.   Aber, wie
gesagt, ein geringeres Capital darf Niemand besitzen, der auf eigene Rech=
nung den Ackerbau treiben will; Niemand wandre aus, der nicht an
strenge Arbeit gewöhnt ist! Man hat oft Handlungsdiener, Comtoiristen und
junge Menschen in ähnlicher Stellung auswandern sehen, aber sie sind
gleich ein Raub des Misgeschicks geworden, weil sie körperlich zu schwach
waren, um die Anstrengungen des neuen Lebens zu ertragen, und fern
von Heimat und Verwandten haben sie ein Grab ihrer irdischen Hoffnun=
gen gefunden, eine Grenze ihrer kurzen Wanderung hienieden!

Neuntes Kapitel.

Abfahrt von Sidney. — Die Hitze unter der Linie. — Die Wellingtons-Inseln. — Zwei Amerikaner. — Eigenthümliche Illumination. — Die Karolinen. — Die Insel Ascension. — Die Eingeborenen, ihre Wohnungen und Trachten. — Eine Königliche Majestät und ein Hofstaat. — Merkwürdige Alterthumsreste. — Guaham. — Einfluß der spanischen Herrschaft. — Nachtlager bei den Wilden. — Die Natur. — Die Insel Umata.

Wampo (China), den 9. December 1852.

Wir segelten von **Sidney** den 31. October ab, und mit wahrer Betrübniß verließen wir ein Land, dessen nähere Bekanntschaft zu machen so lehrreich hätte sein können, und von dem wir während unsers kurzen Aufenthaltes in jeder Hinsicht die günstigsten Vorstellungen gefaßt hatten. Während der langdauernden Reise litten wir von der entsetzlichsten Hitze, und seufzten in einer glühenden Atmosphäre, gegen welche man keinen Schutz findet. Bei Tage sandte die brennende Sonne ihre senkrechten Strahlen nieder, zurückgeworfen von dem durchsichtigen, stillen Meere, von wo sie hundertfältig heißer sich zurückspiegelten. Hier auf dem Meere aber kann man doch dann und wann einen flüchtigen Luftzug unter dem Sonnenzelt erhaschen, aber bei Nacht, wenn man in eine verhältnißmäßig enge Kajüte eingezwängt ist, welche Körper- und Seelenpein! Muth und Geduld entweichen, und schwer haben wir die Bekanntschaft mit der so oft besungenen Schifffahrt in Oceanien büßen müssen. Aber Alles auf Erden ist ein Uebergang; es gilt blos, den Wendepunkt abzuwarten, und wie grausam unser Organismus auch auf die Probe gesetzt werde, ist er doch so beschaffen, daß er ein großes Maß von Ungemach zu ertragen vermag, ehe er unterliegt.

Ein frischer Passatwind verlieh nach Verlauf von ein paar Wochen unsern Lebensgeistern neue Spannkraft. Am 21. befanden wir uns der Insel **Duperrey**, oder, wie die Eingebornen sie nennen, **Mogal** gegenüber. Ein europäisches Segelboot steuerte uns entgegen, das zwei Amerikaner, sechs Eingeborne und eine Schildkröte enthielt. Da man

die Absicht hatte, uns letztere und andere Waaren anzubieten, welches
Erbieten angenommen wurde, so steuerte das Boot, um den Vorrath zu
holen, zur Insel zurück. Ich erhielt des Chefs Erlaubniß, mit ans Land
zu gehen. Die kleine Inselgruppe bestand aus drei niedrigen Holmen,
die ganz und gar auf Korallengrund ruhten. Auf ein gegebenes Zeichen
vom Boote aus, sprangen ein paar von den auf dem Strande zahlreich
versammelten Eingebornen herbei, und trugen mich auf ihren Schultern
über die scharfen Korallenriffe zur Insel.

Etwas Schöneres als diese Korallenriffe kann man sich nicht denken.
In der Tiefe unter der stillen durchsichtigen Wasserfläche sieht man die
wunderlichsten Figuren, die die Gestalt bald von Blumen, bald von Ge=
büsch annehmen, und in den prachtvollsten Farben strahlen. Bei dem
Anblick solcher Wunder läßt der Dichter begeistert seine Saiten erklingen
von Feenschlössern, und des tiefen Meeres geheimnißvollen Herrlichkeiten.

Die Insel bestand aus einem einzigen dichten Kokospalmenhain; sonst
schien die Vegetation arm. Während die Eingebornen umhersprangen,
die freilaufenden Schweine zu fangen, welche der Fregatte verkauft werden
sollten, durchstrich ich mit meinen Führern eilig die Insel, deren nackte
Einwohner, von Freundlichkeit gleichsam glänzend, mich in einem Kanoe
über eine Lagune ruderten, und gelangte bald zu der nächsten Insel. Auf
dem äußersten Punkt derselben war eine Anzahl von Häusern, welche auf
4 drei Ellen hohen Pfählen, gedeckt mit Pandanusblättern, ruhten, in
deren Mitte die zwei Weißen ihre Wohnungen von Bambusrohr hat=
ten. Hier fanden wir ein sehr einfaches Hausgeräth nebst den Frauen
der beiden Amerikaner, von welchem Artikel der Eine fünf, der Andere
nur vier hatte, äußerst freundliche Geschöpfe, gehüllt in Kattunblousen,
ein rothes Stück Zeug um die Schultern geworfen, aus ihren kleinen
Thonpfeifen rauchend, und übrigens, wie es schien, ohne alle Eifersucht
ein harmloses Stillleben führend, das, im Vergleich mit dem Schicksal
anderer schwarzbraunen Schwestern, beneidenswerth war. Die Inseln
waren ehemals von drei zahlreichen Stämmen bewohnt, die einan=
der dergestalt ausgerottet haben, daß gegenwärtig nur siebenundacht=
zig Bewohner übrig waren. Diese besaßen zahlreiche Heerden von
Schweinen und große Schaaren von Hühnern; sie fingen mit unglaub=
licher Fertigkeit die Schildkröten, die sich auf den Korallenriffen aufhielten,

bauten Mais, Bananen und Tarro, besaßen auch vollauf Kokosnüsse
und Brotfrüchte. Die beiden Amerikaner waren vor einem halben Jahre
auf einem Fahrzeug angekommen, hatten sich als Herren unter dem gut=
müthigen Volk niedergelassen, ihre Weiber nach Belieben zu provisorischen
Chefrauen genommen, ihr Eigenthum — Schweine, Hühner und Früchte
— an vorüberfahrende Schiffe verkauft, wodurch sie oft vierzig Dollars
monatlich verdienten, während sie als Ersatz den Inselbewohnern blos ein
wenig Tabak, Branntwein und einige Stücke Zeug gaben. Allenthalben
sehen wir, wie die schwarze Farbe von der weißen auf dieselbe willkürliche
Weise behandelt wird. Eine geräumige Kirche gab Zeugniß, daß hier
einmal ein Missionär gewesen war.

Die Zeit erlaubte mir nicht, mich lange in dieser unter steifen For=
men gar wenig leidenden Gesellschaft aufzuhalten. Nachdem die Tarroknollen
eingesammelt waren, kehrten wir zu der ersten Insel zurück, welche jetzt
gleichsam in Flammen zu stehen schien. Um nämlich die in die Wipfel
der Kokospalmen und Pandanen aufgeflogenen Hühner zu fangen, zündete
man Holzhaufen an der Wurzel des Baumes an, und die Vögel, von
dem starken Schein geblendet, ließen sich auf diese Art leicht fangen. Es
war in der That ein eigenthümliches und prachtvolles Schauspiel am
dunkeln Abend die braunen Gestalten unter den Palmen mit flam=
menden Fackeln umherlaufen zu sehen, und ihr Geschrei zu hören, das
seine Harmonieen mit dem Gekakel der Hühner mischte. Nachdem ich
über die Korallenriffe getragen worden war, kehrte ich Abends um acht
Uhr zur Fregatte zurück.

Begünstigt von einem frischen Winde, erreichten wir zeitig am
nächsten Morgen die Insel Ascension, aber der Strom war uns stark
entgegen, sodaß wir erst gegen neun Uhr in dem Boot zur Insel ab=
gehen konnten, die an Tahiti erinnert, aber weit weniger imponirend
und großartig ist. Auf der Seite, wo wir anlegten, war die ganze Küste
mit niedrigen Korallenholmen umsäumt, und hier so flach, daß wir nicht
mit den Booten landen konnten, sondern von den Eingebornen, von welchen
sich eine große Anzahl vorfand, an das Land gesetzt werden mußten; denn
kaum ward unser Boot innerhalb der Korallenriffe sichtbar, so wimmelte
der Strand von Volksschaaren und zahlreiche, starke, rothbemalte Kanoes,
in der Mitte mit einem kleinen Deck für Passagiere und Effekten versehen,

wurden uns entgegengeschickt. Indem wir sodann von Hütte zu Hütte
längs dem hohen Ufer wanderten, der Eine Pflanzen, der Andere Thiere
sammelnd u. s. w., vermehrte sich unsere Begleitung unaufhörlich, und
ebenso friedlich wie dieses Zusammentreffen von beiden Seiten vor sich
ging, ebenso zufrieden schienen beide Parteien bei dieser kurzen Begeg=
nung zu sein.

Die Seite der Insel, wo wir landeten, war äußerst steil, sodaß das
Hinaufsteigen uns große Beschwerde verursachte, zumal da die Vege=
tation eine Ueppigkeit und Dichtigkeit besaß, welche es beinahe unmöglich
machte, einige Ellen weit in die verschlungenen Busch= und Baumgruppen
ohne Hilfe von scharfen und kräftig gehandhabten Aexten und Beilen ein=
zudringen. In ihren Einzelheiten zeigte sie indeß keine Eigenthümlich=
keiten, und bot ungefähr dieselben Arten wie die übrigen vulkanischen In=
seln im stillen Meer dar. Die Kokospalme und der Brotfruchtbaum ragte
über die ganze übrige Baummasse empor, das wilde Zuckerrohr bildete
ebenso dichte wie hohe Gruppen, und auf den Küsten schoß der tausend=
armige Wurzelbaum seine Zweigwurzeln herab, weite Strecken mit dem
Schatten eines einzigen Stammes bedeckend. Schön gruppirt zwischen
diesem Laubreichthum lagen die Hütten theils am Strande, theils oben
auf den hohen Hügeln. Wiewohl sie denselben Typus hatten wie überall
in diesen Gegenden, wo die Hütte, blos darauf berechnet in einem
Klima, das so herrlich ist, daß jeder Busch eine hinreichende Wohnung
darbietet, Schutz zu verleihen, wichen sie doch etwas in den Details von
denen ab, welche wir bisher gesehen hatten. Oben auf einer Steinmauer
(Lavablöcke finden sich überall längs dem Strande ein bis drei Ellen hoch)
befanden sich die vier Wände von geflochtenen Matten, wodurch schmale
Fenster ein sparsames Licht einließen, und über welche das ziemlich spitze Dach
sich erhob. Das Innere hatte eine in die Mauer ziemlich tief niederge=
senkte Feuerstelle, und zu beiden Seiten derselben war die Hütte durch
niedrige Wände in Kammern abgetheilt, worin wir meistens stille, sinnende
oder schlafende Personen vorfanden. Die große Menge von Kindern und
die geringe Anzahl von Weibern, setzte mich in Erstaunen.

Die Menschenrace hier war dienstfertig und friedlich, hatte gutmüthige
Gesichtszüge und auffallend hübsches Haar. Man trug hier nicht, wie
auf den meisten andern Inseln, blos einen Gürtel um die Hüfte. Außer

diesem, welcher von sehr feiner Arbeit und rother Farbe war, — roth schien ihre Lieblingsfarbe, sodaß sie auch lieber „red money", Kupfergeld, als „white money", Silbergeld, wollten — hatten sie auch eine freihängende Bedeckung von Gras, die von der Hüfte bis zum Kniee reichte; wir sahen sie zum ersten Mal auf der Savage=Insel und sie bestand aus gelblich, weichen, oben dicht zusammengebundenen Grashalmen. Die übrigen Zierrathen beschränkten sich auf Halsbänder von Knöchelchen und Glas= perlen, und in den großlöcherig durchstochenen Ohrläppchen waren allerlei Kleinigkeiten angebracht.

Für einen Piaster miethete ich ein Kanoe und vier Ruderer, die mich über die Bucht zu einer der königlichen Majestäten der Insel brachten. Auf dem äußersten Rande in einem dichten Hain von Brotfruchtbäumen erhob sich ein Haus von ebenbeschriebener Form, das ich für die könig= liche Residenz hielt, aber ich überzeugte mich bald, daß es nur ein Auf= bewahrungsort der drei bis vier gigantischen Kanoes war, die ohne Zweifel die ganze Kriegsflotte der Monarchie ausmachten. Eine Strecke davon landeinwärts zeigten sich drei sehr nette Häuser von der gewöhnlichen Form, und in einem derselben genoß ich die Ehre, Sr. Majestät Bekannt= schaft zu machen. Da ich bemerkte, daß in dem großen Loche des linken Ohrläppchens eine kleine Cigarre steckte, nahm ich mir die Freiheit eine ähnliche in dem andern anzubringen und hatte das Glück, daß die Maje= stät sich verlauten ließ, ich sei „a very good man", worauf sich auch die ganze Conversation beschränkte.

Die Majestät stellte sich in ihrer ganzen ehrfurchtgebietenden Nackt= heit als ein abgemagerter alter Bursche mit schlaffen, schläfrigen Gesichts= zügen dar. In seiner Nähe befand sich ein Häuptling, eine kraftvolle alte Heldengestalt, und ein jüngerer, der ohne Zweifel der Kronprinz war, und sehr wißbegierig zu sein schien, vornehmlich legte er große Lust an den Tag etwas von dem „Lande des großen Schiffes", dessen Namen aus= zusprechen ihm schwer wurde, zu erfahren. Draußen am Fenster saßen zwölf bis vierzehn alte Häupter in einem Halbkreise; es waren des Reiches Großwürdenträger; ich war so gnädig Cigarren an sie auszutheilen. Sie kaueten Alle Tarrostücke, und schienen sich in dem Sonnenschein der Gnade, welcher von Sr. Majestät durch das kleine Guckloch, das ein Fenster vorstellte, ausstrahlte, sehr wohl zu befinden. Das andere Haus enthielt die Königin und die Hofdamen, welche sämmtlich ausgetrocknete Gestalten waren; und das dritte die jungen Sprößlinge des würdigen Königsstammes. Keiner zeichnete sich durch etwas aus, das auf hohe Geburt deutete, nur glänzte die Mehrzahl von dem gelbsten sehr übelduftenden Kokusöl, womit die schwarzbraune Haut eingeschmiert war. Selbst bei diesen hohen Personen ließ sich dasselbe Phänomen bemerken, das ich bei mindestens drei Vierteln des gemeinen Mannes gewahr geworden war, nämlich eine abscheuliche schuppige Haut, wie nach trocknem Aussatz, und unförmlich aufgeschwollene Beine, bedeckt mit Busteln, welche Krankheit (Elephantiasis) sehr allgemein in diesen südlichen Gegenden ist.

Nach diesem Besuch an einem der Karolinischen Höfe brachte mein Kanoe mich zu einer anderen Bucht, auf deren Grunde sich eine merkwürdige Ruine befand, welche ich näher zu betrachten wünschte. Es waren Reste eines weitläufigen Gebäudes, umgeben von zehn bis zwanzig Ellen hohen und mehr als drei Ellen dicken Mauern, verbunden durch viereckige dreiundzwanzig Ellen lange Basaltsäulen, unter welchen sich eine Menge Seitengewölbe und Gänge befanden. Es schien ursprünglich nie vollendet worden zu sein, aber die jetzigen Ueberbleibsel waren zum Theil umgestürzt und mit Bäumen und Schlingpflanzen bewachsen. Es war unleugbar etwas höchst Eigenthümliches, Reste eines Bauwerkes zu finden, das, in welcher Absicht es auch gegründet und von wem es auch aufgeführt sein mochte, auf Kunstfertigkeit, Macht und Größe in einem Lande hindeutet, wo der Naturzustand in seiner ganz ungekünstelten Gestalt herrscht, wo die Menschenraçe schwach scheint und die ganze Natur ihre völlige ursprüngliche Beschaffenheit beibehalten hat.

Ich habe die Vermuthung äußern hören, daß im Alterthum die Chinesen hier ansässig gewesen wären, und die Gebäude aufgeführt hätten, wovon sich jetzt Ruinen finden. Es ist nicht zu bezweifeln, daß die Chinesen ehedem eine wichtigere Rolle als jetzt außerhalb der Grenzen ihres eigenen Landes gespielt haben; aber jedenfalls verdient es der Alterthumsforscher ganze Aufmerksamkeit, daß sich auf Ascension, wenn nicht cyklopische, doch erstaunlich feste Mauern finden; selbst in naturhistorischer Hinsicht bleibt diese Erscheinung, verglichen mit einer andern, die in Verbindung damit steht, interessant. Auf einem weitausgedehnten Raum um das große Gebäude nämlich, war die Gegend von einer Art in Basalt

eingefaßter Kanäle durchkreuzt. Waren dies einst die Straßen einer
Stadt oder die Wallgräben einer Festung? Man hat dort eine Metallka-
none gefunden! Diese Kanäle waren jetzt so seicht, daß unser flachgehen-
des Kanoe nur mit Mühe hindurchgeschoben werden konnte. Hatte eine
Senkung seit ihrer ersten Construction stattgefunden, oder waren sie durch
eine Hebung des Terrains so seicht geworden? Es ist durchaus unmöglich
anzunehmen, daß diese Oertlichkeit in ihrer jetzigen Gestalt, die keinem
Boot auf ein paar englische Meilen Entfernung nahezukommen erlaubt,
und wo Alles niedrig und sumpfig ist, ausersehen wurde, um mit solchen
Steinmassen bebaut zu werden, sondern Alles deutet darauf hin, daß
hier eine von jenen Revolutionen im Innern der Erde stattgefunden haben
müsse, die den Charakter einer Gegend ganz verändern.

Es würde höchst interessant gewesen sein, die Insel näher zu untersuchen, um wo möglich weitere Andeutungen verschwundener Zeiten zu
entdecken. Aber ich hatte mich verpflichtet, vor einbrechender Dunkelheit
auf der Fregatte einzutreffen, und mußte deshalb die Gegend mit allen
ihren dunkeln Mysterien ohne andere Ausbeute als einige Curiositäten,
die ich mir in den Hütten eingetauscht hatte, verlassen.

Eine Gesellschaft von fischenden Damen zog meine besondere Aufmerksamkeit auf sich; baarfuß in ihrer Evatracht im Wasser umher watend, ohne,
wie es schien, auf irgend eine Weise von dem scharfen Korallengrund ge-
hindert zu werden, stachen ihre dunkeln wohlgeformten Gestalten malerisch gegen den weißen Grund, das hellblaue krystallklare Wasser und
den grünen Vordergrund von dichtem Mangrovegebüsche ab. Mit vieler
Grazie tauchten sie ihre zwischen den Händen ausgespannten Netze auf
den Meeresgrund nieder und brachten mit großer Fertigkeit eine Menge
silberglänzender Fische herauf, welche stehenden Fußes verzehrt wurden.

Die Inselbewohner der Karolinen werden von Allen als fromme,
gutmüthige Wesen geschildert, welches Urtheil ich zu unterschreiben allen
Grund habe. Die Insel Ascension soll von 7000 Einwohnern bewohnt
und unter vier Häuptlinge getheilt sein, zwischen denen bisweilen ernst-
hafte Fehden ausbrechen, bei welchen man sich der in Menge vorhandenen
Schießwaffen bedient. Es sollen sich Missionäre bei ihnen aufhalten,
deren Einfluß aber noch nicht sonderlich bemerkbar ist. Man sagte mir,
daß die französischen Katholiken, welche von den Sandwichsinseln verjagt

waren, ihre Zuflucht hieher genommen hätten, aber ich konnte nichts weiter
von ihren Schicksalen erfahren. Während unsers Aufenthaltes in Honolulu gab man den protestantischen Missionären Abschiedsfeste, sodaß
zu erwarten ist, auch diese Inseln können der Schauplatz alles des Hasses
und Zankes werden, welchen Christen verschiedener Glaubensbekenntnisse
überall hervorgerufen haben, und der allerdings die wichtigste Ursache ist,
daß ihre Lehre, die in einem so offenbaren Streit mit ihrer Handlungsweise
steht, so wenig Eingang gefunden hat. Einige Europäer waren hier schon
ansässig. Einer derselben, ein Deutscher, hatte sich vollkommen eingerichtet,
besaß Wohnung, Frauen und was sonst dazu gehört, und trieb einen ganz
lohnenden Handel mit Holothurien, einer Art Seethier, das, gedörrt
und geräuchert, namentlich von den Chinesen als ein Reizmittel gebraucht,
und zubereitet wird etwa wie der Salep bei uns.

Vor sechs Uhr war ich wieder am Bord und die Reise wurde mit
großer Schnelle fortgesetzt. Daß wir uns indeß in einem Fahrwasser befanden, wo die höchste Vorsicht nöthig war, daran wurden wir durch einen
jener Anblicke erinnert, welche zu den Schattenseiten im Seemannsleben
gehören, und welche sich so gut eignen, die Menschen daran zu mahnen, wie
unzureichend ihre Talente und Kenntnisse sind, um sie sicher zum selbst-
gewählten Ziele zu führen. In der Entfernung einer Kabeltaulänge strichen
wir an einem kreisförmigen Korallenriff vorüber, an welchem die weißschäumenden Wellen sich brachen, und dessen Rand eine stille hellblaue
Lagune umkränzte. An der einen Ecke dieses Riffs stand finster und
drohend ein Schiffswrack, das jetzt zertrümmert und erblichen war, aber
doch in seinem Untergange lebendig von Gefahren, von unvorhergesehenen
Unglücksfällen, welche den Seemann jede Stunde seines Lebens treffen
können, zu uns sprach. Wiewohl das Wrack Spuren trug, schon lange
verlassen zu sein, ging die Fregatte in langsamer Fahrt doch hart an ihn,
schoß einen Signalschuß ab, und setzte den Curs fort.

Wenn man daran denkt, daß dreihundert Jahre verflossen sind, seit
diese Fahrwasser zuerst passirt wurden, und daß Europa's große Seemächte Millionen geopfert haben, sie zu untersuchen, so scheint es unglaublich, daß, wenn auch nicht Unbekanntschaft, doch so viele Unsicherheit
hinsichtlich dieser Inselgruppen und Meere noch heutigen Tages herrschen
kann. Einige Inseln figuriren auf den Karten, welche sich in der Wirk-

lichkeit gar nicht finden, andere sind falsch gruppirt und benannt, und vor Allem ist man noch unendlich mit Hinsicht auf Angabe der Untiefen und der Riffe zurück. Das ebengenannte Riff z. B. findet sich auf mehreren Karten gar nicht, während es auf einer anderen als zweifelhaft angegeben, und auf einer dritten als eine Klippe markirt ist, ungeachtet wir die weißschäumenden Brandungen während der ganzen Fahrt deutlich wahrnahmen.

Sonnabend den 27. November befanden wir uns vor G u a h a n, einer der südlichsten der M a r i a n e n oder L a d r o n e n, und dem Regierungssitz der spanischen Besitzungen. A r a g o hat auf eine so glühende Weise diese Insel mit ihrer paradiesischen Natur und ihren zuvorkommenden Einwohnern, namentlich die Frauen geschildert, daß wir diese reizende Küste mit wahrer Freude begrüßten. Die Insel erinnerte an Madeira, Oahu oder Taheiti. In der Mitte erhebt sich ein hoher mit runder Koppe besetzter Bergrücken von welchem transversale Kämme nach dem Strande zu niederlaufen, wo sie sich in mehr freistehende Hügel auflösen, zwischen welche sich enge Thäler schlängeln, in denen die reichste Waldvegetation mit ihrem compacten Laubreichthum die von Bächen durchströmten Tiefen erfüllt, während ein frischer Graswuchs die Hügel bedeckt, worauf der nackte Grund nur hier und da, wie zu pittoresker Abwechselung und Farbenbrechung hervorschimmert. Wir ankerten bei U m a t a vor einem kleinen Felsen, auf dem die spanische Flagge wehte. Man braucht keine Geschichtsbücher, um zu wissen, daß Spanier hier dominiren, man sieht es dem Lande auf den ersten Blick an. Eine Insel, die so viel werth ist wie manches Fürstenthum, mit der herrlichsten Natur und dem fruchtbarsten Boden liegt hier in demselben Schlummer wie die ganze Nation, von der sie beherrscht wird.

Umata ist ein trefflicher Hafen mit prächtiger Lage für eine dereinstige prächtige Stadt. Jetzt ist der Strand mit einem elenden Dorfe und ein paar Festungsanlagen, welche man einmal die Absicht hatte, mit Kanonen zu besetzen, versehen. Das Dorf ist beinahe unter Apfelsinenbäumen, die von goldgelben Früchten niedergebeugt werden, versteckt. Die Häuser lassen sich am besten mit großen Vogelbauern vergleichen, zusammengefügt von Bambusstöcken, die den Luftzug vortrefflich befördern, und auf einem Boden ruhend, der sich eine bis anderthalb Ellen über die Erde erhebt,

19*

worunter Schweine und Hühner ihren Aufenthalt haben. Das Ganze ist mit einem Dach von Pandanusblättern oder Kokosmatten bedeckt und das Innere der Hütte zeichnet sich eben nicht durch Luxus im Hausrath und in Möbeln aus.

Unsere durch Arago's Beschreibungen exaltirten Vorstellungen von den Einwohnern wurden jämmerlich auf den Gefrierpunkt reducirt. Von ziemlich unangenehmem Aeußern, das deutlich genug ihren niedrigen geistigen Standpunkt abspiegelte, mit Zügen, die nur Schlaffheit und Einfalt ausdrücken, besaßen sie weder die spanische Lebhaftigkeit und gleichsam angeborene Elasticität, noch die Offenheit, die wir bei andern Inselbewohnern gefunden hatten. Ein Rosenkranz von Glasperlen und hin und wieder in den Hütten ein Bild der Jungfrau Maria bezeichnete sie als rechtgläubige Katholiken. Der Gottesdienst in der Kirche, der jedes Anziehenden entbehrte — den Priester nicht ausgenommen — war wie gewöhnlich von schreiendem Gesang, Kniefall, Bekreuzung und Weihwasser begleitet; aber die Kinder, welche singend das Kreuz durch das Dorf trugen, schienen nicht sonderlichen Eindruck zu machen oder große Aufmerksamkeit zu erwecken. Die Religion ist hier eine todte Form.

Die Insel besitzt eine Stadt, Agagua, welche Keiner von uns Veranlassung hatte zu sehen. Kotzebue hat sie beschrieben und wahrscheinlich hat in diesem spanischen Neste seitdem keine andere Veränderung stattgefunden als die, welche beim Verfall von Menschenwerken durch den nagenden Zahn der Zeit bewirkt wird. Sie ist die Residenz des Gouverneurs, der von Spanien auf fünf Jahre hierhergeschickt wird, ohne andere Besoldung als die er sich selbst dadurch zu verschaffen weiß, daß er das Eigenthum der Inselbewohner als sein eigen betrachtet und seinen demüthigen Untergebenen allerlei Waaren zu Preisen verkauft, die er, als ausschließlicher Monopolinhaber alles Handels, selbst zu bestimmen beliebt.

Die Naturbeschaffenheit der Insel ist von derselben grade nicht artreichen aber üppigen, ich könnte versucht sein zu sagen undurchdringlichen Vegetation wie die der übrigen Vulkanfelsen Oceaniens. Hat man sich mit unglaublicher Mühe durch jene Laub-, Zweig- und Stammmassen gearbeitet, zwischen welchen man buchstäblich auf allen Vieren hinkriechen muß, auf die Gefahr hin, an den Schößen seiner zerrissenen Kleider fest hängen zu

bleiben, und gelangt man dann auf die Höhen, wo die Baumvegetation
aufhört, so begegnet man Schwierigkeiten anderer Art. In der Ferne
sehen diese Bergkämme gar glatt, grün und einladend aus, aber hat man
sie erst in der Absicht weiter zu gehen erreicht, so findet man sie in den
dichtesten Massen mit zwei bis drei Ellen hohem, rohrartigem Grase
bedeckt, unter welchem man sich wie in finstern unterirdischen Gängen fort-
drängen muß, jeden Augenblick in Gefahr, sich Hände, Gesicht und Beine
an den messerscharfen Blattkanten zu zersetzen, welche mit den feinsten
und schärfsten kleinen Stacheln besetzt sind.

Aufs äußerste ermattet, blutend, und, was schlimmer war, ohne sonderliche Ausbeute für meine Sammlungen, hatte ich endlich den Kamm
überstiegen und war in ein ebenso dicht bewachsenes Thal auf der andern
Seite gerathen; aber die Hütte, worauf meine Hoffnung stand, fand ich
verlassen; das Thal mußte also auch noch durchwandert und ein neuer
Bergkamm bestiegen werden, bis sich eine bewohnte Hütte weit oberhalb
der Baumgrenze fand; sie war jedoch so eng, daß sie kaum ihre eigenen
Bewohner, geschweige vier schutzsuchende Wanderer beherbergte. Sie
war blos von trockenen Blättern und einigen in die Erde in Form eines
Dreiecks eingetriebene Stangen zusammengefügt. Dennoch mußten wir
uns hier einquartieren so gut es sich thun ließ, und zufrieden sein, daß
wir doch die oberste Hälfte des Leibes unter Dach hatten und gegen den
Regen geschützt waren, der in Strömen sich ergoß, und der in Verein
mit dem gewaltigen Sturm die Partien unserer Personen, die draußen
bleiben mußten, beinahe erstarren machte. Und doch will ich mich nicht
ohne Befriedigung der Nacht erinnern, die ich in der elenden Hütte auf
Guaham's Bergspitze zubrachte. Mit überströmender Herzlichkeit eilten
die armen Einwohner ins Thal hinab, um Feuerung zu holen, bei welchem
ich ein wenig Thee bereiten konnte, und ihre Dankbarkeit für meine kleinen Geschenke an Spiegeln, Halsbändern und Anderem war rührend;
ich theilte meine Eßvorräthe mit ihnen, und sie strengten sich auf das
äußerste an, uns zu dienen, und wollten mit aller Gewalt selbst draußen
bleiben, um uns Platz zu machen, was nur mit Mühe zu verhindern war.
In dem Augenblick, wo die Sonne ins Meer sank, knieten sie Alle vor
dem einfachen Kreuz, das vor der Thür der Hütte aufgerichtet war, nieder, und stimmten ein Lied an, dessen kunstlose Töne doch hinreichend

waren, den Glauben zu bezeugen, der sie so froh und glücklich machte. Und als später am Abend ein fünfter Bewohner, eine junge athletische Gestalt, den Berg heraufkam, fiel die junge Josepha ihm um den Hals, und hieß ihn mit einer Innigkeit willkommen, die die Ueberzeugung in mir erneuerte, daß das Glück allenthalben auf Erden zu finden ist, bei den Reichen und den Armen, bei den Gebildeten und den Ungebildeten, in Nord und Süd, überall wo Genügsamkeit und Wahrheit wohnt.

Nachdem ich am folgenden Tage den steilen Bergrücken hinabgestiegen war und die vom Regen überschwemmten Thäler durchwatet hatte, kehrte ich zur Fregatte zurück, und als wir gegen Abend bei Umata die Anker lichteten, verließen wir — wahrscheinlich auf immer — jene Inselwelt, die gewöhnlich unter dem gemeinschaftlichen Namen Australien zusammengefaßt wird. Unsere Reise hierher nach China ist in jeder Hinsicht glücklich gewesen, und es ist wahrscheinlich, daß wir hier einige Zeit bleiben, um die Fregatte aufputzen zu lassen und um Weihnachten zu feiern.

Zehntes Kapitel.

China und die Chinesen. — Whampoa. — Der Cantonfluß. — Die Ladronen. — Chinesische Räuber. — Die Stadt Canton. — Wohlwollen der Chinesen; ihre Eigenthümlichkeiten. — Schwimmende Städte. — Tempel und Götzenanbetung. — Staatsreligion des Kon-fu-tse. — Buddhaismus und Katholicismus. — Hongkong. — Nanking. — Leben, Verkehr, Luxus; merkwürdige Theater, scenische Vorstellungen und Musik. — Ausflüge; die Natur. — Die Insel Happy-Valley. Die Europäer in China. — Politische Betrachtungen. — Der Volksunterricht. — Abreise von Hongkong.

Manilla den 5. Januar 1853.

Indem ich jetzt im Begriff bin, meine Erzählung in Bezug auf unsern Aufenthalt in China, fortzusetzen, fürchte ich billigen Erwartungen noch weniger denn früher entsprechen zu können. Ich habe nämlich dabei zwei jedem Berichterstatter gefährliche Klippen zu vermeiden: überflüssige Weitläufigkeit und ungenügende Unvollständigkeit.

Wenn ich nämlich auf der einen Seite Alles mittheilen wollte, was ich während meines Aufenthaltes in dem himmlischen Reiche gesehen, gefühlt und gedacht habe, würde eine solche Mittheilung, selbst unter der Voraussetzung, daß ich eine wenn auch noch so geringe Originalität in der Darstellung besitze, durch die Wiederholung dessen ermüden, was man in einer Menge von Reisebeschreibungen gelesen hat; denn wie lange verschlossen auch das himmlische Reich für Europa gewesen sei, so hat doch wohl kein fremdes Land eine so reiche Literatur von Reiseberichten hervorgerufen. Seine von unsern eigenen Verhältnissen ganz abstechenden Institutionen und Sitten sind seit undenklichen Zeiten ein Gegenstand der Neugierde gewesen, sodaß sie in aller ihrer Geheimnißfülle doch Allen und Jedem ziemlich bekannt sind. Das interessante und merkwürdige Phänomen eines so gewaltigen, vollständig isolirten und fern von der übrigen Welt liegenden Staates hat der Forscherlust zu jeder Zeit Stoff gegeben, und die Folge davon ist die gewesen, daß China's Eigenthümlichkeiten vor der Welt fast unverhüllter liegen als die irgend eines andern Landes.

Auf der andern Seite habe ich vielleicht, unbedachtsam genug, mich verbindlich gemacht, meine Reiseeindrücke mitzutheilen, und so muß ich mein Versprechen halten. So will ich denn also je eher je lieber mich beeilen, meine Auffassung des Landes im Allgemeinen auszusprechen, damit man gleich in Stand gesetzt werde, das, was ich später als Specialitäten hinzufüge, von meinem Standpunkt aus beurtheilen zu können. Von Kindheit auf gewohnt mir den Ausdruck chinesisch als den Inbegriff des Phantastischen, Wundersamen und Geheimnißvollen zu denken, und nachdem ich in meiner Jugend eine Menge phantasieerregender Schilderungen dieses Volkes und Landes verschlungen hatte, näherte ich mich in der höchsten Spannung der Küste Asiens, wo ich ein neues, in tausendjährigen Formen erstarrtes Volk kennen lernen sollte. Ich — und ist dasselbe nicht jedem Andern begegnet? — kam nach China mit gar geringen Vorstellungen von einem Volke, das im Lauf von Jahrtausenden keine merklichen Fortschritte machte, über welches Wissenschaften und Erfindungen der neuern Zeit ihr civilisirendes Licht nicht verbreiteten, wo eine patriarchalische Despotie alles Staatsleben lähmt, wo die Menschen todte Maschinen blieben, und wo Alles, vom Kleinsten bis zum Größten, wo

alle unsere Vorstellungen und Sitten auf den Kopf gestellt sind. Aber
jetzt haben meine Gedanken von Land und Volk sich verändert. Meine
ehemalige Verwunderung hat sich in Bewunderung all des Schönen und
Großen verwandelt, das sich in dem chinesischen Leben bewegt, und ich
habe bei diesen Söhnen des Ostens eine Menge Vorzüge gefunden, deren
Besitz ich den Europäern wünschen möchte. Ich will nun dieses mein
allgemeines Urtheil zu rechtfertigen suchen.

Am 7. December Morgens erreichten wir nach einer langen Fahrt
zwischen zahlreichen Schaaren von Fischerjonken, die mit ihren Segeln
von geflochtenen Matten und übrigen chinesischen Sonderbarkeiten ein
Vorspiel alles des Eigenthümlichen und Fremdartigen bildeten, das wir
nun schauen sollten, die Mündung des Cantonflusses. Durch ihre Anzahl an die Schaaren von großen Booten und kleinen Fahrzeugen erin-
nernd, welche man in der Nordsee antrifft, waren ihre sonderbaren Formen und bunten Zeichnungen der stetige Gegenstand unserer Aufmerksamkeit, aber da wir später noch normalere Beispiele des chinesischen
Schiffbaues sahen, will ich mich hier nicht bei ihrer Beschreibung aufhalten. Nachdem wir innerhalb der ersten, nackten, hohen und häßlichen
Klippen eingelaufen waren, befanden wir uns bald bei den Ladronen,
eine Anzahl felsiger, aller Baumvegetation beraubter Inseln. Diese
Inseln sind namentlich der Aufenthalt der berüchtigten Seeräuber, die
die chinesische Regierung nicht hat unterdrücken können und die noch heutigen Tages Alles und Alle plündern, und eine Unsicherheit verbreiten,
der man nur wohlbewaffnet Trotz bieten darf. Sie schwärmen nicht
allein außerhalb der Küsten und im chinesischen Meere umher, auf großen,
starken, schnellsegelnden, wohlbemannten und ausgerüsteten Fahrzeugen,
am häufigsten von Portugiesen befehligt, sondern dringen sogar tief in
die Flüsse ein, ohne sich von den zahlreichen aber schwachen Festungswerken
abschrecken zu lassen, und kaum einer ansehnlichen Uebermacht weichend.

Je weiter wir in das enge Fahrwasser eindrangen, desto mehr nahm
die Zahl der Boote zu, vollgepfropft von Chinesen mit großen Hüten,
andeutend den Volksreichthum, wovon jeder Fleck zu Lande und Wasser
Zeugniß giebt, und, nachdem wir einige Meilen zurückgelegt hatten, befanden wir uns vor Hongkong, dieser englischen Stadt, über welche
ich mich später etwas weitläufiger verbreiten will, da wir dort die Weih-

nachtstage zubrachten. Ein Boot war kaum an's Land geschickt um
Briefe und Anderes zu holen, und die Fregatte deswegen geankert, als
sie von einer zahllosen Schaar kleiner Boote umringt wurde, von welchen
die Chinesen auf das Deck kletterten und die mannigfaltigsten Handels-
waaren, Luxusartikel und Eßwaaren feilboten, Alles äußerst anlockend
und zu den billigsten Preisen, wodurch ein höchst lärmender und maleri-
scher Verkehr entstand. Von beiden Seiten einige englische Redensarten
radebrechend, neugierig einander beschauend, wählend und feilschend, war
es schwer zu entscheiden, wer die interessanteste Rolle spielte, unsre schwedischen Matrosen oder die fremden Krämer, und das Deck der Fregatte
stellte in einem Nu das belebteste Schauspiel dar, das wie durch einen
Zauberschlag hervorgerufen schien. Nachdem wir einen Lootsen erhalten
hatten, und das abgeschickte Boot zurückgekehrt war, setzten wir die Reise
nach Whampoa fort. Während der ersten Hälfte dieser vom schönsten
Wetter begünstigten Fahrt, wurde unsere Aufmerksamkeit von den stattlichen chinesischen Jonken angezogen, welche langsam an uns vorüberglitten. Mit den prahlendsten Farben bemalt, den rothen Bug auf beiden
Seiten mit zwei großen Augen versehen, denn der Chinese sagt, „ohne
Augen kann er ja weder sehen noch gehen", mit dem Hintertheil hoch erhoben über die Wasserfläche, mit kleinen Altanen an den Seiten, mit seiner
zahlreichen mit Kehlen und Tamtams lärmenden Besatzung, die ebenso
wenig bei der Arbeit wie während der Muße schweigt, gleitet ein solcher
Koloß fort wie ein gespenstisches Ungethüm aus der Vorzeit — man
wird nicht müde, ihn in allen seinen Theilen zu durchmustern und man
entdeckt stets etwas Neues, das in aller seiner altmodischen Plumpheit
doch auf eine instinktartige Erfindsamkeit hindeutet, wovon man hier in
allen Richtungen so erstaunenerregende Beweise sieht.

Das Interessanteste, was wir den ersten Tag erlebten, war eine
kleine Excursion ins Land. Der Strand, der von fern grün und ver-
sprechend aussah, war bei näherer Betrachtung, wenigstens in botanischer
Hinsicht, äußerst arm und uninteressant. Hinter einem kleinen Gürtel
von dichtem Schilf, dehnte sich das Ufer wie ein hoher Erdwall aus, und
hinter demselben bis zu den in der Ferne blauenden Bergen breiteten sich
große Moräste aus, bald trocken, bald voll Wasser, in welchen jetzt kurze
Stoppeln von abgemähtem Reis zurückgeblieben waren, und Enten und

anderes Federvieh plätſcherten. Kreuz und quer durch dieſe halb feſten, halb
wäſſrigen Bezirke zogen ſich kleine Fußſteige, die in kurzen Zwiſchen-
räumen durch verſchloſſene Pforten geſperrt waren. Durch Hilfe eines
einigermaßen gefälligen Chineſen kamen wir durch die erſte dieſer Pforten, und, obwohl man erzählte, daß zwei Engländer den Tag zuvor
von den gegen die Europäer feindlich geſinnten Einwohnern ausgeplün-
dert und gemordet wären, konnten wir uns nicht denken, daß wir einem
ſolchen, mindeſtens geſagt ſehr unangenehmen, Schickſal uns ausſetzen
würden, ſondern wanderten keck von einer Hütte zur andern.

Wir wurden auch mit großer Freundlichkeit empfangen. Man bot
uns Pfeifen und kleine Bambusröhren, — in das eine Ende derſelben ſtopfte
man etwas Tabak, — nebſt Thee ohne Zucker und Sahne in winzig kleinen Taſſen, an. Die Häuſer waren voll von einer Menge ungleichartigen
und ſonderbaren Geräths, alles ſehr klein, und beinahe ohne Ausnahme
aus Bambus verfertigt, der den Chineſen daſſelbe iſt, was das Wallroß
dem Eskimo, das Rennthier dem Lappen, und die Kokospalme dem Süd-
ſeebewohner. Vor jedem Hauſe war eine kleine Steinmauer in Form
eines Küchenſchornſteins, unter der ſich ein Götzenbild befand, und vor
dieſem ein kleiner Trog voll Sand, in welchem kleine rauchende Stäbe
beſtändig ihren Wohlgeruch ausſtrömten. Mehrere dieſer Häuſer hatten
eine Art Befeſtigung, beſtehend aus langen Büchſen und kleinen Kanonen
mit Pulver auf dem Zündloch, und waren von langen mit Eiſenſpitzen
verſehenen Spießen umgeben, lauter Zeichen, daß man beſtändig auf der
Hut gegen die hier hauſenden Räuber ſei.

Vieles Andere, ja Alles, was wir hier ſahen, war ſeltſam, und
nahm in höchſtem Grad unſere Aufmerkſamkeit in Anſpruch. Der Haupteindruck war, daß, wie arm auch dieſe Hütten zu ſein ſchienen, ſie doch
ſämmtlich einen ſo großen Reichthum aller der Gegenſtände enthielten, welche
des Lebens Comfort befördern, daß es nur eines einzigen Blickes bedurfte,
um ſich von der Ueberlegenheit der Chineſen in dieſer Hinſicht zu überzeugen. Wir haben uns gewöhnt, ihre Utenſilien mit derſelben vornehmen Verachtung zu betrachten, womit wir auf die unſrer Vorfahren
niederblicken, während wir unſere fortgeſchrittene Civiliſation preiſen,
welche uns von allen jenen unbequemen Geräthſchaften befreit hat, die jetzt
zu den Antiquitäten gehören. Aber um die Eigenthümlichkeiten der Chineſen

zu begreifen, muß man einen andern Maßstab anlegen als für uns paßt.
Ihre leichte, weite, Männern und Frauen gemeinsame Tracht hemmt
nicht die freie Entwickelung der Glieder, obgleich sie uns geschmacklos
vorkommt; ihre großen Bambushüte dienen ihnen zugleich als Sonnen= und
Regenschirme, in ihren dicksohligen Schuhen ist äußerst bequemes Gehen.
Was übrigens Tracht und äußere Ausstattung betrifft, so herrscht darin
ebenso viel Verschiedenheit in Farben, Schnitt und Feinheit wie bei uns.
Alle Chinesen, mit denen wir in Berührung kamen, zeigten sich sehr um=
gänglich, und betrachteten unsere Personen und Kleider mit demselben
neugierigen Interesse, wie wir die ihrigen. Der Chinese hat etwas Kind=
liches, Sanftmüthiges, das unwillkürlich anspricht, seine ganze Person
glänzt gleichsam von Reinlichkeit und Zufriedenheit. Ich habe oft von
ihrer Neigung zu Betrügereien, und daß sie für den geringsten Gewinn
sich zu jeder Erniedrigung verstehen, sprechen hören. Sollte die Prellerei
in China heimisch sein? Ist es nicht wahrscheinlicher, daß Europa sie
durch seine schlechten Repräsentanten hierher brachte? Alle Reisende, die
in das Innere des Landes eingedrungen sind, schildern einmüthig die Be=
wohner als gastfreundliche, friedliche und treuherzige Menschen.

Die Fahrt des letzten Tages nach Whampoa führte zwischen niedrigen
Ufern hindurch, auf welchen hier und da dicht gebaute Städte sich gruppirten.
Die Fregatte ward fortwährend von zahllosen Jonken und Mandarinen=
fahrzeugen aller Art umschwärmt, und wo sie anhielt, war das bunteste
Gewimmel um sie her.

In Whampoa blieben wir bis zum 23. December, da das Schiff
gründlich aufgeputzt werden sollte, und inzwischen ging täglich eins oder
mehrere von den Booten des Fahrzeugs zu dem zwölf Meilen entfernten
Kanton. Daher von Whampoa zuerst!

Die Chinesen sind eine sparsame, bedächtige Nation. Sie lassen
nicht einen Zoll ihres Landes unbenutzt; die niedrigeren Landstriche wer=
den zu Reisäckern und Wieseland, die höheren unfruchtbaren Felsen zu
Grabstätten verwendet. Nirgends sieht man die Städte große, weite
Ebenen einnehmen, sondern nur schmale Streifen Landes längs den Ufern.
Whampoa besteht aus zwei Abtheilungen, der älteren und der neueren;
beide werden von einer einzigen sehr schmalen und krummen Straße, die

beinahe von den aus den sehr niedrigen Häusern hervorspringenden Dächern verdeckt wird, durchschnitten.

Im ersten Augenblick, als ich das Land betrat, war ich höchlichst erstaunt über die Volksmasse, die sich in dem engen Raum bewegte, über alle die Waaren, die in den Läden aufgestapelt lagen, über die wunderliche Anordnung in Allem, über die vielen kleinen Gotteshäuser, Trachten, Wohnungen, kurz, ich erstaunte über Alles, was mein Auge traf, aber nachdem ich alles Dieses in einem größeren Maßstabe in Canton gesehen habe, will ich mich bei einer näheren Schilderung von Whampoa nicht aufhalten.

Die Begräbnißplätze auf den Bergen zeigen dieselbe Verschiedenheit zwischen der letzten Wohnung der Reichen und Armen wie unsere eigenen. Der Arme kann sich nicht Grabstätten von Stein anschaffen, nur eine halbkreisförmige Vertiefung in der Erde deutet den Platz an, wo der Sohn der Armuth ruht; die Reichen dagegen führen ellenhohe Mauern in Form eines Pferdehufes von grauem Sandstein auf, die eine innerhalb der anderen; in der Mitte erhebt sich ein mattgeschliffener Stein, worin des Todten Stand, Alter und andere Lebensverhältnisse sammt Gedenksprüche eingehauen sind, und am Eingang ist die Erde mit mehreren Steinplatten belegt. Die Grabstätten der Mandarinen zeichnen sich durch eine Erhöhung aus, worin Flaggenstangen angebracht werden können. Die Chinesen erweisen ihren Todten große Ehrfurcht. Keinen Sohn zu hinterlassen, der an des Vaters Grabe trauern kann, wird als ein großes Unglück betrachtet, und nicht allein beim Begräbniß, sondern zu gewissen bestimmten Zeiten werden eine Menge Trauerceremonien vorgenommen. Man erzählt von einem reichen Mann in Canton, daß nach dessen Tode drei Jahre verflossen seien, ehe man im ganzen chinesischen Umkreise eine heilige Stelle finden konnte, um ihn zu begraben, inzwischen wurden große Summen an die Priester des Gotteshauses entrichtet, wo er beigesetzt war, und wo ununterbrochen Seelenmessen für ihn gelesen wurden.

Zwischen den Hügeln lagen eine Menge Dörfer, fast immer von hohen Mauern umgeben, sodaß es unmöglich wurde, das Innere derselben zu sehen. Als ich mit meinem Wegweiser ein solches passirte, sammelte sich dort eine solche Schaar glotzender Menschen jeden Alters, aber ausschließlich männlichen Geschlechts, sodaß ich eilte, fortzukommen, zumal

Myriaden erschrockener Kinder ihr Entsetzen durch den Ausruf fang-kvai, fremder Teufel, womit die Europäer stets begrüßt werden, zu er-kennen gaben. Die Aelteren in dem Haufen theilten nicht den Schrecken, welchen meine Person einflößte, sondern hielten mich auf, berührten meine Kleider und ließen mich das genaueste äußerste Examen bestehen, das ich jemals ausgehalten habe — ob ich mit Ehre bestand, will ich unge-sagt lassen — aber der Examinator schüttelte bedächtig seinen Glatzkopf und leitete sein mir unverständliches Urtheil mit dem Ausruf: „ay-yak" „er-staunlich!" ein. Wenn ich Häuser und Menschen auf Theebretter, Tassen und andere Gegenstände gemalt sah, habe ich immer geglaubt, — und ich nehme an, es sei Andern auch so gegangen, — daß es Geburten einer verschrobenen Phantasie waren; aber ich kann jetzt versichern, daß diese Bilder keinesweges schlechte Illustrationen der Natur und des Volkes von China waren. Diese Theebrettchinesen in weiten Jacken und kurzen Hosen, welche Säcken gleichen, mit Kahlköpfen und einem langen Haarzopf, von dem Scheitel herabhängend, — der doch nicht ursprünglich chinesisch ist, son-dern angenommen ist auf Befehl der noch regierenden tatarischen Dyna-stie, die vor einigen Jahrhunderten das Reich usurpirte, — mit den blinzeln-den, schräg geschlitzten Augen, dem breitkrempigen Hut und den dicksohligen Schuhen; die Chinesinnen in derselben Tracht wie die Männer, mit unna-türlichen kleinen Füßen, deren Zehen man in zarter Kindheit unter die Fußsohle beugt, mit bleichen Gesichtern und einer Haarfrisur auf dem Hinterkopf, die breit und scharf weit absteht, durchstochen von langen gol-denen Nadeln; die hoffnungsvollen Sprößlinge mit ungeheuern Hüten und ausgespreizten Armen, und übrigens völlig gleich dem Papa mit dicksoh-ligen Schuhen und einem Käpsel auf dem Kopfe, und endlich diese wun-derbaren Häuser und Tempel mit den weit hervorragenden Dächern — alles dieses sind ganz naturgetreue Bilder, welche in einer etwas besseren Ausführung genaue Copieen von China und seinen Einwohnern sein würden.

In einem der zuvorerwähnten Dörfer lag ein hohes und luftiges Gebäude, das ich für eine Missionskirche hielt, aber, wie ich erfuhr, der Schauplatz eines chinesischen Lieblingsvergnügens, Sings-Song, — das heißt scenische Vorstellungen — war. Es ist allgemein bekannt, daß das chinesische Reich eine der zumeist entwickelten dramatischen Literaturen besitzt, welche vielleicht irgend eine Nation aufweisen kann; ein großer Theil ihrer dramatischen Werke ist ins Lateinische, Französische und Englische übersetzt, wodurch sie in West ziemlich bekannt geworden sind. Ich will mich deswegen in keine Kritik weder des innern noch äußern Wesens derselben einlassen, wovon das Erste stark an die classischen Meisterwerke der Griechen erinnerte, und das Andere an die Mysterien und den weitläufigen Apparat des Mittelalters, sondern einzig und allein von Dem sprechen, was ich selbst sah.

Die Vorstellung währte vier Tage hintereinander, von Morgen bis Abend, und umfaßte einen ganzen Cyklus von Aufzügen. Wie gewöhnlich war das große Schauspielhaus vor einem prunkenden geschmückten Tempel, an dessen Eingang eine kleine Tempelwache von chinesischen Knaben, in Meßhemden, und mit Hellebarden bewaffnet, aufgestellt war, errichtet. Seitwärts davon waren drei oder vier kleinere Theater, worin einzelne Partien der großen Truppe vor einem minder zahlreichen Publikum während der Ruhestunden im großen spielten. Innerhalb des überaus großen Theaters war die Scene drei bis vier Ellen höher als die Zuschauerplätze; eine ungeheure Wand, zusammengesetzt aus großen mit einer Menge Figuren bemalten Papierflächen, die fast Altarblättern glichen, bildete den Hintergrund, der die nicht agirenden Personen verbarg. Dicht vor dieser bemalten Papierwand befand sich das Orchester, zusammengesetzt aus lauter chinesischen Instrumenten von ungleichen Dimensionen und Tönen, und vor diesem wurden die scenischen Vorstellungen aufgeführt. Dicht vor der Scene lag das Parterre, worin das große nicht bezahlende Publikum zusammengepfropft war, zu beiden Seiten desselben waren bezahlte Plätze. In der Fronte, wo das Haus ganz offen war, befand sich die Galerie der Frauen, durch ein vorstehendes Dach gegen Sonne und Regen geschützt. Es ward uns streng verboten, unsere Blicke auf diesen Theil der Versammlung zu werfen; und da wir uns dessenungeachtet nicht enthalten konnten, nach der Seite zu schielen, wo die verhüllten Schönheiten sich befanden, unter welchen mehrere wirklich einnehmend genug aussahen, begannen die Chinesen uns mit so drohenden Blicken und Geberden zu betrachten, daß wir es für das rathsamste hielten, von allem Gebrauch der Augensprache abzustehen. Ich schlug die Zahl der Zuschauer auf

1500 an, und die Aufmerksamkeit und das Interesse gaben sich durch lebhafte Beifallsäußerungen zu erkennen.

Es fiel mir natürlich schwer, der Intrigue des Stückes zu folgen, aber, soweit ich muthmaßen konnte, ging es darauf hinaus, daß ein Ehemann in der Klemme war zwischen der Eifersucht zweier Ehefrauen, von welchen er die Eine in der Desperation ermordete, demzufolge er vor den Kaiser geladen und dazu verurtheilt wurde, daß sein Bart abgesengt und seine Person „in effigie" enthauptet werden sollte. Man würde sich versündigen, wenn man den Spielenden Lebhaftigkeit der Darstellung abspräche. Sie fuhren von einem Ende der Bühne zum andern, heulten in höchstem Discant und brüllten in gröbstem Baß, rollten mit den Augen, schlugen Burzelbäume, und waren aufs Aeußerste im Charakter der Rolle. Das Stück bestand abwechselnd aus Gespräch und Gesang, welcher letztere, accompagnirt von dem starken, Ohren zerschneidenden, Orchester, das Unnatürlichste war, das ich gehört habe.

Da hier sowohl Kaiser, Mandarinen, Soldaten wie Frauenzimmer aller Art (von jungen Männern oder Knaben vorgestellt) auftraten, hatte man Gelegenheit, eine Menge der verschiedensten Trachten zu sehen, von denen viele prachtvoll und, wie es schien, kostbar waren. Die ganze theatralische Ausstattung war zum Erstaunen. Ich zählte gegen sechzig Personen, alle verschieden gekleidet, und oft mit mehreren Umkleidungen in demselben Stück. Gold, Seide, Spitzen und Schmuck ersetzten das scenische Blendwerk, das sonst mangelte.

Um diesen Tempel der Kunst und der Freude gab es eine Menge Erfrischungsörter, gerade wie auf unsern Märkten, wo man speiste, trank und Hazard spielte. Das Spiel gehört in China zu den Nationallastern. In den Häusern, an den Straßenecken, in den Booten, allenthalben, wo Gelegenheit ist sich hockend niederzulassen, sieht man den Chinesen gebeugt über das Spiel, ohne sich zu kümmern, was um ihn sonst vorgeht. Der Einsatz ist nicht eben groß, und in Ermangelung alles Anderen spielt der arme Chinese um Apfelsinenkerne.

Aber es ist Zeit, Whampoa zu verlassen. Den Tag nach der Ankunft begab ich mich in einem Boote nach Canton. Der Fluß läuft hier zwischen niedrigen Ufern, mit üppigem Grase und Gruppen von Fruchtbäumen besetzt. Von einer ursprünglichen Vegetation sieht man

nirgends Spuren, es sei denn weiterhin nach dem Horizont zu, wo die
Bergspitzen undeutlich dämmern. Zur Zeit der Ebbe ist der Strand voll
von halbnackten Gestalten, welche die dann auf dem Trocknen zappelnden
Fische aufsammeln, und häßliche beinahe haarlose Büffelochsen waten bis
an den Bauch im Morast.

Hier und da steht auf dem Strand ein kleines Joßhaus (Joß bedeutet Gott, eine Verunstaltung des portugiesischen Dios). Ich stand
still bei einem solchen Joßhause, das von Granit und Sandstein aufgeführt war, das hohe spitzige Dach mit Drachen und andern wunderlichen
Figuren verziert, das Innere in eine Menge Gemächer abgetheilt und
alle voll von kuriosen Götzenbildern. Der Priester, ein alter häßlicher
Mann, saß bei einem Tische im Heiligthum selbst, abwechselnd rauchend
und eine Reisportion nach der andern zu sich nehmend; übrigens ist seine
Verrichtung, mit einer Glocke zu läuten und einige Schläge auf eine
große Trommel zu thun jedesmal wann ein neuer Andächtiger in den
Tempel tritt und hier die Lichter und Räucherkerzen kauft, welche er seinen
Götzenbildern anzündet. Der Betende steckte seine Lichter und Räucherkerzen in einen mit Sand gefüllten auf dem Altar stehenden Krug, zündete das mitgebrachte Goldpapier, und mit diesem die Lichter an, warf sich
dann auf eine Matte nieder, küßte den Fußboden einigemal und indem er
zwei mit allerhand kabbalistischen Figuren bemalte Holzklötze hervorholte,
welche er mehrmals gegen den Boden stieß, beugte er sich küssend und betend nieder, oder sah mit drohenden Mienen zu dem Bilde hinauf, alles
je nachdem die Orakelsprüche ihm des Götzen Stimmung mit Hinsicht auf
seine Gebete zu erkennen gaben.

Links vom Flusse liegen drei von jenen, neun Etagen hohen, Pagoden,
die China so eigenthümlich sind, und die zugleich zu Tempeln und zu
Merkmalen für Seefahrer dienen. Man sieht oft Abbildungen des Por-
zellanthurms in Nanking und kann sich nach ihm eine Vorstellung von
den Pagoden bilden. Sie sind beinahe alle auf den Etagen mit Bäumen
und Büschen bewachsen und scheinen schon dem Verfalle anzugehören,
der nicht einmal die Meisterwerke der Frömmigkeit verschont.

Jemehr wir uns Canton näherten, desto bemerkbarer ward es, daß
wir uns in der Nähe eines wunderbar volkreichen Platzes in einem mächtigen Lande befanden. Endlich bin ich im Hafen, in dieser Welt neuer

Wunder, beständigen Wechsels, unglaublicher Beweglichkeit, Unruhe, Lärmens, Glanzes und Elends. Hier fahre ich an einer großen Flotte von Jonken vorüber, die mit Thee beladen sind, dort begegne ich einem Mandarinenboot voll Fahnen, Kanonen, Lampen u. s. w.; hier liegen die großen mit grellen Farben bemalten Kriegsjonken in aller ihrer bunten Pracht; dort tönt Musik von den köstlichsten Blumenschiffen, welche gleichsam Straßen in einer auf den Wellen aufgeführten großen Stadt bilden. Mein leichter „Sampan" windet sich wie eine Schlange zwischen Tausenden von größeren oder kleineren Fahrzeugen hindurch, welche den Strom hintanzen, oder stroman kämpfend jeden Augenblick an meinen kleinen Nachen zu stoßen und ihn zu zerschmettern drohen. Dampfschiffe peitschen das Wasser mit ihren Rädern, europäische Schiffe liegen vor Anker, schlanke, elegante Vergnügungsschaluppen, federleichte Barken — Alles, was Menschen erfunden haben um den Mächten im Reiche Neptun's zu trotzen und sie zu bewältigen, schnaubt und wirbelt hier in einer Verwirrung, in einem Aufruhr, die ein lebendiges Bild des Chaos vorstellen können, das die Urzeit einhüllte, wenn nicht die Spuren der Civilisation allenthalben sichtbar wären.

Ich glaube kaum, daß sich auf irgend einer andern Stelle der Welt eine ähnliche Erscheinung zeigt. An andern Stellen, z. B. bei der Einfahrt nach London, ist doch der Grundton gleichartiger; hier ist Alles verschieden, abwechselnd, neu. Eine ganze Bevölkerung lebt hier auf dem Wasser. Auf diesen Booten sind sie geboren, auf ihnen brachten sie ihre Kindheit zu und erprobten ihres Lebens Geschicke, auf ihnen werden sie sterben. Der Fluß ist ihre Welt, und das Boot ihr Vaterland. Hierin liegt das Eigenthümlichste.

Ganz verloren in Erstaunen und Verwirrung über Alles, was ich hier sah, hielt ich endlich mit meinem Boot außerhalb des Theils der Stadt an, der den Europäern offen steht und der von dem eigentlichen Canton durch eine von Soldaten bewachte Pforte getrennt ist. Vor uns breitete sich eine hübsche Gartenanlage aus, inmitten deren eine englische Kirche liegt, erbaut in jenem reinen geschmackvollen normannischen Styl, den man von England und dem nördlichen Frankreich her kennt. Eine Straße trennte den Garten von den Häusern der Europäer, lauter großartige Steinpaläste. Ich stieg ans Land auf einer hübschen Brücke von

gehauenen Steinen, und war kaum einige Schritte gegangen, als mich ein
Schwarm von Chinesen umgab, die in einem ganz eigenthümlichen Chi-
nesisch-Englisch, das mit Portugiesisch vermischt und mit Endungen von si,
sing und ong versehen war, sprachen und mich unter ihren gütigen Schutz
zu nehmen schienen, um bei Gelegenheit den fremden Vogel gehörig zu rupfen.
Da ich häufig gegen dieser Herren bedienstliche Zuvorkommenheit War-
nungen gelesen habe, versuchte ich die ganze Versammlung völlig zu igno-
riren, worauf Einer nach dem Andern sich entfernte. Nur einer hängte sich
fest an mich und begleitete mich nicht allein an diesem Tage sondern an
allen folgenden, führte mich umher, sogar zu den entlegensten Straßen,
wohin ich mich wahrscheinlich nicht allein gewagt haben würde, feilschte
da, wo ich meine Einkäufe machte, wies mich an, wo ich Alles, was ich
wünschte, finden würde, und leistete mir wirkliche Dienste, für welche er
nach fünftägiger Thätigkeit sich hinreichend durch einem Vierteldollar belohnt ansah.

Nachdem man den hübschen Garten passirt hat, welcher der einzige
Ort ist, wo die hier ansässigen Europäer frische Luft schöpfen können, und
den sie deshalb auf das schönste ausgeschmückt haben, kommt man zu
der sogenannten alten Chinagasse, die, theils durch den dunkelgrünen
Anstrich der Häuser, theils durch ein Wetterdach, das sich quer über die
Gasse erstreckt und zum Schutz gegen die Sonne und zur Bequemlichkeit für
die Wachmannschaften dient, ein düsteres Ansehen hat. In dieser und in
der parallel hiermit laufenden neuen Chinagasse, die der alten völlig
gleicht, wohnen die Kaufleute, welche mit den Europäern Handel treiben,
und welche reichlich mit Seidenwaaren, Theesorten, Elfenbein und lackir-
ten Sachen und allerlei Curiositäten versehen sind. Sie radebrechen Alle
Englisch, und in den Thüren ihrer Läden stehend, lassen sie ihre chine-
sisch-englische Sirenensprache auf die Vorübergehenden ihre Wirkung versuchen, und glückt es ihnen, Einen zur Thür hinein zu bringen, wird diese
hinter ihm verschlossen, und dann ein Artikel nach dem andern ausgebreitet, gezeigt, und aus allen Kräften angepriesen. Man verlangt sieben
Dollars für die Waare, die man für zwei verkauft, und scheint nicht im
Mindesten verwundert, wenn man sich die größten Freiheiten in seinen
Aeußerungen über Waaren und Kaufmann nimmt. Eine Ausnahme hiervon bilden die Kaufleute, welche jährlich Millionen umsetzen. Diese haben

feste Preise, aber man thut doch wohl, nicht zu delicat und bescheiden mit ihnen umzugehen.

Will man inzwischen unvermischtere Offenbarungen der Volksmasse und ihrer Erwerbstüchtigkeit des himmlischen Reiches sehen, so muß man sich nach den Hintergassen begeben, welche in labyrintischer Verwirrung einander durchkreuzen und durch ihre große Mannigfaltigkeit den Besucher ganz verwirren. Diese Gassen sind so schmal wie Fußsteige. Die Dächer der Häuser stoßen quer inmitten der Gasse beinahe zusammen, und kaum vermag ein Sonnenstrahl bis auf den Boden hinabzudringen, wo im Halbdunkel sich ein Menschenschwarm bewegt, dessen Anzahl mit nichts Anderem verglichen werden kann als mit den Zügen, welche die Ameisen in unsern Wäldern bilden, in welchen Millionen kleines Gethier sich bewegt. Sie werden noch schmaler durch die Masse rothangestrichener sechs bis acht Ellen hoher Schilder, welche aus den Buden heraushängen, und worauf des Betreffenden Namen und Waaren in chinesischen Schriftzeichen, welche stets in Reihen von oben nach unten geschrieben werden, angegeben sind. In einiger Entfernung bekommen die Gassen dadurch das Aussehen, als ob sie mit rothen Seitencoulissen decorirt wären, was keineswegs das Theatralische in der ganzen Lebenskomödie vermindert, die vor den Augen der Zauschauer gespielt wird.

Wenn es jemals ein Vergnügen ist, sich unter das Volk zu mischen und die verschiedenen Mienen sammt Allem zu studiren, was sich außerdem in dem äußeren Wesen des Menschen offenbart, so ist es in Wahrheit hier. So sehr auch die Chinesen auf den ersten Blick einander zu gleichen scheinen, da der Kleiderschnitt beständig dieselbe Grundform hat, so verschieden sind sie in jeder anderen Hinsicht. Selbst die Gesichtszüge variiren unendlich — ich habe wirklich schöne, und widerlich häßliche, edle und alltägliche, gutmüthige und schurkische gesehen.

Das Ohr wird durch das unaufhörliche Schreien der Kuliarnen ermüdet, das die Menge an die Seite jagt, um bald für den Palankin einer vornehmen oder gemächlichen Person, bald für Waarenballen oder andere Sachen, die zu beiden Enden durch einen auf den nackten Schultern ruhenden Bambusstab transportirt werden, Platz zu machen. Hier sieht man einen langen Zug von blinden Kindern, Weibern und Männern, angeführt von einer kleinen sehenden Kindesgestalt; alle diese Unglück-

lichen haben zwei Bambusklötze in den Händen, welche sie unaufhörlich
aneinander schlagen, während sie unter monotonem Gesange die Vorübergehenden um ein kleines Almosen anbetteln. Die Anzahl dieser Blinden
ist ebenso erstaunlich wie ihre Zudringlichkeit. Ich war so unglücklich,
einem blinden Knaben eine Apfelsine zu geben, und ward in demselben
Augenblicke von einem so dichten Schwarm von Personen umgeben, welche
gleiche Gunst verlangten, daß die Gasse beinahe gesperrt wurde; und
von dieser Begleitung wurde ich erst befreit, als ich am Ufer in mein
Boot stieg.

Hier sieht man ein tragbares Spielhaus; die Würfel rollen in einem
kleinen thönernen Topfe; der Einsatz ist bald eine Apfelsine, bald ein
cash; dort haftet der Blick auf einem Wahrsager, der von zahlreichen Kunden
umgeben ist; er ritzt seine kabbalistischen Figuren auf eine Metallplatte,
und die Orakelantworten werden mit großem Nachdruck ausgesprochen,
und müssen vermuthlich günstig sein, denn man sieht den Frager seinen
Zoll von einigen cashs mit Freude entrichten und sich entfernen, indem
er mit Zuversicht in die Zukunft schaut, die nun nicht mehr dunkel und
ungewiß ist.

Kein Handwerk ist gewöhnlicher unter den Chinesen als das des
Barbiers. Oft sieht man ein Mitglied der ehrenhaften Barbierzunft seine
ganze Barbierstube, eingeschlossen in einen konisch-geformten Schrank auf
dem Rücken tragen; er setzt ihn nieder an einer Straßenecke; der nach körper-
licher Verschönerung trachtende Kunde setzt sich darauf, ein Spiegel wird
hervorgenommen, desgleichen ein kleines Gefäß, worin die Haarstoppeln
aufbewahrt werden, um sie als ein sehr gesuchtes Düngungsmittel zu verkaufen, dann folgt die Einseifung und endlich die geschäftige Bewegung
des kurzen, dicken, beinahe dreieckigen Scheermessers bis zur Region des
Haarzopfes hinauf mit so unbarmherzigem Eifer, daß man nicht weiß,
was man am meisten bewundern soll, des Objectes geduldige Resignation,
oder des Subjectes Fingerfertigkeit und Emsigkeit im Dienst.

Die Fruchtläden sind voll von den wohlschmeckendsten und wunderbarsten Früchten, und sieht man sich nach einer substantielleren Nahrung um,
so ist auch sie nicht fern; der Gemüsemarkt liefert eine bunte Mischung
von Vegetabilien und Federvieh, kleinen vierfüßigen Kreaturen und Fischen.
Die Schlächterbuden winken und die großen Verkaufslocale zeigen ihre

lockenden Leckerbissen gekochter Speise, von der in der Sonne gedörrten
Ratte und den Haifischflossen bis zum Schinken und Braten. Außerdem
giebt es überall bewegliche Miniaturküchen, worin gebraten, gesotten
und zu Spottpreisen dinirt wird.

Aber wenden wir uns von diesen materiellen Bildern zu der höheren Spähre der Kunst und Industrie. Schuh-, Hut- und Mützenver-
kaufsorte; Spiegel-, Zinn-, Eisen- und Messingfabriken nehmen große
Strecken ein; Seiden-, Linnen- und Baumwollwaren füllen ein ganzes
Viertel von Läden; Porzellanlager und Theemagazine wieder andere
Viertel. Die Curiositätenläden haben gleichfalls ihre besondere Region.
Mehrere Gassen sind von Buden eingenommen, worin ausschließlich Käpsel
verkauft werden. Jeder Chinese, vom jüngsten bis ältesten, trägt ein
solches, und man findet sie von der einfachsten bis zur prächtigsten
Sorte. Bücher liegen ausgebreitet, bald unter Dach, bald auf der
Gasse, selbst längs den Häusern. Da sie beinahe alle stereotypirt und
das Papier so fein und billig ist, daß die Blätter in der Regel dop-
pelt sind, kosten die Produkte der Literatur ein Bagatel, weshalb die
Chinesen auch eine sehr lesende Nation, und ihre Schriftsteller allgemein
bekannt und geschätzt sind. Die Frauen lesen eine erschreckliche Menge
Romane.

Man wandert wie in einer bezauberten Stadt; bei jedem Schritt
stößt man auf etwas Neues, das beschaut und bewundert werden will.
Wie übertrieben es auch klingen mag, kann ich doch versichern, das ich
unter diesen chinesischen Ausstellungsartikeln Dinge gesehen habe, dergleichen kaum irgend ein Land aufweisen kann, und wenn man bedenkt,
daß diese von einem Volke hervorgebracht sind, welches Jahrtausende lang
dieselben Einsichten und dieselben Kunstfertigkeiten gehabt hat, so steht
man stumm vor Erstaunen und wagt kaum seinen eigenen Augen zu
trauen.

Doch dies ist noch nicht Alles! Man darf nicht allein an die Pro-
ducenten denken. Welcher Luxus, welche Verfeinerung müssen sich nicht
in einem Staate finden, der alle diese Dinge consumirt! Blos der Ab-
fall hiervon geht zu den Reichen und Mächtigen von Europa. Mit Erstaunen sehen wir zurück auf die üppigen Römer, die das Talent besaßen,
sich mit Allem zu umgeben, was dem Auge, dem Gaumen, der Sinnlich-

keit schmeichelt, und wir müssen bekennen, daß wir neben ihnen Anfänger sind. Ihresgleichen finden wir nur unter den Chinesen. Und was werden wir nicht noch erfahren, wenn ihr Leben erst einmal ganz ent= schleiert vor uns liegt?

Hinter diesen Handelsvierteln finden sich geräumigere Gassen, welche von Privatwohnungen der Chinesen eingenommen werden. Kein Fenster geht auf die Straße, und die Hausthür, die von den allgemein bekannten chinesischen Papierlaternen erleuchtet wird, ist dicht verschlossen, sodaß dem Neugierigen nicht vergönnt ist, einen Blick in das Heiligthum zu werfen. Daß viele von diesen Häusern auf großen Fuß eingerichtet sein müssen, konnte man aus der Anzahl der Dienstboten schließen, welche vor dem Hause sich ebenso müssig, ebenso faul und unbeschäftigt wie ihre Col= legen in Europa, herumtreiben.

Die Chinesen sind ein religiöses Volk, mindestens beobachten sie eine Menge äußerer Rituale und Ceremonien. Es ist kein Boot so arm= selig, kein Haus so geringe, daß man nicht darin einen kleinen Tempel mit einem dickbäuchigen grinzenden „Joß" fände, vor welchem farbige Licht= und Räucherkerzen dampfen, Flammen lodern, Goldpapier ange= zündet wird, Schwärmer abgebrannt werden und Tamtams klingen. Kaum graute der Tag, als die Luft von dem durchdringendsten Tamtam= schall erfüllt wurde; wenn ich dann aus meinem Boot blickte, worin ich gewöhnlich die Nacht zubrachte, sah ich in jedem Fahrzeug die Familie auf den Knieen vor dem Gotte Gold, Räucherwerk und Myrrhe opfern, vertreten durch Goldpapier, Joßstäbe und Pulverdampf von den unzäh= ligen Schwärmern, welche auf der Wasserfläche umher zischten und schwirr= ten, und wann ich später zur Stadt hinaufwanderte, fand ich überall Chinesen mit gefalteten Händen vor dem Hausgott Gebete murmeln, welche ich ungefähr ebenso gut wie er verstand.

In dem eigentlichen Joßhause findet der Gottesdienst jedoch nicht zu gewissen Zeiten, sondern nach der Bequemlichkeit eines Jeden zu allen Stunden des Tages statt. Diese Joßhäuser zeichnen sich alle durch jene bunte Pracht aus, welche gerade echt chinesisch ist, und sind voll von Götzenbildern in allen erdenklichen Stellungen und mit allerlei Physiognomieen.

Der bekannte Honantempel war der merkwürdigste von denen, die ich in Augenschein nahm. Nachdem man einen Vorhof passirt hat, bepflanzt mit Alleen von Feigenbäumen — natürlich nicht von der uns bekannten Sorte, sondern riesenmäßige wie Eichen — sieht man vier Tempel in Zwischenräumen von funfzig Schritten. In dem ersten dieser Tempel, der einem großen Portikus gleicht, sieht man zwei, und in dem andern vier Götzenbilder. Sie sind kolossal, fast so hoch wie das Haus, und in den wildesten Stellungen abgebildet. Einer jedoch schien ganz mild und freundlich zu sein, und hatte ein weißes Gesicht; ein Anderer vergnügt sich damit, die Laute zu spielen, und die Zauberkraft der Musik scheint sein Blut in Bewegung gesetzt und seine Wangen mit dem tiefsten Roth gefärbt zu haben; ein Dritter ballt die Faust in wildester Raserei, und scheint mit den furchtbarsten Titanen in Schlägerei, wovon er ganz blau im Gesicht ist, gerathen zu sein.

Nachdem man durch diese Götterbaracken passirt ist, kommt man zu dem eigentlichen Tempel, in dessen Mitte eine ganze Reihe von vergoldeten Gottheiten in würdiger und einförmiger Majestät thront. Selbst ihr Ausdruck erinnert an die egyptischen Götzenbilder, an die man zugleich denken muß bei den liegenden Sphynxen von bekannter, wiewohl sehr plumper Form. Die Altäre, welche großen Ladentischen gleichen, sind vollbepackt von gigantischen Blumenvasen, Feuerbecken, Joßstäben, Lampen und Lichtern; und lange Stücke rothen Zeugs, beschrieben mit religiösen Denksprüchen, sind vor ihnen aufgehängt.

Ich hatte nur einen kleinen ganz privaten Gottesdienst zu sehen Gelegenheit, aber ein Reisegefährte, der den Tempel einige Tage später besuchte, sah die Priester im Heiligthum versammelt, wechselweise singend oder vielmehr lange Gebete, Hymnen und Lobgesänge hervor stöhnend, auf Trommeln und Tamtams schlagend oder sich in großer Anzahl gemeinschaftlich vor der Göttergesellschaft niederwerfend, und hat den ganzen Auftritt als äußerst barock und widerlich beschrieben, da ihm augenscheinlich Geist und innere Bedeutung fehlte.

Der vierte Tempel gleicht dem dritten, ausgenommen daß hier vor dem großen Saal mit seiner Reihe vergoldeter Götter sich auch kleine Nebentabernakel finden; in einem derselben bemerkte ich eine kolossale

Figur, welche der katholischen Madonna nicht unähnlich war, und ein klei=
nes Wickelkind in ihren mütterlichen Armen wiegte.

Die Priester halten sich in den Gemächern der Seitengebäude auf.
Sie scheinen das faulste, unreinlichste Gesindel zu sein, das man sich den=
ken kann. Gekleidet in weite stahlblaue Schlafröcke mit einer großen
Kappe und gelber Schärpe, Sandalen unter den nackten Füßen, haben sie
große Mühe, die Kleider empor zu halten, die sich ihnen immer um die
Beine wickeln wollen und ihre schmutzigen Wohnungen entsprachen dem
Bilde der Trägheit und Unsauberkeit. In einem Winkel dieses weit=
läufigen Gebäudes fand sich ein gemauertes Gehege, worin die heiligen
Schweine, widerliche, vor Fett fast erstickende Geschöpfe in einer Ecke
grunzten. Diese Schweine sterben eines natürlichen Todes, und ihre
Gebeine, wie die der Priester werden verbrannt. Ich besah auch die
Küche mit den ungeheuren Töpfen und das Refectorium mit einer Menge
langer, schmaler Tische; aber Alles, Eßwaaren und Hausgeräth war
gleich unappetitlich. Die Priester dürfen nichts Thierisches, weder Fleisch
noch Fische essen, sondern blos Vegetabilien; und die Enthaltsamkeit,
selbst von Arbeit und Geistesanstrengung, gehört zu ihren Klosterregeln.

Processionen sind gleichfalls sehr allgemein in China. Ich sah
keine von den größeren festtäglichen, wobei eine blendende Pracht ent=
wickelt werden soll; aber die kleineren gehören zur Tagesordnung, und
bestehen meistens nur darin, daß groteske Figuren von Drachen, Fischen,
Ochsen und Götzenbildern, von Pappe verfertigt und mit grellen Farben
bemalt, durch die Volksmasse hindurchgetragen werden. Man bemerkt
keine Begleitung von Andächtigen und spürt nicht die geringste Wirkung.
Dem religiösen Drange scheint es zu genügen, dergleichen Kunstprodukte
verfertigen und später verbrennen zu lassen.

China's Staatsreligion ist bekanntlich Kong=fu=tse's Lehre,
eine Moralphilosophie, ebenso tiefsinnig wie die vieler andern Religions=
stifter, sich stützend auf das Princip der Autorität und väterlichen Gewalt
als Grundlage und Bedingung der chinesischen Staatseinrichtung und
ihres Bestehens. Sie hat mehr als 2500 Jahre geherrscht, und
dürfte sich noch lange halten; denn ihr höchstes Princip ist das Nütz=
liche, und deshalb sehr geeignet, den Menschen anzusprechen. Bud=

dha's Lehre hat indeß die zahlreichsten Bekenner, und keine Religion der Erde kann eine gleiche Zahl aufweisen.

Einer von China's Regenten träumte einmal, berichtet die Sage, daß ein neues geistiges Licht in West aufging; und als er erwacht war, schickte er Gesandte ab, die die neue Lehre in sein Reich einführen sollten. In Indien trafen sie Buddha, und von da kam der Buddhaismus herein, der mit unglaublicher Schnelle sich über ungeheure Strecken ausbreitete. Und das war natürlich, da sie eine Lehre der Bequemlichkeit, des Gefühls und der Phantasie ist, dem äußeren Sinne schmeichelnd, und den innern in einen Schlummer des Wohlbefindens und Genusses einlullend.

Als die Aussendlinge der Jesuiten vor einigen Jahrhunderten ihre Wirksamkeit in China begannen, fanden sie das Erdreich hinreichend wohl vorbereitet, um selbst den Kaiser und eine Prinzessin zu bekehren. Sie bekleideten bald die ersten Staatsämter und lebten in Herrlichkeit, bis das ganze katholische Gebäude plötzlich wegen ihrer allzudreisten Pläne über den Haufen stürzte. Jetzt arbeiten die Missionäre unter schwierigen Verhältnissen. Man behauptet indeß, daß die Jesuiten wieder ihr Haupt zu erheben beginnen *).

Es giebt in China noch eine andere Religionssecte, gestiftet von Laotse, eine Art Vernunftreligion, welche doch voll ist von Mysticismus, Alchymie und anderer Thorheit, die Seelenwanderung verwirft, aber Unsterblichkeit der Seele annimmt. Diese für das niedere Volk unfaßliche Lehre hat nicht weit um sich gegriffen, die Priester sind sogar Gegenstand der Verfolgung, und ihre Anhänger werden auch in politischer Hinsicht als eine verdächtige und gefährliche Partei betrachtet.

Doch so einseitig bin ich nicht, daß ich mich blos dabei aufgehalten hätte, das Verhalten der Chinesen, gegen ihre selbstgeschaffenen Götter zu studiren; als Naturforscher war es nicht minder meine Schuldigkeit sie der Venus und Flora opfern zu sehen. Ich war auch auf den beweglichen Wohnungen des Flusses, die Blumenschiffe genannt, und kein Name ist passender, mag man dabei auf deren äußern Schmuck oder auf die andern lebendigen Blumen, die sich darin bewegen, Rücksicht nehmen; es sind reizende Tempel, der Venus und dem Bacchus geweiht, welche Alles

---

*) Wie behauptet wird, sollen die Aufständischen sich zur christlichen Religion bekennen.   D. Uebers.

in sich schließen, was die Phantasie als Ziel der Sinnlichkeit erdenken
kann. Eines Abend befand ich mich mit einer kleinen Gesellschaft in
dieser schwimmenden Stadt, welche mit Recht den Namen „Charming"
führt. Wenn ich augenblicklich in eine der am meisten phantastischen und bezauberndsten Scenen der Tausend und Einen Nacht
versetzt worden wäre, hätte der Eindruck nicht wundersamer sein
können, und ich bin kaum im Stande zu beschreiben die, ich könnte
versucht sein zu sagen, berauschte Stimmung, worin ich mich befand.
Auf dem Deck unsers „Sampan" sitzend fuhren wir an ganzen Reihen
dieser Blumenschiffe vorüber, deren Außenseite, geschmückt mit der feinsten
Holzschneidearbeit, bemalt mit den schönsten Farben, und strahlend von Ver-
goldung, Lampen und Fahnen das sinnreichste Kunstwerk darstellte, und deren
Inneres, geschmückt mit Kronleuchtern und Spiegeln, die fast die Augen
blendeten, eine Lichtmasse ausströmte. Innerhalb dieses Feenschlosses bewegten sich Gestalten, welche wir zwar nicht deutlich unterscheiden konnten,
die aber unsere Phantasie mit allen Reizen ausschmückte. Musik und Gesang vermischten ihre Töne mit dem Gelächter der Freude, und deuteten
an, daß man hier den Becher des Genusses in vollen Zügen leerte. Das
Ganze kam mir am dunkeln Abend mehr wie ein feenhaftes Blendwerk,
als wie eine Scene der Wirklichkeit vor.

Den Tag darauf besahen wir bei vollem Tageslichte, was uns am
Abend vorher so bezaubert hatte. Viel von dem Poetischen verschwand,
das Gold erblich, die Farben wurden matter, die Schönheit minder ideal,
und doch blieb viel zu bewundern übrig. Später am Abend ward ein
neuer Besuch in der Absicht wiederholt, wo möglich in das Heiligthum
selbst einzudringen, was, wie man uns gesagt hatte, ebenso schwierig wie
gefährlich wegen der Eifersucht der Chinesen und wegen ihres Hasses gegen
die Europäer sei. Die höheren Classen nämlich betrachten diese Vergnü-
gungsörter als ihr ausschließliches, den Europäern verpöntes Eigenthum;
ein Blumenschiff wird für den Abend von einer einzelnen Person oder
einer geschlossenen Gesellschaft zu hohen Preisen gemiethet; man dinirt,
soupirt, vergnügt sich mit lärmender Musik und Saitenspiel, und bewacht
seine Damen vor den Blicken der Europäer grimmiger als der Drache
seinen Schatz. Gegen Vermuthen glückte es uns zu einer solchen „flower-

boat", das für den Abend von einigen Chinesen gemiethet war, Zutritt
zu erhalten.

Wie soll ich das Heiligthum beschreiben? Es war abgetheilt in
zwei große Räume, der innere bedeutend tiefer als der äußere. In die=
sem befand sich das Orchester, bestehend aus zwei kreischenden Violinen,
einer Flöte, einer Laute, einer Harfe, zwei Trommeln und verschiedenen
anderen Instrumenten, welche ich nicht einmal dem Namen nach kenne.
Wenn sich irgend Melodie in ihrer Musik befand, so muß ich gestehen,
daß meine Gehörsfähigkeiten unzureichend waren sie aufzufassen, und alle
diese durchdringenden Rouladen sagten meinem Geschmack nur wenig zu.
In dem äußeren Gemache war die Zimmerdecke mit einer Menge strahlen=
der, kostbarer Lampen behangen, kleine Tische von Marmor standen längs
den Wänden, Stühle, ebenso elegant wie bequem, nahmen den Raum da=
zwischen ein. Zwei kleine Seitengemächer waren in demselben halborien=
talischen Styl möblirt. Hier saßen nun die Herren, rauchend und aus
ihren Theeschalen nippend, umgeben von kleinen, reizenden Sirenen=
gestalten mit zurückgestrichenem Haar, geschminkten Wangen und Lippen,
gekleidet in eine lose, üppige Tracht. Eine derselben war eine wirkliche
Schönheit. Die Person, welche der Wirth zu sein schien, ruhte halb=
schlummernd in einem Stuhl mitten im Gemach; zu beiden Seiten
hatte er eine der Göttinnen dieses Tempels, vor sich einen Tisch, besetzt
mit Früchten und Bonbons, und in der Hand hielt er einen kleinen
Vogel, eine Lerche. So saß er lange unbeweglich, das kleine geflügelte
Orakel um Rath fragend, welche von den Schönen ihm am meisten ge=
wogen sei; und als er in dieser Hinsicht Aufschluß erhalten hatte, ward
der Vogel in einem ledernen Beutel verwahrt, bis man das nächste Mal
seiner Orakelsprüche bedurfte.

Die Damen vergnügten uns mit Gesang; aber fürchterlichere Musik
haben meine Ohren nie gehört: die gräßlichsten Rouladen und pfeifende
Diskanttöne. Man bot uns Thee, Früchte und Bonbons, nahm mit
Vergnügen unsere Cigarren an, und schien keineswegs über den fremden
Besuch misvergnügt.

Es ist unglaublich, wie leidenschaftlich die Chinesen danach trachten,
sich die raffinirtesten Genüsse zu verschaffen, die kostbarsten Möbeln,
die ausgesuchtesten Gerichte, die schönsten Weiber. Man stutzt und er=

schrickt bei dem Bericht der Orgien, in welche sie sich stürzen, wenn die Kasse es erlaubt. Und das ist nicht die Frucht einer Verfeinerung der modernen Zeit, einer langsam entwickelten Ueppigkeit. Seit undenklicher Zeit haben sie in Genüssen geschwelgt, gegen welche Alles, was wir erstreben, nur Kinderspiel ist.

Bei der Entdeckungsreise in „Charming" am vorhergehenden Abend hatten wir auf einem Blumenschiff eine Hochzeitsgesellschaft getroffen. Der Bräutigam, der seine Braut nie gesehen hatte, vergnügte sich hier mit den männlichen Gästen und die infernalische Musik, womit er beehrt wurde, schien den Ohren der Gesellschaft wie die Töne von Engelsharfen zu klingen. Wir wurden auf den folgenden Abend eingeladen, und machten Gebrauch von der uns zugedachten Ehre. Nun war die Braut dabei, aber so blöde, daß sie trotz aller Aufmunterungen den ganzen Abend verschleiert blieb und sich in einem Winkel versteckte, aber als der Schleier einen Augenblick fiel, zeigte sich ein nichts weniger als einnehmendes Gesicht. Der Bräutigam schien selbst zu wissen, daß er einen schlechten Handel gemacht hatte, und suchte für den Augenblick seinen Trost in der Weinflasche. Alle Ehen in China werden durch Kauf geschlossen, und von den Eltern oft schon abgemacht, ehe die Kinder geboren sind oder in deren zarter Kindheit. Eine Frau gilt vier bis tausend Dollars, sogar mehr, und ihr Loos ist hier, wie überall, wo Polygamie herrscht, traurig genug. Bis sie ihrem Mann einen Erben geboren hat, wird sie blos als eine Dienstmagd betrachtet, aber dann tritt sie in ihre Rechte als Ehefrau. Von ihren Kindern wird sie mit der größten Ehrerbietung, mit der innigsten Liebe behandelt, und dieses Ansehen der Mutter ist eine der schönsten Seiten im chinesischen Nationalcharakter. Ein Verbrechen gegen die Eltern wird mit dem Tode bestraft, und sie in ihrem Alter zu pflegen ist des Kindes heiligste Pflicht. Die Ehen werden gewöhnlich in einem sehr frühen Alter geschlossen, während die Mädchen noch ein wenig von dem Reiz haben, der hier so bald verschwindet, und dessen vollkommner Mangel die alten Matronen so abschreckend macht; Untreue von Seiten der Frau wird nicht selten mit dem Tode bestraft, ohne daß das Gesetz sich in solche Familienangelegenheiten zu mischen hat.

Der Chinese weiß also nichts von Häuslichkeit mit ihrem Frieden und ihren Segnungen, die so viel Glück und so viele Tugenden schafft.

Er kennt keine andere Treue als die erzwungene, und keine andere Liebe als die durch Geld erkaufte. Sucht er Freude, so darf er sie nicht am eignen Heerd, er muß sie an Orten, wie die beschriebenen, suchen; dort versenkt er sich in den tiefen Sumpf sinnlichen Genusses. Daran gewöhnt er sich von seiner Kindheit an, und die Depravation offenbart sich deswegen allenthalben in entsetzlichsten Formen — man wendet sich ab, um sie nicht zu sehen, man schließt die Ohren, um keine Schilderungen davon zu hören.

Ich komme nun auf die Verehrung, welche die Chinesen der Flora erweisen. Wir kennen Alle den chinesischen Geschmack am Gartenwesen, wie man auf einem kleinen Raum die verschiedenen Gebilde der Natur nachzuahmen sucht; sie häufen Felsenblöcke mit wunderbar geformten Bäumen bewachsen übereinander, graben geschlängelte Kanäle mit Bogenbrücken, streuen gleichsam Pavillons, Tempel und Pagoden umher, und ziehen Bäumen, Büschen und Blumen eine Zwangsjacke an, in welcher Alles leidend und barokk aussieht. Alles Dieses sah ich in großem Styl in der kleinen Stadt Fatee dicht bei Canton, wo alle Bäume zu Nachbildungen von Tempeln, Vögeln, Hirschen und anderen Thierarten verschnitten waren, aber nichtsdestoweniger voll von ziemlich entwickelten Früchten. Alles in dem ganzen Garten hatte ein so unnatürliches und verschrobenes Aussehen, daß man beinahe wehmüthig gestimmt wurde, Flora's reizende Kinder so unbarmherzig gemishandelt zu sehen.

Auf dem Rückweg besuchte ich einen am Flusse gelegenen Palast, dessen Besitzer abwesend war. Was mir dort am meisten auffiel, waren die Wände, welche aus der vollendetsten Holzschneidearbeit bestanden, die mehr einem leichten, durchsichtigen Flechtwerk von Blumenstengeln als einer Holzarbeit glichen. Andere Wände waren von großen mit Sinnsprüchen beschriebenen Tafeln, bedeckt. Seidendrapperieen in reichen Falten hingen vor den Fenstern mit bemalten Glasscheiben, welche einen magischen Schimmer über die Gemächer verbreiteten, deren ganze Einrichtung von einem Comfort und einer Eleganz sprach, welche kaum irgendwo anders als hier sich entwickeln können, wo man zu allen wundersamsten chinesischen Industrieproducten leichten Zugang hat.

Nachdem ich vier Tage Alles beschaut hatte, was mir in den Weg kam, ruinirt durch Einkäufe und übrigens müde von Eindrücken aller

Art, wandte ich meinen Sampan nach Whampoa zurück. In Canton
wurde später eine Ruder = und Segelregatta gehalten, welche drei Tage
währte und mit Bällen, Diners und Soirées schloß, und Einen und den
Andern von uns wieder zur großen Stadt zog. Endlich verließen wir sie
doch im Ernst, ich für mein Theil mit neuen Anschauungen von einer
Nation, welche ich jetzt in einem andern Licht sah als in dem des europäischen Vourtheils und Stolzes.

Von Whampoa machte ich, soweit der Argwohn der Chinesen es erlaubte, in der Umgegend einige Excursionen. Das Wetter war schön,
etwa wie im September bei uns, doch trug die Vegetation das Gepräge
des Herbstes. Die Kronen der Bäume wölbten sich gelblich oder über
ihr eigenes hinsterbendes Leben erröthend, die wenigen Blumen, welche
unter den Büschen nickten, schienen niedergeschlagen, weil sie so einsam
waren. Daß diese Gegend in der milden Jahreszeit schön sein mußte,
ließ sich noch deutlich aus den matten Zügen schließen, in welchen
die Natur jetzt ihre welkenden Formen zeichnete.

Endlich ward unsere Fregatte hinreichend aufgeputzt befunden, um
sich in vornehmerer Gesellschaft präsentiren zu können als unter Whampoa's Sampanen und Kauffahrteischiffen. Der Anker ward gelichtet,
und wir kamen Abends, den 29, nach Hongkong. Wir ließen uns
sogleich in der Stadt und in ihren nächsten Umgebungen umherführen.
Der Mond streute sein Silberlicht über Land und Meer und erleuchtete
die junge Stadt auf unsäglich schöne Weise. Die Häuser schienen auf
die hohen Bergseiten hinaufgehoben zu sein, welche drohend und finster,
tausend Fuß hoch über der Stadt hängen und einen großartigen Hintergrund bilden, gegen welchen die weißen Paläste und anspruchslosen Hütten
grell abstechen. Bei Tageslicht gesehen ist dieses Bild wo möglich noch
schöner. Die Berge mit ihren dreisten Conturen und gigantischen Massen
zeigen abwechselnd eine grüne Bekleidung und einen gelbrothen nackten
Felsengrund, der ihnen zwar ein unfruchtbares, aber doch höchst maleri-
sches Ansehen giebt. Blos in den Vertiefungen giebt es einige Bäume
und Büsche.

Die Stadt hat eine europäische und eine chinesische Abtheilung.
Die erstere ist voll von Palästen in reinem englischem Styl, die oberste
Etage in der Regel versehen mit grünen Holzjalousieen statt der Fenster,

nebst Balkonen und Verandas, übrigens ohne besondere Eigenthümlich=
keit. Die chinesische Abtheilung besteht aus häßlichen, schmutzigen Häu=
sern, deren unterste Etage von offnen Läden eingenommen ist. Man
sah deutlich, daß die Chinesen sich hier nicht in ihrem eigentlichen Ele=
ment bewegten; denn Elend und Schmutz scheint ihrer Natur entgegen
zu sein.

Die Bevölkerung war natürlich in einer solchen Handelsstadt außer=
ordentlich vermischt. Europäer aller Nationen, Chinesen in allen Gestal=
ten; Malayen, Perser und Hindus bewegten sich hier durcheinander, alle
etwas von ihres Heimatlandes Eigenthümlichkeiten beibehaltend, alle ver=
diente Aufmerksamkeit auf sich ziehend. Der Rechtszustand kann in
einer solchen Mischung natürlich nicht auf sehr festen Füßen stehen; Raub
und Mord gehören zur Tagesordnung. Man war gerade beschäftigt
einen Galgen aufzurichten, woran einige Chinesen erhenkt werden sollten,
von welchen Europäer beraubt und geplündert waren. Die Unsicherheit
ist überall groß, und man muß immer mit Schießwaffen versehen und
gegen Diebe und Mordbrenner auf der Hut sein.

Unter Hongkong's vornehmsten Zierden nahmen die Gärten den er=
sten Platz ein. Die Engländer haben auch hierher ihren Geschmack für
Gartenanlagen, und ihre Geschicklichkeit, der Natur auf halbem Wege
entgegenzukommen, mitgebracht. Die Lage der Stadt längs der hohen
Bergwand eignet sich sehr wohl zu Terrassenanlagen, Wasserfällen, Grot=
ten und Aehnlichem, und Alles, was in dieser Richtung hervorgebracht
werden kann, findet sich hier in der schönsten Gestalt. Steigt man nun
zu dem Gipfel der hohen Berge hinauf, und sendet den Blick über Land
und Meer hin, welche sich unten in der Tiefe ausbreiten, so wird man
überrascht von dem wunderbarsten und buntesten Anblick, den die Erde
darbieten kann. Man schaut hinaus über alle in der Cantonbucht grup=
pirte Inseln, über das Gewimmel von Schiffen, man sieht Städte,
worin die Chinesen wie Ameisen kriechen, man sieht Landstraßen, des
Welthandels Pulsadern, und aus der Ferne hört man Tamtams und
Pfeifen. Es ist ein Bild chinesischer Mannigfaltigkeit!

In einem kleinen anglo=chinesischen Dorfe ließ ich mich zu dem
Schulmeister führen, um dem Unterrichte beizuwohnen, der sich auf Lesen
und Schreiben zu beschränken schien. Es scheint unbegreiflich, wie diese

Kenntniſſe den Kindern beigebracht werden können, wenn man ſich erinnert, daß die Chineſen ein Buchſtabenzeichen für ſo gut wie jeden Begriff haben, und daß die Anzahl der Buchſtaben daher ins Unendliche
geht. Das Räthſel löſt ſich, wenn man erfährt, daß die Kinder bis
zum vierzehnten oder funfzehnten Jahre von Allem, was ſie lernen, nicht
das Mindeſte begreifen, und erſt ſpäter angeleitet werden, zu faſſen, was
ihnen vorher eingeübt worden iſt. Der Grad der Gelehrſamkeit wird bei
den Chineſen nach der Anzahl der Buchſtaben beurtheilt, die er inne
hat. Ich hörte einen katholiſchen Prieſter das Bekenntniß ablegen, daß
er es binnen vier Jahren nicht weiter als zur Kenntniß von vierhundert
Zeichen gebracht habe.

Der Volksunterricht ſteht in China auf einem ziemlich hohen Standpunkt. Unglaubliche Summen werden von dem Staat darauf verwendet;
denn die Ariſtokratie der Gelehrſamkeit iſt die einzige, welche hier anerkannt wird. Es giebt keinen andern Adel als den des Geiſtes und der
Kenntniſſe; Geburt und Reichthum gelten nichts im Staate. Der Ge-
ringſte kann mit der Fackel der Wiſſenſchaften ſeine Bahn bis zu den
höchſten Ehrenſtellen hinauf beleuchten. In Verbindung hiermit will ich
auf eine den Chineſen beſondere Eigenthümlichkeit hinweiſen. Während
wir annehmen, daß Verſtand und Tugenden ſich vom Vater auf den
Sohn vererben, gilt hier das umgekehrte Verhältniß, ſodaß der Ruhm,
welchen der Sohn durch ſeine Kenntniſſe oder ſeinen Wandel erwirbt,
auf den Vater zurückfällt, ohne deſſen weiſe Leitung, ſo ſagt man, ſolche
Reſultate nicht hätten gewonnen werden können. Deswegen hat der Chineſe
auch keinen höhern Wunſch, als den, daß ihm ein Sohn geboren werde,
der ſeine Arbeit theilen, ihm Anſehen und Freude ſchenken, ſein Alter
pflegen, und an ſeinem Grabe trauern kann. Iſt dies nicht ein ſchöner
Gedanke, eine gute Grundlage für einen Staat? Man preiſt den Geburtsadel, weil er die bürgerliche Geſellſchaft und die Aufklärung aufrecht
erhalte und die königliche Macht ſchütze. Aber kann die Geſchichte bis auf
den heutigen Tag einen einzigen Staat mit Geburtsadel aufweiſen, der
ſo wie China Jahrtauſende lang im Genuß einer hohen Civiliſation und
unangetaſteter Königsmacht beſteht?

Die Europäer in Canton und Hongkong führen keineswegs ein angenehmes Leben. Da beinahe Niemand ſich in einer andern Abſicht hier-

herbegiebt, als um Geld zu erwerben, so kurze Zeit wie möglich hier bleibt, um in der Heimat die Früchte seiner Arbeit zu genießen, so haben nur sehr Wenige hier eine Häuslichkeit in der schönen Bedeutung des Wortes. Man bleibt in seinem Hause, arbeitet auf dem Comtoir die heißeste Zeit des Tages, erfrischt sich des Abends durch einen Aus= flug auf den Fluß, und überläßt das ganze innere Hauswesen einem Verwalter. Das Klima ist dem Europäer nicht günstig, die drückende Sommerhitze, Nebel und Regen, vornehmlich im März, bringt Verstim= mung hervor; Krankheiten sind deswegen allgemein und die Sterblich= keit groß.

Hongkong, oder mit officiellem Namen: Victoria, ist eine ganz junge Stadt, wiewohl ihr äußeres Gepräge nicht eine Spur davon trägt. Noch im Jahre 1839 wohnten hier nur Fischer und Seeräuber, aber da die Conflicte zwischen England und China entstanden, begannen euro= päische Schiffe hier den bequemeren Hafen zu suchen, um sich gegen den Haß und den Rachedurst der Chinesen zu sichern. Der Opiumschmuggel gab besonders Veranlassung zum Kriege. Als der chinesische Commissär Todesstrafe nicht allein auf den Verkauf, sondern sogar auf das Rauchen von Opium setzte, nicht allein überall Hausuntersuchung anstellte, und die Gefängnisse mit Uebertretern des neuen Gesetzes füllte, sondern selbst alle fremden Kaufleute in der Stadt für Gefangene erklärte und ihre Quar= tiere mit einer dreifachen Kette bewaffneter Boote einschloß, und nicht innehielt, bis er von Elliot die Auslieferung von zwanzigtausend Kisten Opium erzwungen hatte, und zugleich eine Proclamation erließ, worin jeder mit Opium handelnde Fremde mit Todesstrafe bedroht wurde, und zuletzt alle Europäer aus Macao verjagte, begann eine systematische Seeräuberei, und man versuchte den in Honkong liegenden Schiffen alle Zufuhr von Proviant abzuschneiden. Im Jahre 1839 erschien ein kai= serliches Edict, das bei Todesstrafe die Engländer vom Handel in China ausschloß; das Jahr darauf brach der eigentliche Krieg aus, und nach einer Menge Scharmützel kam es zum Frieden in Nanking, 1842, wonach fünf chinesische Städte dem Handel der Europäer geöffnet wur= den. Eine Frage, welche sich Jedem aufdrängt, ist diese: Wird China auf immer für Europa verschlossen bleiben? Wird die Cultur und Civi= lisation des Westens nicht eine Wiedergeburt Asiens und des Orients

bewirken und den versteinten Formen Leben einflößen, ein Leben, fruchtbar
an Wirkungen für die ganze übrige Welt?

China ist ein Land, dessen Grenzen sich südlich weit hinab zum
Wendekreis erstrecken, und nördlich an Sibiriens kalte Länder grenzen,
dessen östliche Küste von den Wellen des stillen Meeres bespült wird,
und das gegen West weit in das Herz von Asien hineindringt. Wenn
man auf der einen Seite sich erinnert, daß dieses ungeheure Reich, in Folge
seiner Ausdehnung eine Menge der ungleichartigsten, ja unvereinbarer
Nationalitäten in sich schließt, welche nichts Anderes gemeinschaftlich haben und nicht haben können als ein höchstes Oberhaupt; wenn man demnächst bedenkt, daß die jetzt in China herrschende Dynastie die eines
Eroberers und Ausländers ist, deren Joch der ganzen großen Nation auf-
gebürdet wurde, und wenn man zum Schluß Rücksicht auf das Factum
nimmt, daß es selbst im Herzen von China ganze unabhängige Provinzen
giebt, welche des ganzen himmlischen Reiches Macht noch nicht zu unterwerfen vermocht hat, und welche deswegen auf den chinesischen Karten
durch leergelassenen Platz figuriren, daß es im Lande eine Menge Oppo-
sitionsparteien, ja ordentlich organisirte Revolutionsclubs und Gesellschaften giebt, deren Ziel es ist, die gegenwärtige Dynastie zu stürzen und
den alten Königsstamm zurückzurufen, wenn man alles Dieses bedenkt,
so scheint man zu dem Schluß berechtigt zu sein, daß China einem Umsturz entgegensieht, einer Erschütterung in seiner Grundfeste, welche vielleicht schon in der nächsten Zukunft die Europäer einladen wird, durch
die offenen Fugen zu dringen, und dort eine wichtige Rolle zu spielen,
vortheilhaft für sie, und erniedrigend für die Chinesen.*)

Aber die Schwäche, welche sich unleugbar in dem großen Reiche
findet, hat ein Gegengewicht, das nicht übersehen werden darf, und das
in dem Gesammtorganismus des chinesischen Staatskörpers liegt. Durch
das ganze Reich macht sich ein Autoritätsglaube, ein sclavischer Respect
vor jeder Art von Macht geltend, und er ist es, welcher die zersplitterten
Theile zusammenhält. In der Familie der Hausvater, auf der Straße

---

*) Der später ausgebrochene Aufstand gegen die noch herrschende chi-
nesische Dynastie hat die Richtigkeit der Ansichten des Verfassers im
vollsten Umfange bestätigt.　　Anm. d. Uebers.

der Aelteste, in der Stadt der Vornehmste, in den Distrikten die Man-
darine, in den Provinzen die Gouverneurs, im Reiche der Kaiser, das
sind die Mächte, deren jede an ihrem Ort despotisch=allmächtig und fast un-
erschütterlich ist. Der ganzen Regierungsmaschinerie fehlt es bei aller
ihrer patriarchalischen Einförmigkeit auch an gewissen Finessen nicht; zu
diesen gehört, daß die Beamten der Krone nie an ihrem Geburtsort fun-
giren, sondern immer unter einer Bevölkerung, die ihnen fremd ist; ferner, daß sie immer wechseln und versetzt werden, und so nicht Zeit haben,
sich Freunde unter ihren Untergebenen zu erwerben und dadurch mächtig
und gefährlich zu werden, und endlich, daß sie verantwortlich sind für
Das, was bei der Bevölkerung vorfällt, die unter ihrem Befehl steht.

Erbrecht in politischer Hinsicht findet nicht statt. Es giebt nicht
einmal einen erblichen Thronfolger, sondern der Kaiser wählt seinen Nachfolger, natürlich aus seiner Familie. Adel kennt man nicht, wenigstens
keinen erblichen, die Verwandten der kaiserlichen Dynastie zeichnen sich
jedoch durch einen gelben Gürtel aus, und ihr Unterhalt ist zum Theil
auf die Staatskasse angewiesen. Kenntnisse sind hier das Einzige, was
Rechte giebt, und da man blos die alten Schriften und religiösen Bücher
studirt, welche zum Gehorsam und zur Unterwürfigkeit ermahnen, und deren Vorschriften Jahrtausende lang zu Aller Zufriedenheit befolgt sind,
so liegt auch hierin ein Grund zu der kolossalen Unveränderlichkeit der
chinesischen Nation.

Die Chinesen hängen sehr an ihren von Religion und Gesetzen vor-
geschriebenen Sitten und Gebräuchen, und wenden sich von Allem ab,
was nicht hierin wurzelt. Wenn es uns verwundert, daß europäische
Luxus = und Bequemlichkeitsartikel dort noch nicht bekannt und beliebt
sind, so vergessen wir, daß sie nicht mit der dortigen ganzen Lebensweise, welche auf politischen und religiösen Vorschriften beruht, überein-
stimmen.

Nichtsdestoweniger ist es ein Faktum, daß der Betrag des Imports
den des Exports übersteigt. Dies kommt von der Opiumeinfuhr, die
in der späteren Zeit Schrecken erregend zugenommen hat, und wie ein
Gift die körperlichen und geistigen Kräfte der Nation verzehrt, indem es
ungefähr dieselbe Rolle spielt wie der Branntwein in vielen Ländern
Europa's.

Unendlich mehr wäre von diesem Lande, das in so hohem Grade geeignet ist, Interesse und Erstaunen zu erwecken, zu sagen. Wenn ich deswegen in dem Vorhergehenden etwas von meinem Plan abgewichen bin, nur bei Dem stehen zu bleiben, was ich selbst gesehen und erfahren habe, will ich jetzt dafür Buße thun, indem ich Vieles übergehe, was sonst wohl noch der Erwähnung werth wäre, und meine Berichte über dieses Land hiermit schließen.

Wir fuhren von Hongkong den 29. December ab, und bekamen, da der Wind günstig war, schon nach zweitägiger Fahrt Luzon zu Gesicht. Aber der launische Magnat, der Wind, schlug plötzlich um, und im Verein mit einem starken Gegenstrom hinderte er uns, Manilla vor dem 4. Januar zu erreichen. Wir feierten folglich den Neujahrstag 1853 auf dem tobenden Meer.

Elftes Kapitel.

Manilla. — Die alte und neue Stadt. — Binondo. — Calzaban. — Die Bevölkerung. — Leben und Verkehr. — Mestizen. — Tagalen. — Chinesen. — Die spanische Herrschaft. — Die Producte der Philippinen. — Ausflüge. — Der Gubernadorcillon. — Ein Erdbeben. — Gastlichkeit. — Naturscenen. — Los Banjos und dessen heiße Quellen. — Auch hier Sagen von Gold.

Singapore, den 26. Januar 1853.

Manilla liegt auf einer Ebene an der Mündung des Flusses Pasig, der eine fruchtbare Ebene von vier bis sechs Meilen Breite durchströmt. Nachdem man durch die kanalartige Flußmündung gesegelt ist, landet man am Zollhause, und hat auf der linken Seite einen hervorspringenden Molo mit einem Leuchtthurm, und auf der rechten eine Menge alter, düsterer, zum Theil ganz verfallner Festungswerke. Innerhalb derselben liegt das eigentliche Manilla, während sich auf dem linken Ufer des Pasigflusses Binondo und andere Vorstädte befinden.

Wenige Stellen können eine so auffallende Ungleichheit zeigen, wie diese beiden Flußufer. Das alte Manilla ist von Festungswerken eingeschlossen, welche laut von den Zeiten sprechen, wo die Spanier die Herren der neuen Welt waren, und den Glanz der Entdeckungen und der Aufklärung über die ganze Erde verbreiteten, jetzt aber sieht es finster, und beinahe drohend aus, ein Nest vergangener Größe, von dem nur einige Ueberreste geblieben sind. Hier fand sich kein Leben, kein Handel und Verkehr; Alles trug das Gepräge schweigsamer Würde, vornehmer Zurückgezogenheit. Ganze Straßen werden von Klöstern und anderen religiösen Stiftungen eingenommen, welche dem Ganzen ihr geheimnißvolles Gepräge aufdrücken. Eine große Menge Kirchen giebt es innerhalb der Mauern, alle voll von Kostbarkeiten, und strahlend von katholischem Pomp. Unter diesen zeichnete sich die Kathedrale aus, ein großer majestätischer Tempel mit einer Menge Seitenkapellen, von welchen jede für sich eine Kirche sein könnte. Geht man aus den Thoren, außerhalb der Mauern, Wälle und Gräben, welche mit ihren gewaltigen Kanonen und Schildwachen Manilla ein so kriegerisches Ansehen geben, so befindet man sich auf dem sogenannten Calzadan, dem reizendsten Spazierplatz der Stadt. Wenn die Abendschatten die brennende Sonnenhitze mildern, sieht man hier nicht allein Manilla's vornehme Welt in prächtigen Wagen, — die Damen fast immer ohne Kopfbedeckung, — sondern Menschen aus allen Ständen, vom Bürger bis zum niedrigsten Pöbel, Alle in die leichtesten Sommertrachten gekleidet. Der Paradeplatz der Truppen liegt dicht daneben, und die militärischen Evolutionen nebst der Kriegsmusik trugen nicht wenig dazu bei, das Leben und die Beweglichkeit des Bildes zu erhöhen.

Auf der einen Seite des Calzadan befindet sich ein hohes Monument, das bei dem großen Erdbeben umstürzte und jetzt reparirt wird; nicht weit davon befindet sich die Arena für das Stiergefecht, ein großer von Bambuspfählen und Schilfmatten provisorisch construirter Cirkus. Auf der linken Seite des Pasigflusses concentrirt sich jedoch das eigentliche Leben Manilla's. Dort liegt die Vorstadt Binondo. Zu dieser führen von der Altstadt zwei prächtige Brücken; die eine ist eine massive Steinbrücke von massenhaften Proportionen, die andere eine herrliche eiserne Hängebrücke, von derselben Form wie die Hängebrücke in London.

Die erste, ein Meisterwerk der Vorzeit, die letzte eins der Neuzeit, bilden einen interessanten Contrast, und zeugen von der Kraft, und von dem Geist, die im Verein die Welt beherrschen, aber sich, Gott sei es geklagt, so selten beisammen finden.

Etwas Eigenthümliches sind die vielen Seitenkanäle, welche vom Pasigfluß aus Binondo durchschneiden, und, wenn sie gleich meistens ein grünes, stinkendes Wasser haben, dieser Vorstadt doch ein abwechselndes Ansehen verleihen. Die Läden haben nicht die Eleganz, an die wir in unseren Städten gewöhnt sind, aber an den Eisen=, Zinn=, und Schuh= verkaufsorten sieht man viele eigenthümliche Dinge, vornehmlich enthal= ten die letzteren eine ungeheure Menge Pantoffeln, die mit Gold, Silber, Flittern und Perlen besetzt sind, denn Alle, Hohe und Niedere, tragen hier Pantoffeln. Die Frauen stecken ihre kleinen, nackten Füße in Pan= toffeln, die so schmal sind, daß die kleine Zehe hervorsteht, und denen die Absätze ganz fehlen. Was mir in den Läden am meisten in die Augen fiel, waren die inländischen Zeuge oder die sogenannten „pinnas", ver= fertigt aus Bananenfasern, und mit Stickereien von der größten Kunst= fertigkeit besetzt, immer jedoch von einer graugelben Farbe, nebst „Sina= mays", einem gleichfalls feinen und luftigen Stoff, beinahe durchsichtig und in die grellsten Farben übergehend, ebenfalls von feinen Fasern des Bananenblattes gewebt, dessen Stiele bis zur Spitze des Blattes den bekannten Manillahanf geben, wovon starke Zeuge verfertigt werden.

Was die Bevölkerung betrifft, so dürfte sie am richtigsten in fünf Classen einzutheilen sein, nämlich in Europäer, Spanier, Mestizen, Ta= galen und Andere. Die Europäer, welche nicht Spanier, und in Manilla ansässig sind, stehen in einem solchen Verhältniß zu den Herren der Co= lonie, den Spaniern, daß sie von ihnen getrennt angesehen werden müssen. Da sie meistens Handel und Fabrikgeschäfte treiben, sind sie es eigentlich, welche die Verbindungen der Philippinen mit dem Auslande in Händen haben. Aber da sie allen Nationen angehören, denn es giebt hier Engländer, Deutsche, Franzosen, Schweizer, Italiener, Portugiesen und Amerikaner, führen sie gar kein gemeinschaftliches geselliges Leben, das den Aufent= halt in Manilla angenehm machen könnte. Während des Tages in ihre Häuser eingeschlossen, welche auch die Magazine enthalten, promeniren sie gegen Abend in ihren prächtigen Equipagen, und beschließen den Tag bei Tische oder in den Salons, und kennen also keine von den Freuden, in welchen man im Norden nach des Tages Arbeit ausruht. Nur eine geringe Anzahl führt ein Familienleben, und die Meisten halten sich hier nur auf, um Vermögen zu sammeln und sobald wie möglich nach der Heimat zurückzukehren.

Ehemals standen die fremden Europäer in einem gespannten Verhältniß zu den Spaniern, und noch ist es ihnen nicht erlaubt, das Innere des Landes zu besuchen, geschweige sich dort niederzulassen; doch herrscht jetzt mehr Einigkeit. Die Spanier bewohnen das eigentliche Manilla und sind im Besitze aller Aemter. Selbst in dieser entfernten Colonie, die den Sitten des Mutterlandes huldigt, zeichnet sich ihr Leben durch die klösterliche Eingezogenheit, durch dieses mystische Halbdunkel aus, das über alles Spanische eine gewisse interessante Melancholie verbreitet. Die Männer waren meist herrliche Gestalten mit edlen Zügen, selbst manches schöne Damen-Antlitz war mir zu schauen vergönnt. Aber man sagte mir, daß die Frauen hier ganz die europäische Elasticität einbüßen, und deshalb schon in früher Jugend dahinwelken. Die spanischen Mönche haben einen ungeheuren Einfluß und das Klosterleben blüht hier ganz wie im Mutterlande.

Mestizen werden die von Europäern und Eingebornen erzeugten Mischlinge genannt, und in ihren Händen befindet sich des Landes Industrie, Handel und Eigenthum. In der Mitte zweier Nationalitäten stehend, haben sie sich die Vorzüge beider angeeignet. Sie besitzen des eingebornen Tagalen munteren Sinn, Mäßigkeit, Anspruchlosigkeit und der Europäer formenschöneres Aeußere und größere Verstandesschärfe. Mir selbst kommt natürlicherweise in dieser Hinsicht kein Urtheil zu, aber alle Zeugnisse vereinigten sich darin, die Mestizen hoch zu stellen, ja, das Bestehen und die Zukunft des ganzen Landes auf sie zu bauen, und einige von unsern Reisegefährten, welche eines Abends einen Mestizenball besuchten, waren bezaubert von den reizenden, liebenswürdigen Frauen, welche sie dort angetroffen hatten.

Die Tagalen oder die Eingebornen, welche die nächste Umgebung Manilla's bewohnen, die einzigen, über welche ich einigermaßen urtheilen kann, sind von malayischer Herkunft, aber, nach den Schilderungen der

Reisenden, ihre Stammverwandten an äußern sowohl als innern Eigenschaften weit überragend. Der Kopf ist zwar etwas schmal, die Stirn
etwas gedrückt, und der Mund hervorstehend; aber sie tragen diesen
Kopf so stolz, was im Verein mit der dunkelbraunen Färbung und den
schlanken Formen ihnen das Ansehen lebendiger Bronzestatuen giebt. Ich
bemerkte wahre herkulische Apollogestalten, welche sich, abgesehen von
ihrem schönen Wuchs, auch auf eine so plastische Weise bewegten, daß
ich nicht müde wurde, sie zu betrachten. Die Männer gehen in der Regel
fast nackt, oder tragen ein dünnes Matrosenhemde, und eben solche
Beinkleider; befinden sie sich dagegen in vollem Staat, so tragen sie feine,
großgewürfelte oder gestreifte Beinkleider und ein äußerst feingesticktes,
blendendweißes oder in eine grelle Farbe spielendes, frei überhängendes
Hemde.

Die Frauen sind klein von Wuchs und ziehen über ihre Unterklei-
dung ein gestreiftes Stück Zeug, das an Taille und Hüften dicht an-
schließt, und außerdem ein Jäckchen, das so kurz ist, daß ein Theil der
geschmeidigen Taille zwischen Jacke und Hüftbedeckung entblößt bleibt.
Sie haben einen eigenthümlichen Gang, gleichsam als ob sie mit Vorsicht
große Lasten auf dem Kopfe trügen, das heißt die Hüften vorschiebend
und mit dem ganzen Leibe wiegend. Ihre Gesichtszüge sind meistens
unschön.

Die Tagalen sind fröhliche Menschen, welche über alles Andere in
der Welt die Ruhe und Bequemlichkeit lieben, und da Alles, was zur
Lebensnothdurft erforderlich ist, ihnen von selbst zuwächst, ist Nichts vorhanden, was sie zur Arbeit und zum Nachdenken antreibt. Wenn der
Tagale Einen Tag in der Woche arbeitet, verdient er damit so viel, daß
er mit seiner Familie die sechs andern davon lebt; denn Reis und Fische
ist Alles, was er braucht. Aber gilt es zu arbeiten, so kann er auch zeigen, daß er Kräfte hat.

Unter der fünften Classe von Manilla's Einwohnern sind zuerst die
Chinesen zu nennen. Sie werden mehr von den Spaniern als von den übrigen
Europäern begünstigt, und haben auch Erlaubniß sich niederzulassen und
im Innern von Luzon Handel zu treiben. Der Chinese bringt überall
den leichten Sinn und die Betriebsamkeit mit, die ihn in der Heimat auszeichnen, und bleibt in Kleidertracht, Sitten und Lebensweise dem Brauch

seiner Väter treu. Daß übrigens Malayen, Neger, Laskaren, Parsen und eine Masse anderer Völker aus allen Gegenden der Welt sich in einer so großen Handelstadt wie Manilla, welche zweimalhunderttausend Einwohner zählt, vereint befinden, ist natürlich, und ich brauche diese Verhältnisse blos anzudeuten, um das Menschengewimmel, die bunte Mischung von Gesichtern, Sprachen, Manieren und Trachten ahnen zu lassen, welche es so interessant macht, im Manilla's Straßen umherzuwandern.

Während einer solchen Wanderung bleibt man häufig bei diesem oder jenem Anblick stehen. Plötzlich höre ich Glockenton und einen Laut wie Gesang; ich wende mich um und sehe einen Wagen sich langsam fortbewegen, umgeben von brennenden Laternen, nebst einer Schar Chorknaben mit Glöckchen und Räuchergefäßen, escortirt von einem kleinen Trupp Soldaten in voller Uniform. Die Kirchenglocken läuten einförmig, das Volk fällt auf die Kniee auf Plätzen und Straßen, wo er vorüberkommt, ja sogar in den Häusern, selbst die Schildwache beugt die Kniee und der Officier senkt seine Wehr. Alles ist Anbetung und Demuth, so gut haben es die Prälaten verstanden, den freien Geist zu fesseln, um ihn nach ihrem Willen zu leiten.

Hier stehe ich vor einer Schar von körperlich Gefesselten. Es sind Verbrecher, welche in den Straßen arbeiten, Greise zusammengeschmiedet mit zarten Knaben, kraftvolle Männer von athletischen Formen sich hinschleppend neben ausgemergelten Gerippen, in deren Zügen man Krankheit, Elend, Verzweiflung und Tod liest.

Außer den Mönchen giebt es in Manilla noch eine andere Classe, welche eine wichtige Rolle spielt, nämlich das Militair. Mit Ausnahme der Artilleriebrigade besteht die Soldateska aus Eingebornen, nur die Officiere sind Spanier. Sie sind sämmtlich hübsch in feine dem Klima angepaßte Trachten von dünnem, glänzendem, weißem Zeuge bekleidet, und mit vortrefflichen Waffen versehen. Sie haben eine ausgezeichnete Haltung, sind sehr schön gewachsen, und an ihren Exercitien finden selbst Kenner nichts zu tadeln. Prächtige Kasernen an hübschen Plätzen gelegen, geben Zeugniß, daß der Miltairstand auf den Philippinen in Achtung steht. In der Hauptstadt allein findet sich eine Truppenmacht von fünf bis sechstausend Mann, und überall in den Provinzen kleinere Abtheilungen. Die Sorge der Regierung für die Soldaten erstreckt sich

nicht nur auf Kleidung und Quartier; jeder Einzelne bezieht auch eine
Gage von ungefähr drei Piastern monatlich, außer Beköstigung, Bekleidung und andere Vortheile, die vereint dazu beitragen, ihm ein zufriedenes
und glänzendes Aussehen zu geben.

Un öffentlichen Vergnügungsplätzen fehlt es auch nicht. Der Platz
für die Stiergefechte stand für den Augenblick aus Mangel an wilden
Thieren unbenutzt, und es schien, als ob dieses Vergnügen, das so sehr
von Allem geliebt wird, was spanisches Blut in den Adern hat, hier nicht
recht Fuß fassen wolle. Das größte Vergnügen der Bevölkerung sind die
Hahnenkämpfe. Es giebt keinen so armseligen Tagalen, der nicht seinen
Hahn hätte. Krähend stehen sie festgebunden an einem Pflock in jeder
Bude, in jedem Gemach, man findet sie auf dem Deck im Boote, ja auf
dem Rücken des Rosses hinter dem Reiter, denn Hahn und Tagale sind
unzertrennlich. Ueberall in den Städten und Dörfern findet sich ein
für Hahnenkämpfe eingerichteter Platz. Ich war leider nicht so glücklich,
Zeuge dieses Schauspiels in großem Styl zu sein.

Zu Manilla's größten Merkwürdigkeiten gehören die ungeheuren
Cigarrenfabriken. Die Tabaksfabrikation ist Monopol der spanischen Regierung, und diese Fabriken werden ausschließlich für ihre Rechnung betrieben. In der Fabrik, welche wir besahen, arbeiteten in sechs Sälen acht bis
neuntausend Frauenzimmer jeden Alters und von allen Gestalten, von dem
fröhlich kichernden jungen zehnjährigen Mädchen bis zu der der Welt und
der Cigarren überdrüssigen Matrone mit ihrem runzlichten ernsten Gesicht. Sie sitzen an Tischen, die in zwei Reihen längs den Wänden in
den großen Sälen aufgestellt sind, funfzehn Weiber an jedem Tisch, und
schlagen mit einem flachen Stein die Tabaksblätter glatt, wickeln sie zusammen, saugen an jedem Ende derselben, um zu untersuchen, ob sie Luft
haben, und schneiden sie mit einer Scheere ab, um ihnen die gewöhnliche
Manillaform zu geben, und es herrscht unter ihnen eine so laute Freude,
ein solches Schnattern, Singen und Lärmen, daß der eintretende Fremde
ganz betäubt wird.

Von allen fremden Besitzungen Spaniens haben die Philippinen
dem spanischen Staat am wenigsten Blut und Arbeit gekostet. Er fand
dort ein friedliches, gutmüthiges Volk, mit welchem die Amalgamation
leicht vor sich ging. Seine Raublust wurde nicht zu den gewöhnlichen

Grausamkeiten durch Reichthum an dem verführerischen gelben Metall gereizt. Als Velaso 1565 zuerst die Inselgruppe für die spanische Krone in Besitz nahm, waren es die heiligen Väter, welche die Expedition begleiteten, die Alles in der neuen Colonie anordneten; und hierdurch erhielt die Occupation ein friedlicheres Gepräge. Es giebt vielleicht keine Colonie, die mehr mit dem Mutterlande verschmolzen ist als diese. Spanisch ist Landessprache, der Katholicismus die Religion, die Sitten und das Interesse sind spanisch. Wenige Länder der Erde dürften mit den herrlichsten und nützlichsten Naturprodukten so gesegnet sein wie diese Inseln, und der Handel wäre gewiß äußerst bedeutend, wenn nicht in diesen Meeren die fürchterlichen Stürme raseten, die unter dem Namen Typhonen bekannt sind, und die Schifffahrt sehr beschwerlich machen. Metalle finden sich in Ueberfluß, Blei, Kupfer und Eisen nebst herrlichen Steinkohlen und Gold. Das Pflanzenreich bringt Zucker und Kaffee von der ausgezeichnetsten Qualität, Reis, Indigo gleich dem ostindischen, Hanf, Baumwolle, Kakao, Wachs, Pfeffer. Der Ackerbau steht zwar nicht auf hoher Stufe, doch giebt es fast kein nützliches Gewächs, namentlich der wärmeren Himmelsstriche, das nicht schon hierher verpflanzt wäre, oder mit Erfolg eingeführt werden könnte.

Die neue Constitution in Spanien hat ihre heilbringenden Wirkungen bis zu den Philippinen erstreckt, doch fehlt noch eine liberale Gesetzgebung, besonders im Zollwesen. Die Verwaltungsformen sind zu verwickelt, und der Nationalgeist hat noch nicht den Aufschwung, der die Colonie zu dem Grad von Reichthum und Einfluß bringen könnte, die durch ihre Natur und Lage ihr bestimmt zu sein scheint. Während der jetzigen Verhältnisse üben die Ministerwechsel im Mutterlande zu großen Einfluß auf die Administration, und die Hilfsquellen des Landes sind den dermaligen Machthabern und ihren Freunden zu sehr preisgegeben.

Da unser Chef wegen des Interesses, das an die reichen und prachtvollen Naturschätze der Philippinen geknüpft ist, uns erlaubte, hier zehn Tage zu verweilen, so beschloß ich eine längere Reise in das Innere der Insel anzutreten, um die Vegetation verschiedener Gegenden und zumal derer von ungleichen Höhenregionen zu studiren. Nachdem ich in Manilla die nöthigen Erkundigungen eingezogen und mir eine große „banca", ein gigantisches Kanoe, mit Sonnendach von gewölbten Matten

und gerudert von fünf Männern gemiethet hatte, begab ich mich auf den
Weg stromauf zu den Städten jenseits der großen Lagune. Wir verließen
Manilla um vier Uhr Nachmittags, und die Abenddämmerung hüllte
bald die Flußufer in ihren dunkeln Schleier, der uns die schönen Land=
schaften, die an uns vorüberglitten, zu unterscheiden, nicht erlaubte. Hier
und da liefen Männer und Kinder fischend längs dem Ufer mit langen
Fackeln in den Händen, deren Schein, je nachdem er zwischen den male=
rischen Bambushütten leuchtete, oder dahinter verschwand, auf der Wasser=
fläche zitterte oder im Fluß erlosch, und den wundersamsten Effect von
Strahlenbrechung und Beleuchtung hervorbrachte. Unterwegs hielten wir
bei einem Dorfe an, wo unsere vom Generalgouverneur ausgefertigten
Pässe dem „capitan de pueblo" vorgezeigt werden sollten. Aber da
dieser Matador ein eingeborner Tagale war, der kein spanisches Wort ver=
stand, so nahm er nicht sonderlich Notiz von unsern Personen oder Pa=
pieren, weshalb wir ohne Weiteres ihm den Rücken kehrten und unsere
Reise fortsetzten.

Die Nacht war indeß stockfinster geworden, es begann zu tröpfeln,
und nach einförmiger und langweiler Fahrt von einigen Stunden erreichten
wir Pasig, eine kleine Stadt, gerade da gelegen, wo der Fluß desselben
Namens in vielen Aermen sich in die große Lagune ergießt. Hier galt es
nun, ein Nachtquartier zu bekommen, und zu diesem Zwecke, mußte die
höchste Autorität der Stadt aufgesucht werden. Wir mußten in der pech=
schwarzen Nacht umherlaufen und so lange an die Thür der Gerechtigkeit
pochen bis ein Portier erschien, um uns zur nächsthöchsten Autorität zu
weisen. Wir steuerten also unsern Curs nach diesem Diminutivum mit=
bürgerlicher Macht, stolperten über Stock und Stein, wateten durch sum=
pfige Straßen, und erreichten endlich das Ziel unsers Strebens. Aber
auch hier schlief die Gerechtigkeit, und da wir sie endlich wachgeschüttelt
hatten, hieß es, daß seine Herrlichkeit krank sei, und alle reisenden Ruhestörer
bäte, sich zum Teufel zu packen. So blieb uns demnach nichts Anderes
übrig als zu unserer „banca" zurückzukehren, uns Geduld vom Geber
aller guten Gaben auszubitten, und uns mit Resignation in unsere Decken
zu hüllen.

Müde und misgestimmt setzten wir am nächsten Morgen unsere
Reise fort, nachdem wir uns einige Eier und andere Nahrungsmittel ge=

kauft hatten. In mehreren Dörfern, welche wir paſſirten, ſahen wir
Millionen Enten, geübt im Marſchiren und auf des Hüters Gebot ſich
zu verſammeln. Wer die Leiſtungen dieſer Thiere nicht geſehen hat, kann
ſich keine Vorſtellungen machen, bis zu welchem Grade von Gehorſam ſie
dreſſirt werden können. Der Fluß wimmelte von kleinen Kanoes, worin
Männer und Kinder von Morgen bis Abend beſchäftigt ſind vom Grunde
des Fluſſes Entenfutter heraufzuholen: Muſcheln, Würmer und Anderes
dergleichen.

Büffel, gleich den chineſiſchen, halb Ochſen und halb Rhinoceros,
mit graulichem, faſt haarloſem Körper, großen zurückgebogenen Hörnern
und wilden Blicken weideten auf den Wieſen, wälzten ſich wie Schweine
im Moraſt, oder erfriſchten ſich im Fluß, über deſſen Fläche ſie blos
das häßliche Geſicht herausſtreckten. Dieſe Thiere, die man in den
Berggegenden wild antrifft, ſind ſtärker als unſer Zugvieh, aber ihr
Fleiſch iſt nichts weniger als wohlſchmeckend, und während der Sonnenhitze müſſen ſie ins Waſſer getrieben werden, um ſich wohlzubefinden.
Raſend erbittert auf Alles, was weiße Haut hat, laſſen ſie ſich mit Leichtigkeit von kleinen Tagalenbuben behandeln, welche ſie an einem durch
den Naſenknorpel gezogenen Seil führen, wohin es ihnen beliebt.

Endlich befanden wir uns auf der Lagune. Die Sonne war eben
aufgegangen und ihr goldner Glanz ſpiegelte ſich auf dem weißen Waſſer weithin in die Ferne. Nachdem wir bei einem in der Lagune angetaueten
Güterpram angelegt und nach Schifferweiſe uns unſer einfaches Frühſtück
ſelbſt gekocht hatten, ward die Fahrt nach Jalajala fortgeſetzt, das gewiß
Vielen aus Alexander Dümas' glühenden Schilderungen wohlbekannt iſt.
Hier empfing uns ein Franzoſe, an den ich einen Empfehlungsbrief hatte,
mit ausgezeichnetſter Freundlichkeit. Derſelbe hatte mehr als dreißig
Jahre ein patriarchaliſches Regiment über die Bewohner der hier befindlichen Bambushütten, die rings um ſeine noblere Reſidenz von Stein lagen,
ausgeübt. Große Felder mit Zuckerrohr nahmen die Niederung ein;
eine äußerſt einfach conſtruirte Zuckermühle ſtand unten am Strande, die
jährlich eine unglaubliche Quantität Zucker verarbeitete. Die entfernter
liegenden Höhen waren mit majeſtätiſchen Wäldern bedeckt, hinter welchen
grünbekleidete und hohe Berge ſich gen Himmel erhoben. Nachdem wir
in den kühlen Betten unſers Wirthes ſüß geſchlummert hatten, wo wir

eine behaglichere Nacht als auf dem hölzernen Boden meiner „banca"
zubrachten, und ihn Eßwaaren an seine Untergebenen, deren gegenüber er
die Rolle eines Versorgers spielt, hatten austheilen sehen, begaben wir
uns zu Pferde über die bergige Landzunge nach dem entgegengesetzten
Ufer, wo er eine andere Hazienda besaß, und wo Reis und Zuckerrohr
gleichfalls in großem Styl gebaut wurde. Dieser Ritt in frischer Morgenstunde war so romantisch, wie man sich nur denken kann. Zwischen
Wäldern von prachtvollen Bäumen und Gebüschen, deren üppige Blüthen
zwischen dem glänzenden Grün der großen Blätter lebendigen Inwelen
glichen, ging der Weg über Berghöhen und Abgründe, beständig neue
wunderschöne Aussichten über die untenliegende Ebene und die Lagune mit
ihren reizenden Gestaden darbietend. Unsere „banca" war inzwischen
rund um die Landzunge entsendet worden, und wir fanden sie bei der Hazienda wieder, von wo sie uns zur Stadt Santa Cruz brachte. Unser
erstes Geschäft war hier unsern Paß zum „gubernadorcillon" der
Stadt zu bringen, und nach einer Unterredung mit diesem Herrn durch
einen doppelten Dolmetscher, da er durchaus nicht Spanisch verstand, verschaffte ich mir ein paar Pferde, um die Reise bis Pagsanjan, der
Hauptstadt des Distrikts, fortzusetzen.

Santa Cruz ist eine ganz hübsche kleine Stadt, deren Häuser jene
Aehnlichkeit mit Vogelkäfigen haben, die in diesen Gegenden so gewöhnlich sind. Theils sucht man dadurch der Nässe und Feuchtigkeit zu ent-
gehen, welche der Regenzeit folgt, theils schützt man sich auf diese Weise
vor Gewürm und andern gefährlichen Thieren, deren minder angenehme
Nachbarschaft die Menschen überall gern fliehen. Aber namentlich bestimmend
sind ohne Zweifel die in diesen Gegenden so häufigen Erdbeben, deren zer-
störende Wirkungen ich wahrzunehmen Gelegenheit hatte. Im vergangenen
September hatten nämlich starke Ausbrüche der in der Nähe der Lagunen
liegenden Vulkane gewaltige Risse in der Erdkruste verursacht; mehrere
Häuser barsten, Kirchen stürzten ein, Feuerbrände entstanden und Berge
sendeten Rauchsäulen aus. Man war jetzt gerade beschäftigt, den Schaden zu repariren, von welchem sich überall Spuren vorfanden. Nur die
scheinbar so jämmerlichen Bambuskäfige widerstanden dem Erdbeben, sie
bogen sich in allen Richtungen nach der Erschütterung des Bodens, und

wurden nicht im geringsten von der ringsum herrschenden Unruhe und den Getöse berührt.

Der Weg von Santa Cruz nach Pagsanjan geht theils durch dichte Kokoswälder, theils durch Palmenhaine, deren dunkles Grün durch Schaaren der schönsten Vögel und Insekten und durch die prachtvollsten Blumen belebt wird. Die Stadt selbst, zu der wir nach einem halbstündigen Ritt gelangten, glich etwa einer Provinzialhauptstadt. Die Häuser hatten dieselbe leichte Construction wie in Santa Cruz, doch waren sie größer und sahen im Ganzen stattlicher aus. Ich brachte einen Brief mit an einen Herrn Escrivano Memeji, in dessen Hause wir mit der größten Gastfreundschaft aufgenommen und mit der nöthigen Auskunft für unsere weitere Reise versehen wurden, sowie mit einer Art von amtlichem Schreiben in tagalischer Sprache an die Autoritäten der Gegenden, welche wir passiren würden, in welchen es ihnen zur Pflicht gemacht wurde, uns auf alle Weise beizustehen. Wir legten in der Dämmerung einen Besuch bei der höchsten Obrigkeit des Distrikts, dem Alcalden ab, einem jungen hübschen Spanier, der unglücklicherweise schon das wenige Französisch vergessen hatte, was er, wie er behauptete, einmal habe lernen müssen. Später machten wir einen Spaziergang durch die kleine Stadt, welcher sich sogar bis zu den naheliegenden Höhen erstreckte.

Es war ein stiller schöner Abend, wie einer unserer mildesten Sommerabende. Noch breitete sich eine halbe Dämmerung über die unten liegende Stadt aus, noch konnte man die laubreichen Kokospalmenhaine sich im Flusse spiegeln sehen. Wir standen auf dem Kirchhof, in dessen Mitte ein großes Viereck mit Nischen an den Seiten errichtet war, von welchem Todtenköpfe und Gerippe herabgrinsten. Die Tempelglocke läutete zum Abendgebet und unten durch die Stadt zog eine lange Procession in Feiertagskleidern, welche heilige Fahnen und Kreuze trug, Hymnen sang und Gebete murmelte. Aus den Häusern ringsum hörte man gleichfalls leise Gebete; Alles athmete Frieden und Andacht, die stille schöne Natur, die anbetenden Menschen, Alles! Der Katholicismus stimmt doch wunderbar mit dem Charakter der südlichen Länder überein, ich glaube kaum, daß der Ernst des Protestantismus zu der Genußsucht, zu dem sublimen Mystischen, das hier in allen Adern flammt, passen würde; und wäre man noch so feindlich gegen die Ceremonien der katholischen

Glaubenslehre gestimmt, so glaube ich doch, daß man sie nicht inmitten einer solchen Natur und von solchen Menschen ausgeübt sehen kann, ohne ihnen eine gewisse Feierlichkeit einzuräumen, und zu fühlen, daß sie hier an ihrem Platze sind. Da, wo das Leben so voll wogt, wo das Gefühl und die Denkkraft in stiller Ruhe eingelullt werden, wo völlige Abwesenheit aller Anstrengung Alles auszeichnet, da wird ein blinder Autoritätsglaube und Unterwerfung unter bequeme, den äußeren Sinnen imponirende Formen am leichtesten Wurzel schlagen, und wenn man das Gefühl, den Eifer, ja bisweilen die glühende Ueberzeugung sieht, womit Manche diese Ceremonien ausführen, möchte man es für Sünde halten, ihnen etwas von alledem zu rauben, ja man ist versucht, sich selbst ein wenig von jenem Enthusiasmus zu wünschen, der, wenn er auch oft von Gewohnheit und Vorurtheil herrührt, doch oft auch im Herzen wurzelt.

Am nächsten Tag setzten wir die Reise in den Berggegenden fort. Es war ein wunderschöner, aber äußerst beschwerlicher Weg. Der eben gefallene Regen hatte ihn in dem Grad erweicht, daß unsere Pferde oft fast stecken blieben und nur mit Mühe befreit werden konnten. Wir befanden uns bald in höchst romantischen Thälern, bald auf schwindelnden Höhen. Langsam, aber sicher schritten wir vorwärts nach dem kleinen Dorfe Cavinti, von da nach Louisiana und zuletzt nach Mahayhay. Alle diese „pueblos" glichen einander mehr oder weniger. Louisiana ist das kleinste, es hat nicht einmal einen Priester, was hier natürlich viel sagen will. An gewissen Markttagen werden eine Menge Waaren feil geboten, aber zu diesen gehört nicht das Brot, welches hinlänglich durch Reis ersetzt wird. Kraft unsers mitgebrachten Documents wendeten wir uns überall an den „gubernadorcillon", der als ein wohlbestallter Gastgeber uns empfing und beherbergte, uns Kost und Betten verschaffte nebst Pferden zur Abreise. Ueberall, wo wir Halt machten, sahen wir uns von einer Schaar Zuschauer umgeben, vornehmlich bei der Mahlzeit waren wir der beständige Gegenstand öffentlicher Neugierde. Der Respect vor einer weißen Haut ist überaus groß, und einen Weißen etwas tragen, oder zu Fuße gehen zu sehen, wie es der Fall war mit dem mich beständig begleiteten Bootsmann, erregte großes Erstaunen.

Der Weg zwischen Cavinti und Louisiana war, da wir uns jetzt auf dem Hochlande befanden, viel ebener, zwischen dem letztgenannten

Ort und Mahayhay dagegen zog er sich fortwährend neben Abgründen hin,
wo unsere Pferde, die so sicher wie Maulesel gingen, nur mit Schwierigkeit einen festen Tritt hatten. Auf diesem Wege sahen wir eins der
schönsten Naturspiele. Der Fluß, noch ruhig und still, rauschte in der
Tiefe zwischen zwei von Bäumen undurchdringlich bewachsenen Höhen —
plötzlich erreicht er einen steilen Felsen und stürzt dort eine Höhe von wenigstens hundert Fuß in Gestalt eines zwanzig bis dreißig Ellen breiten
Wasserfalles herab. Aus der Tiefe, in welche noch nie ein menschliches
Auge gedrungen ist, stiegen Regenbogen und Wasserstrahlen auf, und die
ganze umliegende Gegend, eine Viertelmeile weit ist in einen Nebel eingehüllt, der, wie ein leiser Thauregen niederfallend, durch seine Feuchtigkeit eine frische und saftige Vegetation hervorlockt; unter Anderen
erheben hier hohe baumartige Farren ihre feingeschlitzten Blattkronen,
und Schlingpflanzen umranken in tausend Formen und in tausend Farben Bäume und Büsche mit ihrem feinen Grün und ihren flimmernden Blüthen. Erstaunt stand ich auf einem über den Wasserfall hervorspringenden Felsen und genoß in vollen Zügen die Majestät der Natur, welche in der niederbrausenden Wassermasse, im mächtigen Donner,
im wechselnden Farbenspiel der Tiefe, in den weißen Dünsten eine Sprache
redete, deren Sinn von jedem für Schönheit und wahre Größe empfäng-
lichem Gemüth verstanden wird.

Es war schon ziemlich dunkel, als wir bei dem „gubernadorcillon"
in Mahayhay ankamen, und kaum hatten wir seine ziemlich große, von
Stein aufgeführte „casa reale" betreten, als die Mauern wichen, die
Pfeiler barsten, und das Dach krachte. Es war ein starkes Erdbeben,
das beinahe eine Minute währte, und während dessen jeder Mensch im
Hause oder auf der Straße auf die Knie fiel, Gebete stammelte, und
die Perlen am Rosenkranze unter fortwährender Bekreuzung zählte. Wir
wurden mit der gewöhnlichen Gastlichkeit bewirthet und ritten am nächsten
Morgen nach der Stadt Lillo, wo wir bis Nachmittag blieben, da die
reiche Vegetation auf dem Berge Banajao, der eine Höhe von 6000 Fuß
hat, mich zu einer langen und beschwerlichen Wanderung verlockte. Die
Schlüpfrigkeit des Weges, die drückende Hitze ermattete mich dermaßen,
daß ich mich nur mit Mühe durch die ungeheuren Waldungen fortschleppte,

aber meinen Plan, den Gipfel zu besteigen, aufgeben mußte, wozu doppelt so viel Zeit erforderlich gewesen wäre, als ich aufzuopfern hatte.

Diese obgleich anstrengende Wanderung war doch reich an effectvollen Scenen. Zu diesen gehören nicht allein die schäumenden Bergströme, welche ihre Wellen tief in den Abgrund niederrollten, und nur durch ihre gigantische Kraft sich den Weg durch die unbeschreiblich reiche Vegetation, welche in undurchdringlichen Massen Ebenen und Höhen bedeckte, zu bahnen schienen, sondern vielleicht noch mehr die in Kokospalmenhainen einsam liegenden Hütten, deren Einwohner in ihren leichten Trachten bald Zucker in plumpen Maschinen preßten, bald künstliche Matten flochten, bald Reis in großen Holzmörsern mit gewaltigen Keulen stampften. Man mußte mit eigenen Augen eine solche gelbe an Pfählen hängende Bambushütte, umgeben von Bananen, winzigen Gemüsegärten, oder von Kokosbäumen und Palmen gesehen haben, um die Schönheit in dieser kleinen fruchtbaren Oase recht auffassen zu können.

Es geht die Sage, daß es auf dem Gipfel des hohen Berges reiche Goldadern giebt, aber daß, wenn Jemand sich den verborgenen Schätzen verwegen zu nähern wagt, der gewaltsamste Sturm mit Donner, Blitz und Erdbeben sich erhebt, der alle Entdeckung unmöglich macht. Verständige Leute versicherten mir, daß die Berge ringsum wirklich edle Metalle einschlössen, aber daß das Unvermögen der Spanier zur Arbeit und zu Allem, was Anstrengung heißt, die Bearbeitung vereitelt. „Gehörten sie den Engländern" sagten sie, „so würde hier ein anderes Leben entstehen!"

Nachdem wir müde und matt nach Lillo zurückgekommen waren, ritten wir durch eine herrliche Gegend nach der kleinen Stadt Nacarlan, von wo wir uns nach Santa Cruz zurückzubegeben, beschlossen hatten, denn dort erwartete uns unsere banca. In der Stadt angekommen erfuhren wir, daß zwar ein Weg von hier nach Santa Cruz gebe, daß er aber theils außerordentlich beschwerlich, theils wegen ruchloser Menschen nicht ganz sicher sei, weshalb man uns rieth nach Lillo umzukehren und von da einen Umweg über Santa Magdalena nach Santa Cruz zu nehmen. Da wir inzwischen keine Pferde auf mehrere Stunden

bekommen konnten und es spät am Abend ward, beschlossen wir hier zu über=
nachten, was uns das Vergnügen verschaffte, ein katholisches Begräbniß
mit Lichtern, Gesang, Kniefällen und Processionen durch die ganze Stadt
zu sehen.   Am nächsten Morgen machten wir den uns bezeichneten
Weg durch die Ebene über Magdalena und kamen zur Mittagszeit nach
Santa Cruz.

Auf dieser Tour über Hoch= und Flachland hatten wir freilich Ge=
legenheit, einen großen Theil des Landes zu sehen, und eine Menge Men=
schen und Verhältnisse zu beobachten: aber der botanischen Ausbeute wegen
hätte ich es lieber gesehen, daß man mir gerathen hätte, mich direct von
Santa Cruz nach Lillo zu begeben, um von da in den interessanten hö=
heren Regionen der bezaubernden Berge zu botanisiren.   Um indessen
meine Sammlungen soviel wie möglich zu bereichern, beschloß ich noch
einen Abstecher gen West, längs der südlichen Küste der Lagune und den
umherliegenden hohen Bergzügen zu unternehmen.   In meiner banca
segelten wir nach Bai ab, und nachdem wir uns in der kleinen Stadt
umgesehen hatten, welche von allen Herrlichkeiten eines tropischen Wal=
des umgeben war, machten wir einen Besuch bei dem Priester der
Stadt.

Derselbe war ein Franziskanermönch von mystischem Aeußern, mit
einem von jenen Gesichtern, welche man bei Männern findet, die sich der
ungeheuren Macht bewußt sind, welche die Religion in ihre Hände nieder=
gelegt hat, und welche nie eine Minute ihres Lebens aufhören, sie sowohl
im Bereich der Kirche wie in dem der bürgerlichen Gesellschaft auszu=
üben.   Im Uebrigen besaß er alle die Eigenschaften, die man nur von
einem guten Wirth verlangen kann.   Er arrangirte Musik für Flöte und
Harfe, lud zwei junge einnehmende Mädchen ein, die uns mit Tanz und
Gesang und fröhlichem, unschuldigem Gespräch vergnügten, wie er denn
selbst am Vortrage mehrerer Gesänge theilnahm.   Da er den Tag da=
mit schloß, uns eine wohlschmeckende Abendmahlzeit und ein gutes Bett
anzubieten, ist es natürlich, daß wir uns unter seinem Dache wohl fühlen
und hohe Gedanken von dem savoir vivre der Klosterbrüder bekommen
mußten.   Er erzeigte mir auch die Artigkeit, mit mir Lateinisch zu rade=
brechen, wiewohl er gestand, daß er die classischen Väter längst bei Seite
gelegt habe, und daß es ihm jetzt Anstrengung koste, sich in ihrer Sprache

22*

zu unterhalten. Seine Fertigkeit war auch eben nicht groß; doch schloß
ich aus diesen Resten von Gelehrsamkeit, daß er ein mehr als gewöhnlich
gebildeter Priester sein mußte, was mir auch später bestätigt wurde, als
ich in Manila von ihm sprach.

Man kann sich kaum vorstellen, welchen Einfluß die Priesterschaft
hier ausübt. Alle weltlichen Autoritäten bedeuten Nichts im Vergleich
mit der geistlichen. Das Beste nimmt der Priester, und Nichts wird
dem allmächtigen Patriarchen versagt. Um so trauriger ist es deshalb,
daß dieser Stand im Allgemeinen sich durch Rohheit, Unwissenheit und
Habsucht auszeichnet, und daß die Priester für die geistige und zeitliche
Wohlfahrt ihrer Heerde Nichts thun. In ihren Händen hat das Schicksal der Philippinen seit Jahrhunderten gelegen, und sie tragen die Schuld,
daß der Zustand heutzutage nicht besser ist, als er ist.

Am folgenden Morgen bei Sonnenaufgang setzten wir unsern Ritt
durch die lieblichsten Haine bis Los Banjos fort, das seinen Namen
von den heißen Quellen hat, welche ihr 144 Grade warmes Wasser her-
vorsprudeln, das ehemals mehr als jetzt zum Baden benutzt wurde. Ich
machte einige Wanderungen in der blumenreichen Gegend und einen kleinen Ausflug zu einem höchst merkwürdigen kleinen Landsee Socal.
Sein stillstehendes Wasser war von zahllosen Wasserpflanzen grün gefärbt, und in demselben spiegelten sich die vom Strand über ihn hin hängenden riesenmäßigen Bäume, während zahlreiche große raubgierige
Krokodille sich auf dem Grunde tummelten, und die Luft beinahe
von den Schaaren großer Vögel und ungeheuerlicher Vampyre, welche
flatternd und schreiend ihre hungrigen Feinde unten in der Tiefe anzulocken und zu reizen schienen, verdunkelt wurde. Das Ganze hatte einen
so drohenden und unheimlichen Charakter, daß es mir vorkam, als stehe
ich auf einer Stätte, welche die Alten, wenn sie sie gekannt hätten, sicher
für einen neuen Eingang zum Hades ausgegeben haben würden,
und mit erleichtertem Sinn betrat ich den Heimweg zu den Wohnungen
der Menschen.

Hier kehrten wir wieder bei dem Prediger des Ortes ein, schlugen
aber seine Einladung, den Abend und die Nacht bei ihm zuzubringen, aus,
da mein Ausflug schon acht Tage gedauert hatte, und ich fürchten mußte,

daß man im Manilla auf mich wartete. Wir brachen also auf, erreichten spät Abends eine Insel in der Lagune, brachten die Nacht in elenden
Fischerhütten zu, und kamen Mittags nach Manilla. Hier erfuhr ich,
daß die Fregatte erst in anderthalb Tagen absegeln solle, und so war
noch einige Zeit übrig, um die Freuden der großen Stadt zu genießen.
Bald nachdem ich ein treffliches Mittagsessen eingenommen hatte, befand ich mich in einem Wagen inmitten eines wogenden Menschenmeeres,
und fuhr zwischen Gärten und Plantagen hin, wo die Blumen in aller
ihrer Pracht und die Früchte in aller ihrer schwellenden Ueppigkeit von
der Herrlichkeit des Klima's sprachen, oder zwischen Reihen von Häusern,
an deren offenen Fenstern die Bewohner nach der Hitze des Tages die
frische Abendkühle genossen, und sandte, in allen diesen Genüssen schwel-
gend, einen mitleidigen Gedanken an meine Landsleute daheim, und an
den Schnee, die Schloßen, das Eis, die düsteren kalten Tage der Heimat, während ich hier von einer brennenden Sonne beleuchtet, von milden Winden umfächelt, mitten in der sommerfrohesten, schmuckreichsten
Natur stand.

Am 14. Januar wurden endlich die Anker gelichtet, und nach
einer sechstägigen angenehmen Fahrt über das jetzt ruhige chinesische
Meer, gelangten wir nach Singapore.

Zwölftes Kapitel.

Singapore. Anlage und Entstehung. — Die Eingebornen. — Klima. — Die Banca=Insel. — Zinngruben. — Batavia. — Java. Chinesisch=Batavia; Neu=Batavia. — Die Malayen. — Natur und Sitten; Sprache. — Die Keeling= oder Kokosinseln. — Koralenformation des Süd= meers. Ein Blick auf die Bewohner der Inseln des Oceans überhaupt, ihre Stämme und Verzweigungen. — Mauritius oder Isle de France. Port Louis. — Ausflüge in die Berge. — La Pouce. Pampelmous. Geschichte, Klima. — Bourbon. Ankunft auf dem Cap der guten Hoffnung.

Kapstadt, den 9. April 1853.

Schon den Tag vor der Ankunft in Singapore hatte ich ein heftiges Uebelbefinden empfunden, und jetzt lag ich im Bette, von einem heftigen Fieber ergriffen und mit der unangenehmen Aussicht, von der großen Stadt vielleicht nicht das Mindeste in Augenschein nehmen zu können. Eine Krankheit ist immer, wo es auch ist, peinlich, aber wenn sie an Bord eines Schiffes in schrecklicher Hitze und dicht bei dem Sammelplatze Tausender von Menschen, und in der Nähe einer großen und reichen Natur über= standen werden soll, wird sie unbeschreiblich drückend. So lag ich da wäh= rend des Aufenthalts der Flotte in Singapore. Von der Stadt sah ich Nichts; von dem Pflanzenreichthum in den Umgebungen lernte ich Nichts kennen.

Was soll ich nun von Singapore berichten? Durch die Stückpforten konnte ich von der Hängematte, worin ich mich auf der Batterie wiegte, die grüne, niedrige Insel, auf welcher die Stadt angelegt ist, die andern Inseln, welche den Singaporesund bilden, den Hafen mit seinen Schiffen, die langgestreckte Stadt mit ihren weißen stattlichen Häu= sern längs dem Strand und den minaretförmigen Kirchthurm sehen. Es war ein in Wahrheit bezauberndes Bild, das ich somit nur aus der Ferne durch ein kleines Guckloch zu betrachten genöthigt war. Die Reisegefährten erzählten mir eine Menge Dinge von der Stadt und ihren Freuden; aber Alles, wovon ich selbst Zeuge ward, beschränkte sich auf lauter Besuche von handelnden Arabern, Malayen, Hindus und anderen Stämmen. Um die Fregatte bildeten sie mit ihren netten, schlanken Booten große Brücken, wo Früchte jeder Art, Matten, Gefäße, Halstücher, Papageien aller Farben, Affen, Muscheln und Korallen, Brot, Milch und Eier, mit Einem Worte Alles, was Auge und Gaumen erfrischen konnte, ausgebreitet und auf die einschmeichelndste Weise feilgeboten wurde. Trotz meiner Schmerzen konnte ich oft nicht anders als lachen über die lustigen Verhandlungen zwischen den Muselmännern und unsern bescheidenen, obgleich mit der Silbermünze in der Hand gewissermaßen stolzen Bootsleuten, und mich über die herrlichen Gestalten, die edlen Gesichtszüge und treffliche Haltung dieser Kaufleute freuen, wenn sie sich mir leicht mit einem weißen Stück Zeug über den Schultern und um die Hüften drapirt, und mit einem weißen Turban zeigten. Eine noch größere Augenweide ward mir zu Theil, als einer von jenen Sultanen, die in einer Art anständiger Gefangenschaft leben und ein üppiges Leben führen, etwa wie Papageien in einem Vogelbauer, einen Besuch auf der Fregatte abstattete. Er war in seiner Staatstracht, und von seinen Hofcavalieren begleitet und außerdem von einem Engländer, der als Gefangenwärter fungirte. Er ward in der Cajüte des Chefs empfangen, besah die Kanonen und Anderes mehr, und ward bei dem Abschied gebührend salutirt.

Alles, was ich übrigens von Singapore sagen könnte, müßte ich den Berichten Anderer entlehnen, weshalb ich lieber auf Steen Bille's Beschreibung der Weltumseglung der Corvette Galathea verweise.

Die Fahrt ging durch den Rhi= und Bankasund, begünstigt von einem guten Wind; und da das Fieber mich nun verlassen hatte, konnte ich ab und zu aus meiner Koje hervorkriechen, um die hochbergige Banca=Insel zu betrachten, welche zur Linken, und das flache Sumatra, das zur Rechten seine reichbelaubten Ufer ausbreitete. Es war, obgleich aus der Ferne gesehen, ein belebender Anblick, der das matte Auge erfrischte.

Banca ist eine der wichtigsten Besitzungen der Holländer, da auf dem südlichen Theil der Insel das Metall aus der Erde ausgegraben wird, von welchem das so stark gesuchte Bancazinn kommt. Das Verfahren, wodurch das reichhaltige Erz gewonnen wird, soll höchst unvollkommen sein, und bekundet, wie so vieles Andere, das Phlegma, welches den Holländer wenigstens in diesen Himmelsstrichen auszeichnet, und welches ihn mit Dem, was er bereits verdient, zufrieden sein läßt, ohne daß die Frage bei ihm entsteht, ob er nicht durch Erleichterung seiner Arbeit sich einen noch größeren Gewinn sichern könne. Zu den Arbeiten werden fast ausschließend die genügsamen, abgehärteten Chinesen verwendet.

Abends den 4. Februar fiel der Anker auf Batavia's Rhede. Die ersten zwei Tage mußte ich in der Cajüte bleiben und noch immer Arznei einnehmen, aber sobald ich mich bei Kräften fühlte, begab ich mich ans Land, um einen Empfehlungsbrief an einen dortigen Kaufmann abzugeben, der die Güte hatte, mich beinahe zwangsweise zu seinem Landhause mit hinauszunehmen, um dort in der freien Natur und unter dem Einfluß der milden und reinen Landluft wieder Kräfte zu gewinnen; und so brachte ich hier einige Tage zu, an welchen ich, soweit es meine Mattigkeit erlaubte, Ausflüge nach der Stadt und deren Umgegend machte, wo die Ausbeute in botanischer Hinsicht jedoch geringe war.

Wiewohl ich so nicht viel von Java sah, kann ich doch einige Nachrichten von Batavia und dem Lande im Allgemeinen geben, da ich durch Gespräche mit Personen in dem Hause, wo ich mich aufhielt, Gelegenheit hatte, Verschiedenes von dieser holländischen Colonie zu erfahren. Erst will ich jedoch Das berichten, was ich selbst sah und erlebte. Große Brücken vermitteln das Landen; man eilt nach einem Hotel, das einladender aussieht, als es bei näherer Bekanntschaft sich bewährt. Vor demselben halten Lohnkutscher mit ihren leichten offenen Kaleschen, es sind Malayen, welche diese Wagen lenken, und immer auf dem Kopfe einen mehr oder minder vergoldeten Hut in Form einer starkgewölbten Stürze tragen, wodurch sie ein ganz eigenthümliches Ansehen bekommen. Man miethet einen Wagen, denn noch befindet man sich außerhalb der Stadt, wo nichts Anderes zu sehen ist, als ein dem Landungsplatz gegenüberliegendes Observatorium sammt einem Marktplatz, der durch seine Mannigfaltigkeit an Früchten anlockt, unter welchen man hundert Ananas für einen Piaster, und manche andere Seltenheiten kaufen konnte.

Die ganze Küste, die man bis hierher passirt hat, besteht aus einem einzigen niedrigen Sumpf, dessen Ausdünstungen bei brennender Sonnenhitze sehr ungesund sind und so viele Krankheiten verursachen, daß Batavia den Namen des „großen Grabes der Europäer" bekommen hat. Man hat freilich höher hinauf das Land durch eine Menge Querkanäle vom Flusse her durchschnitten und die Zwischenräume mit großen Bäumen

zu bepflanzen gesucht, aber die ungesunde Küste bleibt fortwährend nahe
genug, um ihre unheilschwangere Wirkung hervorbringen zu können.

Nachdem man über eine große, mit einer langen Allee von Tama=
rinden bepflanzte Ebene gefahren ist, rollt man durch ein mit grotesken
Bildern verziertes Stadtthor in das weltberühmte Batavia hinein, und
hat gleich das Stadtrathhaus vor sich, ein großes altväterisch hollän=
disches Gebäude, das sich durch nichts Anderes auszeichnet als daß es
sehr wohl geweißt und gekalkt, schwer und regelmäßig ist. Man
passirt den Fluß über einer massiven Brücke und kommt in eine von
Akazien und Tamarinden beschattete Straße, welche die Hauptstraße
zu sein schien. Am Flußufer sind eine Menge Steinbaracken aufgeführt,
worin verschiedene Handwerker, arme Kutscher und Andere ein gar zwang=
loses Leben führen. Auf dem entgegengesetzten Ufer haben die europäischen
Kaufleute ihre Comtoire und Magazine, die Schiffshändler ihre Vorräthe.
Wohnungen hat hier Niemand. Der Europäer wohnt nämlich nicht in
diesem, sondern in dem neuen weiter im Lande gelegenen Theile der Stadt.
Er kommt um neun Uhr Morgens herab, hält sich bis fünf Uhr Nach=
mittags hier auf, läßt dann einen Malayen oder einen anderen Aufseher
zurück und begiebt sich selbst nach seinem Landsitz zum Mittagessen, um in
Gesellschaft seiner Familie die übrige Zeit des Tages und namentlich
einen Abend zu genießen, der überaus angenehm ist, die milde Abend=
kühle macht es nämlich möglich, ihn unter freiem Himmel zuzubringen
und seine Frische und seinen Blumenduft einzuathmen.

Wo eigentlich Batavia liegt, oder richtiger, wo es seine Grenzen
hat, ist in Wahrheit nicht leicht zu bestimmen. Es giebt allerdings hin=
ter dem erwähnten Rathhaus und zwischen den Kanälen, die in einem
verzweigten Netz gegen Ost und West hinlaufen, einige regelmäßige
Straßen mit Häusern, die ganz und gar an Das erinnern, was man den
niederländischen Styl zu nennen pflegt, das heißt schmale Häuser von
zwei Etagen, mit unregelmäßig angebrachten Fenstern, Wänden von roth=
farbigen Ziegelsteinen, Balkonen über den Thüren, und einer großen über
das Ganze verbreiteten Zierlichkeit. An mehreren Stellen stehen die
Häusermassen zusammengedrängter und bilden ordentliche Quartiere,
aber im Allgemeinen liegen sie dermaßen in Kokospalmenhainen versteckt,
sind die Straßen so oft bald von Kanälen, bald von Gärten unterbrochen,

daß man oft verſucht iſt zu fragen, wo doch die eigentliche Stadt liege.
Der Theil, welcher mit einigem Schein von Billigkeit auf dieſen Namen
Anſpruch machen kann, hat einige öffentliche Gebäude, und, was ihn vor=
züglich auszeichnet, prächtige Läden, von denen ich einige hervorheben will,
voll von japaneſiſchen Waaren, wo man erſtaunt über die höchſt elegan=
ten, geſchmackvollen und künſtlichen Arbeiten. Mann kann dieſe Samm=
lung Curioſa von Tiſchen, Schränken, Nähkäſtchen u. ſ. w. mit einge=
legter Arbeit in den ſchimmerndſten Farben nicht ſehen, ohne Achtung vor
einer Nation zu bekommen, welche dergleichen Sachen hervorbringen kann,
die ohne Zweifel keine Seitenſtücke in der europäiſchen Induſtrie haben.
Nur Schade, daß ich meiner beſchränkten Kaſſe wegen blos paſſiver Be=
ſchauer dieſer koſtbaren Herrlichkeiten bleiben mußte.

Aber wenn das eigentliche Batavia nur Bruchſtücke einer Stadt
genannt werden kann, ſo verdient der chineſiſche Theil dagegen dieſen
wenig beneidenswerthen Namen. Er beſteht nämlich aus einer ſo zuſam=
mengedrängten Maſſe von Barakken, daß man ihr Muſterbild und Sei=
tenſtück nur in dem himmliſchen Reich finden kann. Der Chineſe iſt
überall, wohin er geht, ewig derſelbe Chineſe, des Conſervatismus ein=
gefleiſchter Repräſentant, des Vererbten treueſter Anhänger, der Gewohn=
heit geſchworner Sclave. In Sitten, Kleidertracht, Wohnung und Cha=
rakter nicht ein Haar breit von ſeinen Stammvätern und Verwandten ab=
weichend, entwickelt er in der Fremde dieſelben Eigenſchaften wie in der
Heimat. Geld und Sinnengenuß iſt ſein Ziel, und, um die zu erlangen,
duldet er Alles, erträgt er Alles, bleibt er unermüdlich in ſeinem Beſtreben.

Ich erwähnte früher, wie man in Californien ſich genöthigt geſehen
hat, Maßregeln zu ergreifen, um nicht von dieſen emſigen, wie Sand am
Meere zahlreichen Söhnen des oſtaſiatiſchen Kaiſerreiches überſchwemmt
zu werden. Das Verhältniß iſt nicht eben günſtiger für ſie in Java.
Sie haben nur jedes dritte Jahr Erlaubniß, das Reich zu betreten, und
ſelbſt da blos in einer gewiſſen Anzahl. Jeder, welcher ſich hier nieder=
laſſen will, muß einen zuverläſſigen Cautioniſten ſtellen, welcher dafür
einſteht, daß er ſeine Abgaben an die Krone ordentlich bezahle, welche ſich
verpflichtet, ihn zu unterhalten und bei Verarmung oder Krankheit zu
pflegen, auch für ſeine Heimreiſe zu ſorgen, im Fall er das Land ver=
laſſen will. Trotz dieſer Beſchränkungen zählt Batavia allein unter

seinen sechsundsechzigtausend Seelen nicht weniger als zwanzigtausend
Chinesen.

Nachdem man den chinesischen Theil der Stadt und die Häuser,
welche Batavia vorstellen sollen, verlassen hat, ist man abermals in Verlegenheit zu sagen, ob man nun auf dem Lande sei, oder sich noch auf einem
Stadtterritorium befinde. So dicht bei einander wie Bequemlichkeit und
ländlicher Friede es zulassen kann, liegt eine Anzahl Villen von den
schönsten Formen, welche ein Mittelding zwischen luftigen Landhäusern
und massiven architektonisch prächtigen Palästen bilden. Alles, was Flora
in diesen herrlichen Gegenden von Duft und Farbenpracht hervorbringen
kann, findet man in den Gärten, welche diese Villen umringen, wo die
Farbennüancen der Blätter und Blumen nicht ein Werk des Zufalles sind,
sondern die Frucht der höchsten Kunst, und wo das Auge von Repräsentanten aus allen wärmeren Ländern der Erde bezaubert wird. Dieser
Geschmack an Gartenbau ist unleugbar ein Erbe aus dem alten Mutterlande; doch könnte er sich dessenungeachtet nicht in einer so wunderbaren
Gestalt offenbaren, wenn er nicht von der Vortrefflichkeit des Bodens und
des Klima's begünstigt würde.

In den offenen Säulengängen, unter den schattigen, schützend über-
hängenden Dächern sieht man leichte Stühle, bequeme Sophas und allerlei
anderen Ruhestätten, einladend zur Rast und zu jenem far niente, das
man hier mit Recht dolce nennen kann. Die Räume dieser Prachtge-
bäude bestehen, außer einer rings um das Haus befindlichen Veranda, wo
man sich am liebsten aufhält, aus einem größeren mit europäischer Pracht
möblirten Salon, einem Speisesaal, dessen Wände oft blos aus Vorhängen bestehen, die aufgerollt werden können, und wohindurch die milden
Lüfte von zwei Seiten freien Spielraum haben, nebst einigen kleineren
Gemächern.

Dieser Theil, den man wegen der großen prachtvollen Gärten und
Parkanlagen weder Stadt, noch, da der eine Palast dicht neben dem anderen liegt, Land nennen kann, führt den gemeinschaftlichen Namen Neu =
Batavia. Hier wohnen die Reichen und die Europäer, hier haben auch
die feineren Handwerker, wie die Pariser Schneider und andere ihre prächtigen Verkaufsstätten, und hier befinden sich endlich auch die wichtigsten
öffentlichen Gebäude und Plätze.

Unter diesen muß ich den Waterlooplatz mit seinen Gebäuden her=
vorheben. In der Mitte dieses großen offenen grünen Platzes befindet
sich eine gigantische Säule, auf deren Spitze ein kolossaler springender
Löwe thront, und auf deſſen Seiten eine prunkende Inschrift verkündet,
daß die Holländer auf Waterloo's Wahlplatz des schrecklichen Tyrannen
Napoleon Streitmacht niederfäbelten; die Engländer und Preußen wer=
den mit keinem Wort erwähnt. Was mich hier befremdete, war der
Mangel an Kirchen. Ich sah nur eine einzige, doch soll es mehrere geben,
aber sie sind wie die Religion der Bevölkerung mehr muhamedanisch als
christlich; Missionäre werden nicht geduldet, und die Regierung
scheint sich um den religiösen Zustand der Unterthanen eben nicht zu be=
kümmern. Man hat vielleicht einsehen gelernt, daß überall, wo das
Christenthum eingeführt wird, die Naturmenschen nicht mehr so willige
und kräftige Werkzeuge der Pläne ihrer Herren bleiben.

In diesem Theil der Stadt haben auch die Malayen ihr Haupt=
quartier. Ihre Hütten liegen am Flußufer, oder längs den Kanälen
oder im Schatten der Kokospalmenhaine, oder auch zu Seiten der Land=
straßen. Sie sind eine uninteressante, schmutzige und häßliche Race.
Zwei Eigenschaften bewunderte ich jedoch an ihnen: ihre Fähigkeit Lasten
zu tragen und ihre Höflichkeit; wenn man ihnen begegnet, grüßen sie
nicht allein, sondern kehren dem Gegenstande ihrer Artigkeit den Rücken
zu, wodurch sie ihre Unwürdigkeit bezeichnen, den Weißen ins Gesicht
zu sehen. Die Frauen sind noch häßlicher als die Männer. Sie klei=
den sich fast ebenso wie die, welche ich von Luzon her kannte, aber weni=
ger nett und malerisch. Sie scheinen Blumen in den Haaren sehr
zu lieben.

In intellectueller Hinsicht steht der Malaye äußerst tief, da Nichts
für ihn in dieser Richtung gethan wird. Dagegen hält man diese Race
für treue Diener, nur scheint es viel Mühe zu kosten, sie an Reinlichkeit
und an Aufmerksamkeit zu gewöhnen.

Von Java's Natur sah ich nur wenig, da ich bei meinem leidenden
Zustande an keine Anstrengung denken durfte. Bei meinem gastfreien
Wirth, der mit einer Freundlichkeit, welcher man in einem Zustand gleich
dem meinigen weder widerstehen kann noch will, mich gezwungen hatte,
seine köstliche Villa wie die meinige zu betrachten, lebte ich ein echtes Ja=

valeben, das auf eine kurze Zeit höchst behaglich sein kann. Das Haus
wimmelt von Dienern, die jeden kaum ausgesprochenen Wunsch, faft
ohne daß man die diensthuenden Geister sieht, erfüllen. Nach einem leich=
ten Frühstück fährt der Herr nach seinem Comtoir, man spazirt dann
mit der Hausfrau und den Kindern in Garten und Park, nimmt um
elf Uhr ein solideres Frühstück zu sich, und während der heißesten Tages=
zeit zieht man sich zwischen zwölf und vier Uhr zurück, um der Ruhe zu
pflegen. Der Hausherr trifft um fünf Uhr wieder ein, worauf eine Pro=
menade zu Wagen unternommen wird, Bekannte treffen einander in den
herrlichsten Equipagen, man plaudert ein wenig, macht und empfängt
Einladungen für den Abend, und fährt nach Hause, um Mittag zu essen.
Der Abend naht bald, die frischeste von Blumenduft erfüllte Luft lockt
ins Freie, die Pracht des Sternenhimmels zu genießen. Der Theetisch
wird in der Veranda gedeckt, die Gesellschaft wiegt sich in den bequemen
Stühlen, oder ruht halb liegend auf den Sophas, man unterhält sich oder
überläßt sich den eigenen Betrachtungen nach Belieben. Man trennt
sich spät und sucht die Ruhe nach des Tages Anstrengungen, denn dieses
Leben ist mehr ermüdend und erschlaffend als man glaubt.

Wenige Gegenden der Erde haben eine so reiche und üppige Flora
wie Java, und mehrere von des Pflanzenreiches größten Merkwürdigkeiten
haben hier ihren Ursprung. Um Batavia ist indeß jeder Fleck so ange=
baut, daß keine Spur der ursprünglichen wilden Natur zurückgeblieben ist.
Ich reiste sechzehn Meilen im Umkreise der Stadt umher, ehe ich
einen Urwald traf; aber die Berge, die man von der Rhede aussieht,
haben die ursprüngliche Natur behalten.

Die Javaner waren noch vor einigen Jahrzehnten ein unruhiges
Volk; jetzt sind sie sehr sanftmüthig und lassen sich mit Leichtigkeit von
ihren Herren gängeln. Man braucht sie vornehmlich, um Wege anzulegen.
Von dem einen Ende der Insel bis zum andern über Bergrücken und Ab=
gründe führt eine vortreffliche Landstraße, deren Anlage Millionen
Gulden und Tausende von Menschenleben gekostet hat, aber ungeachtet
die Javaner mit ihrem Schweiß und Blut diese Bahnen geebnet haben,
erlaubt man ihnen doch nicht, sie zu benutzen, sondern sie müssen mit ihren
schweren Karren, welche kleinen Häusern gleichen mit einem wirklichen
Dach darüber, und dessen Räder oft aus einem einzigen rundgehauenen

Holzscheibe bestehen, nebst ihren häßlichen Büffeln, die den chinesischen ganz ähnlich sind, einen neben der Chaussee hinlaufenden elenden und für andere Menschen kaum fahrbaren Weg nehmen. Die Mannschaft der ganzen Insel vom sechzehnten bis funfzigsten Jahre verrichtet Kriegsdienste, und dieser Zwang trägt das Seinige bei, jede Möglichkeit aufrührerischer Bewegungen zu unterdrücken.

Bei dem Mangel an eigenen Beobachtungen muß ich in allem Uebrigen hinsichtlich dieses interessanten Landes auf die Berichte anderer Reisende über diese Insel verweisen, an welche Hollands Bestehen in so vielen Punkten für jetzt und für künftig geknüpft ist.

Sonntag den 13. Februar verließen wir Batavia. Strömungen und ungünstige Winde machten, daß die Fahrt durch den engen Sund etwas langsam ging, aber bald wogten wir frei und froh auf den Wellen des indischen Meeres; und am 23. Februar ankerten wir bei den Keeling= oder Kokos=Inseln, woselbst wir bis zum 26. verblieben.

Die Keeling=Inseln bilden nach allen Seiten hin einen Kreis von Korallenholmen, welcher gleichsam einen Landsee mit klaren blauen Waſſer einschließt, aus deſſen Grunde hier und da Korallenmaſſen aufschießen, welche Büschen und Bäumen gleichen, von welchen die Meisten sich kaum bis zur Waſſerfläche erheben, und zwischen deren Wurzeln schimmernde Fische und Seethiere sich bewegen. Den Tag nach unserer Ankunft landete ich auf der entferntesten Insel, wo die Natur ganz der auf der Düperrey=Insel glich, das Ganze ein von selbst entstandener Hain von Kokospalmen, theils alten und riesenmäßigen, theils jungen und zwischen den leeren Räumen der ersteren ihre großen Blätter üppig ausbreitenden, aber das Ganze so dicht, daß man nur mit Mühe sich einen Weg hindurch bahnen konnte. Die Flora beschränkt sich nach Darwin auf zweiundzwanzig Arten, zu welchen ich vier neue hinzufügen kann, und in diesem Verhältniß hat man eine bezeichnende Charakteristik der Einförmigkeit dieser Koralleninseln in botanischer Hinsicht, trotz der Pracht und Schönheit, welche die Kokospalmen über sie verbreiten.

Es ist in der That höchst eigenthümlich auf eine Strecke von mehr als zwei Meilen einen kleinen schmalen Landstrich zu sehen, denn die Breite aller dieser Inseln überschreitet selten eine halbe Meile — bewachsen von dem dichtesten Palmenwald, in welchen sich dann und wann ein fremder Baum mischt, ohne daß der Boden mit Gras oder Blumen, sondern nur mit größeren oder kleineren Korallenfragmenten bedeckt ist. Man denkt unwillkürlich an eine geschminkte Schönheit, die in der Entfernung sehr strahlend ist, aber in der Nähe betrachtet, wenig anzieht. Dies dem Naturhistoriker interessante Factum — denn unter gewissen Verhältnissen kann selbst die Armuth interessant werden — wird es noch mehr, wenn er dem Ursprung alles Lebenden nachforscht, das hier festen Fuß gefaßt hat, und auf einer, offenbar fremden Küste blüht, und wenn er alsdann sieht, daß Alles, was sich hier findet, von fernen Inseln, von Sumatra und Java, aber nicht direct, wie Darwin sinnreich beweist, sondern auf dem weiten Umweg von Neu=Holland herkommt. Es ist hier nicht der Ort, dies weiter auszuführen, es genügt mir angedeutet zu haben, wie das Pflanzenleben sich ausbreiten kann, und welche Mittel es anwendet sich fortzupflanzen, da der Same offenbar mehrere tausend Meilen über die Wogen des Oceans hierher getragen ist, worin er vielleicht Jahre lang schlummerte, ohne seine Lebenskraft zu verlieren.

Waren die vegetabilischen Producte nicht reich mit Hinsicht auf die Zahl von Arten, so waren es die Seethiere desto mehr, namentlich Muscheln, Korallen und Weichthiere. Da ich das Korallenriff passiren mußte, um von der einen Insel zur andern zu kommen, hatte ich Veranlassung, die Wunder, welche das Meer in sich schloß, zu studiren und anzustaunen. Ich finde es in der Ordnung, daß Leute, mit poetischer Einbildungskraft begabt, beim Anblick aller dieser Herrlichkeiten in glühenden Ergüssen von Feenschlössern in der Tiefe, von leuchtenden Blumen und funkelnden Sternen gesprochen und gedichtet haben. Die Wahrheit heischt jedoch das Geständniß, daß, wie prachtvoll und wunderbar alles Dieses auch sei, die nüchterne Betrachtung doch nicht ganz das Original zu den verherrlichenden Bildern der Poesie wiederfindet.

Von den Keeling=Inseln richteten wir den Lauf nach Mauritius, nach einer angenehmen Fahrt bekamen wir den 12. März die hohe bergige Insel zu Gesicht, aber Gegenstrom und Windstille erlaubten uns nicht vor dem 14. in der Frühe in den Hafen der Hauptstadt Fort Louis einzulaufen. Nur sehr wenige von den Gegenden, welche wir auf dieser an Abwechselung so reichen Reise besuchten, haben einen angenehmeren Eindruck auf mich gemacht als diese Insel. In der Ferne sah man die

hohen Berggipfel trotzig in die weißen Wolken hinaufragen, die ihren
hellen Schleier über die Insel verbreiteten; sowie wir uns näherten, trat
das Flachland deutlicher hervor, und zuletzt konnten wir die bebauten
Felder, die von dem Bergrücken sich sanft nach dem Meeresstrande abdachten,
fruchtbare Plantagen, Kirchen und Dörfer sehen. Aber erst als wir die
von dem nördlichen Flachlande weit hervorspringende Landzunge umsegelt
hatten, zeigte sich die kleine Insel vor uns in allem ihrem Reiz, und ich
mußte gestehen, daß alle Lobpreisungen, die ich von Isle de France
gelesen hatte, keinesweges übertrieben schienen.

Dicht vor uns lag die freundliche Stadt mit ihren Häusern und
Gärten in der Oeffnung eines Thales, das durch den unmittelbar über
der Stadt aufsteigenden Bergrücken gebildet wurde, der hier zwei Arme
aussendet, mit welchen er Port Louis umfaßt. Hoch oben auf diesem
Bergrücken erheben sich viele Koppen; am höchsten und dreistesten aber
La Pouce nebst dem durch so viele Schilderungen bekannten Peter
Botte, auf dessen kegelförmiger Spitze ein einziger enormer Felsblock
wie eine Krone ruht. Im Norden breitet sich der fruchtbare und stark-
bevölkerte Pampelmous-District aus, im Süden endet die Insel mit
einigen steilen, nackten Bergmassen; aber zwischen diesen und den Bergen
über Port Louis ist ein Flachland, das vom Strande gegen die Mitte
der Insel sich bedeutend erhebt und dasselbe fruchtbare lächelnde Bild darstellt wie das Bild gen Norden. So ist die ganze Landschaft eine einzige
abwechselnde aber harmonische Zusammensetzung von himmelhohen Bergen
mit dreistgeformten Kegeln, tiefen, grünen Thälern und fruchtbaren von
Reichthum, Frieden und Segen sprechenden Feldern, wo die Menschen
ihre Wohnungen aufgeschlagen haben und die Frucht ihrer Arbeiten
genießen.

Port Louis' Hafen ist zwar nicht gerade groß, aber von der Natur
gut gegen die meisten Windstöße von der Seeseite und gegen die ver-
wüsteten Orkane geschützt, die in bestimmten Monaten hier herrschen.
Zwei Bänke außerhalb der Mündung bilden eine schmale Rinne, durch
welche man in den beinahe kreisförmigen Hafen einläuft, wo die Fahrzeuge nahe bei der Stadt in Sicherheit liegen.

Ich will hier nicht mit einer Detailbeschreibung der Häuser,
Straßen, Märkte und öffentlichen Gebäude ermüden. Die Stadt ist

regelmäßig, mit schmucken, von Gärten umgebenen Häusern; mit Ausnahme von Batavia habe ich keine Stadt gesehen, wo der Geschmack am
Gartenbau so entwickelt ist wie hier.   Port Louis ist in Wahrheit eine
„blühende Stadt." Viele der größten Häuser haben ein eigenthümliches
holländisches Gepräge mit hohen schwarzangestrichenen Dächern, worauf
eine Menge Ausbaue und Zierrathen angebracht sind.   Offene Plätze mit
Wasserleitungen und Brunnen finden sich in großer Anzahl, und da sie
alle von üppigen Baumpflanzungen beschattet sind, geben sie der Stadt
ein frisches und schönes Aussehen.   An Läden aller Art ist kein Mangel,
und wenn man die Verkaufbuden von Galanteriewaaren und feinen Mode-
sachen, die Buchläden mit Kunstgegenständen, diese von allen Industrie-
produkten Europa's strotzenden Magazine sieht, wo die Damen in eleganten Trachten ihre Einkäufe machen, so glaubt man sich in eine der schönsten
Städte unsers Welttheils versetzt, ein Eindruck, welcher noch stärker wird,
wenn man die französische Sprache von allen Lippen hört.   Von öffentlichen Gebäuden will ich das Museum nennen, das freilich noch nicht
groß ist, wo der Fremde jedoch die Naturprodukte von Mauritius und
zum Theil von Madagascar, vornehmlich die in botanischer Hinsicht merkwürdigen, an Einer Stelle vereinigt findet.   Der Vorsteher, Herr Bejer,
ist ein Wissenschafter von erstem Range, der sich unsterbliche Verdienste
um die Kenntniß der Flora und Fauna dieser Insel erworben hat und in
dessen lehrreicher Gesellschaft ich die wenigen Stunden zubrachte, die mir
meine Excursionen übrig ließen.

Zwei merkwürdige öffentliche Oertlichkeiten darf ich nicht unerwähnt
lassen, die eine der Freude gewidmet, das Theater, die andere dem Nutzen,
der Victualienmarkt.   Das erste ist ein ziemlich unansehnliches Steingebäude, worin eine französische Schauspielertruppe regelmäßig Opern
und Dramen aufführt; der andere eine Einrichtung, wozu ich nirgends
ein Seitenstück gesehen habe, ausgenommen vielleicht in Sidney.   In
großen reinlichen Baracken, bedeckt von leichten säulengetragenen Dächern, fand der Verkauf von Fleisch, von gekochtem Kaffee und von andern zubereiteten Eßwaaren statt, weiterhin lag eine Menge feiner Früchte
aufgehäuft.   Aber es waren nicht die Verkaufsgegenstände allein, welche
einen merkwürdigen Anblick darboten, die schwarzen Verkäuferinnen zogen vielleicht die meiste Aufmerksamkeit auf sich, doch gewiß nicht wegen

ihrer Schönheit, denn widerlichere Frauenzimmer laffen fich fchwerlich
finden, aber wegen des Putzes, worin fie auftraten. Der Mittelftreif
des Haars vom Scheitel war rothgefärbt, in dem einen Nafenloch befan=
den fich Ringe mit allerlei Bommelwerk befeftigt, und in den Ohren
fteckten Gefchmeide oben und unten mit Ketten und Ringen vereinigt,
welche bei der geringften Bewegung luftig klapperten. Die Arme waren
mit dicken Silberringen verziert, die auch alle Finger mit Ausnahme des
Daumen befchwerten. Die Zehe, welche der großen am nächften ift, hatte
auch ihren Ring. Fügt man nun die in den wunderlichften Schnörkeln
auf Armen, Bruft und Beinen angebrachte Tättowirung hinzu, die Ver=
hüllung eines Theils des Körpers in Stücke Zeugs von fchreienden rothen
oder gelben Farben, den eigenthümlichen Ausdruck in Mienen und Be=
wegungen, nebft einem Kauderwelfch von Französisch, wovon die Hälfte
der Sprachformen aus Afrika entlehnt war, fo muß man geftehen, daß
diefe Repräfentanten des fchönen Gefchlechts wirklich verdienten, befchaut
zu werden.

Vergleicht man nun auf der einen Seite der Europäer elegante
Wohnungen, die französische Sprache, die man überall hört, die militä=
rische Musik, die die Straßen durchraufcht, europäische Gärten, Läden,
Trachten und Vergnügungen, und auf der andern Seite die Mifchung fo
vieler Nationalitäten aus Indien und Afrika, die elenden Wohnungen
diefer Racen in dem einen Ende der Stadt, ihr jämmerliches Markt= und
Straßenleben, ihre armfeligen, aber in ihrer Weife malerifchen Trachten
und zuletzt ihre abfonderlichen Sprachen, welche immer von Geftus und
Mimik begleitet werden — fo begreift man leicht, daß man bei dem erften
Eintritt von der Mifchung der Gegenfätze in Verwirrung gebracht wird,
und daß man Mühe hat, zu beftimmen, ob man fich in Port Louis, in
einer orientalifchen oder europäifchen Stadt befindet. Das europäische
Element ift inzwifchen bei näherer Betrachtung durchaus überwiegend.
Durch die rafchen Communicationen find faft alle Städte in diefen Ge=
genden in Vorftädte von Paris und London verwandelt, welche hier die
Produkte ihres Kunftfleißes ausbreiten, und die Fäden ihrer commerciellen
Verbindungen zufammenknüpfen; die Poft, welche theils über das Cap,
theils über Suez und Aden kommt, bringt in zweiundvierzig Tagen Neuig=

keiten aus Europa, und wenn man von Oceaniens freien unciviliſirten
Zuſtänden in ein Land kommt, wo Alles von dem veredelnden Einfluß
des menſchlichen Geiſtes ſpricht, fühlt man ſich ſehr wohl, zumal bei dem
ungewohnten Verkehr mit Perſonen, welche ſich alle Schätze der Bildung
angeeignet haben und zu verwenden wiſſen.

So ging es mir. Ich genoß hier gleichſam einen Vorſchmack der
Freuden, die mich erwarteten, wenn ich an der Küſte Europas wieder landen würde; es kam mir vor, als ob ich an ſo viel Neues und doch ſo
viel theures Altes meine Augen zu gewöhnen haben werde. Meine beſten
Freuden genoß ich jedoch außerhalb der Stadt auf Berg und Feld. Der
kurze Aufenthalt von nur drei Tagen erlaubte mir natürlich keine weiten
Ausflüge, keine weitumfaſſenden Unterſuchungen. Bald wurde beſehen,
bald geſammelt. Und ſo fragmentariſch wie ich es auffaßte, muß ich es
auch wiedergeben, mich darauf verlaſſend, daß das Intereſſe des Stoffs
die Mängel der Schilderung bedecken werde.

An Einem Tage ſtieg ich den Bergrücken hinauf, um zu ſehen, was in
den Wäldern, an deſſen Seiten und auf dem Kamm ſich für mich finden könne.
Nach einer mühſamen Wanderung von mehreren Stunden erreichte ich die
Höhe, von wo der Blick auf das Meer in der Ferne, auf die Stadt vor
mir, die weitausgedehnte Ebene unter und die Bergkuppen neben mir, mir
einen hohen und reinen Genuß gewährt haben würde, wenn nicht das Entzücken einen fühlbaren Abbruch durch einen wolkenbruchähnlichen Regen,
der meinen armen Leib völlig durchweichte, erlitten hätte. Ein ſolches
Duſchbad iſt das Grab jeder Hoffnung auf einen Genuß unter Gottes
freiem Himmel. Muthlos und von Waſſer triefend wanderte ich des
Berges entgegengeſetzte Seite hinab, wo der Weg oft am Rande gähnender Abgründe hingeht, und erreichte endlich die große Ebene, welche ſich
hier ausbreitet und die Mitte der ganzen Inſel einnimmt. Sie hat eine
beinahe runde Form, liegt ungefähr drei- bis vierhundert Fuß über der
Meeresfläche und iſt umkränzt von Bergen, die wie eine gewaltige Barrière die Ufer der Inſel umgeben. Demzufolge hat ſie ein angenehmeres, das heißt, ein mehr temperirtes und ſich gleichbleibendes Klima, iſt
minder den Stürmen und Orkanen ausgeſetzt und bietet Denen einen köſt-
lichen Aufenthalt, welche Ruhe und Geſundheit in reiner und friſcher
Luft ſuchen.

Nachdem ich bei einem gastfreien Kreolen für die Widerwärtigkeiten am vorigen Tage Ersatz gefunden hatte, bestiegen wir bei Sonnenuntergang wieder den Berg. Bäume mit prächtigen Blüthen und glänzenden Blättern, Farren, welche Palmen glichen, wohlriechende Orchideen auf Feld und Baumstumpfen, nebst vielen andern für mich neuen Schönheiten aus Flora's reichem Schmuck umgaben mich und ließen mich des Weges Beschwerde vergessen, und es glückte mir wirklich den Gipfel zu erklimmen.

Obgleich ich in diesem Augenblick ganz lustig von den Wellen an Afrika's Südküste umher geschaukelt werde, stehe ich doch im Geist dort und sehe über Isle de France hin. Ringsum wird die kleine reizende Insel vom Meer umschlossen, jenem Meer, das, wie es auch brauset und raset, von hier so still, so friedlich, so harmlos aussieht. Um die Strande der ovalen Insel erhebt sich ein Kranz von Bergen mit einer Menge scharfer Gipfel. Unter mir sehe ich die fruchtbarste, die lachendste Landschaft, Häuser, Kirchen und Landstraßen, nebst Flüssen, die Frische und Leben bringen. Auf der andern Seite in der schwindelnden Tiefe erblicke ich Port Louis mit allen seinen Herrlichkeiten. Und dicht neben mir, so nahe, daß es scheint, als könnte ich leicht dahin gelangen, erhebt sich unter andern Gipfeln der bekannte Kegel Peter Botte, der mir wie ein drohender Titan vorkommt, der in dem Augenblick, als er seinen auf dem Scheitel liegenden Felsblock gen Himmel schleudern wollte, von den ergrimmten Göttern in Stein verwandelt wurde — der Nachwelt zur Warnung, den himmlischen Mächten nicht zu trotzen. Das Ganze ist die innigste Vereinigung von Größe und Lieblichkeit.

Wer hat jemals das Wort Isle de France ausgesprochen, ohne mit Wehmuth an Paul und Virginie zu denken? In diesem kleinen hübschen Roman hat Bernardin de St. Pierre mit Meisterschaft alle die Pracht geschildert, welche die Natur hier entwickelt, und sein kleines Buch hat vielleicht mehr als irgend etwas Anderes beigetragen, diese Insel berühmt zu machen; deshalb unterläßt es der Fremde nie, die Stelle aufzusuchen, die ihn an Das erinnert, was er fühlte, als er das erste Mal den Bericht las von der reinen und naiven Liebe dieser beiden Kinder, und von ihrem unglücklichen Schicksal, das dem der Blumen, welche auf ihrem Grabe verwelken, nicht ungleich ist.

Wie oft geschieht es nicht im Leben, das unsere Hoffnungen scheitern! Aus der Ferne verlangt unsere Sehnsucht nach einem Ziel, woran wir unsere schönsten Gedanken knüpfen, aber in dessen Nähe fällt die Maske und die elende prosaische Wirklichkeit bleibt übrig. Das Poetische im Leben schwindet, wenn man es mit Händen zu greifen versucht. Glücklich, wer sich mit Träumen und Hoffnungen begnügen läßt!

So ging es hier. Ich gedachte, mit welcher Bewegung ich das erste Mal jene glühenden Schilderungen von den Kronen der Palmen, den Silberperlen der Wasserfälle, der Berge dunkeln Schatten und des Meers Brandungen verschlang, und wie leidenschaftlich ich wünschte, einst diese Stätten zu betreten. Ach, nun stehe ich hier wie ein kalter Beobachter, denn Alles um mich her trägt das Gepräge des Verfalls, und vor meinen Ohren flüstert es prosaisch: „Der Bericht von Paul und Virginie ist ein Gedicht, sie haben nie gelebt." Der Palast und die Gärten wurden ehedem von einer der reichsten Familien in Port Louis besessen, und da war Alles blühend: aber es fiel in die Hände eines Thoren, der sein eigenes und Anderer Eigenthum vergeudete, die Blumen verwelkten, die Bäume verdorrten, das Gebüsch verwilderte, und Pauls und Virginiens Gräber werden für Geld gezeigt. Bald werden sie nicht mehr vorhanden sein.

Was nun das warme Gefühl betrifft, womit Bernardin de St. Pierre sich der Sache der Sclaven annimmt, so können es die Bewohner dieser Gegenden ihm nicht vergeben, daß er so schön hat declamiren und doch während seines hiesigen Aufenthaltes sich als den härtesten und unbarmherzigsten Herrn gegen seine Sclaven beweisen können. Ist das Wahrheit oder Verleumdung? Wie sollte ich es entscheiden können? Aber so wird der Schleier zerrissen, hinter dem man Vollkommenheit zu erblicken glaubt, und das, was unser Herz erwärmt hat, ist entweder Gedicht oder — Lüge.

Wir fuhren den 18. März ab, und die Fregatte warf am 8. April Anker in der Tafel=Bay, ohne auf der Reise anderes Merkwürdiges erlebt zu haben als eine ernste Bekanntschaft mit einem der Stürme, durch welche diese Gewässer so berüchtigt sind.

izehntes Kapitel.

Die Capstadt und ihre nächsten Umgebungen. — Tafel=Bay. — Fort
Williams. — Das Verschwinden der Hottentotten. — Vergleiche mit
Sidney. — Die drei Jahreszeiten. — Ausflüge. — Stellenbosch. — Die
Berge. — Simonstown und Constantia. — Die Capweine. — Der
Tafelberg. — Geschichtliches. — Kämpfe mit Hottentotten und Kaffern. —
Alte und neue Ansiedler. — Holländische Sympathieen. — St. Helena. —
Jamestown. — Half-way-house. — Longwood. — Das Grab Napo=
leon's. — Ascension. — Die Cap=Verd=Inseln. — Die Azoren. —
Ankunft in England.

Plymouth den 9. Juni 1853.

Wenn es mir oft eine innige Freude gemacht hat, mich in die enge
Cajüte einzuschließen; die Gedanken auf einen Streifzug zu den Geliebten
in der Heimat zu senden und ihnen eine kurze Schilderung des Reise=
lebens zu geben, dessen reiche wechselnde Eindrücke eine bessere Feder ver=
dient hätten, wie viel glücklicher muß ich mich dann in diesem Augenblicke
fühlen, wo ich meinen letzten Bericht beginne! Diese zwei Worte
schließen nicht blos die Beendigung alles Dessen ein, was mir die Tage
lang und schwer gemacht und seine Bitterkeit in den Genuß so vieles
Schönen und Herrlichen gemischt hat, sondern auch und vor Allem die
Wiedervereinigung mit Denen, welche meinem Herzen die Theuersten sind,
und hiermit die gewohnte, mühvolle aber liebe Beschäftigung, Ge=
müthsruhe, Wohlbefinden und Frieden. Man braucht freilich nicht
zwei ganze Jahre rund um die Erde zu schwärmen, um zu erkennen, daß
Nichts in der Welt einen größeren Zauber ausübt als die Heimat; doch hat
man erst recht gefühlt, was Trennung und Sehnsucht heißt, so begreift
man, daß es möglich ist, des Wanderlebens hohen Genüssen und Be=
lehrungen mit Freude Lebewohl zu sagen, um blos wieder für die Heimat
zu leben.

Ich habe nun unseren Aufenthalt auf dem Cap, den Besuch auf
St. Helena, und unsere übrige Durchpflügung des atlantischen Meeres
nebst unserer Heimkunft nach Europa zu berichten.

Am 9. April, an einem der schönsten Tage, welche man in diesen herrlichen Himmelsstrichen erleben kann, landeten wir in der Tafel-Bay. In blendendem Sonnenschein zeichnete sich gegen den reinen dunkelblauen Himmel das merkwürdige Bild der vor uns liegenden Capstadt mit ihrem Hintergrund von drei gigantischen Bergen, in deren Mitte der weltbekannte Tafelberg (3500 Fuß hoch) seine grauen, nackten Seiten zum Himmel erhob. Diese wolkenhohen Berge schließen einen halbkreisförmigen leeren Raum ein, der zunächst an den nackten steilen Halden eine graublaue Farbe hat, hervorgebracht durch die Wälder der riesenmäßigen Protea argentea, die aber weiter abwärts, wo Wälder von Nadelholz angepflanzt sind, eine hübschere Physiognomie annehmen, und zuletzt sehr anmuthig werden, wenn man in die Region der Gärten und Weinberge eintritt, hinter welchen die schöne Stadt ihre Häuser und Kirchen zeigt.

Links vor der Stadt dehnt sich eine fast unübersehbare äußerst unfruchtbare, von Flugsand und stillestehenden Salzwasserpfützen bedeckte Ebene aus, welche weithin gegen den Horizont von bläulichen, vielgipfligen Bergketten begrenzt wird. Rechts, gleich hinter den drei vorher erwähnten hohen Bergen der Capstadt, reiht sich die eine Felsenmasse dicht an die andere in einer von tiefen Thälern zerschnittenen Kette weithin gen Süd laufend, bis die letzten Klippen sich senkrecht ins Meer stürzen, und die Barrière zwischen dem indischen und atlantischen Meer bilden: der Stürme oder der guten Hoffnung Vorgebirge.

So ist das Bild Südafrika's, das sich hier dem Beschauer darstellt. Die nette, reiche Stadt liegt traulich umfangen von den Bergriesen, die hier seit dem Schöpfungstage gestanden und so viele Tausende von Menschen vorbeiziehen gesehen haben, bald wilde, freie, schwarze Ureinwohner, bald weiße, gewinnsüchtige Ansiedler mit ihren Schiffen und ihrem unruhigen Sinn, bis die fremden Hände diese Stadt gründeten, welche nun sicher unten in der Tiefe am ungeheuren Meere ruht, über welches Völkerschaften dreist hineilen, um das Capital nicht blos des Welthandels, sondern auch der Aufklärung, der Veredelung umzusetzen.

Ja, die Capstadt ist einer von jenen Punkten der Erde, an welche viel schöne und viel traurige Erinnerungen sich knüpfen, viel Beweise, welche ewig an die Macht des Höheren über das Niedere mahnen. Die Entdeckung dieses Ortes war es, welche alle die goldnen

Träume von Asiens Herrlichkeiten und Schätzen, die der Einbildungs=
kraft seit dem grauesten Alterthum vorgeschwebt hatten, verwirklichte; hier
war es, wo eine Nation nach der andern sich niederließ, um über den
Schlüssel Indiens zu wachen, hier war es, wo Viele ein frühes Grab,
Andere des Lebens Glück und Frieden fanden, hier, wo die intelligentere
Race die dunkle vertrieb, — leider mit den blutigen Waffen, welche die
Civilisation nur zu oft geschwungen hat; hier, wo eine Großmacht nach
der andern kämpfte und stritt, um den kleinen dürren Bergplatz zu gewin=
nen; und hier ist es, wo man heutzutage fern von der Heimat Alles
wiederfindet, was europäische Geschicklichkeit und europäisches Staats=
leben erfunden haben und jetzt als Probe des Standpunktes der Cultur
unserer Zeit aufstellen.

Die Fregatte blieb in der Tafel=Bay bis zum 20. April. Diese
Bucht hat ganz die Form eines weiten Sackes, auf der einen Seite von
der Capstadt begrenzt auf der anderen von weitausgedehnten Sandufern,
hinter welchen sich höhere und niedrigere Bergjoche parallel mit der Küste
hinziehen. Schaaren von wasserspritzenden Fischen und schwebenden
Seevögeln verleihen dem breiten Wasserspiegel Leben, und weiter hinein
in die Bucht wird das Bild durch die Masse von Schiffen, welche Schutz
suchen in diesem Hafen, der einer von den trefflichsten ist, die es giebt,
noch bewegter. Gleich in der Oeffnung der Tafel=Bay liegt die kleine
Insel Robben=Island, die ehedem der Verbannungsort für die
Verbrecher der Colonie war. Jetzt wird er zum Aufenthalt der Irren
benutzt, ist aber so nackt und trostlos, daß er wenig geeignet scheint,
Verzweiflung und Schwermuth zu lindern.

Die Capstadt ist, wie ich schon vorher angedeutet habe, eine recht
elegante Stadt, welche ein hübsches Ansehen durch die Alleen von Eichen
und anderer Bäume bekommt, die in den Straßen angepflanzt sind.
Die Häuser haben zwei verschiedene Charaktere. Manche tragen deut=
liche Spuren der älteren Zeit, wo holländische Gewohnheiten die Richt=
schnur für Alles waren. Mit den Giebeln nach der Straße zu, mit Aus=
bauen auf dem Dache, mit zierlichen, oft übergestrichenen Wänden sehen
sie ebenso ehrfurchtgebietend aus wie ehrsame Matronen in frischgewa=
schenem und neugesteiftem Feiertagsschmuck. Andere dagegen tragen ganz
das moderne anglikanische Gepräge und sind kleine Sandsteinpaläste in

sehr consequenter Architektur. So stehen sie nebeneinander höchst ungleich und doch alle elegant und comfortable.

Kirchen finden sich hier in großer Anzahl. Freie Religionsübung ist in weitestem Sinn gestattet, und Sekten von allen Arten und Namen haben hier ihre Congregationen und Versammlungsörter. Viele von den größeren Versammlungshäusern sind wahrhaft schön, aber selbst die klei= nen Tempel, wie die der Methodisten, haben jenes geschmackvolle Aeußere und Innere, das, wie unwesentlich es auch dem raisonnirenden Verstand vorkommt, doch den für Eindrücke so empfänglichen armen Menschenkin= dern den Aufenthalt im Gotteshaus angenehm macht.

An öffentlichen Plätzen und Gebäuden ist kein Mangel. Wenn man über die großen sandigen Umgebungen hinblickt, über die verbrannten Ebenen und nackten Berge, so liegt die Capstadt mit ihren grünen Plätzen und Alleen wie eine kleine bezaubernde Oase in der Wüste. Etwa mitten in der Stadt ist ein grandioser Platz mit schattigen, riesenhaften Alleen, und hier bewegt sich in den kühlen Abendstunden eine Volksschaar, welche doch in aller ihrer bunten Mannigfaltigkeit nicht eine solche Mischung von ungleichen Menschenracen aufweist wie Batavia oder andere von den größeren Handelsstädten Indiens.

Mit einem Omnibus machte ich einen Ausflug einige Meilen außer= halb der Stadt. Von der ganzen Gegend, durch welche ich kam, ist nichts Weiteres zu sagen, als daß sie die langweiligste, einförmigste Phy= siognomie hat, welche eine unendliche Haide aufweisen kann. Buschwerk von schilfartigen Gewächsen, ganze Striche von Salicornien, nebst einer zahllosen Menge von Haidekräutern und Sandgewächsen auf den höheren und dürreren Orten, das ist Alles, was Flora auf diesem harten, un= fruchtbaren Boden leisten kann. Aber so kalt und dürftig alles Dieses jetzt aussah, recht als ob die Blumengöttin eine Armenhausvorsteherin wäre, und nicht die Geberin alles Reizenden und Schönen, so pracht= voll werden diese unfruchtbaren Haiden zur Blüthezeit in den Monaten September, October und November; dann bedeckt sich die ganze Ebene mit einem so prächtigen Teppich, daß nur Der, welcher in Treibhäu= fern mit der Capflora bekannt geworden ist, sich einen schwachen Begriff davon machen kann.

Erst in der Dämmerung, wenn man sich dieses Ausdruckes bedienen darf, da die schwarze Nacht unmittelbar und plötzlich den strahlenden Tag vertreibt, kamen wir zu der kleinen Stadt Stellenbosch, wo ich die beiden folgenden Tage blieb, um in den naheliegenden hohen Bergen nach Dem zu suchen, was die Jahreszeit noch von blühenden Gewächsen darbot. Die kleine Stadt hat ein echt altväterisch-holländisches Gepräge. Von den nächsten Bergen hat man eine Aussicht, die eine nähere Beschreibung verdient, da sie geeignet ist, einen Begriff von der Bildung des ganzen Erdstriches zu geben. Im Hintergrunde soweit ich in jenes unbekannte mystische Südafrika hineinschauen konnte, erblickt man blos hohe Bergketten mit wilden, groteskxen, zerrissenen Spitzen, welche während der Winterzeit sich mit Schnee bedecken, jetzt aber grau und nackt waren. Weit sich hinstreckende enge Thäler mischten sich dazwischen und gaben dem Ganzen das Aussehen einer coupirten, nicht unromantischen Felsengegend, der nur Wälder und grüne Felder fehlten. Im Vordergrund lag die ganze klippige Halbinsel, welche gleich einem schmalen und spitzigen Dreieck sich von der Kapstadt südlich weit hinaus ins Meer zieht. Die Mitte ist von der Tafel-Bay mit ihren Bergmauern eingenommen, worauf der Tafelberg wie eine gewaltige Felsenburg steht mit seinen zwei gigantischen Schilderhäusern, und von wo der Bergrücken sich südlich bis zu der Spitze erstreckt, welche von dem bekannten Vorgebirge der guten Hoffnung gebildet wird. Die eine Seite der Halbinsel wird von den Wellen der falschen Bay, einer breiten und tiefen Bucht, deren Ufer gen Ost und West mit hohen steilen Bergmassen besetzt sind, und deren innerer Strand niedrig und sandig ist wie der der Tafel-Bay, bespült. Zwischen diesen zwei großen Buchten, der falschen Bay und der Tafel-Bay, liegt eine zwanzig englische Meilen breite Landzunge; von der Bergkette, die vom Tafelberge ausläuft bis zu den Bergen bei Stellenbosch erblickt man Nichts außer einer fast unübersehbar mit Flugsand bedeckten Ebene, von welcher alles Leben und aller Blumenflor, wenigstens für den Augenblick, verbannt schienen.

Dieses ganze Bild, wie großartig und weitausgedehnt es auch ist, findet man doch einfach und ermüdend. Alles sieht trostlos aus, und wenn man allen diesen Sand und alle diese Berge betrachtet, begreift man kaum, wie es Menschen hat einfallen können, sich hier niederzulassen, hier ihr Lebensglück zu suchen. Man ahnt — ich weiß nicht ob mit Recht — daß das übrige Afrika eine ähnliche Wüste sein muß. Und um den Besitz dieser Gegenden haben die Menschen ein paar Jahrhunderte lang gekämpft! Ist dies geschehen um die Sandwüsten durch Blut frucht= bar zu machen?

Nach der Rückkunft von Stellenbosch, von wo ich einen reichen Fund für die Sammlungen mitbrachte, verlebte ich ein paar herrliche Tage auf dem Landgute des schwedischen Consuls, und unternahm später einen Ausflug nach dem berühmten Constantia. Ich habe bereits früher erwähnt, daß eine Bergkette hinter dem Tafelberg zu dem Vorgebirge der guten Hoffnung sich hinzieht. Ungefähr in der Mitte ist jener von großartigen Gipfeln besetzte Bergrücken wie flachgedrückt, und auf der Böschung jenes niedrigeren Joches liegen die verschiedenen Plätze, welche den gemeinschaft= lichen Namen Constantia führen. Mein Besuch galt dem ursprünglichen Constantia, genannt Groß=Constantia. Durch eine imposante Eichen= allee kommt man zu einem in holländischem Styl aufgeführten Hauptge= bäude, hinter welchem die Magazine für die berühmten Weine sich befin= den. Ich ward mit großer Zuvorkommenheit von dem Besitzer aufge= nommen, zu den Weinfässern geführt und aufgefordert die verschiedenen Sorten zu kosten. Die Stellen, wo der echte Constantia wächst, liegen gegen Ost, und die Eigenthümlichkeit, die diese Trauben besitzen, muß in einem Verein von Lage, Beschaffenheit des Bodens, der eine kalkhaltige Mischung von Gartenerde und röthlichem Sand ist, und der Feuchtigkeit von den Bergen, welche sich hier vorfinden, gesucht werden. Man war bemüht, dieselbe Sorte Wein in andern Gegenden zu erbauen, aber man hat noch nicht vermocht, dem Product den ganz eigenthümlichen Duft und Geschmack zu geben, der Constantia zu einer solchen Selten= heit und Gaumenwonne macht.

In dem größten Theil der Colonie wird eine Menge Weine gebaut, von den leichteren französischen bis zu dem stärksten Madeira und Sherry. Aber jener Wein, der unter dem Namen Capwein bekannt ist, wird von feinen Kennern eben nicht hochgeschätzt, und ist auch nicht sehr theuer, was in einer mangelhaften Behandlung der ausgezeichneten Trauben seinen Grund hat. Die Regierung selbst soll durch eine Menge Be=

schränkungen in der Gesetzgebung an diesem unvortheilhaften Verhältniß
Schuld haben.

Wir fuhren den 20. April vom Cap fort und sahen nach zehntä=
giger angenehmer Fahrt am 1. Mai St. Helena's Felsen aus dem
Meer emportauchen.

Die Insel sieht von fern wie eine gewaltige Festung aus, mit Bastio=
nen und Thürmen, als ob sie aus keinem andern Grunde in den Ocean
hingestellt wäre, als um die Raserei der Wogen zu zügeln. Erst am
nächsten Morgen wurde bei Jamestown geankert, der einzigen Stadt
der Insel, und hier hatten wir gute Gelegenheit, die historischen Felsen
in Augenschein zu nehmen. Ein einziger Felsen ist es in des Wortes
vollester Bedeutung. Hohe, steile Felsenmauern erheben sich von allen
Seiten, der eine Bergklumpen steht neben dem andern, getrennt durch tiefe,
enge Thäler. Alles spricht von gewaltsamen Erschütterungen, als diese
Massen gebildet wurden, Alles ist noch heute kalt und unfreundlich. Man
sieht auf diesem harten Gestein keinen Grashalm, keinen grünen Fleck,
und der weiße Schaum der Brandungen unten in der Tiefe ist die einzige
Unterbrechung des graubraunen finstern Farbentones, in welchen Alles sich
einhüllt. Nur zufällig kann das Auge auf einigen wenigen Spuren einer
lebenden Natur und lebender Menschen, welche weithin in den tiefen Thä=
lern zum Vorschein kommen, ausruhen; und oben auf dem Felsenscheitel,
der gewöhnlich von Wolken verschleiert ist, stehen, einer Krone gleich, einige
Tannenwälder. Von dem Punkt, wo wir lagen, trat die Gestalt der
Insel an eigenthümlichsten hervor. Mitten vor uns eröffnete sich eins
von jenen schmalen, aber mehrere hundert Ellen tiefen Thälern oder rich=
tiger einer der Schlünde, welche in vielen Krümmungen sich nach der Küste
zu schlängeln, und dort sich etwas erweitern. Längs dem Abhange dieser
Thäler lag die kleine hübsche Stadt mit ihren weißen Gebäuden und
kleinen grünen Gärten, die wohlthuend gegen den häßlichen, nackten Felsen
abstechen, an deren Seiten und Gipfeln zahlreiche Befestigungen an
die Zeiten erinnerten, wo die kleine Insel ein einziges großes Staatsge=
fängniß war, dessen Besitz durch alle möglichen Mittel gesichert werden
mußte, und von wo man mit Kanonenschüssen jeden neugierigen Frem=
den abwies. Das ganze Bild war keineswegs angenehm, gab aber doch
einen neuen Beitrag zu der Kenntniß von der unendlichen Mannigfaltigkeit,

der Formen, worin sich die Natur kleidet, und sprach zugleich von dem Alles, selbst das Finstere und Wüste, bezwingenden Menschengeist.

Die Fregatte lag hier diesen und den nächsten Tag, an welchen ich ein paar Besuche in der Stadt machte, zu den ewig denkwürdigen, so oft beschriebenen Oertern, Napoleon's Gefängniß und Grab wallfahrtete, ein paar der tiefen inneren Thäler durchwanderte, die hohen Berggipfel in der Mitte der Insel bestieg und die östlichen und westlichen Hochebenen durchstrich. Von diesen Ausflügen will ich jetzt Rede stehen, mich aber wohl in Acht nehmen zu weitläufig bei einem Gegenstande zu werden, der hundertmal besser beschrieben ist, und doch ewig seine Anziehung behaupten wird kraft der eigenen Ewigkeit der Geschichte.

Ich habe von der Lage Jamestown's in der Oeffnung des tiefen Thales gesprochen. Die innere Beschaffenheit der Stadt ist bald geschildert. Unmittelbar über dem von rasenden Brandungen gepeitschten Strand, welcher rechts und links unter den ins Meer steil niederstürzenden Felsen verschwindet und in der Mitte blos aus einem zwei bis dreihundert Ellen breiten Sanddamme besteht, wird die Stadt nach der Seeseite von Festungswerken eingeschlossen, welche aus einem tiefen Graben, einem gemauerten, mit Kanonen und Mösern gespickten Wall, und oben darüber noch aus einer andern höheren Mauer bestehen, die gleichfalls ihr drohendes Geschütz zeigt. Man passirt durch ein hohes Thor, bewacht von Posten und einer Hauptwache, und befindet sich auf dem einzigen offenen Platze der Stadt, der von einem netten Garten, einer hübschen Kirche, einem Hotel und verschiedenen andern wohlerhaltenen Privatgebäuden umgeben ist. Eine von hübschen dreistöckigen Steinhäusern besetzte kurze Straße führt von hier eine Strecke aufwärts und theilt sich bald in zwei, von welchen die zur Linken sich den Berg hinanschlängelt nach der nördlichen Seite der Insel, die zur Rechten, welche besonders lang ist, zur äußersten Grenze der Stadt in das Thal und dann zum entgegengesetzten südlichen Ende der Insel läuft. In dieser Straße liegen die militairischen Baraffen, die hier keinesweges das elegante Aussehen haben, wie man es bei dergleichen Gebäuden in andern englischen Colonien zu finden gewohnt ist. Der oberste Theil der Straße ist mit einer Allee von starken indischen Feigenbäumen bepflanzt. Bei den Baraffen öffnet sich ein ziemlich ausgedehnter Garten, aber übrigens lassen die Berge so wenig Platz, daß man in den noch engeren obersten Theil der Stadt hinaufgehen muß, um die grünen mit guten Fruchtbäumen bestandenen Gärten zu sehen. Die Häuser in dem niedrigsten Theil der Stadt haben ein comfortables eng=lisches Aussehen, in den östlichen dagegen nahmen sie die Form und den ganzen Charakter der elenden Hütten an, wo Armuth und Laster so gut gedeihen und frei herrschen. Die Läden sind mit Waaren wohl ver=sehen, aber die Preise unverschämt. Jamestown ist also eine wenig inte=ressante Stadt, von der man eben nichts Anderes sagen kann, als daß sie ein starker Garnisonsplatz ist. Die Zahl der Einwohner beläuft sich auf dreitausend. Man findet hier viele Neger, welche durch englische Kriegsschiffe von Sclavenhändlern befreit und hierher geschickt wurden, um ein zwar freies, aber doch jämmerliches Leben zu führen.

Hier wie überall im Süden fallen dem Fremden die wohlgebildeten Formen auf, durch welche vornehmlich die kreolischen Frauen sich aus=zeichnen. Es ist eine Elasticität in ihrem ganzen Bau, eine Geschmeidig=keit in allen ihren Bewegungen, eine Grazie, welche unwillkürlich das Auge fesselt, und dabei eine gewisse freudestrahlende Ungenirtheit, welche äußerst hinreißend ist. Die Europäer, welche ich hier sah, schienen in ihrem ganzen Aeußern das Gepräge einer gewissen resignirten Muthlosig=keit zu haben, das an einem so unfreundlichen Orte wie St. Helena sehr erklärlich ist.

Bei meiner Wanderung nach dem wohlbekannten Longwood, wo Napoleon gefangen gehalten wurde, nahm ich den Weg zur Linken. Größtentheils ausgehauen in den steilen Lavaklippen, auf der einen Seite durch eine Steinmauer von der darunterliegenden Tiefe abgesperrt, schlingt er sich im Zickzack längs der scharfen Seite des Berges. Als ich mich die schlimmste Strecke hinaufgearbeitet hatte, wo die grünen Flecke sich zu zeigen beginnen, war es ein angenehmer Ersatz für die gehabte Mühe sich niederzusetzen und einen Blick auf das zurückgelegte Stück Weges zu werfen. Wie in der Vogelperspective blickte ich aus dieser Höhe von bei=nahe zweitausend Fuß über den Hafen, und die Schiffe hin, über die häß=lichen abschreckenden Berge, von deren Spitzen und Absätzen die vielen Festungswerke ihre beschützenden oder drohenden Kanonen hervorreckten, und um welche in allen Richtungen sich gleich schmalen weißen Bändern Wege schlangen; über die in der Tiefe eingeklemmte Stadt mit ihren weißen Häusern und ihren gleich kleinen Ameisen kriechenden Menschen, sowie über die grünen Gärten im tiefen Abgrund, die so freundlich gegen die grauschwarzen, harten Klippenwände abstachen, worauf blos einige stachlichte Cactus hervorragten. Es war keinesweges ein schöner, aber doch ein eigenthümlicher Anblick.

Ganz unerwartet erhielt ich hier einen kleinen freundlichen Neger zum Wegweiser, der seine Esel von der Stadt nach Hause trieb, wohin er Morgens von einer Besitzung in Longwood's Nähe Früchte gebracht hatte. Wir kamen natürlich bald in ein Gespräch, ich diente ihm mit der Erzählung von dem großen Schiff, und er vergalt es mir durch einen Bericht von seiner Kindheit auf der afrikanischen Küste, wo er von seinem eigenen Stamme verkauft war, er erzählte wie er die gräßlichste Behandlung auf dem Sclavenschiff erlitten, wie ein englischer Kreuzer ihn aufgebracht und befreit, und wie er sich nun hier niedergelassen, verheirathet und eine kleine Familie hatte. Es war ein kleiner Roman, der, mit meines Negers ausdrucksvoller Suada erzählt, seine Farbe und sein eigenes dunkles Colorit empfing, und keinesweges seiner Knalleffecte ermangelte, und nicht wenig beitrug mich die Beschwerden des Weges vergessen zu machen.

Wir hatten nun die Höhe erreicht. Die Hitze, welche in der Tiefe drückend gewesen war, ging hier in eine milde erfrischende Kühle über, und mit wahrer Freude wanderte ich hier oben umher, wo nicht allein Tannenwälder, sondern eine Menge anderer Gewächse an europäische Vegetation lebhaft erinnerte. Wir passirten das sogenannte Half-way-house, eine Art Hotel, das vom Hafen aus angesehen hoch oben auf dem Scheitel der Insel zu thronen scheint, und dessen Schild, das Napoleon in imperialistischer Stellung mit seegrünem Frack und flammenden Wangen darstellt, als ob er sich über sein eigenes Bild ärgerte, an den bedeutungsvollen Boden mahnt, auf dem man einherschreitet; und hier hielt ich ein wenig an, um die schönen Umgebungen zu bewundern.

Man sollte es kaum für möglich halten, daß dasselbe St. Helena, das von der Seeseite so rauh und abschreckend aussieht, so reizende Plätze umschließen könne, wie dieser hier oben. Vor mir ragten die wolkenhohen Berggipfel empor, nicht nackt und grauschwarz wie die Strandklippen, sondern in üppiges Grün gekleidet, das ihnen fast ein tropisches Aussehen

gab. Freundliche weiße Häuser lagen gruppirt auf den Höhen wie kecke
Vorposten, und zwischen den weiterhin nackten röthlichen Bergrücken schlangen sich tiefe Thäler, durchkreuzt von kleinen Bächen, wo Trauerweiden mit ihren niederhängenden Zweigen standen, als ob sie noch heute
über St. Helena's Bestimmung wehklagten.

Grade auf dem Fleck, von wo ich dieses schöne Gemälde überschaute,
öffnete sich das napoleonische Grabthal in der Tiefe unter meinen Füßen,
jenes weltberühmte Longwood, wo der große Aar, dessen gewaltiger Flügelschlag von einer ganzen Welt gehört ward, in einen Käfig
gesperrt, gepeinigt wurde, und starb. Der Ort hat seinen Namen bekommen von einer kleinen Waldstrecke, welche sich hier ehemals vorfand; jetzt
ist Alles eine einzige unfruchtbare, einförmige Ebene, nur kümmerlich
mit einer kleinen Reihe von Nadelholz, einigen andern zerstreut stehenden
Bäumen von der Ordnung der Syngenisten und einem dürftigen Rasen
bedeckt. Auf dem Abhang gen West breiteten sich einige bebaute Aecker
aus, eingehegt von Aloe- und stachlichten Caktushecken; in den Thälern
liegen einige vereinzelte Gärten, und gegen das Meeer erheben sich zwei
hohe Bergspitzen: the Flaggstaff und the Barn, die erste spitz und
hoch, die andere ähnlich einem gewaltigen Bienenkorbe; aber beide völlig
nackt und graugelb. Das Ganze hat einen trostlosen Charakter, und
wollte man einen Platz auf Erden auswählen, wo der Natur große Revolutionen in leserlichen Zügen das Resultat ihrer wilden Zerstörungen dar-
gestellt werden sollten, und wo der Blick zugleich frei in den Raum hinaus-
schweben konnte, um recht deutlich zu sehen, wie abgeschlossen von Welt
und Freunden Der war, welcher sich hier in Haft befand und hinsiechte,
so war man in Wahrheit glücklich in seiner Wahl.

Longwood besteht aus einer Anzahl unbedeutender Häuser, größtentheils von einer ziemlich hohen Steinmauer eingeschlossen. Das Gebäude, das Napoleon zur Wohnung angewiesen wurde, ist ein einstöckiges
Steinhaus mit fünf Fenstern auf der einen Seite, woran ein anderes sich
in rechtem Winkel mit der Rückwand schließt. Man tritt hinein durch
eine Veranda, befindet sich in dem sogenannten Billardzimmer und geht
von hier in das Zimmer, welches Napoleon's drawing-room genannt
wurde, wo seine Leiche auf dem Paradebette lag, befindet sich dann im
Speisesaal, wo der Kaiser starb, woran die kleine Bibliothek stößt;

von da geht man in das anstoßende Haus, wo seine Schlafkammer, Bade-
und Ankleidezimmer liegen, und hat dann Alles durchwandert, was während des Theils seines Lebens, der nur ein langsamer Tod war, von dem
außerordentlichen Manne benutzt wurde. Das Haus, welches der Arzt bewohnte, liegt auf der andern Seite des Hofplatzes, und das, welches das Die-
nerpersonal einnahm, stößt an das, worin sich das Schlafgemach befindet.

Wie sieht nun dieses Alles jetzt aus? Kaum eine Scheibe ist in
den Fenstern, der Kalk auf den äußeren Wänden ist abgefallen, die Ta-
peten auf den inneren sind nicht mehr, selbst die Steine in den Mauern
sind zu Schutt geworden, die Fußböden mit Schmutz bedeckt, die Dächer
eingefallen. Das Zimmer, worin Napoleon's Leiche lag, ward seit Kurzem von einer Dreschmaschine eingenommen; in dem, worin er seinen letzten Seufzer ausstieß, hat man ein Gerüst aufgeführt, um Korn zu trocknen. Das Bibliothekzimmer ist voll von Korn und Rumpelei, das Schlafgemach ist gepflastert und zu vier Stallständen eingerichtet, worin einige
magere Pferde stampfen und kauen. Widerliche Zerstörung grinzt aus
jedem Winkel und schändet feindselig das Andenken an den großen Todten.
Aber sie schreit auch laut über eine Nation, die sich rühmt groß und
edel zu sein, die sich aber erniedrigt hat, eine so elende Rache zu nehmen. Die britische Regierung verpachtet jetzt diese Localitäten für eine
ziemlich hohe Summe, die in die Schatzkammer fließen soll, und der Pach-
ter ist berechtigt, von jedem Besuchenden eine Abgabe von zwei Schillings
zu fordern, die also das Eintrittsgeld sind, für welches England den
Fremden diese Abscheulichkeit beschauen läßt.

Nebenan liegt der sogenannte neue Palast, welchen man für den
gefürchteten Gefangenen bauen ließ, in welchen aber Napoleon niemals
ziehen wollte und welchen er nur ein einziges Mal betrat. Es ist eine
recht comfortable Villa mit vielen hübschen Gemächern, umgeben von einem
ganz geschmackvollen Garten, der gegen die Ostwinde geschützt liegt, welche
auf der nackten Ebene gewaltig über das Feld fahren und Kälte und Regen mit sich führen. Draußen auf der Ebene campirten die Truppen,
welche den eigentlichen Sicherheitscordon um den Gefangenen zu Longwood bildeten, und die Flaggenstange, die jeden Besuch hier oben der
Stadt genau meldete, thut noch dieselben Dienste.

Andersson.   24

Auf der anderen Seite des Hauses, welches von Napoleon bewohnt wurde, ist eine kleine Ebene, auf welcher jetzt einige verwachsene Cypressen und ein hoher Tannenbaum stehen. Am Fuß des letzteren ist eine halb= mondförmige Vertiefung von einigen Ellen Umfang, ehemals als Teich be= nutzt, in welchem Fische aufbewahrt wurden. An dessen Rande pflegte der Kaiser, in ungestörte Träume versunken, auf einem Stuhl zu sitzen und seine Fische zu füttern. Ich gestehe, daß ich bei diesem kleinen Born am liebsten verweilte, wo er, der Mächtige, Brotkrumen für seine Fische hinstreute, wie ehemals Kronen und Reiche für seine Verwandten und Freunde, und kaum kann eine Stelle gefunden werden, die so geeignet ist, Betrachtungen über die Eitelkeit und Vergänglichkeit der sogenannte Größe hervorzurufen wie diese, wo Alles, wohin das Auge sich wendet, nur von Vergessenheit, von Verachtung zeugt.

Nachdem ich zu allen diesen Stätten gewallfahrtet und einige locale Berichte angehört hatte, welche wahrscheinlich noch lange in der Erinne= rung leben und dem Fremden werden wiederholt werden, wanderte ich ins Thal hinunter, wo die Gärten lagen, welche mir größere Erquickung ver= schafften als die Gefängnißruinen, wusch Longwood's Staub unten am Strande ab und begab mich so zu dem Thal des Grabes.

Man kommt erst durch einen ziemlich verrufenen aber fruchtbaren Gar= ten und von da in das Thal hinab, das nur einige hundert Ellen vom Weg entfernt ist. Hier steht ein kleines schwarzes Holzgebäude, wo die Hüter der Stätte wohnen, und wo man in ein Buch seinen Namen schreibt, auch die englische Abgabe von anderthalb Schilling erlegt, wozu noch ein kleines beliebiges Douceur gefügt wird für die Reliquien von Weidenblättern, Blumen, Napoleons=Geranium, Cypressenzweige, Blei=, Stein= und Ziegelstückchen, die man, sich und den Seinigen zur künftigen Erinnerung. einsteckt. Und so steht man an dem Platze, und sieht die Stätte, wo sie ihn niedergelegt haben.

Es ist ein kleiner runder grüner Fleck von ungefähr zwölf Ellen im Durchmesser, umhegt von einem grauschwarzen Holzgeländer. Den inneren Rand entlang stehen acht oder neun Cypressen, und weiter hinein an der einen Seite die beiden weltbekannten Trauerweiden. Unter ihrem Schatten liegt das Grab. Es ist jetzt leer, und man steigt darin hinab auf einer Leiter, beschattet gegen die Strahlen der Sonne durch ein Zelt=

dach, das darüber gespannt ist. Am Rande des äußeren Geländers
liegt die kühle, erfrischende Quelle, und in der Weiden dunklere Schatten
mischen sich die lächelnden Farben eines rothblühenden Hibiscus. Das
ist Alles, einfach und doch majestätisch!

Es würde ein Genuß gewesen sein, dort allein zu stehen und sich
den tausend Eindrücken und Gedanken zu überlassen, welche sich in einem
solchen Augenblick und an einer solchen Stelle mit Macht hervordrängen.
Aber der Cicerone — der meinige war eine geschwätzige Negerin — läßt
ihren Kunden nicht leicht fahren, sondern peinigt ihn mit Berichten, die
ebenso ermüdend zu lesen sein würden, wie sie es zu hören waren.

Nur die Veranlassung, weshalb Napoleon gerade hier begraben
wurde, will ich als vielleicht weniger bekannt hinzufügen. Gleich nach
seiner Ankunft bewohnte der Kaiser das Haus oberhalb des Thales auf
dem Abhange des Hügels, einen schönen und für ein aufgeregtes Gemüth
heilsamen Ort. Die frische Quelle im Thal und der Schatten der Wei=
den zogen ihn manche einsame Stunde hierher, um seinem Herzen und
seinen Gedanken Erholung zu gönnen. So saß er einst hier. Das Buch
fiel ihm aus der Hand, er schlummerte ein, und der Gott der Träume
führte Josephinens Bild vor sein inneres Auge, das sich zu erheben und
gerade von dieser Stelle aus ihn zu sich zu rufen schien. Von dieser
Zeit an war der Platz zu seinem Grabe gewählt. — — —

Nachdem ich die Nacht in einem schlechten aber theuren Hotel gleich
oberhalb des Grabthals zugebracht hatte, bestieg ich die hohen Berge,
um deren Pflanzenreichthum zu untersuchen. Nach einer ermüdenden
Wanderung von ein paar Stunden erreichte ich den westlichen Gipfel und
klomm von da über einen nicht mehr als ellenbreiten Bergkamm mit ge=
gen tausend Fuß tiefen Abgründen zu beiden Seiten zur höchsten Spitze
dem sogenannten Dianas-peak hinauf, die gewiß eine Höhe von drei
bis viertausend Fuß hat, und von wo das Auge hinabschaute auf St.
Helena, das unter meinen Füßen lag wie eine stille in mannigfaltige Far=
ben und Formen spielende Klippe.

Des Meeres blauer Spiegel umfängt die fast zirkelrunde Insel,
deren verschiedene Theile wesentliche Ungleichheiten zeigen. Die westliche
Hälfte hat den ganzen Charakter eines plötzlich versteinerten Feuermeeres.
Es scheint als sehe man, wie es in der Tiefe flammt und gährt, wie die

Feuerwogen schäumen und sich brechen, und plötzlich in aller ihrer finstern gräßlichen Nacktheit dastehen. Außer einem Paar entsetzlicher Lavafelder nebst Blöcken und Schlünden der Gallopagos = Inseln hatte ich nie etwas so unfreundlich Oedes gesehen wie das eine Viertel von St. Helena, und selten hat man Gelegenheit, die gigantische Kraft der vulkanischen Mächte in so scharfen Zügen zu studiren. Die spitzen Gipfel und Bergrücken, die dunkeln Abgründe, Alles sah so steif und nackt aus wie eine erst gestern abgekühlte Feuermasse. So war der südwestliche Theil der Insel beschaffen. Der andere Theil trug hin und wieder zerstreute Nadelgehölze, an manchen Stellen hatte das Thal und die den Centralgipfeln zunächstgelegenen Berge eine üppige Vegetation, und nach Longwood zu wurde die Hochebene etwas gleichförmiger, sodaß das Land einen für den Anbau mehr zugänglichen Charakter annahm.

Nichts konnte überraschender sein als hier eine Flora zu treffen, welche, weit entfernt einen tropischen Grundton zu haben oder einige Uebereinstimmung mit dem nabeliegenden Afrika zu zeigen, oder, als Insel betrachtet, ihre eigenthümlichen Pflanzengattungen zu besitzen, im Gegentheil ganz das Gepräge trug, einer europäischen, einer englischen Landschaft anzugehören. Freilich finden sich um Dianas-peak in den dichten Wäldern noch einige Spuren der ursprünglichen Vegetation, die sich in üppigen baumähnlichen Farren, in der Einhegung der Felder von Aloe- und Cactusgewächsen, in der Hügel Röthe von Pelargonien kundgeben; aber von siebenhundert Gewächsen, welche sich hier finden, sind sicher drei Viertel von England eingeführt. Acker = und Gartenbau hatte in der letzten Zeit angefangen, solche Fortschritte zu machen, daß man in dieser Hinsicht auf eine glückliche Zukunft hofft. Es wunderte mich inzwischen zu sehen, wie wenig die Viehzucht hier in Flor ist; denn auf den höheren Strichen schien der Graswuchs sehr gut zu gedeihen. Ob man fürchtete, daß die Thiere noch einmal wie die Ziegen vor hundert oder funfzig Jahren die Bäume aufzehren und die kleine Insel noch rauher und nackter machen würden, weiß ich nicht.

Mit Einem Worte: St. Helena ist ein höchst uninteressanter Aufenthaltsort, und es wird den stolzen und betriebsamen Briten wahrscheinlich nie gelingen, ihn zu etwas Anderen zu machen als zu einem einzigen finsteren Sarkophag.

Wir verließen St. Helena am 3. Mai, und am 9. Juni gelangten wir schon nach Plymouth. Das zunehmende Licht Morgens und Abends, die abnehmende drückende Hitze, die von des Nordens frischer Sommerwärme abgelöst wird, und die Menge der begegnenden Segler machten die Tage minder langweilig, als die Sehnsucht nach der Heimat, welche mit der Annäherung an die Küsten des Nordens zunahm, sie sonst gefunden haben würde. Und als wir zum Schluß Altenglands weiße Ufer wiedersahen, die gleichsam die Hand nach uns ausstreckten, um uns willkommen zu heißen, wurden wir Alle von einem Gefühl durchdrungen, das der Schilderung in poetischen Ausdrücken nicht bedarf, um begriffen zu werden.

Vierzehntes Kapitel.

Eddystoner Leuchtthurm. — Hafenwerke von Plymouth. — Die Stadt und ihre Umgebungen. — Landwirthschaftliche Ausstellung und Feste daselbst. — Abfahrt. — Ankunft in Cherbourg. — Französische Hafenwerke. — Arsenal. — Die Stadt und ihre Umgebungen. — Ankunft in der Heimat.

Gothenburg, den 24. Juni 1853.

Plymouth's Rhede ist eine flache Hafenbucht, in welche sich ein weit hinauf schiffbarer Fluß ergießt, an dessen Ufern Davenport und Plymouth angelegt sind. Um die hier stationirten Kriegsschiffe gegen die Gewalt des Meeres zu schützen, und zugleich der Handelsstadt einen ruhigen und sicheren Hafen zu verschaffen, hat man in die Oeffnung der nicht eben weiten Meeresbucht einen Steindamm (breakwater) niedergesenkt, der in Verbindung mit Eddystone's erstaunlichem Riesenwerk, als eins von der Neuzeit Wunderwerken, zeugend von den Fähigkeiten des menschlichen Scharfsinnes und der menschlichen Kraft, selbst die gewaltigste Wuth der Elemente zu besiegen, dasteht. Denn auf einer kleinen Klippe, die während des Sturmes blos durch ihren weißen Schaum

sichtbar ist, einen mehrmals niedergestürzten hohen Thurm wieder
aufzubauen, von dessen Spitze das warnende Licht den im Aufruhr der Natur kämpfenden Schiffer leitet, in die Tiefe des brausenden Meeres zahllose Steinmassen zu versenken, und dadurch einen Wall
zu erheben, hinter welchen Sicherheit und Schutz gegen des Meeres feindliche Mächte zu finden ist — das muß wohl, selbst wenn man auf die
mächtigen Fortschritte der Jetztzeit Rücksicht nimmt, den Wunderwerken
der alten Welt an die Seite gesetzt werden.

Ein großer Dreidecker und zwei Kriegsdampfschiffe lagen in unserer
Nähe, übrigens hatte das Auge wenig andere Ruhepunkte als die schmucken
Ufer; denn von der Stadt selbst ließ sich eigentlich nichts Anderes sehen
als Schornsteine und Dächer einiger Häuserreihen, welche über die starken
und zahlreichen Festungswerke, die allethalben den Eintritt in Plymouth
bewachen, hinausragten. Auf einem dieser Ufer liegt des Earls von
Edgecombe stolzer Palast und herrlicher Park, der Kunst pracht-
vollstes Werk mitten in der reizendsten Natur. Rund um den Meerbusen sah man Herrensitze mit ihren lieblichen Umgebungen, und wohin
das Auge sich wandte, trat ihm englischer Comfort und englische Macht
entgegen.

Von der Stadt Plymouth spreche ich weniger weitläufig als sie es
verdient; denn ungeachtet sie den Preis über die englischen Städte —
deren Zahl leider nicht Legion ist —, die ich gesehen habe, davonträgt,
so besitzt sie doch keine bestimmte Eigenthümlichkeit.

Wir landeten bei dieser Stadt in einer glücklichen Stunde. Von
Morgen bis zum Abend sandten die Kirchenglocken ihre feierlichen Töne aus,
die hier mannigfaltiger sind als daheim; von fast jedem Hause flatterten Wimpel und Flaggen, allen Nationen angehörend; einige trugen besondere Devisen, wie: „Stolz auf die Vorzeit, voll Hoffnung für die Zukunft" u. s. w. Die Fenster waren wie zu einem wahr-
haften Laubhüttenfest mit Blumenkränzen geschmückt. Ehrenpforten
und Laubmassen von Blumen erhoben sich von allen Seiten, der Königin
und Prinz Albert's Name war überall zu lesen, und Abends, wann die
Gasflammen ihr helles Licht verbreiteten, glänzten Tausende von Trans-
parenten, von welchen die meisten das Vaterland und die vom Volke geliebte
Königin verherrlichten, Processionen zogen durch die Straßen mit Fahnen,

die bald gewisse Geschäfte andeuteten, bald Meinungsäußerungen enthielten, wie: „Billiges Brot", „Keine Monopolien", „Freihandel" u. s. w.;
und wo man ging, mußte man sich mit Hilfe der Ellbogen durch die dichten Volksschaaren drängen, die sich weder durch den Gußregen noch durch
den tiefen Schmutz abschrecken ließen, sondern, einer mächtigen Fluth gleich,
sich überall hinwälzten, nicht allein in Festtagsgewändern, sondern auch im
Festtagshumor. Die Eisenbahnen brachten täglich mehr als zehntausend
Fremde, und Alles, was Beine hatte auf hundert Meilen Entfernung,
mußte nach Plymouth.

Was war nun die Ursache dieser außerordentlichen Bewegung, dieser
freudigen Festlichkeit, dieser sprudelnden Extase?

War es ein königlicher Besuch, ein Nationalfest, eine politische Agi-
tation, eine diese Commune speciell angehende Angelegenheit?

Nein, Nichts von alle Dem, es war etwas viel Einfacheres. In
Plymouth hielt man in diesen Tagen eine landwirthschaftliche Ausstellung.

Man sieht sich bisweilen genöthigt Vergleiche anzustellen. Wenn
in Frankreich eine solche Ausstellung stattfindet — zumal eine Blumen-
ausstellung — so ist es eine Sache der vornehmen Welt, der gefeierten
Schönheiten und der Modeherren.

In Deutschland ist es wieder eine andere Volksclasse, welche diese
Ausstellungen besucht. Der Mann von Fach, der Wissenschafter findet
sich ein, betrachtet, philosophirt, theoretisirt und schreibt lange und natürlicherweise gelehrte Abhandlungen pro et contra.

Aber in England sind es nicht Aristokraten allein, nicht die Wissen-
schaftsmänner oder die dabei speciell Interessirten. Es ist das Volk in
seiner weitesten herrlichsten Bedeutung; der Ackerbauer, sowohl der größte
Magnat, wie der geringste Landmann, eilt hierher um zu lernen, wie er
seinen Boden verbessere. Der Wissenschafter findet sich ein, um sich über
die großartigen Resultate zu freuen, die von dem erfinderischen und for-
schenden Scharfsinn gewonnen werden; der Kaufmann und Handwerker
will auch nicht wegbleiben, sondern zeigen, daß er mit Aufmerksamkeit die
Fortschritte in dem Nahrungszweig begleitet, von dem seine zeitliche Exi-
stenz abhängt. Nein, Niemand, Niemand will wegbleiben.

Kommt man zu solchen Tagen in Gesellschaftskreise, so hört man weder von neuen Hüten, neuen Wagen, noch von neuen Romanen, neuen Schauspielen sprechen. Alles hat einen plebejischen Anstrich angenommen, und nur Das ist jetzt fashionable, was direct aus Garten, Acker und Wiese kommt.

Armes, armes England, wo man das Sublime und Graziöse so täppisch herabzieht, wo man Kunst und Poesie Dem nachsetzt, was nur der niederen, sinnlichen Natur des Menschen frommt!

Die Fabel läßt Ceres, die Göttin der Ernte, mit ihrer flammenden Fackel über die Erde hineilen, und in ihren Spuren entsprießen die ewigen, fruchtbaren Blüthen: Bildung, Veredlung. Entkeimen nicht noch heute dieselben Blüthen den Fußstapfen derselben Gottheit?

Man studire England mit Ernst, nicht blos für sich betrachtet, sondern im Vergleich mit allen andern Ländern. Es giebt kaum eine inhaltsreichere Vergleichung.

Nachdem ich während des viertägigen Aufenthalts in Plymouth die Stadt und deren schöne Umgegend durchwandert hatte, wo ich freilich nicht wiederfand, was ich vor Kurzem unter einem tropischen Himmel bewunderte, aber eine Erinnerung, eine vielleicht noch wärmere, an den Sommerglanz, der auf der Heimat Wiesen und Hainen ruht, ging ich Sonnabend Abends an Bord der Fregatte, am Sonntag wurde der Anker gelichtet, um Plymouth's Rhede zu verlassen, und schon am nächsten Morgen befanden wir uns vor Cherbourg.

Der Anblick des französischen Bodens macht ungefähr denselben Haupteindruck wie der der englischen Ufer. Es sind dieselben Hügel, bedeckt mit Wäldern und Feldern, pittoresken Städten und trefflichen Herrensitzen. Selbst die Stadt Cherbourg hatte eine auffallende Aehnlichkeit mit der, welche wir eben verlassen hatten, ja sogar die gigantische Hafenanlage fanden wir wieder. Die mit Kanonen bespickten Festungswerke, die theils die Küste umsäumten, theils einige kleine Inseln einnahmen, zeigten, daß man hier wegen eines Nationalfeindes gerüstet stand. Durch seine Lage, den beiden Kriegshäfen Englands am Kanale gegenüber, ist die Wahl Cherbourgs als Centralpunkt für Frankreichs Seevertheidigung ein neues Zeugniß von dem Genie, womit Napoleon der Große Alles zu ordnen, Alles zu besiegen verstand, sein eigenes Schicksal ausgenommen.

Die Stadt selbst dagegen hat nichts Interessantes oder Eigenthümliches. Es ist eine französische Stadt in ihrem ganzen abgetragenen
Staate, es ruht etwas Graues und Unreinliches, etwas Ungebürstetes auf
ihr, etwas, das nach le pauvre honteux schmeckt, und bei Dem, welcher
von Englands hellen, regelmäßigen, von Solidität, Wahrheit und Comfort sprechenden Städten kommt, weckt es beinahe ein wehmüthiges Gefühl, wenn man sieht, daß Menschen froh sein und gedeihen können in
einer Stadt wie Cherbourg, in diesen engen, krummen, von Schmutz in
echtem Pariserstyl bedeckten Straßen. Und hat man, wie ich, nichts Anderes vor, als sich umherzutreiben, so fühlt man sich bald einsam und übel
zu Muthe, wiewohl hier freilich kein Mangel an Orten ist, wo die spru-
delndfrohe, lebhafte und neugierige Bevölkerung finden kann, was sie sucht.

Unser Aufenthalt schloß mit einem höchst belebten Mahl, welches
sämmtliche hier stationirte Officiere zu Ehren der schwedischen Gäste gaben, und da wir um Mitternacht uns wieder an Bord befanden, wurden
die Segel aufgezogen, um uns das letzte Stück Weges hinüber zu bringen, das uns von der Heimat trennte. Die ersten Tage hatten wir das
schönste Wetter. Ein mäßiger Südwestwind brachte uns an die Nord-
westspitze von Jütland, aber hier sollten wir noch einmal erfahren, wie
bei der Abreise vor zwei Jahren, daß „es sich im Thor am schlimmsten
fahren läßt". Ein paar Tage brachten wir damit hin, an der jütländi-
schen Küste zu kreuzen, nicht ohne ziemlich ernste Mahnungen an die eigentlich angeborne Gesinnung der Nordsee; der ganze St. Johannisabend
verging bei tödtlicher Windstille nordöstlich von Skagen, und erst um sieben Uhr Abends spürten wir einen kleinen Wind, der uns leise dahintrug
zum Heimatlande.

Als des Johannistages strahlende Sonne aufging, beleuchtete sie
vor unsern Augen die Küste des Vaterlandes.

Rückblick.

Ich landete in Gothenburg; ich war dem Vaterlande zurückgegeben, und hiermit die Reise vollendet; ich lasse nun die Feder ruhen, obwohl der Aufenthalt in Gothenburg unter dessen gastfreien und hochgesinnten Einwohnern, die Stadt selbst, wo sich mehr public spirit findet, als an irgend einem andern Orte Schwedens, und zumal meine Heimreise durch den Kanal noch zu einigen Bogen Mittheilungen Stoff geben könnte. Ich ward von meinen Landsleuten herzlich begrüßt, in fremde Familien eingeführt, wie ein alter Freund mit jener Zuvorkommenheit behandelt, die von Herzen kommt und zu Herzen geht, ich eilte hin durch des Vater-landes herrlichste Landschaften, den großartigsten Naturschönheiten vor-über, während die Frische des lichten Sommers in jedem Grashalm, jeder Blume athmet, und das Gold der Junisonne in den Blättern seiner nordischen Birken bebt.

Ich will die Literatur nicht mit Schilderung dieser wohlbekannten Gegenden vermehren, und ich fürchte, daß ich, wenn ich es versuchte, in eine Stimmung verfallen würde, die mit Sentimentalität, wovor mich Gott bewahre, ziemlich nahe verwandt wäre.

Ich will stehen bleiben wie der Wanderer, wenn er sich einen hohen Berg hinaufgearbeitet hat und matt und athemlos den Blick zurücksendet nach dem Wege, den er zurückgelegt hat, sich freut, die Mühe überstan-den und das Ziel erreicht zu haben, und sich zugleich in die Erinnerung zurückruft, was er auf seiner Wanderung sah und erfuhr. So will ich denn auch einen Blick zurückwerfen auf die zahlreichen Eindrücke und Er-innerungen, um auszuwählen, was ich mir theuer als einen Schatz für kommende Tage aufbewahren und was ich gleichgiltig aus den Augen ver-lieren will. Nur auf diese Weise werde ich die Frage beantworten kön-nen: „Nun, wie fandest Du es?" Ich habe zwar hie und da in meine Bemerkungen diese und jene Reflexion oder vielmehr Andeutung davon eingestreut, obwohl ich im Allgemeinen Das, was ich sah, auf eine solche Weise darzustellen suchte, daß der Leser selbst herausfinden konnte, was ich dachte, und selbst jetzt dürfte es das Beste sein, wenn ich auf echte

Seemannsweise das Raisonniren fahren ließe, da es noch zu zeitig ist, um mir eine sichere Totalauffassung so frischer Eindrücke bilden zu können. Doch da ich nicht Zeit habe, der Warnung Folge zu leisten, „nonum prematur in annum" (denn dann bin ich wahrscheinlich sammt Allem, was mein ist, vergessen), so schreibe ich hier einige Schlußworte nieder, zwar fragmentarische, aber doch vielleicht nicht alles Interesse's entbehrend, da sie meine gegenwärtige Auffassung der vollendeten Fahrt enthalten.

Wer hat nicht als Kind oder Jüngling alle die Berichte von Reisen und Abenteuern in fremden Ländern, so viel er bekommen konnte, ver=schlungen? Es liegt, ich wage es zu behaupten, in jeder Menschenbrust eine unerklärliche Sehnsucht nach den Gegenden, wo die Wiege unsers Geschlechtes stand, wo das Menschengeschlecht sozusagen sich noch auf demselben Standpunkt befindet, wohin die nebelverhüllte, fabelhafte, fesselnde Vorzeit die ersten Schauplätze der Religion und Cultur hinver=legt hat, wo die Natur in den herrlichsten dreistesten Farben des Schöpfers Macht, Weisheit und Güte offenbart, wo Nichts von Tod, Veränderung und Vergänglichkeit flistert, wo Licht und Wärme, Glanz und Duft, Freiheit und Leben alles Geschaffene schmücken. Der junge Sinn wird nie müde Streifzüge durch diese Gegenden mitzumachen, indem er nicht allein in den Schilderungen von den Herrlichkeiten der Natur und des Menschenlebens im Naturzustande, sondern selbst in den Gefahren und Mühen schwelgt, welche gewöhnlich ertragen werden müssen, um alle diese Kenntnisse einzuholen; und gewöhnlich hegt man einen tiefen und innigen Wunsch, selbst einmal alle diese Pracht zu schauen, selbst den vollen Becher jener Natur zu leeren.

Wie groß mußte da nicht meine Freude sein, als mir die Nachricht erscholl: Du sollst dies Alles sehen und genießen; alles das Schöne und Uppige, das Du ahnest in den ewigen Himmelsstrichen der Natur, soll für Dich Gestalt und Wirklichkeit annehmen. Ich brauche wohl nicht zu sagen, daß keine Entsagung, kein Opfer mir zu groß vorkam für einen solchen Preis.

Nun habe ich gesehen und erfahren. Südamerika's riesenhafte Urwälder, die ewiggrünen Buchenhaine zwischen des Feuerlandes Eis=gletschern, der Südseeinseln üppige und prächtige Naturerzeugnisse, die dürren Büsche auf Californiens Goldfelde, Neuholland's Wunder, Süd=

afrika's Berge und Wüsten, China's Eigenthümlichkeiten und Indiens großartigen Pflanzenreichthum, das liebliche Madeira und die malerischen Gegenden von Isle de France, alles Dieses habe ich geschaut, wenn ich es auch nicht vollständig beschrieben habe.

Dieses ganze bunte Bild hat sich mir zur Wirklichkeit gestaltet, und jedesmal, wenn ich in kommenden Tagen den Blick zurückwerfe, werde ich mich gleichsam heimisch fühlen unter allen den wechselnden Scenerieen, unter allen den Wundern, welche es darstellt.

Die Weltkarte bleibt — wie ein bekannter Schriftsteller sagt — auf Reisen nicht länger eine gar wenig sagende Sammlung von ungleichen colorirten Flächen mit dazwischenliegenden leeren Räumen. Man füllt sie alle mit einer lebendigen Natur aus, die alle Bedeutung und Interesse bekommen, je nachdem man ihren Boden durchwandert, ihre Erzeugnisse gesehen, mit ihren Bewohnern gelebt hat. Der Botaniker muß dies mehr als jeder Andere bestätigen können, ihm kleidet sich Alles in Form und Farbe, und wenn er nicht zu Denen gehört, „die den Wald vor Bäumen nicht sehen", das heißt, über das Specielle die Totalität aufzufassen vergessen, muß er über der Länder Naturbeschaffenheit und Physiognomie eine tiefere und wahrere Vorstellung heimbringen können als jeder Andere, dem die unbeweglichen Länder nichts weiter als Farbenmuster sind.

In den vorliegenden Blättern der Reisebeschreibung, deren letzte Zeilen ich jetzt niederschreibe, habe ich versucht, wiederzugeben, was ich gesehen und erlebt habe. Ohne Zweifel habe ich mich zu oft bei Naturschilderungen aufgehalten, und sie sind zuweilen lang, ja einförmig geworden, mein Entzücken ist mit jedem neuen Gegenstand gestiegen, sodaß Niemand recht erfahren hat, wo ich das Beste, das Schönste gefunden habe. Doch darf man diesen Fehler nicht zu hart beurtheilen. Wobei sollte ich mich wohl lieber aufhalten, als bei Dem, zu welchem ich aus Pflicht wie aus Neigung immer hingeführt wurde? und fragmentarisch und successiv, wie meine Berichte niedergeschrieben sind, habe ich nicht daran denken können, meine Gedanken zu ordnen und zu sichten, ich schrieb blos hin, was und wie es mir vorkam. Die Ungleichheiten in der Physiognomie der Natur habe ich zu portraitiren gesucht; das ist das einzige Ewige und Schöne, alles Andere wechselt, verändert sich, geht rückwärts, und

ohne dieses für die verschiedenen Länder der Erde einzige Original würde
jeder Bericht von fernen Ländern nichts Anderes enthalten, als was wir
täglich daheim sehen.

Man nährt im Allgemeinen die Vorstellung, daß die Schilderungen
von der Natur den tropischen Gegenden der Wirklichkeit wenig entsprechen,
daß es nur eine poetische Einbildungskraft sei, welche die Extase über ihre
Pracht hervorruft. Selbst ich muß bekennen, daß ich oft diese Meinung
getheilt habe; oft habe ich mich selbst gefragt: wo ist das Urbild zu den
glühenden Schilderungen, in denen Du als Kind schwelgtest, wo ist diese
namenlose Schönheit in den Palmenhainen, wo alles das Saftvolle in
jenen dunkeln, melancholischen, blüthenlosen Wäldern, wo alles das Groß=
artige und Erstaunliche in jenen nackten Lavaklippen, jenen dürren Sand=
wüsten, jenen zackigen Korallenriffen? Ach, alle diese Täuschungen hat=
ten zum größten Theil ihre Wurzel in meinem eigenen Sinne, der sich
nie losreißen konnte von der Heimat lächelnden schönen Gegenden, der
stets das Große und Wunderbare, das ihm begegnete, mit dem Gewohn=
ten und Lieben, das hinter ihm lag, vergleichen wollte. Denn die Men=
schen sehen nicht blos, urtheilen nicht blos mit dem Auge des Verstandes;
Herz und Gefühl bestechen unsere Auffassung und dictiren ein endliches
Urtheil, das eher alles Andere als unparteiisch ist.

Dessenungeachtet muß ich, um mir den Rücken zu decken, hinzu=
fügen, daß in diesen Schilderungen der Poeten und Phantasten nicht zu
viel Uebertreibung liegt. Man denke sich nur solche Materialien wie
eine beständig wärmende, strahlende Sonne, der Luft klare Milde, eine
ewig grüne Natur, die wechselnden Blattformen, die prächtigen duftenden
Blumen, die üppigsten Früchte das ganze Jahr hindurch — man denke
sich dies im Gegensatz der nordischen Winterkälte, der nackten Bäume,
der Armuth an schönen Gewächsen und genießbaren Früchten — und
ich frage, ob die Erinnerung hieran nicht jener Schale das Ueber=
gewicht giebt.

Eins ist gewiß, daß nämlich die Stunden, welche ich in jener so reichen
Natur zubrachte, lange, lange in meinem Andenken leben werden; es sind
Erinnerungen, die weit entfernt durch Zeit und Entfernung matter
zu werden, vielmehr an Stärke und Reiz gewinnen; denn es ist nun
blos das innere Auge, das sie heraufbeschwört, gleich „dissolving views“,

zu neuem Genuß und zu neuem Trost. Man sagt, daß, wenn die Abend=
sonne ihre letzten Strahlen über den stillen, unendlichen Wasserspiegel
wirft, in weiter Ferne am Horizont Küsten eines entlegenen Landes gleich=
sam auftauchen und vor des Schiffers Augen als ein liebes Zeichen stehen,
daß er nicht ganz allein in dem weiten Raum ist. So sollen auch diese Bilder
mit dem Fortschritt der Zeit immer und immer vor mir stehen wie reizende
Lufterscheinungen, und mein Auge soll sie betrachten wie theure Bekannte
aus der Zeit, wo die Fülle der Schöpfung mir leibhaft offenbart wurde.

Aber war die ewige Natur geeignet, reiche Eindrücke und hohe
Lehren mitzutheilen, so war es nicht minder der Fall mit den Men=
schen, unter welchen wir uns befanden. Die Europäer in Amerika, Au=
stralien, Asien und Afrika, die Chinesen im himmlischen Reiche, die Ein=
gebornen in Chile und Californien, auf den Inseln des stillen und des
indischen Oceans, auf denen Neuhollands und um das Vorgebirge der
guten Hoffnung — wie viele Variationen über dasselbe Thema: der
Schöpfung Meisterstück und Herr! Die schnelle Reise und die For=
derungen meines eigentlichen Studiums erlaubten mir nur flüchtig mich
mit diesen Gegenständen zu beschäftigen; eine tiefere Kenntniß von den
Reichen, die sie gegründet und aufgelöst haben, von den Geschäften, die
sie treiben, den Sitten und Gesinnungen, die ihnen eigenthümlich sind,
hatte ich nicht Zeit zu erwerben. Nur einen verstohlenen Blick habe ich
in ihr sociales, religiöses und häusliches Leben werfen können. Aber ich
habe doch gesehen, daß der Mensch überall sich selbst gleicht, überall ge=
leitet wird von demselben Eigennutz, denselben Leidenschaften. Es geht
durch die ganze Schöpfung ein Verheerungssystem, worin der Stärkere
den Schwächeren verzehrt, und überall scheint es, als ob Ueberfall und
Herrschsucht die einzigen Principien sind, welche die Welt regieren. Doch
so vollkommen trostlos ist dennoch die Wirklichkeit nicht, obgleich es mehr
als einer oberflächlichen Betrachtung bedarf, um die dunkle, widerliche
Schale zu durchbrechen. Man findet dann, daß ein tieferer Sinn in dem
Gang der Begebenheiten, in den Streifzügen der Völker, in dem Wilden,
dem Dunkeln, dem Niederdrückenden, dem Verdrängenden liegt, und
wenn es auch schmerzt, zu sehen, daß die Mittel oft schlecht und veräcßt=
lich sind, so vergißt man doch das Mittel über das heilige Ziel: aller
Welt Aufklärung und Glückseligkeit.

Es ist unnöthig, hier die Fragen zu beantworten, die an mich gerichtet sind: „Unter welcher Regierungsform scheinen die Menschen am glücklichsten? Welche Religion befriedigt das menschliche Herz am meisten?" Es ist unnöthig, weil nichts in der Welt mich abschrecken könnte, meine Meinung zu sagen, wenn ich eine hätte, sondern weil es eben so vermessen wie lächerlich sein würde, sich einzubilden, daß diese kurze Reise so viel Licht auf diese Aufgaben geworfen hätte, um sich davon eine feste Ueberzeugung zu verschaffen. Ich habe Menschen zufrieden und fleißig gesehen unter des patriarchalischen Despotismus eisernem Joch, und scheinbar eben so glücklich unter der am meisten republikanischen Selbstherrschaft, ich habe Verachtung und Schande dem Unterdrückungssystem gekrönter Fürsten folgen, und Hohn und Fluch auf der eigennützigen Umsturzbegierde der Demokraten ruhen gesehen. Auf der andern Seite habe ich den Chinesen mit andächtigem Entzücken seine Joßstäbe anzünden, mit Ehrfurcht vor seinen Heiligenbildern niederfallen, und aus seinen Tempeln gestärkt und glaubensfreudig zurückkehren, und den Perser mit Frömmigkeit seine Knie beugen und seine Gebete zu der aufgehenden Sonne emporsenden, und Inselgruppen, einige durch den Einfluß des Christenthums glücklich und civilisirt, andere, deren Bevölkerung durch die eigenen Streitigkeiten der christlichen Apostel zerrissen und zerstört waren, gesehen. Auf welcher Seite ist nun das Recht? Wer hat die Wahrheit gefunden?

„Wo schien es Dir wohl am besten zu sein? Wo hast Du es am schönsten gefunden? Wo möchtest Du wohl am liebsten geblieben sein?" Das sind Fragen, mit welchen ich nach meiner Rückkunft überschüttet wurde? Ich kann sie nicht beantworten; denn wenn der Verstand darüber zu entscheiden vermöchte, so kommt das Herz gleich und widerspricht; die Eindrücke an den verschiedenen Orten sind überdies so ungleich gewesen, so mannigfaltig, daß jeder dieser Orte von einem ganz eigenen Gesichtspunkt beurtheilt werden muß. Fragt man mich, wo ich die Natur am schönsten fand, das Klima am mildesten, die Menschen am liebenswürdigsten, so würde ich vielleicht nach einigem Ueberlegen Tahaiti den Vorzug geben, jener herrlichen Insel, wo man der tropischen Gegenden großartigste Wunder in ihrem ganzen Reichthum vereinigt findet, von dem mit Korallenkränzen umgürteten Strand bis zu den in ewige Nebel ein-

gehüllten Berggipfeln, wo selbst die Menschen das Gepräge des Edelmuths,
der majestätischen Schönheit tragen, wo Alles zum Genuß und zur Ruhe
einzuladen scheint. Fragt man mich, wo mein Herz die größte Be=
friedigung genoß, muß ich zu dem trotz allem seinem Golde armen Cali=
fornien Zuflucht nehmen, wo ich Landsleute fand, die mit Freude auf
die Erzählung von der fernen, der geliebten Heimat horchten, wo ich so
viel fand, um mich davor mit Achtung und Ergebenheit zu beugen, und
wo ich lernte, daß die Bande, welche uns an Vaterland und Verwandte
knüpfen, von keiner Entfernung zerrissen, durch kein Schicksal aufgelöst
werden können; fragt man mich wiederum, wo ich persönlich am besten
gedeihen würde, muß ich antworten: in Neuholland, wo ich von einer
englischen Familie so durchaus herzlich und wohlwollend aufgenommen
wurde und wo ich eine lehrreiche Reise mit Personen machte, die dem
Fremden eine Güte erwiesen, welche man erst recht würdigt, wenn sie so
vollständig, so ganz uneigennützig ist; will man erfahren, wo es am
meisten zu lernen, am meisten anzustaunen gab, muß ich China nennen,
wo ich ein Land und ein Volk achten lernte, das man im Allgemeinen so
gut zu kennen glaubt und so wenig versteht, Verhältnisse, die den unsri=
gen so diametral entgegengesetzt sind; wünscht man zu wissen, wo die
Reise selbst mich am meisten interessirte, so zeige ich hin auf meinen Be=
richt von der Excursion in Manilla mit ihren kleinen spanischen Aben=
teuern und ihren Freuden unter den Tagalen.

Giebt man dagegen der Frage die Form, wo ich am liebsten ange=
halten haben würde, und ist damit nicht die Absicht verbunden, zu erfah=
ren, wo ich am liebsten naturhistorische Untersuchungen anstellen möchte,
sondern wo ich meinen Aufenthalt für das Leben würde aufschlagen wol=
len, so brauchte ich mich nicht lange zu besinnen, nicht meine Zuflucht
zu Spitzfindigkeiten in der Beweisführung, zu wohlgewählten Ausdrücken
in der Darstellung zu nehmen, nicht an meine Brust zu schlagen und auf
das darin klopfende Herz hinzuzeigen, sondern einfach die Worte des Dich=
ters anzuführen:

> „Das Vaterland ist doch und bleibt
> Das beste Gut, das Gott erschuf.“

Druck von Fr. Nies in Leipzig.